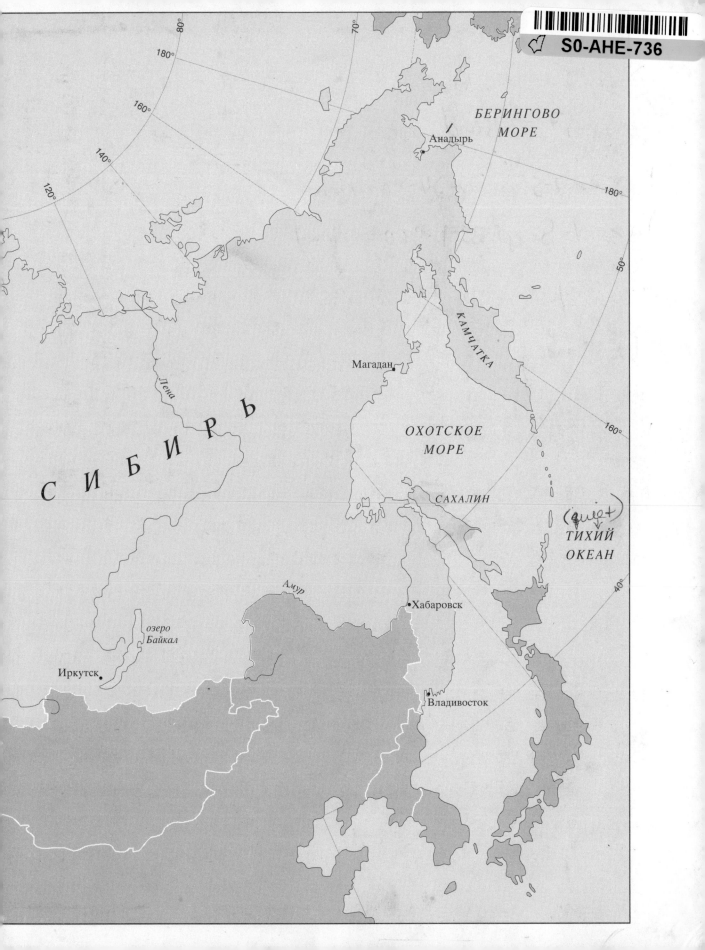

Homework for wednesday

Start les 2 - all books

a) pp 33-37 → Read

b) ex 1-5 $_{pp}^{-10}$ pp 2)-24 → written

B) ex 1-5 pp. 359 - 360 → oral

For Friday

For Monday
ex 8,9,10,11

Т·Р·О·Й·К·А

A Communicative Approach to Russian Language, Life, and Culture

ex 1-5

flashcard for p. 06 61

Т·Р·О·Й·К·А

A Communicative Approach to Russian Language, Life, and Culture

MARITA NUMMIKOSKI

JOHN WILEY & SONS, INC.

New York • Chichester • Brisbane • Toronto • Singapore

ACQUISITIONS EDITOR   Carlos Davis

MARKETING MANAGER   Leslie Hines

PRODUCTION EDITOR   Edward Winkleman

DESIGN DIRECTION   Karin Kincheloe

DESIGNER   Lee Goldstein

ASSISTANT MANUFACTURING MANAGER   Mark Cirillo

PHOTO EDITOR   Mary Ann Price

PHOTO RESEARCH   Ramón Rivera Moret

SR. FREELANCE ILLUSTRATION COORDINATOR   Anna Melhorn

COVER PHOTO   Original artwork from the book *Russian Lacquer, Legends and Fairy Tales* by Lucy Maxym.
Reproduced with permission of Corners of the World, Inc.

The art on the cover is a representative of Russian miniature painting, often called *Palekh*, after the village where
this art form originated in the late eighteenth century. The black plates or boxes on which the miniature paintings
are drawn are made of lacquered papier-maché by a process which takes up to two months to complete.
The artist then draws the painting on the lacquered plate using a magnifying glass and a thin brush consisting of
only one piece of squirrel hair. Gold is applied to the borders and the plate is then polished with a wolf's tooth.
It sometimes takes the artist as long as eight months to finish one Palekh plate or box.
The themes on Palekh art come mostly from folk tales and are often inspired by the great poets Pushkin and Lermontov.
Mythological horses are a popular theme of Palekh art, especially in the form of a Troika, a group of three horses.

This book was set in Times Transcyrillic by Alexander Graphics
and printed and bound by Donnelley/Willard. The cover was printed by New England.

Library of Congress Cataloging in Publication Data:

Nummikoski, Marita.
    Troika : a communicative approach to Russian language, life and
culture / Marita Nummikoski.
        p.   cm.
    Includes index.
    ISBN 0-471-30945-1 (cloth : alk. paper)
    1. Russian language—Textbooks for foreign speakers—English.
I. Title.
PG2129.E5N86   1996
491.782'421—dc20

95-46413
CIP

    AIE ISBN 0-471-12926-7 (cloth : alk. paper)

Printed in the United States of America

10 9 8 7 6 5 4 3 2 1

Acknowledgments

··

I would like especially to thank Michael Katz, chair of the Department of Slavic Languages at the University of Texas at Austin, for giving me the opportunity to experiment with new teaching materials for Russian that finally, after many years of revising, turned into *Troika*. I would also like to thank Pete Smith and Woody Smith, who were my colleagues at the University of Texas at Austin at the time, for using the manuscript in its earlier stages and for providing me with many helpful comments and suggestions.

I am grateful to my colleagues at the University of Texas at San Antonio, Kathleen Rueppel and Edvinna Veksler, for using the book throughout its many revisions and for giving me feedback on various components of the book. I would also like to acknowledge Frank Pino, Jr., director of the Division of Foreign Languages at the University of Texas at San Antonio, for supporting me at every stage of the project.

Two people deserve a special recognition for their part in helping me polish the book into its final version. Edvinna Veksler read the manuscript for linguistic accuracy and provided useful comments at every stage regarding both language and culture. Woody Smith, currently at Southwest Texas State University, proofread the entire manuscript, paying special attention to the grammar explanations. He has also used *Troika* in his classes from its earliest developmental stages to its final form.

I thank the reviewers of *Troika* for their professional comments and suggestions, most of which I was able to incorporate into the final manuscript: Joyce Vining Morgan, Exeter, NH Public School System; Grace Fielder, University of Arizona; Emma Marciano, New York University; Arna Bronstein, University of New Hampshire; Howard H. Keller, Indiana University; Alexei Pavlenko, Colorado College; Irina Belodedova, New York University; Sandra Rosengrant, Portland State University; Thomas Garza, University of Texas at Austin; Alexander Woronzoff-Dashkoff, Smith College and Middlebury College; and Michael Katz, University of Texas at Austin.

I would also like to recognize other teachers who have used *Troika* during its development: Kathleen Schatz and Julianna Nazarjan from San Antonio high schools, Irina Vishnevetskaya, a teacher at a private school in San Antonio, and Elizabeth McNeally, from the University of Houston/Clear Lake NASA program. I am also grateful to the students at Southwest Texas State University and the University of Texas at San Antonio, who have used different versions of the book for several years.

Finally, I would like to thank all the wonderful staff at John Wiley and Sons who were involved in the project. I am especially indebted to Mary Jane Peluso for getting the project started and for making the first connection with the developmental editors, Karen Hohner and Douglas Guy, who diligently analyzed and commented on every detail of the book. Without their help and support, the project would not have been completed. Harriet Dishman, design coordinator, served as the link who conveyed our suggestions to the design department at Wiley. Jenifer Cooke deserves a special recognition for skillful copyediting. The production staff at John Wiley was extremely supportive during the lengthy stages of the project. My warmest thanks go to Edward Winkleman, Anna Melhorn, Mary Ann Price, Karin Kincheloe, Leslie Hines, and Linda Muriello. Last, but not least, I would like to thank Carlos Davis, my editor, who carried the project through with determination and, most importantly, offered me invaluable support and encouragement with the enormous task of writing *Troika*.

Preface

....

Troika is a communicative introductory Russian text that emphasizes language proficiency in all four skills of speaking, reading, listening, and writing. *Troika* also serves as an introduction to Russian life and culture, from history and traditions to geography, facts, and famous people.

Unique Features of Troika

- The syllabus of *Troika* is based on topics and communicative situations that gradually increase in complexity. Although the grammatical structure of the Russian language makes it difficult to follow a true functional–notional approach, the topics are sequenced according to a feasible order of grammar presentation. The functions are not intended to be all-inclusive; they are necessarily restricted by the scope of grammar presented in each chapter.
- The introduction of vocabulary at a relatively fast pace is based on the assumption that with frequent exposure to large amounts of vocabulary, students will eventually learn more. Thus, the total vocabulary of approximately 1600 items is not intended for active mastery; rather, it gives students a chance to individualize their vocabulary by selecting the items most applicable to them.
- Grammar is taught as a necessary tool for communication, not as a goal in itself. The chapters cover all points of grammar relevant to their topics, but avoid presenting grammar that cannot be substantiated by the topics. Still, *Troika* contains all the grammatical structures typically introduced in an elementary Russian textbook.
- The textbook is student oriented, and the topics introduce material to which students can easily relate. The leading idea of *Troika* is that, from the very beginning, students need to be able to talk about something real, instead of simply memorizing dialogues.
- Culture is both intertwined in the material itself and presented in separate cultural notes. *Troika* aims at comparing and contrasting cultures, rather than presenting the target culture only. Information is given about famous

- people, facts, geography, traditions, and history of the country, and students are asked to give the corresponding information about their own country.
- Readings are placed within the topics, rather than in separate reading sections.
- Illustrations in *Troika* are humorous and cater to the needs of visual learners.
- Colored information boxes stand out from the rest of the text and serve as conversation guidelines for the student.

Organization of Troika

Troika consists of three main parts: the textbook, the workbook/lab manual, and the laboratory tapes.

I. TEXTBOOK

The introductory chapter teaches the alphabet, pronunciation, and cursive writing. Thereafter, each chapter in *Troika* is divided as follows: opening page, topic presentation with several functional subtitles, Chapter Review, (Extra), Word Building, Grammar, and Vocabulary.

A. Opening Page

The chapter starts with a short dialogue that introduces some of its main themes and cultural topics. The goal is to make the students interested in the lesson that follows. The opening page also lists all the themes, cultural topics, and grammatical structures within the chapter.

B. Topic Presentation

Each chapter has a main theme and subthemes, which include the basic vocabulary and structures needed for discussion. The conversational structures are organized in colored boxes that contain the core structural information. Notes under the information boxes refer to the corresponding section in the Grammar in which the material is discussed in detail. The information boxes are followed by various oral activities, most of which are intended to be led by the teacher first, then completed by students as pair work.

Authentic readings appear where they are most applicable to the theme. They also serve as a break from the routine of oral activities. Reading tasks consist of skimming or scanning for specific information with pre- and/or postreading activities, as appropriate. Authentic readings are usually intended to be discussed in English.

Dialogues and monologues are based on the vocabulary of the lesson, with only a few glossed vocabulary items. These readings are intended to be discussed in Russian. They can be used for all-class discussion, questions and answers, or retelling, revising, and summarizing.

Writing activities are in the workbook, and therefore the topic presentation section does not specify writing activities. However, the teacher can opt to assign several of the oral activities as written work.

C. Chapter Review

The Chapter Review lists the conversational structures with which students should be familiar. In addition, the Chapter Review includes roleplays and group activities based on the entire lesson.

D. Extra

This section does not appear in each chapter. It contains authentic or slightly modified readings with accompanying questions.

E. Word Building

This optional section deals with roots, prefixes, suffixes, and other aspects of Russian word formation relevant to the chapter.

F. Grammar

The Grammar contains detailed explanations to the information boxes in the topic presentation section. To maximize the classroom time allocated for communication practice, grammar is intended to be self-instructional. In practice, however, a varying amount of grammar instruction may be necessary in the classroom, depending on the level of the students and on the teacher's preferred teaching style.

Since the grammar is intended to be self-instructional, all the exercises are direct drill-type applications of the grammar topic in hand. Whenever possible, these exercises should be done as homework. Grammar exercises are cross-referenced with more creative activities in the workbook.

G. Vocabulary

Organization of vocabulary by categories helps students to recognize the parts of speech while providing a quick review of the vocabulary in the chapter. Vocabulary learned in previous chapters is reentered frequently throughout the book. The core vocabulary of the chapter is bold-faced.

II. WORKBOOK/LAB MANUAL

The workbook consists of written exercises, listening comprehension activities, and oral drills.

A. Written Exercises

These exercises are more communicative than are the guided drills in the Grammar and require more creativity and a wider application of skills. They are cross-referenced with the corresponding sections in the Grammar. This section also includes several authentic reading tasks.

B. Listening Comprehension Activities

Written exercises are followed by a variety of listening comprehension activities that gradually increase in difficulty.

C. Oral Drills

Each chapter has an extensive oral practice component intended for use in the language laboratory or at home. These drills emphasize production, rather than repetition, and gradually move from *either/or* questions to questions requiring more creative answers. The scripts for the oral drills are located at the end of the workbook.

III. LABORATORY TAPES

The tapes include recordings of the pronunciation exercises in the prelesson of the textbook, as well as listening comprehension activities and oral drills in each chapter of the workbook (approximately 30 minutes per chapter).

End of the Book

The end matter of *Troika* consists of a grammar reference, glossaries, indexes, and ending charts.

A. Grammar Reference

This section presents information in chart form about numbers, indefinite pronouns and adverbs, the relationship between location and direction, prepositions and their cases, and time expressions.

B. Glossaries

In addition to Russian–English and English–Russian glossaries, *Troika* has a separate verb glossary for easy reference and review of aspect pairs, conjugations, and government.

C. Indexes

The Grammar Index lists the grammatical topics and is cross-referenced to the corresponding section in the Grammar within the chapters. The Index by Topic and Function has separate sections for cultural differences and proper behavior, cultural information, famous Russians, skills, categories of vocabulary, language functions, and language topics. The Index by Topic and Function can also be used as an overall review of the book.

D. Ending Charts

The ending charts are located on the back endpapers of *Troika* for easy reference. Some charts are presented in a simplified form, and it is assumed that students have studied the rules for selecting the correct endings in the corresponding Grammar sections. The spelling rules are also located on the back endpapers.

Symbols Used in Troika

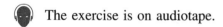 The exercise is on audiotape.

◇ Refers to a numbered section in the Grammar of the chapter.

The activity is intended for two students.

Core reading based on the themes and vocabulary of the lesson.

Abbreviations

acc.	accusative case (the case of the direct object)
adv.	adverb
colloq.	colloquial
coll.	collective (not used in the plural)
comp.	comparative degree (in comparing two adjectives or adverbs)
conj.	conjunction (e.g., *and, but*)
dat.	dative case (the case of the indirect object)
dim.	diminutive (indicating small size)
F, f.	feminine
gen.	genitive case (the case of possession)
imp.	imperative (command)
indecl.	indeclinable (does not change form)
instr.	instrumental case (the case of the instrument)

(continued)

Abbreviations

interj.	interjection (e.g., *Oh!*)
M, m.	masculine
N, n.	neuter
nom.	nominative case (basic form of nouns and adjectives)
Pl., pl.	plural
poss.	possessive pronoun
prep.	prepositional case (the case of location)
sg.	singular
soft adj.	soft adjective
subst. adj.	substantivized adjective (adjective used as a noun)

Contents

THEMES

- Introducing people
- Asking yes-or-no questions
- Describing people with adjectives of nationality and quality
- Asking someone's name
- Inquiring about someone's profession
- Greeting people

CULTURE

- Russian first names and last names
- Introductions
- Formal and informal address
- Professions and gender
- Introduction to famous Russians
- The space race
- Addressing teachers

STRUCTURES

- Omission of the verb *to be*, 25
- Gender of nouns: introduction, 25
- Intonation in questions, 25
- Negative sentences, 26
- Adjective agreement: introduction, 26
- Object forms of personal pronouns, 27
- Formal and informal address, 28
- *Who?* questions, 29
- Professions and gender, 30
- Formal and informal greetings, 31
- Adverbs, 31

xiii

Уро́к 4   Где здесь по́чта?   83

THEMES

- Describing your city
- Asking for directions
- Expressing location
- Describing things in the plural
- Describing your house or apartment

CULTURE

- St. Petersburg
- Moscow
- Russian housing
- Inside an apartment

STRUCTURES

- Он/она́/оно́ versus э́то, 100
- Demonstrative pronouns э́тот and тот, 101
- Verbs находи́ться, называ́ться, and звать, 102
- Prepositional case of nouns: singular, 103
- Nominative plural of nouns, adjectives, possessive and demonstrative pronouns, 105

Уро́к 5   Где вы живёте?   111

THEMES

- Describing your city and country
- Expressing location
- Making comparisons
- Telling where you live and how long you have lived there

CULTURE

- Physical and political geography of Russia, former USSR republics, and Europe

STRUCTURES

- Prepositional case of nouns (with **в, на** and **о**), 128
- Comparative of adjectives, 131
- Superlative of adjectives, 132
- Prepositional case of adjectives: в како́м/в како́й, 133
- Nouns with numerals (год/ го́да/лет), 134
- Time expressions: давно́, 135

Урок 8 Вы лю́бите класси́ческую му́зыку? **199**

THEMES

- Talking about literature and art
- Expressing emphasis and preference
- Talking about sports
- Talking about music

CULTURE

- Russian team names
- Chess as sport
- The role of hockey in Russia
- Famous hockey and chess players
- Traditional Russian folk music
- Famous composers

STRUCTURES

- Accusative case of personal pronouns: Review, 215
- Accusative case of adjectives, possessive pronouns, and demonstrative pronouns, 215
- The verb игра́ть with **в** and **на**, 220

Урок 9 Что вы лю́бите де́лать в свобо́дное вре́мя? **223**

THEMES

- Talking about the seasons
- Talking about free-time activities
- Discussing past activities
- Telling about your vacation

CULTURE

- Picking berries and mushrooms
- Swimming in the winter
- Where Russians spend their vacation
- Russian souvenirs

STRUCTURES

- Syntax: The noun вре́мя and the seasons, 239
- Time expressions: Seasons, 240
- Verb + verb constructions: я люблю́/уме́ю пла́вать, 241
- Impersonal constructions with мо́жно, 242
- Past tense of verbs, 243
- Verbs of motion: ходи́л and е́здил, 246
- Time expressions: *How long* (две неде́ли) and *How long ago* (два го́да наза́д), 248

Уро́к 18   Как вы себя́ чу́вствуете?   **509**

THEMES

- Describing your physical appearance
- Complaining about your health
- Making health recommendations
- Expressing feelings and empathy
- Going to the doctor

CULTURE

- Official health care
- Folk medicine
- The Russian bathhouse— ба́ня

STRUCTURES

- The reflexive pronoun себя́, 527
- Impersonal constructions хо́чется and спи́тся, 527

Т·Р·О·Й·К·А

*A Communicative Approach to
Russian Language, Life, and Culture*

Ру́сский Алфави́т

The Alphabet _____

The Russian alphabet was devised by a monk, St. Cyril, who was born in
Thessaloniki, Greece, around A.D. 827. The Russian alphabet is now called
Cyrillic in honor of St. Cyril.

РУССКИЙ АЛФАВИТ					
Letter	English spelling	Approximate sound	Letter	English spelling	Approximate sound
А а	a	father	Р р	r	pero (Spanish)
Б б	b	bad	С с	s	sad
В в	v	very	Т т	t	stain
Г г	g	gun	У у	u	boom
Д д	d	door	Ф ф	f	far
Е е	e, ye	yet	Х х	kh	loch
Ё ё	yo	New York	Ц ц	ts	cats
Ж ж	zh	measure	Ч ч	ch	child
З з	z	zoo	Ш ш	sh	shine
И и	i	eel	Щ щ	shch	fresh cheese
Й й	y	boy	ъ	(hard sign)	(no sound)
К к	k	ski	ы	i	hill
Л л	l	lock	ь	(soft sign)	(no sound)
М м	m	man	Э э	e	set
Н н	n	noise	Ю ю	yu	university
О о	o	or	Я я	ya	yard
П п	p	spin			

1. The Cyrillic alphabet is relatively easy to read. Try to read the following list of American states in Russian.

1. Техáс
2. Монтáна
3. Колорáдо
4. Оклахóма

5. Алабáма
6. Миннесóта
7. Аризóна

8. Индиáна
9. Калифóрния
10. Флори́да

There are 33 characters in the Cyrillic alphabet, some of which are the same as in English.

SAME AS ENGLISH						
Russian letter	**А а**	**Е е**	**К к**	**М м**	**О о**	**Т т**
English equivalent	a	e	k	m	o	t

2. Read the following Russian words.

1. том
2. кот

3. áтом
4. мáма

FAMILIAR LOOKING, BUT DIFFERENT SOUNDING						
Russian letter	**В в**	**Н н**	**Р р**	**С с**	**У у**	**Х х**
English equivalent	v	n	r	s	u	kh

3. Read the following American first names.

1. Скотт
2. Марк

3. Сáра
4. Ванéсса

5. Анна

DIFFERENT LOOKING, BUT FAMILIAR SOUNDING			
Russian letter	**Б б**	**Г г**	**Д д**	**З з**
English equivalent	b	g	d	z
Russian letter	**И и**	**Л л**	**П п**	**Ф ф**
English equivalent	i	l	p	f

4. Read some more American first names.

1. Рóбин
2. Тим
3. Грег
4. Крис

5. Адам
6. Кéлли
7. Ли́нда

8. Пáтрик
9. Рóза
10. Ти́ффани

5. The following Russian words sound very much like English.

   1. At home children have a ма́ма and па́па.

   2. In your room you have a ла́мпа and ра́дио.

   3. A teenager's best friend is the телефо́н.

   4. To get money you go to a банк.

   5. When your car is broken you may need to take a такси́.

   6. At the zoo you can see a флами́нго, a тигр, and a зе́бра.

6. Can you recognize the following musical instruments?

   1. гита́ра   **4.** кларне́т

   2. бас-гита́ра   **5.** тромбо́н

   3. саксофо́н

INTERESTING *S*-SOUNDS	
Ж ж zh	has the approximate sound of *s* in *pleasure, usually*. Жа́нна is a girl's name. Жира́ф is an animal you might see at the zoo. You can read a журна́л. The person who writes in one is a журнали́ст.
Ц ц ts	sounds like the last two letters in *cats*. An African insect that causes sleeping disease is called a цеце́ fly. When Russian children want to see clowns they go to the цирк.
Ч ч ch	looks like the number 4. It is pronounced like *ch* in *child*. The Russian spelling of the name Charlie is Ча́рли.
Ш ш sh	is pronounced like *sh* in *shine*. All Russian children over six years of age go to a шко́ла.
Щ щ shch	looks like the previous letter with a tail. It is pronounced like the combination of *sh* and *ch* in *fresh cheese*. The famous Russian red beet soup is called борщ.

7. Russians spell English names the way they are pronounced. For instance, *Chelsea* would be spelled Че́лси in Russian. Try to match the English names with the corresponding Russian spellings.

   1. Ча́рлз   Jim

   2. Джон   Sean

   3. Шан   Michelle

   4. Ше́рон   Charlotte

   5. Джим   Charles

   6. Джеф   John

   7. Ша́рлот   Sharon

   8. Мише́л   Jeff

THE YO-, YU-, YA- GROUP	
Ё ё yo	looks like the letter *e* with dots on. It is pronounced like *yo* in *New York*. The two dots on top are optional and are used mainly in language textbooks. The syllable with ё is always stressed. A Russian Christmas tree is a ёлка.
Ю ю yu	looks like the number 10. It is pronounced *yu*, as in **y**ule. Russians also have a sense of ю́мор *(humor)*.
Я я ya	looks like a backwards *r*. It has the sound of *ya*, as in **y**ard. Ягуа́р is a large cat and also a make of car.

8. When the letters **ё, ю,** or **я** are not at the beginning of the word, the sound resembles *o, u,* and *a,* respectively. Listen to the tape and imitate the speaker's pronunciation of the following Russian names in which these letters appear in different positions.

1. Алёша		**6.** Андрю́ша	
2. Фёдор		**7.** Яков	
3. Юра		**8.** Яша	
4. Юлия		**9.** Со́ня	
5. Катю́ша		**10.** Ко́ля	

ADDITIONAL SOUNDS	
Й й y	И кра́ткое, short *i*, looks like **и** with a hat on. It is pronounced like the letter *y* in *boy*. In Texа́с you can often see a ковбо́й *(cowboy)*. И кра́ткое is used only in combination with other vowels, for example: ай, ей, ий, ой, уй, ый The hat on top of the letter **й** is *not* optional, unlike the dots on the letter **ё**.
ы i	looks as though it is formed of two parts. It sounds like the letter *i* in *hill*. This letter never starts a word. телеви́зор**ы** *televisions* телефо́н**ы** *telephones*

Э э
e
	The "backwards *e*" is pronounced like the *e* in *set*. It is used mostly at the beginning of a word. If your first name starts with an *e*, you should use this letter.
	
	    Элино́р
	    Эрик
	    Эрин
	    Эли́забет

9. Listen to the tape and imitate the speaker's pronunciation of the following Russian words.

ма́йка	*T-shirt*	изве́стный	*famous*
канаре́йка	*canary*	телеви́зоры	*televisions*
музе́й	*museum*	фру́кты	*fruit*
ру́сский	*Russian*	ры́ба	*fish*
плохо́й	*bad*	э́то	*this*
пожа́луй	*perhaps*	Эсто́ния	*Estonia*

SPELLING SIGNS

ь | Мя́гкий знак (*soft sign*) does not have a sound of its own. It is a spelling sign indicating that the preceding consonant is *soft*, or *palatalized* (more about this in the Notes on Pronunciation). Ольга is a common first name for women. Do not confuse the soft sign with the letters **в, б,** and **ы.**

ъ | Твёрдый знак (*hard sign*) is sometimes used as a separating sign between the prefix and the stem of a word. Very few words have this sign.

---

10. Listen to the tape and imitate the speaker's pronunciation of the following Russian words.

Ольга	*Olga*
писа́тель	*writer*
письмо́	*letter*
большо́й	*big*
въезд	*entrance* (hard sign)

Notes on Pronunciation

Word Stress

The stress may fall on any syllable in a word. To help students pronounce Russian correctly, the stressed syllable is marked with an accent on the vowel. You can see the accent marks in textbooks, but not in materials intended for native speakers. Russians do not normally write the accents. In this textbook, the stress is marked *except* when it falls on a capital letter.

о́пера	(stress on the first syllable)
актри́са	(stress on the second syllable)
телефо́н	(stress on the third syllable)

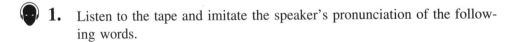

The syllable with **ё** is always stressed, and therefore no accent mark is needed.

ёлка   (stress on the first syllable)
берёза   (stress on the second syllable)

Note: Do not confuse the accent mark on **и** with the letter **й**. The hat is part of **й** and should *always* be written, whereas the accent on **и** is optional. Compare the following:

карандаши́   (optional accent mark on the letter **и**)
музе́й   (**й** in a stressed syllable preceded by another vowel. The stress mark on **е** is optional, but the hat on **й** is required.)

The stressed syllable is *pronounced with greater emphasis* than the unstressed syllable(s). The vowel in the stressed syllable is slightly longer and more distinct than in unstressed syllables.

Pronunciation of o, a, e, and я in Stressed and Unstressed Positions

o in a stressed syllable	o in an unstressed syllable
[o]* он до́ма	[a] in a position right before a stressed syllable зову́т она́ [ə] in other unstressed positions хорошо́ профе́ссор

*Notice that the Russian letter **o** does not have the *u*-glide, as in the English word *home*.

a in a stressed syllable	a in an unstressed syllable
[a] ма́ма	[a] in a position right before a stressed syllable маши́на [ə] in other unstressed positions су́мка

1. Listen to the tape and imitate the speaker's pronunciation of the following words.

o in the stressed syllable

приро́да *nature*
го́ры *mountains*
марафо́н *marathon*

o in the unstressed syllable

гора́ *mountain*
пока́ *bye*
до свида́ния *good-bye*
соба́ка *dog*

o in different positions

плóхо *badly*

плохóй *bad*

хорошó *well*

погóда *weather*

порóда *breed*

городá *cities*

бородá *beard*

голосá *voices*

e in a stressed syllable	e in an unstressed syllable
[e] газéта	[i] рекá

2. Listen and repeat.

e in the stressed syllable

студéнт *student*

спортсмéнка *athlete* f.

профéссор *professor*

e in the unstressed syllable

Техáс *Texas*

метрó *subway*

америкáнский *American*

я in stressed syllables	я in unstressed syllables
[ya] я́рко	[yə] at the end of the word рýсская [yi] at the beginning of a word язы́к [i] in other unstressed positions дéсять

3. Listen and repeat.

я in the stressed syllable

я́блоко *apple*

мая́к *lighthouse*

я́сно *clearly*

unstressed я at the beginning

яйцó *egg*

янвáрь *January*

unstressed я at the end of a word

Áнглия *England*

хорóшая *good*

плохáя *bad*

unstressed я in other positions

дéвять *nine*

пятилéтка *five-year plan*

Hard and Soft Consonants

Most Russian consonants have a soft (palatalized) and a hard (nonpalatalized) variant and, therefore, two different pronunciations. The palatalized consonants are pronounced with the tongue high and forward in the mouth.

A consonant is hard *before* the following:	а	э	о	у	ы	ø (before another consonant)
A consonant is soft *before* the following:	я	е	ё	ю	и	ь

4. Listen to the tape and repeat the following words.

ле́нта	(soft *l*)
ла́мпа	(hard *l*)
па́ста	(hard *s*)
письмо́	(soft *s*)
аллига́тор	(hard *r*)
Игорь	(soft *r*)

5. Listen to the pronunciation of the hard and soft variants of the following consonants. Repeat with the tape.

consonant	hard	soft	
л	ла́мпа	ле́нта	(е follows)
з	зонт	газе́та	
л	ла́мпа	лёд	(ё follows)
т	том	тётя	
р	рок	тури́ст	(и follows)
л	Ла́ра	и́ли	
н	Анна	Та́ня	(я follows)
т	Тама́ра	Ка́тя	
т	Ту́ла	Катю́ша	(ю follows)
с	су́мка	сюрпри́з	
л	Во́лга	Ольга	(soft sign follows)
с	па́ста	письмо́	

The Letters е, ё, я, and ю at the Beginning of Words or after Another Vowel

The letters **е**, **ё**, **я**, and **ю** start with a distinct *y*-sound at the beginning of a word and after another vowel.

6. Listen and repeat.

Beginning of word
éсли
Екатери́на
Еле́на
ёлка
ёжик
я́сно
Яша
Юра
Юпитер

After another vowel
краси́вее
её
ру́сская
слу́шаю

7. Listen and repeat. After a consonant, the letters **е**, **ё**, **я**, and **ю** have a vowel sound only.

Ле́на
Алёша
Та́ня
Катю́ша

8. Listen and repeat. Notice the difference between the letters **э** and **е**.

э	е
Эрика	Еле́на
э́то	éсли

If your name is Eric, Elizabeth, Elinor, or the like, the Russian spelling should start with an **Э**; otherwise, your name will be mispronounced.

Voiced and Voiceless Consonants

The distinction between voiced and voiceless consonants exists in many languages, including English (*b/p, v/f, d/t,* etc.) Twelve Russian consonants can be arranged into voiced and voiceless pairs.

voiced	б	в	г	д	ж	з
voiceless	п	ф	к	т	ш	с

Words *ending in a voiced consonant* are pronounced with the corresponding *voiceless* consonant. A native Russian with a typical Russian accent might say in English

> I'm goin**k** to a meetin**k**.

or: I'm hungry. I want some foo**t**.

9. Listen to the devoicing of consonants in the following words. The actual pronunciation is given in brackets. Repeat with the tape.

клу**б**   [...п]

Ивано́**в**   [...ф]

дру**г**   [...к]

го́ро**д**   [...т]

му**ж**   [...ш]

га**з**   [...с]

Consonant assimilation takes places in consonant clusters containing both voiced and voiceless consonants. The second consonant in the cluster determines the quality of the first one.

10. Listen and repeat. If the second consonant is voiced, the first one is pronounced voiced.

отде́л [аддел]

вокза́л [вагзал]

If the second consonant is voiceless, the first one is pronounced voiceless.

кавказ [кафкас]

ло́жка [лошка]

Writing Russian

LETTERS OF THE ALPHABET

Printed	Italics	Cursive	Comments on Cursive
А а	*А а*	*Аа*	
Б б	*Б б*	*Бб*	
В в	*В в*	*Вв*	Lowercase *в* is a tall letter.
Г г	*Г г*	*Гг*	Lowercase *г* has rounded corners.
Д д	*Д д*	*Дg*	
Е е	*Е е*	*Ёе*	
Ё ё	*Ё ё*	*Ёё*	
Ж ж	*Ж ж*	*Жж*	
З з	*З з*	*Зз*	Uppercase *З* looks like the number 3.
И и	*И и*	*Ии*	
Й й	*Й й*	*Йй*	The hat is required.
К к	*К к*	*Кк*	Lowercase *к* is a short letter.
Л л	*Л л*	*Лл*	This letter has a hook in front.
М м	*М м*	*Мм*	This letter has a hook in front.
Н н	*Н н*	*Нн*	
О о	*О о*	*Оо*	
П п	*П п*	*Пп*	
Р р	*Р р*	*Рр*	Lowercase *р* is not closed.
С с	*С с*	*Сс*	
Т т	*Т т*	*Тт*	Lowercase *т* often has a line on top to distinguish it from *ш*
У у	*У у*	*Уу*	Uppercase *У* does not extend below the line.
Ф ф	*Ф ф*	*Фф*	
Ц ц	*Ц ц*	*Цц*	The tail on this letter is very small.
Ч ч	*Ч ч*	*Чч*	Lowercase *ч* has sharp corners.
Ш ш	*Ш ш*	*Шш*	Lowercase *ш* often has a line under it to distinguish it from *т*.
Щ щ	*Щ щ*	*Щщ*	The tail on this letter is very small.
Ъ ъ	*Ъ ъ*	*ъ*	This letter has a square top.
ы	*ы*	*ы*	
ь	*ь*	*ь*	Do not confuse the soft sign with the letter *в*.
Э э	*Э э*	*Ээ*	Do not confuse with *З*.
Ю ю	*Ю ю*	*Юю*	
Я я	*Я я*	*Яя*	This letter has a hook in front.

Уро́к 1 (Пе́рвый уро́к)

Как вас зову́т?

Влади́мир Высо́цкий— изве́стный ру́сский арти́ст.

Са́ра: Кто э́то?

Марк: Это изве́ст- ный ру́сский арти́ст.

Са́ра: Как его́ зову́т?

Марк: Его́ зову́т Влади́мир Высо́цкий.

THEMES

- Introducing people
- Asking yes-or-no questions
- Describing people with adjectives of nationality and quality
- Asking someone's name
- Inquiring about someone's profession
- Greeting people

CULTURE

- Russian first names and last names
- Introductions
- Formal and informal address
- Professions and gender
- Introduction to famous Russians
- The space race
- Addressing teachers

STRUCTURES

- Omission of the verb *to be*
- Gender of nouns: Introduction
- Intonation in questions
- Negative sentences
- Adjective agreement: Introduction
- Object forms of personal pronouns
- Formal and informal address
- *Who?* questions
- Professions and gender
- Formal and informal greetings
- Adverbs

Introducing People

Кто э́то?	Э́то президéнт.

◇ **1.1** Omission of the verb *to be*
 1.2 Gender of nouns

А э́то кто?

The words арти́ст and арти́стка imply a performing artist only, not a painter, sculptor, etc.

арти́стка   арти́ст   актёр   актри́са

тури́ст   тури́стка   студéнт   студéнтка   Э́то спортсмéн и́ли спортсмéнка?

Asking Yes-or-No Questions

Э́то арти́ст?	Да, э́то арти́ст.
	Нет, э́то актёр.
	Нет, э́то не арти́ст, а актёр.

◇ **1.3** Intonation
 1.4 Negative sentences

1. Это актёр?

Make up minidialogues using the names of famous artists, actors, athletes, and presidents. You can start off with the following ideas.

Model: George Washington/actor

S1:   **Джордж Ва́шингтон—э́то актёр?**

S2:   Нет, э́то президе́нт.

or: Нет, э́то не актёр, а президе́нт.

1. Abraham Lincoln/artist
2. Barbra Streisand/athlete
3. Ronald Reagan/athlete
4. Meryl Streep/president

Describing People with Adjectives of Nationality and Quality

| Кто э́то? | Это **хоро́ший ру́сский** арти́ст. |

◇   **1.5** Adjective agreement

Это **хоро́ший ру́сский** арти́ст.   Это **плохо́й ру́сский** арти́ст.

adjectives of nationality

ру́сский	ру́сская
америка́нский	америка́нская
англи́йский	англи́йская
кана́дский	кана́дская

adjectives of quality

хоро́ший	хоро́шая
неплохо́й	неплоха́я
плохо́й	плоха́я
изве́стный	изве́стная

↑ Это ру́сский арти́ст?	Да, ру́сский. Нет, не ру́сский, а америка́нский.
↑ Это ру́сский арти́ст?	Да, арти́ст. Нет, не арти́ст, а актёр.
↑ Это хоро́ший арти́ст?	Да, о́чень хоро́ший.

◇ **1.3** Intonation

2. Это хоро́шая арти́стка.

A. The following chart lists participants of a Russian–American cultural exchange program. Introduce the participants to your friend in Russian.

Model: Ле́на—хоро́шая ру́сская арти́стка.

	American group		Russian group	
athletes:	Сюза́нна	Марк	Та́ня	Юра
artists:	Кэ́ти	Джон	Ле́на	Бо́ря
actors:	Ли́нда	Эндрю	Ка́тя	Гри́ша
students:	Лиз	Пол	Ната́ша	Игорь

B. Your friend does not seem to have a very good memory. Practice questions and answers according to the model.

S1: Ле́на—**спортсме́нка**?
S2: Нет, Ле́на арти́стка.
S1: Ле́на—**америка́нская** арти́стка?
S2: Нет, Ле́на ру́сская арти́стка.

3. Это изве́стный арти́ст.
Names of foreign celebrities are often seen in Russian newspapers. Read the following names. What are their professions and nationalities? What do you think of them?

Model: Том Круз—(э́то) хоро́ший/изве́стный америка́нский актёр.

1. Эдди Мерфи		**7.** Мадонна	
2. Джанет Джексон		**8.** Шерон Стоун	
3. Джордж Буш		**9.** *Рональд Рейган*	
4. Деми Мур		**10.** *Билл Клинтон*	
5. Джон Леннон		**11.** Мик Джеггер	
6. *Джейн Фонда*		**12.** Долли Партон	

Asking Someone's Name

RUSSIAN FIRST NAMES			
MALE		**FEMALE**	
full name	diminutive	full name	diminutive
Алекса́ндр	Са́ша	Алекса́ндра	Са́ша
Алексе́й	Алёша	Алла	*
Андре́й	Андрю́ша	Анна	Аня
Бори́с	Бо́ря	Валенти́на	Ва́ля
Валенти́н	Ва́ля	Ве́ра	*
Ви́ктор	Ви́тя	Евге́ния	Же́ня
Влади́мир	Воло́дя	Екатери́на	Ка́тя
Гео́ргий	Ге́ра	Еле́на	Ле́на
Григо́рий	Гри́ша	Ири́на	Ира
Евге́ний	Же́ня	Лари́са	Ла́ра
Ива́н	Ва́ня	Мари́на	*
Игорь	*	Мари́я	Ма́ша
Макси́м	*	Наде́жда	На́дя
Михаи́л	Ми́ша	Ната́лья	Ната́ша
Никола́й	Ко́ля	Ни́на	*
Оле́г	*	Ольга	Оля
Серге́й	Серёжа	Светла́на	Све́та
Юрий	Юра	Софи́я	Со́ня
		Татья́на	Та́ня

* These names do not have a special diminutive form.

Unlike American first names, Russian full names are exclusively either masculine or feminine. Some *diminutive* forms, however, can be both male and female, e.g., Са́ша and Же́ня.

Как	его́ её их	зову́т?	Его́ Её Их	зову́т…

◇ **1.6** Object forms of personal pronouns

Его́ is pronounced [yivó]. Её is pronounced [yiyó].

Как **его́** зову́т?
Его́ зову́т Серге́й.

Как **её** зову́т?
Её зову́т Ле́на.

Как **их** зову́т?
Их зову́т Юра и Ка́тя.

RUSSIAN FIRST NAMES

Russian names change with a person's age. For example, if, according to an official birth certificate, a child's name is Алекса́ндр, he may be called Са́шенька (endearing form) throughout his life by his mother. When he goes to school he is called Са́ша (diminutive form) by his teachers and new friends. When friends get to know him better he will probably be known as Са́шка (pejorative form). Although the -ка endings in names are derogatory, children and adults sometimes use them as a form of approval among close friends. In higher grades teachers may use his full name, Алек-са́ндр, or his last name only. His friends still call him Са́ша or, less frequently now, Са́шка. When he is ready to enter the adult world, he will be called Алекса́ндр Петро́вич (full name and patronymic, derived from his father's name) by his colleagues, only to be called Са́шенька again, occasionally, by his future wife.

The same applies to women's names. Еле́на becomes Ле́ночка in the home environment and Ле́на (sometimes Ле́нька) at school. At work she will be called Еле́на Петро́вна, and at home, Ле́ночка, by her husband.

| Са́шенька | Са́ша | Са́шка | Алекса́ндр Петро́вич | Са́шенька |

4. Как их зову́т?

A. Choose names for the people illustrated on page 14.

   Model: Как его́ зову́т? Его́ зову́т Гри́ша.

B. Discuss the pictures with a partner.

   S1:   Кто э́то?
   S2:   Это **арти́ст.**
   S1:   Это **америка́нский** арти́ст?
   S2:   Нет, э́то ру́сский арти́ст.
   S1:   Как **его́** зову́т?
   S2:   Его́ зову́т **Никола́й.**

Как тебя́ зову́т?	Меня́ зову́т Аня.
Как вас зову́т?	Меня́ зову́т Анна Па́вловна. Меня́ зову́т Анна.
Очень прия́тно.	(Очень прия́тно.)

◇ **1.7** Formal and informal address

INTRODUCTIONS

Russian children and teenagers often introduce themselves with their first names (diminutive) only, for example, Са́ша, Ната́ша. Adults use their full first names and patronymics (father's name), for example, Алекса́ндр Петро́вич, Ната́лья Петро́вна. When talking to foreigners, most of whom do not have patronymics, Russians sometimes omit their own patronymics as well. Omitting patronymics, however, does not necessarily imply informal form of address. Thus, the question *What is your name?* would still be Как вас зову́т?

5. Очень прия́тно.

Explain the reason for formal and informal address in the pictures and for the omission of the patronymic in picture (c).

(*a.*) Как тебя́ зову́т?
—Меня́ зову́т Воло́дя. А тебя́?
—Ле́на.

(*b.*) Как вас зову́т?
    —Меня́ зову́т Ива́н Ива́нович. А вас?
    —Анна Па́вловна.
    —Очень прия́тно.

(*c.*) Меня́ зову́т Еле́на. А вас как?
    —Майкл.
    —Очень прия́тно.

 ## 6. Как вас зову́т? or Как тебя́ зову́т?

A. Which question would you use when addressing

1. a small child
2. your new teacher
3. a new classmate
4. your friend's mother
5. a teenager

B. Introduce yourself to all your classmates, as in picture (c) or (a).

RUSSIAN LAST NAMES

Many Russian last names (фами́лия) have two different forms, masculine and feminine. If a man's last name is Ивано́в, his wife's last name is Ивано́ва. Their children are also Ивано́в (sons) and Ивано́ва (daughters).

   Some last names have *adjective* forms with the feminine ending in **-ая**.

masculine	feminine
Пу́шкин	Пу́шкина
Па́влов	Па́влова
Толсто́й	Толста́я

7. **Как его́ фами́лия? Как её фами́лия?**

Read the following names and determine their gender. What would their spouses' last names be?

А. Га́лкин	В. А́ракова	М. Ги́блова	Б. Нечаев

Inquiring About Someone's Profession

Кто тако́й Анато́лий Ка́рпов?	Анато́лий Ка́рпов—э́то изве́стный ру́сский шахмати́ст.
Кто така́я А́нна Па́влова?	А́нна Па́влова—э́то изве́стная ру́сская балери́на.

◇ **1.8** *Who?* questions

A Russian astronaut (астрона́вт) is called a cosmonaut (космона́вт).

Балери́на is female only. The word for a male dancer is танцо́р.

Although it is possible to say хоккеи́стка, the word is seldom used, since few (if any) Russian women play hockey. Feminine forms шахмати́стка, пиани́стка, космона́втка, and писа́тельница are grammatically correct, but using the masculine form shows more respect for women in these professions. Профе́ссор and компози́тор do not have separate feminine forms.

1. хоккеи́ст Вале́рий Харла́мов

2. шахмати́ст Анато́лий Ка́рпов

3. писа́тель/поэ́т Фёдор Достое́вский Анна Ахма́това

4. профе́ссор Ива́н Па́влов

5. пиани́ст Святосла́в Ри́хтер

6. компози́тор Пётр Чайко́вский

7. космона́вт Валенти́на Никола́ева-Терешко́ва

8. балери́на А́нна Па́влова

◇ **1.9** Professions and gender

• А кто тако́й Михаи́л Бары́шников?

8. Hall of Fame.

A. Discuss the pictures with your friend according to the model.

S1: Кто тако́й Ива́н Па́влов?

S2: Ива́н Па́влов—э́то изве́стный ру́сский профе́ссор.

or: S1: Кто така́я Анна Па́влова?

S2: Анна Па́влова—э́то изве́стная ру́сская балери́на.

B. Make a list of famous Americans and continue the trivia quiz. Add these three professions to your list.

футболи́ст/ка   баскетболи́ст/ка   теннисист/ка

THE SPACE RACE

On April 12, 1961, cosmonaut Yuri Gagarin (Юрий Гага́рин) became the first human being in space. The United States sent an astronaut into space 23 days after Gagarin's flight. The former Soviet
Union can boast of many other firsts in the space race, including
launching the world's first artificial satellite, transmitting the first sig-
nals from the surface of Mars, engineering the first soft landing on
Venus, and launching the world's first space station.

Это Юрий Гага́рин.

Greeting People

MEETING	formal	informal
any time	Здра́вствуйте!	Здра́вствуй! Приве́т!
morning	До́брое у́тро!	До́брое у́тро!
day	До́брый день!	До́брый день!
evening	До́брый ве́чер!	До́брый ве́чер!
LEAVING *any time*	До свида́ния! Всего́ хоро́шего!	До свида́ния! Всего́ хоро́шего! Пока́!
night	Споко́йной но́чи!	Споко́йной но́чи!

Всего́ хоро́шего is
pronounced [vsivó
kharósheva].

◇ **1.10** Formal and informal greetings

ADDRESSING TEACHERS

If your teacher is a native Russian, he or she is usually addressed with first name and patronymic: Алекса́ндр Петро́вич, Ни́на Петро́вна. Otherwise, you may use the words господи́н (*Mr.*) or госпожа́ (*Ms.*) and the last name: господи́н Смит, госпожа́ Го́мез. It is also possible to use the words профе́ссор or до́ктор with the last name, for example, профе́ссор Смит or до́ктор Го́мез.

9. Здра́вствуйте!

A. In how many different ways can the missing captions be filled?

B. How would you

1. greet your teacher in the morning
2. greet your best friend in the afternoon
3. say good-bye to a friend
4. say good night to your friend's mother
5. say good-bye to your professor
6. greet your friend's father
7. greet all your classmates as a group
8. greet your friend and his grandfather

Как дела́?	Спаси́бо, хорошо́. А у тебя́?
То́же хорошо́.	

◇ **1.10** Formal and informal greetings **1.11** Adverbs

Как дела́?

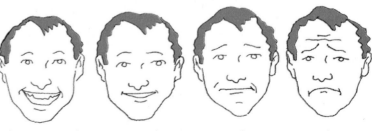

о́чень хорошо́ хорошо́ непло́хо пло́хо

10. Как дела?

Practice greeting your friends. How many different variations can you make?

S1: Здра́вствуй, _____!

S2: _____, _____. Как дела́?

S1: Спаси́бо, _____. А у тебя́?

S2: _____.

A. You should now be able to...

1. *ask who somebody is*
2. *ask and answer yes-or-no questions about some professions, nationality, and quality*
3. *ask someone's name using formal and informal address*
4. *respond to an introduction*
5. *differentiate between masculine and feminine last names*
6. *inquire about someone's profession if the name is known*
7. *greet people formally and informally at different times of day*
8. *say good-bye formally and informally*
9. *wish someone good night*
10. *inquire informally how someone is doing*

B. Introduce five famous Americans in various professions.

C. What are the professions of the following famous Russians?

1. Анато́лий Ка́рпов
2. Пётр Чайко́вский
3. Анна Па́влова
4. Валенти́на Терешко́ва
5. Анна Ахма́това
6. Влади́мир Высо́цкий
7. Лев Толсто́й
8. Дми́трий Шостако́вич
9. Алекса́ндр Пу́шкин
10. Михаи́л Бары́шников

D. Situations.

1. At a restaurant with live music. *Tell your Russian friend that you think the performing artist (female) is pretty good. Then find out the singer's nationality and name.*
2. Ask a little girl what her name is and then introduce yourself.
3. In the hallway. *Greet your Russian friend and ask how he or she is doing. Then say good-bye.*

CHAPTER REVIEW

Word Building

RUSSIAN LAST NAMES

Russian last names are formed in different ways.

From first names

Ива́н	Ивано́в	Пётр	Петро́в
Рома́н	Рома́нов	Михаи́л	Миха́йлов
Никола́й	Никола́ев		

From names of professions

кузне́ц (*blacksmith*)	Кузнецо́в
портно́й (*tailor*)	Портно́й
пло́тник (*carpenter*)	Пло́тников
виноку́р (*liquor distiller*)	Виноку́ров

From animals

за́яц (*hare*)	За́йцев
медве́дь (*bear*)	Медве́дев
волк (*wolf*)	Во́лков

A. Give examples of American last names from each group. In your opinion, which group has the least number of American last names?

B. Match the following last names with the drawings.

Чайко́вский	Петухо́в
Аку́лов	Орло́в
Ка́рпов	Ко́шкин

орёл

карп   ко́шка

ча́йка

пету́х   аку́ла

1.1 OMISSION OF THE VERB *TO BE*

The present tense of the verb *to be* (*am, is, are*) is seldom used as a linking verb in Russian. Also, there are *no articles* (*a, an,* or *the*) in Russian.

Кто	э́то?	Это	президе́нт.
Who is	*this?*	*This is*	*a/the president.*

In sentences where both the subject and predicate are *nouns,* a dash is often used to denote the omission of the verb *to be.*

	Алла Пугачёва	—	арти́стка.
	Alla Pugachova	*is*	*an artist.*
but:	Это арти́стка.	(pronoun + noun)	
	This is an artist.		

1.2 GENDER OF NOUNS: INTRODUCTION

Russian nouns have one of three genders: *masculine, feminine,* and *neuter.* Masculine nouns usually end in a consonant, and feminine nouns in the vowel **a** (sometimes spelled **я**). Neuter nouns, which end in the vowels **o** or **e**, will be introduced in Lesson 3.

Some names of professions have distinct masculine and feminine forms.

male	female	
арти́ст	арти́стка	*artist*
актёр	актри́са	*actor*

For other professions the *masculine* form is used both for males and females.

male	female	
президе́нт	президе́нт	*president*
компози́тор	компози́тор	*composer*

1.3 INTONATION IN QUESTIONS

Compare the following.

Это арти́ст.	(statement)
Это арти́ст?	(question)

In these sentences, the only visible difference between a statement and a question is the punctuation.

25

In oral language, questions that do not use a question word (*who, what, where,* etc.) have a special intonation pattern that *emphasizes the stressed syllable of the most important word in the question.*

Алла Пугачёва—**спортсме́нка?**
*Is Alla Pugachova an **athlete**?*

Нет, Алла Пугачёва—**арти́стка**.
*No, Alla Pugachova is an **artist**.*

Это ру́сский **арти́ст?**
*Is this a Russian **artist**?*

Нет, э́то ру́сский **актёр**.
*No, this is a Russian **actor**.*

Это **ру́сский** арти́ст?
*Is this a **Russian** artist?*

Нет, э́то **америка́нский** арти́ст.
*No, this is an **American** artist.*

1.4 NEGATIVE SENTENCES

A negative answer to a yes-or-no question starts with the word **нет**. A negative within the sentence is **не**.

Это президе́нт?
Is this the president?

Нет, э́то **не** президе́нт.
No, this is not the president.

You can also use the construction **не... а** *(not... but).*

Это **ру́сский** арти́ст?

Нет, **не** ру́сский, **а** америка́нский.

or:

Нет, э́то **не** ру́сский арти́ст, **а** америка́нский.

or:

Нет, э́то **не** ру́сский, **а** америка́нский арти́ст.

1.5 ADJECTIVE AGREEMENT: INTRODUCTION

Adjectives agree with the noun in gender.

masculine	feminine	
изве́стн-**ый** арти́ст	изве́стн-**ая** арти́стка	*a famous artist*
ру́сск-**ий** арти́ст	ру́сск-**ая** арти́стка	*a Russian artist*
плох-**о́й** арти́ст	плох-**а́я** арти́стка	*a bad artist*

The endings for masculine adjectives are **-ый, -ий,** or **-ой**. Dictionaries and glossaries usually list adjectives in their masculine forms only.

Adjectives that end in **-ой** have the stress on the *ending.*

	плох**о́й**	плох**а́я**
but:	хоро́ший	хоро́шая

Упражне́ния

◇ **1.** Fill in the adjective endings.

1. хоро́ш_____ америка́нск_____ студе́нт
2. хоро́ш_____ кана́дск_____ студе́нтка
3. плох_____ америка́нск_____ актри́са
4. изве́стн_____ англи́йск_____ арти́стка
5. ру́сск_____ тури́стка
6. изве́стн_____ кана́дск_____ спортсме́н
7. хоро́ш_____ ру́сск_____ актёр
8. америка́нск_____ тури́ст
9. плох_____ студе́нт
10. хоро́ш_____ англи́йск_____ арти́ст

2. **A.** Read the questions using the correct intonation. Then answer the questions in complete sentences using the information in the chart.

1. Анна—спортсме́нка?
2. Анна—америка́нская актри́са?
3. Ива́н—арти́ст?
4. Ива́н—кана́дский спортсме́н?
5. Джон—кана́дский арти́ст?
6. Са́ра—ру́сская студе́нтка?
7. Марк—ру́сский арти́ст?

name	nationality	profession
Anna	Russian	actress
Ivan	Russian	athlete
John	Canadian	actor
Sarah	American	student
Mark	American	artist

B. Write complete sentences based on the chart. Add one adjective of quality in each sentence.

Model: Анна—хоро́шая ру́сская актри́са.

1.6 OBJECT FORMS OF PERSONAL PRONOUNS

To ask a person's name, or to give a person's name, you need the (direct) *object forms* of personal pronouns (*me, you, him, her, us, you, them*).

	Как его́ зову́т?	Его́ зову́т Марк.
literally:	*How him they call?*	*Him they call Mark.*
	What is his name?	*His name is Mark.*

singular			plural		
меня́	*me*	(first person)	нас	*us*	(first person)
тебя́	*you*	(second person)	вас	*you*	(second person)
его́/её	*him/her*	(third person)	их	*them*	(third person)

Note on pronunciation
его́ is pronounced [yivó]
её is pronounced [yiyó]

Упражне́ние

◇ **3.** **Его́, её, их.** Your Russian friend Larisa is showing you her class picture. How would you inquire about the names of various students? Consult the box on page 17 for male and female names.

Your questions	Larisa's answers
_____	Игорь.
_____	Аня.
_____	Ка́тя.
_____	Воло́дя.
_____	Ира и Ле́на.
_____	Ма́ша.
_____	Оля.
_____	Ми́ша.
_____	Са́ша и Юра.

1.7 FORMAL AND INFORMAL ADDRESS

There are two forms of address in Russian: *formal* (second person plural) and *informal* (second person singular). The informal forms are used among friends and family members, as well as when addressing young children. Adults normally use the formal form when they first meet. When they know each other better, they may switch into informal address. Foreigners should address Russian adults with the formal form until the Russians suggest the use of the informal form instead.

The second person plural serves two purposes.

Как **вас** зову́т?   • to address more than one person (both formally and informally)
  • to address one person formally

The second person singular serves only one purpose.

Как **тебя́** зову́т?   • to address one person informally

Упражне́ния

◇ **4.** **Как тебя́ зову́т? or Как вас зову́т?** Which question would you use to inquire about the names of the following Russians?

Your questions	Their answers
_____	Игорь Иго́ревич.
_____	Са́ша.
_____	Ната́лья Петро́вна.
_____	Воло́дя.
_____	Ира и Ле́на.
_____	Та́ня.
_____	Ива́н Петро́вич.
_____	Са́ша и Юра.

5. Supply the missing pronouns меня́, тебя́, его́, её, нас, вас, их.

1. Как _*вас*_ зову́т? Меня́ зову́т Алексе́й Ива́нович. А _*вас*_ как зову́т? Серге́й Петро́вич.
2. _*его́*_ зову́т Андре́й? Нет, его́ зову́т Анато́лий.
3. Как _*их*_ зову́т? Их зову́т Пе́тя и Юра.
4. _*Тебя́*_ зову́т Ми́ша? Нет, меня́ зову́т Гри́ша.
5. Как _*её*_ зову́т? Ната́ша? Нет, её зову́т не Ната́ша, а Лари́са.

1.8 *WHO?* QUESTIONS

If you know a person's name and want a more detailed description, you often start the question with **кто тако́й** (masc.) or **кто така́я** (fem.).

Кто тако́й Юрий Гага́рин?	Юрий Гага́рин—э́то ру́сский космона́вт.
Who is Yuri Gagarin?	*Yuri Gagarin is a Russian cosmonaut.*
Кто така́я Алла Пугачёва?	Алла Пугачёва—э́то ру́сская арти́стка.
Who is Alla Pugachova?	*Alla Pugachova is a Russian artist.*

Use the **кто тако́й/кто така́я** construction only when the person's name is included in the question. Use the word **кто** alone for any other questions with *who*.

Кто э́то?	Это Алла Пугачёва.
Who is this?	*This is Alla Pugachova.*

Упражне́ние

◇ **6.** **Кто тако́й? Кто така́я? or Кто э́то?** Supply the missing questions.

1. Анато́лий Ка́рпов—э́то ру́сский шахмати́ст.
2. Это ру́сская балери́на.
3. Это Ма́я Плисе́цкая.
4. Татья́на Толста́я—э́то ру́сский писа́тель.
5. Это Анто́н Па́влович Че́хов.
6. Пу́шкин—э́то ру́сский писа́тель.
7. Влади́мир Высо́цкий—э́то ру́сский арти́ст.

1.9 PROFESSIONS AND GENDER

For some professions, separate forms for masculine and feminine are used quite frequently, for example, арти́ст/арти́стка. For other professions, the masculine form can be used to refer to women, even if a feminine form exists. In this case, it is the speaker's choice. Using the masculine form shows more respect toward women.

	masculine	feminine
optional:	космона́вт	космона́втка
	пиани́ст	пиани́стка
	писа́тель	писа́тельница
	поэ́т	поэте́сса
	хоккеи́ст	хоккеи́стка
	шахмати́ст	шахмати́стка
no separate feminine form:	до́ктор	до́ктор
	компози́тор	компози́тор
	президе́нт	президе́нт
	профе́ссор	профе́ссор
different feminine form:	танцо́р	балери́на

Note: If a masculine noun is used to refer to a woman, the adjectives also take the masculine form.

Татья́на Толста́я—хоро́ш**ий** писа́тель. (both masculine)
Tatyana Tolstaya is a good writer.

Валенти́на Терешко́ва—изве́стн**ый** космона́вт. (both masculine)
Valentina Tereshkova is a famous cosmonaut.

but: Ле́на—хоро́ш**ая** пиани́ст**ка.** (both feminine)
Lena is a good pianist.

1.10 FORMAL AND INFORMAL GREETINGS

The form **здра́вствуйте** serves two purposes:

- to address more than one person (both formally and informally)
- to address one person formally

Здра́вствуй is used to address one person informally.

Как дела́? literally means *How are things?* The question **А у тебя́?** means *And with you?* Use these lines only when meeting friends.

Упражне́ние

◇ **7.** **A.** List all possible ways to greet

    1. a friend in the morning

    2. your teacher in the afternoon

    3. your fellow students in the evening

    B. List all the ways to say good-bye to

    1. a friend at night

    2. your teacher in the afternoon

1.11 ADVERBS

Adverbs are parts of speech that answer the question *How?* Some adverbs can be formed by adding **-o** to the adjective stem.

stem	masc. adjective	fem. adjective	adverb	
хоро́ш-	хоро́ший	хоро́шая	хорошо́	*well*
плох-	плохо́й	плоха́я	пло́хо	*badly*

Vocabulary ─────────────────────

Note: The core vocabulary is **bold-faced**.

Nouns

актёр, актри́са	*actor, actress*	**баскетболи́ст/ка**	*basketball player*
арти́ст/ка	*artist*	господи́н	*Mr.*
астрона́вт	*astronaut*	госпожа́	*Ms.*
балери́на	*ballerina*	до́ктор	*doctor* (in titles)

композ́итор	*composer*
космон́авт	*cosmonaut*
пиан́ист/ка	*pianist*
пис́атель	*writer*
по́эт	*poet*
презид́ент	*president*
проф́ессор	*professor*
спортсм́ен/ка	*athlete*
студ́ент/ка	*student*
танц́ор	*dancer*
тенн́ис́ист/ка	*tennis player*
тур́ист/ка	*tourist*
футбол́ист/ка	*soccer player*
хокќейст/ка	*ice-hockey player*
шахмат́ист/ка	*chess player*

Adjectives

Of Nationality

америќанский	*American*
англ́ийский	*English*
кан́адский	*Canadian*
р́усский	*Russian*

Other Adjectives

изв́естный	*famous*
неплох́ой	*not bad*
плох́ой	*bad*
хор́оший	*good*

Adverbs

как	*how*
непл́охо	*not badly*
́очень	*very*
пл́охо	*badly*
хорош́о	*well*

Pronouns

Personal Pronouns

мен́я *acc.*		*me*
теб́я *acc.*		*you* (sg).
еѓо *acc.* [yivó]		*him*
её *acc.* [yiyó]		*her*
нас *acc.*		*us*
вас *acc.*		*you* (pl).
их *acc.*		*them*

Other Pronouns

кто	*who*
кто таќой, кто таќая	*who*
́это	*this is*

Phrases

Farewells

Всеѓо хор́ошего!	*All the best!*
[vsivó kharóshevə]	
До свид́ания!	*Good-bye!*
Поќа!	*Good-bye! See you later!*

Greetings

Д́оброе ́утро!	*Good morning!*
Д́обрый в́ечер!	*Good evening!*
Д́обрый день!	*Good day! Hello!*
Здр́авствуй/те!	*Hello!*
Как дел́а?	*How are things?*
	How are you?
А у теб́я?	*And (with) you?*
Прив́ет!	*Hi!*
Споќойной н́очи!	*Good night!*

Introductions

Как вас зов́ут?	*What is your name?*
Как теб́я зов́ут?	
́Очень при́ятно!	*Nice to meet you!*

Other vocabulary

а	*and, but*
да	*yes*
́или	*or*
не	*no (negative within a sentence)*
нет	*no*
спас́ибо	*thank you*
т́оже	*also*

Уро́к 2 (Второ́й уро́к)

Вы говори́те по-ру́сски?

Это ба́бушка и вну́чка.

Америка́нка: Do you speak English?

Ру́сская: ?! Я не понима́ю. Вы говори́те по-ру́сски?

Америка́нка: ???

THEMES

- Describing foreign language skills
- Introducing family members, friends, and teachers
- Making compliments

CULTURE

- The Russian language around the world
- Speaking Russian
- Grandparents
- Russian families
- Patronymics
- Boyfriends and girlfriends

STRUCTURES

- Personal pronouns: subject and object forms
- Verb conjugation: groups I and II
- Negative sentences
- Intonation in questions
- Conjunctions и, а, and но
- Adverbs versus adjectives: хоро́ший/хорошо́
- Possessive pronouns: masculine and feminine
- Nouns of nationality
- Adjective agreement: masculine and feminine

33

Describing Foreign Language Skills

Ви́ктор говори́т по-ру́сски?	Да, он говори́т по-ру́сски.
Ли́нда понима́ет по-ру́сски?	Нет, она́ не понима́ет по-ру́сски.

◇ **2.1** Personal pronouns **2.2** Verb conjugation
2.3 Negative sentences **2.4** Intonation in questions

Ви́ктор говори́т по-ру́сски,
а Ли́нда не понима́ет.

понима́ть

я	понима́ю	мы	понима́ем
ты	понима́ешь	вы	понима́ете
он/она́	понима́ет	они́	понима́ют

говори́ть

я	говорю́	мы	говори́м
ты	говори́шь	вы	говори́те
он/она́	говори́т	они́	говоря́т

по-ру́сски
по-францу́зски
по-англи́йски
по-неме́цки
по-япо́нски
по-испа́нски
по-кита́йски

1. **Кто говори́т по-ру́сски? А по-кита́йски?**

A. Look at the pictures. What languages do the students speak?

Model: Анна говори́т по-ру́сски.

B. The students in the drawings do not understand each other. Explain the situation according to the model.

Model: Анна говори́т по-ру́сски. Она́ не понима́ет по-францу́зски.

C. Practice questions and answers with a partner.

S1: Анна говори́т по-францу́зски?
S2: Нет, она́ не говори́т по-францу́зски.

or: S1: Анна понима́ет по-францу́зски?
S2: Нет, она́ не понима́ет по-францу́зски.

Профе́ссор Во́дкин говори́т по-ру́сски **и** по-францу́зски.

◇ 2.5 Conjunctions *and* and *but*

---

2. **А вы?**

How about your foreign language skills? Comment on each of the languages.

Model: Я говорю́ по-ру́сски, по-англи́йски и по-неме́цки.
Я не говорю́ по-францу́зски.

THE RUSSIAN LANGUAGE AROUND THE WORLD

Russian is the native language of approximately 154 million people in the area of the former Soviet Union. In Russia alone it is spoken by 130 million people. In addition, many western cities, among them Paris and New York, have a large Russian emigré population. In New York, for instance, Brighton Beach looks much like a typical Russian town with its shops and restaurants.

Как ты говори́шь по-англи́йски? вы говори́те	Я говорю́ по-англи́йски **свобо́дно**.

◇ 2.6 Adverbs

Вы **хорошо́** говори́те по-ру́сски?	**Да, хорошо́.** **Нет, пло́хо.**

◇ 2.4 Intonation in questions

STUDY

Чуть-чуть (*just a tiny bit*) is a commonly used colloquial expression that is more positive than пло́хо (*badly, poorly*).

Я говорю́ по-англи́йски...

немношко

свобо́дно   о́чень хорошо́   хорошо́   непло́хо   немно́го   чуть-чуть

| | | | | | | | | | | | | | | | | | | | | | | | | | | | |

100%   0%

do this

👥 3.   **Как они́ говоря́т по-ру́сски?**

A.   The following chart shows the language abilities of various people. Discuss the chart with a partner, describing which languages each person speaks and how well.

S1:   На́дя свобо́дно говори́т по-ру́сски, хорошо́ по-англи́йски и немно́го по-неме́цки.

S2:   Ганс непло́хо говори́т...

	по-ру́сски	по-англи́йски	по-испа́нски	по-францу́зски	по-неме́цки
На́дя	свобо́дно	хорошо́			немно́го
Ганс	непло́хо			хорошо́	свобо́дно
Ве́ра	свобо́дно	непло́хо			
Джон	немно́го	свобо́дно	хорошо́		непло́хо
Са́ша	свобо́дно	чуть-чуть		немно́го	непло́хо
Ро́берт	чуть-чуть	немно́го		свобо́дно	
Ка́рлос	немно́го	о́чень хорошо́	свобо́дно	немно́го	
Сте́фани		свобо́дно		о́чень хорошо́	чуть-чуть

B.   Ask questions about the language ability of the people in the chart.

S1:   На́дя говори́т по-ру́сски?

S2:   Да, говори́т.

S1:   Как она́ говори́т по-ру́сски?

S2:   Свобо́дно.

or: S1:   На́дя говори́т по-испа́нски?

S2:   Нет, она́ не говори́т по-испа́нски.

C.   Ask questions to find out who speaks which languages.

S1:   Кто говори́т по-неме́цки?

S2:   Ганс, Джон и Са́ша говоря́т по-неме́цки.

SPEAKING RUSSIAN

Did you know that there are more teachers of English in the former Soviet Union than students of Russian in the United States? In fact, many Russians speak English relatively well and like to practice their oral skills with an American visitor. They are equally pleased to help a foreigner learn Russian and do not mind a slight accent, since many ethnic groups living in Russia also speak Russian with an accent.

Диало́ги

A. Read the two dialogues and estimate the age and social status of the conversants.

Алексе́й:	Ты говори́шь по-испа́нски?
Бори́с:	Да, немно́го.
Алексе́й:	А по-неме́цки?
Бори́с:	Нет, я не говорю́ по-неме́цки, но немно́го понима́ю.
Та́ня:	Вы говори́те по-англи́йски?
Анна Па́вловна:	Да, говорю́. А ты по-англи́йски говори́шь?
Та́ня:	Нет, я не говорю́ по-англи́йски.

B. Answer the questions based on the dialogues.

1. Бори́с хорошо́ говори́т по-испа́нски?

2. Как он понима́ет по-неме́цки?

3. Анна Па́вловна говори́т по-англи́йски?

4. Та́ня то́же говори́т по-англи́йски?

4. Ты говори́шь? or Вы говори́те?

A. Which form would you use when addressing the following people? Finish the questions with a language of your choice.

1. a little boy

2. a fellow student

3. your professor

4. your grandmother

5. your friend's grandfather

6. a waiter in a Russian restaurant

B. Find out about the foreign language skills of your teacher and fellow students.

Model: Ты говори́шь по-испа́нски? Ты хорошо́ говори́шь по-испа́нски?

or: Вы говори́те по-испа́нски? Вы хорошо́ говори́те по-испа́нски?

Меня зову́т Ни́на

[1]*of course, naturally*

Здра́вствуйте. Меня́ зову́т Ни́на Ле́бедева. Я студе́нтка. Я ру́сская, но я непло́хо говорю́ по-англи́йски. По-неме́цки я немно́го понима́ю, но о́чень пло́хо говорю́. А по-ру́сски я, коне́чно,[1] говорю́ свобо́дно.

A. Answer the questions based on the text.

1. Как её зову́т?
2. Она́ америка́нская студе́нтка?
3. Как она́ говори́т по-англи́йски?
4. Она́ понима́ет по-неме́цки?
5. А по-францу́зски?
6. Она́ пло́хо говори́т по-ру́сски?

B. Challenge: Retell the story in the third person.

Model: Её зову́т Ни́на. Она́ студе́нтка...

Introducing Family Members _____

Оте́ц (*father*) and мать (*mother*) are often replaced by the familiar words ма́ма and па́па. Notice that both ма́ма and па́па are stressed on the first syllable.

Кто э́то?					
Это	мой твой его́ её наш ваш их	па́па.	Это	моя́ твоя́ его́ её на́ша ва́ша их	ма́ма.

◇ **2.7** Possessive pronouns

when ж is last letter → ш

Наша семья́

мой де́душка Ива́н

мой дед

моя́ ба́бушка Анна

Это мой **муж** Ива́н. А э́то Варва́ра, моя́ **дочь** и её муж Никола́й. Это мой **сын** Алекса́ндр и его́ **жена́** Татья́на. Это мой **внук** Воло́дя и моя́ **вну́чка** Ира. А вот это мой внук Марк.

мой дя́дя Алекса́ндр
дед

моя́ тётя Татья́на

мой оте́ц Никола́й

моя́ мать Варва́ра

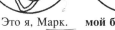

двоюродни cousin

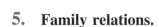

моя́ сестра́ Ира

Это я, Марк.

мой брат Воло́дя

5. Family relations.

A. What is the relationship between the pairs of people in the picture?

Model: Алекса́ндр и Татья́на. **Это муж и жена́.**

1. Алекса́ндр и Варва́ра	**5.** Анна и Ира
2. Анна и Варва́ра	**6.** Ива́н и Анна
3. Ива́н и Марк	**7.** Варва́ра и Ира
4. Никола́й и Марк	**8.** Воло́дя и Никола́й

B. Introduce everybody in the picture as

1. Mark's relatives

Model: Это Марк. Это его́ сестра́ Ира, э́то его́...

2. Ira's relatives

3. Ira's and Volodya's relatives

4. your relatives; pretend to be one of the people in the bottom row

5. your and your siblings' relatives

GRANDPARENTS

Russian babushkas (grandmothers) are pillars of the society; they hold families together, take care of grandchildren, and very often work outside the home to supplement their small pensions. You can see babushkas everywhere—in public transportation, carrying food; in museums, guarding invaluable treasures; sweeping streets, and so on. Many babushkas feel it is their responsibility to educate the younger generation. They are quick to voice aloud their disapproval of anything and anybody slightly beyond their range of acceptance.

Men have a lower life expectancy than women: about 65 years. Thus grandmothers tend to have a more visible role in society than do grandfathers. If the grandfather is alive, however, he usually takes part in rearing grandchildren, much like the grandmother. The favorite pastime of grandfathers is playing checkers or chess in the park.

—Анна Серге́евна, э́то **ваш** муж?
—Да, э́то мой муж.

—Ира и Ле́на, э́то **ва́ша** ба́бушка?
—Да, э́то **на́ша** ба́бушка.

6. Твой or ваш?

A. How would you ask

1. your teacher if the little girl with her is her daughter
2. your friend if the man in the picture is his father
3. your friend's grandfather if the woman in the picture is his wife

B. Just curious...   Ask your friend if his or her...

1. mother speaks Russian
2. father is Russian
3. sister is a student
4. friend understands Spanish
5. aunt speaks Chinese
6. teacher is Russian
7. brother speaks German
8. grandfather understands French
9. grandmother is Canadian
10. uncle speaks Japanese

RUSSIAN FAMILIES

Many Russian families have only one child. Divorce is rather common, and children are often raised by a single mother. In addition, two (or more) generations sometimes live in the same household. Because of a shortage in housing, newlyweds often move in with either set of parents.

Russians do not remarry as frequently as do Westerners. If Russians do remarry, however, the children usually call their new parents ма́ма or па́па, or, if the relationship is more distant, by the first name and patronymic (e.g., Анна Петро́вна, Серге́й Ива́нович). The Russian words ма́чеха (*stepmother*) and о́тчим (*stepfather*) have somewhat negative connotations and are not frequently used.

7. На́ша семья́. Draw a picture of your extended family and introduce them to your classmates. You may also want to bring photographs to class and have a classmate ask questions about the photos.

stepmother	жена́ моего́ отца́	*stepbrother*	брат по отцу́/
stepfather	муж мое́й ма́тери		брат по ма́тери
stepsister	сестра́ по отцу́/	*ex-wife*	бы́вшая жена́
	сестра́ по ма́тери	*ex-husband*	бы́вший муж

8. Э́то моя́ семья́. Read the four texts and match them with the corresponding pictures.

1. Здра́вствуйте. Меня́ зову́т Алексе́й. Э́то моя́ жена́ Ната́лья, а э́то её ма́ма и ба́бушка. А вот э́то я.

2. Меня́ зову́т Лари́са. Э́то моя́ ма́ма. Её зову́т Тама́ра. А э́то моя́ ба́бушка Анна и я.

3. Э́то на́ша семья́: моя́ ма́ма Еле́на, мой па́па Серге́й, моя́ сестра́ На́стя и мой брат Са́ша. А вот э́то я, Ма́ша.

4. Меня́ зову́т Воло́дя. А э́то на́ша семья́: мой оте́ц Юрий, моя́ ма́ма Татья́на и мой де́душка Ива́н. А вот э́то я.

PATRONYMICS

Russians have three names: a first name, a patronymic, and a last name. The patronymic, о́тчество, is formed from the father's first name by adding -ович or -евич for males and -овна or -евна for females. Thus, Петро́вич is "son of Peter" and Петро́вна is "daughter of Peter."

In formal situations, Russians address each other with name and patronymic: Здра́вствуйте, Ива́н Андре́евич! До свида́ния, Татья́на Па́вловна!

father's first name	son's patronymic	daughter's patronymic
Ива́н	Ива́н**ович**	Ива́н**овна**
Игорь	Игор**евич**	Игор**евна**
Серге́й	Серге́**евич**	Серге́**евна**

9. Tracing family members.   Brothers Sergei, Pavel, Anton, and Alexander Ivanov gather once a year for a family reunion, but their children have a hard time remembering who belongs to whom. Each father has one son and one daughter. Draw a line to connect these sibling pairs.

Ната́лья Серге́евна Ивано́ва
Алекса́ндра Алекса́ндровна Ивано́ва
Ни́на Анто́новна Ивано́ва
Ольга Па́вловна Ивано́ва

Влади́мир Анто́нович Ивано́в
Серге́й Па́влович Ивано́в
Игорь Серге́евич Ивано́в
Алексе́й Алекса́ндрович Ивано́в

Introducing Friends and Teachers

Although the feminine noun преподава́тельница exists, the masculine form is commonly used as a general term for the profession.

Это мой **друг** Юра.

Это моя́ **подру́га** Джейн.

Это мой профе́ссор, до́ктор Смит.

Это мой **преподава́тель** Анна Серге́евна.

BOYFRIENDS AND GIRLFRIENDS

There are no direct Russian equivalents for the nouns *boyfriend* and *girlfriend*. The noun подру́га usually refers to a female friend of a female. A man can introduce his girlfriend as моя́ де́вушка (literally, *my girl*), and a woman can introduce her boyfriend as мой друг (*my friend*).

| Джон америка́нский студе́нт. | Он **америка́нец.** |
| Мэ́ри америка́нская студе́нтка. | Она́ **америка́нка.** |

◇ **2.8** Nouns of nationality

он	она́
ру́сский	ру́сская
америка́нец	америка́нка
кана́дец	кана́дка

англичанкин *Англичанка*

Немец *Немка*

10. Кто они́ по национа́льности? What do you think is the nationality of the following people?

1. Ната́ша Крыло́ва
2. Джон Смит
3. Пьер Шева́л
4. Джейн Филд
5. Ми́ша Ко́шкин
6. Нико́ль Дюба́р

11. Introductions.

A. Read the following two dialogues. Who are the participants in these conversations and what is their nationality?

1.

| Ма́ргарэт: | Это мой брат Джон. Это мой преподава́тель, Анто́н Па́влович. |
| Анто́н Па́влович: | Очень прия́тно. |

2.

| Ни́на: | Ба́бушка, э́то моя́ подру́га Нико́ль. Нико́ль, э́то моя́ ба́бушка, Анна Серге́евна. |
| Анна Серге́евна: | Очень прия́тно. |

B. What is the relationship between the following participants in the preceding dialogues (e.g., brother and sister, husband and wife)?

1. Ма́ргарэт и Джон
2. Анто́н Па́влович и Ма́ргарэт
3. Ни́на и Анна Серге́евна
4. Нико́ль и Ни́на

C. Introduce the following people to each other. Include information about nationalities if applicable.

Model: Де́душка, э́то мой друг Джон. Он америка́нец.

or: Ма́ма, э́то моя́ подру́га Нико́ль. Она́ кана́дка.

1. your Canadian friend to your friend Misha and his grandmother Olga Ivanovna
2. your mother to your teacher
3. your brother to your Russian friend Lena and her mother
4. your uncle to your professor

Making Compliments

Твой	
Ваш	брат óчень **симпати́чный**.
Твоя́	
Ва́ша	сестра́ óчень **симпати́чная**.

◇ 2.9 Adjective agreement

—Кто э́то?
—Э́то мой друг Са́ша.
—**Он óчень симпати́чный**.

—Э́то твоя́ сестра́?
—Да, э́то моя́ сестра́.
—**Она́ óчень краси́вая**.

—Э́то ва́ша сестра́?
—Нет, э́то на́ша ма́ма.
—**Она́ óчень молода́я**.

он	она́
симпати́чный	симпати́чная
краси́вый	краси́вая
молодóй	молода́я

12. Твоя́ ма́ма óчень краси́вая.

A. Your friend is showing you some family pictures. Respond to the following statements according to the model.

Model: Он óчень симпати́чный. Она́ óчень симпати́чная.

or: Твой брат óчень симпати́чный. Твоя́ сестра́ óчень симпати́чная.

1. Это мой брат И́горь.
2. Это моя́ сестра́ А́нна.
3. Это моя́ ба́бушка.
4. Это мой па́па.
5. Это мой друг Серге́й.

B. Having met your friend's relatives, how would you tell your friend that his or her

1. grandfather is very young
2. sister is very beautiful
3. brother looks (is) nice
4. mother looks (is) very young
5. uncle is very good-looking
6. grandmother looks (is) nice

13. **Фотогра́фия.** Bring in pictures or draw a sketch of your family and have conversations according to the model.

S1: Кто э́то? Твоя́ сестра́?

S2: Ну что́ ты!?[1] Это моя́ ма́ма.

S1: Твоя́ ма́ма о́чень краси́вая!

S2: Спаси́бо. А э́то моя́ сестра́.

S1: Она́ то́же о́чень краси́вая. Как её зову́т?

S2: Ната́ша. А э́то её муж Серге́й.

S1: Он о́чень симпати́чный! А э́то кто?

S2: Это мой брат Ю́ра.

[1]*Oh, come on!* Что is pronounced [што].

Петро́вы

Это семья́ Петро́вых:[1] мать О́льга Анто́новна и оте́ц Серге́й Никола́евич. А э́то де́душка—Петро́в Никола́й Алекса́ндрович. А вот де́ти:[2] Ле́на и Ми́ша. Серге́й Никола́евич—профе́ссор. Он свобо́дно говори́т по-англи́йски и по-францу́зски. Его́ жена́ по-англи́йски не говори́т, а по-францу́зски она́ говори́т непло́хо. Де́душка Петро́в говори́т то́лько[3] по-ру́сски, а де́ти Ле́на и Ми́ша немно́го понима́ют по-англи́йски, но ещё[4] пло́хо говоря́т. До́ма[5] они́, коне́чно,[6] говоря́т по-ру́сски.

[1]the Petrov family
[2]children

[3]only

[4]still / [5]at home / [6]of course

A. Fill in the names of the people in the story.

	first name	patronymic	last name
grandfather:			
father:			
mother:			
daughter:			
son:			

B. Answer the questions in Russian.

1. Де́душка Петро́в—э́то оте́ц Ольги и́ли Серге́я?
2. Де́душка говори́т по-англи́йски?
3. Кто говори́т по-францу́зски?
4. Как Серге́й Никола́евич говори́т по-англи́йски?
5. Де́ти то́же говоря́т по-францу́зски?
6. Они́ говоря́т до́ма по-англи́йски?

C. **Challenge:** Assume the role of Lena or Misha and retell the story in the first person.

Model: Это моя́ семья́. Это моя́ мать Ольга...

CHAPTER REVIEW

A. *You should now be able to...*
1. *describe what language(s) people speak and understand and how well*
2. *introduce members of your extended family*
3. *ask questions about other people's family relationships*
4. *describe how people are related*
5. *introduce your friends and teachers*
6. *describe people with (some) nouns of nationality*
7. *make compliments with adjectives of quality*

B. *Photograph.*
Two students are looking at a family picture. Reenact their conversation, using the following cues.

Student A showing a family photo:	*Student B asking questions:*
Say that it is your family.	*Point to one woman and ask if it's his/her mother.*
No. It's your grandmother.	*Make a compliment.*
Say thanks. Introduce your brother and his wife Susan.	*Ask if his wife is American.*

Student A showing a family photo:	*Student B asking questions:*
Yes, she is, but she speaks fluent Russian.	*Are these their children?*
Yes. Show their son and daughter in the picture.	*What are their names?*
Give the children's names.	*Do the children speak English?*
Not much. They understand a little bit.	*Make a general compliment.*

C. Interview.

Interview three classmates about the language skills of their extended families. What languages do they know? How well do they know them? Then report your findings to the class.

Word Building

The forms **по-ру́сски**, **по-англи́йски**, and so on are adverbs that mean literally *in the Russian way, in the English way.* You can form them from many adjectives derived from proper nouns. Among other things, they are used with the verbs **понима́ть** and **говори́ть** to denote the language spoken or understood.

Which of the following are real languages? Correct the sentences on the right as appropriate.

noun	adjective	adverb
Аме́рика	америка́нский	Джон говори́т по-америка́нски.
Англия	англи́йский	Чарлз говори́т по-англи́йски.
Теха́с	теха́сский	Ма́ргарэт говори́т по-теха́сски.
Кана́да	кана́дский	Нико́ль говори́т по-кана́дски.
Ме́ксика	мексика́нский	Хуа́н говори́т по-мексика́нски.

Although not all these words can be used to describe language skills, they can be used in other ways. For instance, you can sometimes see these forms on restaurant menus.

сала́т по-моско́вски   *salad à la Moscow*
котле́ты по-ки́евски   *cutlets à la Kiev (chicken Kiev)*

Create some more menu items using the preceding list of adverbs and the words given. Which of your creations would you like to eat?

суп *soup*   бифште́кс *beefsteak*   сала́т *salad*   аку́ла *shark*

ГРАММАТИКА

2.1 PERSONAL PRONOUNS

In Lesson 1 you learned the *direct object* forms of personal pronouns (*me, you, him,* etc.). In this lesson you will learn the *subject* forms. Notice that the subject and object forms of the second person singular are identical in English but not in Russian.

		subject	object
singular	1st person	**я** *I*	меня́ *me*
	2nd person	**ты** *you*	тебя́ *you*
	3rd person	**он/она́** *he/she*	его́/её *him/her*
plural	1st person	**мы** *we*	нас *us*
	2nd person	**вы** *you*	вас *you*
	3rd person	**они́** *they*	их *them*

Упражне́ние

◇ **1.** Supply the missing subject forms of personal pronouns.

1. Меня́ зову́т Ли́за. _____ студе́нтка.

2. Это Алексе́й. _____ спортсме́н.

3. Это Ма́ша. _____ арти́стка.

4. Алекса́ндр Петро́вич, _____ профе́ссор? Да, _____ профе́ссор.

5. Как тебя́ зову́т? _____ студе́нтка?

6. Это Валенти́на Терешко́ва. _____ ру́сский космона́вт.

2.2 VERB CONJUGATION

Dictionaries and vocabularies list verbs by the *infinitive*, the basic form. Most infinitives end in **-ть**. Russian verbs are *conjugated,* which means that each person has a different form. Modern English has lost different forms for verb conjugation, except for the third person singular (*I speak, he/she speaks*). Many languages, however, have different forms for different persons.

Russian verbs fall into one of two conjugation groups. Whether a certain verb belongs to the first or second conjugation group is usually predictable, but sometimes has to be learned.

The endings are added to the *present tense stem* of the verb. Examine the conjugation chart carefully. Memorizing the endings for both groups enables you to conjugate any regular Russian verb.

- The first person singular has the same ending [u], spelled -**ю** or -**у** in both conjugation groups.
- The vowel in second person singular through second person plural endings is **е** in the first conjugation and **и** in the second conjugation.
- The third person plural ends in [ut], spelled -**ют** or -**ут** in the first conjugation and in [at], spelled -**ят** or -**ат** in the second conjugation.

group	I		II	
infinitive	понима́|ть		говор|и́ть	
stem	понима́-		говор-	
sg. 1st pers.	я понима́ю	ю/у*	я говорю́	ю/у*
2nd pers.	ты понима́ешь	ешь	ты говори́шь	ишь
3rd pers.	он/она́ понима́ет	ет	он/она́ говори́т	ит
pl. 1st pers.	мы понима́ем	ем	мы говори́м	им
2nd pers.	вы понима́ете	ете	вы говори́те	ите
3rd pers.	они́ понима́ют	ют/ут*	они́ говоря́т	ят/ат*

*The second spelling variant is less common. All verbs in this lesson are spelled with the first form.

Упражне́ния

◇ **2.** If you memorize the endings for the two conjugation groups you will be able to conjugate any regular verb you encounter. Use the ending chart to come up with the following phrases.

1. ду́ма|ть (I) *to think*
I think / he thinks / we think

2. зна|ть (I) *to know*
I know / she knows / they know

3. смотр|е́ть (II) *to watch*
we watch / they watch / I watch

◇ **3.** Fill in the missing verb endings.

1. Джон не говор_____ по-ру́сски.

2. Ты понима́_____ по-кита́йски?

3. Она́ понима́_____ тебя́?

4. Мы не понима́_____его́.

5. Он нас не понима́_____.

6. Ле́на и Ни́на говор_____ по-англи́йски.

7. Вы говор_____ по-неме́цки?

8. Они́ меня́ понима́_____ ?

9. Я не понима́_____ тебя́.

10. Ты говор_____ по-испа́нски.

2.3 NEGATIVE SENTENCES

Negative sentences are formed by adding **не** in front of the verb.

Я **не** понима́ю по-кита́йски.
I do not understand Chinese.

Мы **не** говори́м по-япо́нски.
We do not speak Japanese.

Упражне́ние

◇ **4.** Finish the sentences using the appropriate forms (subject and object) of personal pronouns. Replace proper names by pronouns where applicable.

Model: Я понима́ю тебя́, а ты не понима́ешь меня́.

1. Она́ понима́ет его́, а...

2. Ты понима́ешь меня́, а...

3. Мы понима́ем вас, а...

4. Они́ понима́ют её, а...

5. Вы понима́ете меня́, а...

6. Он понима́ет тебя́, а...

7. Она́ понима́ет нас, а...

8. Я понима́ю тебя́, а...

9. Игорь и Ле́на понима́ют меня́, а...

10. Алексе́й понима́ет её, а...

2.4 INTONATION IN QUESTIONS

Yes-or-no questions differ from statements by intonation. The expected answer depends on which part of the question is emphasized.

Ви́ктор говори́т по-ру́сски.   (statement)
Victor speaks Russian.

Ви́ктор **говори́т** по-ру́сски?   Да, **говори́т**.
*Does Victor **speak** Russian?*   *Yes, he does.* (literally, *Yes, speaks.*)

Ви́ктор говори́т **по-ру́сски**?   Да, **по-ру́сски**.
*Does Victor speak **Russian**?*   *Yes, he does.* (literally, *Yes, Russian.*)

Ви́ктор **хорошо́** говори́т по-ру́сски?   Да, **хорошо́**.
*Does Victor speak Russian **well**?*   *Yes, he does.* (literally, *Yes, well.*)

Упражне́ния

◇ **5.** Give short answers to the following questions. Do not forget to conjugate the verbs as appropriate.

Model: Ли́нда **понима́ет** по-англи́йски?   Да, **понима́ет.**

or: Ли́нда понима́ет **по-англи́йски?**   Да, **по-англи́йски.**

1. И́горь говори́т **по-кита́йски?**

2. Вы **говори́те** по-неме́цки?

3. Ты **понима́ешь** по-францу́зски?

4. Ле́на и Ми́ша говоря́т **по-испа́нски?**

5. Ты **говори́шь** по-англи́йски?

6. Write the missing questions for the following answers.

1. Да, я говорю́ по-ру́сски.

2. Нет, Ли́за не понима́ет по-францу́зски.

3. Да, мы понима́ем по-англи́йски.

4. Нет, Са́ша и Ми́ша не говоря́т по-япо́нски.

5. Нет, мы не говори́м по-неме́цки.

7. **Ты or вы?**   How would you ask

1. a little boy if he speaks Russian

2. a waitress if she speaks English

3. Professor Pavlov if he understands you

4. your friend Lena if she speaks German well

2.5   CONJUNCTIONS *AND* AND *BUT*

Russian has three conjunctions that are often confused

и	*and*	parallel
а	*and/but*	slight contrast
но	*but*	stark contrast

Compare the following:

Ле́на **и** Ми́ша говоря́т по-ру́сски.
Lena and Misha speak Russian.

Ле́на говори́т по-ру́сски **и** по-англи́йски.
Lena speaks Russian and English.

Меня́ зову́т Мари́я. **А** вас как зову́т?
My name is Maria. And what is your name?

Я говорю́ по-ру́сски. **А** вы?
I speak Russian. And you?

Я говорю по-ру́сски хорошо́, **а** по-англи́йски пло́хо.
I speak Russian well and/but English poorly.

Я хорошо́ понима́ю по-англи́йски, **но** о́чень пло́хо говорю́.
I understand English well, but speak very poorly.

Упражне́ние

◇ **8.** Fill in **и, а,** or **но.**

1. Я хорошо́ говорю́ по-ру́сски _____ по-англи́йски.
2. Ле́на хорошо́ понима́ет по-неме́цки, _____ о́чень пло́хо гово-ри́т.
3. Я говорю́ по-кита́йски. _____ вы?
4. Алёша _____ Оля говоря́т по-францу́зски.
5. Профе́ссор Во́дкин говори́т по-ру́сски, по-испа́нски _____ по-неме́цки.

2.6   ADVERBS

In this lesson you will learn some adverbs that answer the question **Как?** (*How?*). Whereas adjectives agree with the noun in gender (masculine, feminine, or neuter), *adverbs* have *one form* only. You can form adverbs from many adjectives by adding **-o** to the stem. Pay attention to the stress shift in some pairs.

adjectives		adverbs	
хоро́ш-ий	*good*	хорош-о́	*well*
плох-о́й	*bad, poor*	пло́х-о	*badly, poorly*
свобо́дн-ый	*free*	свобо́дн-о	*freely, fluently*

Это **ру́сский** арти́ст.   (*What kind* of artist?—Russian.)
   adjective

Она́ **хорошо́** говори́т по-ру́сски. (*How* does she speak?—Well.)
   adverb

Как ты говори́шь по-неме́цки? Я говорю́ по-неме́цки **хорошо́**.

Упражне́ния

◇ **9.** Fill in the adverb or adjective endings. Remember that adjectives agree with the noun they modify, whereas adverbs have one form only.

1. Ле́на хорош**ая** актри́са. Она́ говори́т по-францу́зски о́чень хорош**о**.
2. Алёша плох**о** говори́т по-неме́цки. Он плох**о́й** студе́нт.
3. Воло́дя о́чень хорош**ий** студе́нт. Он говори́т по-францу́зски свобо́дн**о**.
4. Ли́за плох**а́я** студе́нтка. Она́ плох**о** понима́ет по-англи́йски.
5. Ми́ша хорош**о** понима́ет по-япо́нски. Он хорош**ий** студе́нт.

10. **How do they speak or understand?** Write the missing *How?* questions.

Model: Я пло́хо понима́ю по-неме́цки. **Как ты понима́ешь по-неме́цки?**

1. Она́ свобо́дно говори́т по-францу́зски.
2. Я непло́хо говорю́ по-неме́цки.
3. Мы о́чень пло́хо понима́ем по-япо́нски.
4. И́горь немно́го понима́ет по-кита́йски.
5. Они́ немно́го понима́ют по-испа́нски.
6. Ты хорошо́ говори́шь по-ру́сски.
7. Вы непло́хо говори́те по-англи́йски.
8. Са́ша о́чень пло́хо говори́т по-францу́зски.
9. Они́ немно́го говоря́т по-неме́цки.
10. Я пло́хо понима́ю по-испа́нски.

2.7 POSSESSIVE PRONOUNS

The *possessive* pronouns *my, your* (sg.), *our,* and *your* (pl.) agree with the noun they modify. The third person pronouns *his, her*, and *their* have one form only, identical to the object form of personal pronouns.

Э́то **мой (твой, наш, ваш)** брат.   (The pronoun modifies the masculine noun брат.)

Э́то **моя́ (твоя́, на́ша, ва́ша)** сестра́.   (The pronoun modifies the feminine noun сестра́.)

but: Э́то **его́ (её, их)** брат.   (Same form for masculine and feminine.)
Э́то **его́ (её, их)** сестра́.

Грамма́тика Уро́к 2

	possessive pronouns			personal pronouns			
	masculine	feminine		subject forms		object forms	
sg. 1st pers.	мой	моя́	*my*	я	*I*	меня́	*me*
2nd pers.	твой	твоя́	*your*	ты	*you*	тебя́	*you*
3rd pers.	его́/её	его́/её	*his/her*	он/она́	*he/she*	его́/её	*him/her*
pl. 1st pers.	наш	на́ша	*our*	мы	*we*	нас	*us*
2nd pers.	ваш	ва́ша	*your*	вы	*you*	вас	*you*
3rd pers.	их	их	*their*	они́	*they*	их	*them*

Упражне́ния

◇ **11.** Supply the missing possessive pronouns.

1. _Моя_ (*my*) ба́бушка
2. _Твой_ (*your*, sg.) па́па
3. _Моя_ (*my*) дя́дя
4. _его_ (*his*) сестра́
5. _Ваш_ (*your*, pl.) брат
6. _её_ (*her*) дочь
7. _их_ (*their*) сын
8. _На́ша_ (*our*) тётя
9. _Моя_ (*my*) жена́
10. _Ваш_ (*your*, formal) муж

12. Write the questions for the following responses.

Model: Да, э́то моя́ ма́ма.   **Это твоя́ ма́ма?**
   Нет, э́то мой де́душка.   **Это твой па́па?**

1. Да, э́то на́ша ба́бушка.
2. Нет, э́то моя́ сестра́.
3. Да, э́то моя́ дочь.
4. Да, э́то его́ сын.
5. Нет, э́то мой брат.
6. Да, э́то наш де́душка.
7. Нет, э́то её муж.
8. Да, э́то моя́ сестра́.
9. Нет, э́то их ба́бушка.
10. Нет, э́то мой дя́дя.

13. **Я, меня́, or мой?**   Fill in the missing possessive or personal pronouns.

1. Это я. _____ говорю́ по-ру́сски. _____ зову́т Еле́на. Это _____ па́па и _____ ма́ма.

2. Это ты. _____ говори́шь по-англи́йски? Как _____ зову́т? Это _____ сестра́? _____ брат понима́ет понеме́цки?

3. Это она́. _____ зову́т Ольга. _____ говори́т по-ру́сски. Я хорошо́ понима́ю _____ . А э́то _____ брат Ко́ля.

4. Это мы. _____ зову́т Ганс и Гре́та. _____ говори́м по-неме́цки. _____ ма́ма и _____ па́па то́же говоря́т по-неме́цки.

5. Это вы. _____ говори́те по-кита́йски? Как _____ зову́т? Это _____ дочь? А э́то кто? _____ сын?

6. Это они́. _____ непло́хо говоря́т по-францу́зски. _____ зову́т Ли́за и Ми́ша. _____ не говоря́т по-англи́йски. _____ де́душка хорошо́ говори́т по-неме́цки.

2.8   NOUNS OF NATIONALITY

Most nationalities have separate noun and adjective forms. For the adjective *Russian*, however, there is no separate noun. *Adjectives* of nationality are used to modify nouns. *Nouns of nationality* are used *independently*.

Мадо́нна **америка́нская** арти́стка и актри́са. Она́ **америка́нка.**
            adjective   noun   noun   noun

adjective	noun	
ру́сский *Russian* (m.)	ру́сский	*a Russian man*
ру́сская *Russian* (f.)	ру́сская	*a Russian woman*
америка́нский *American* (m.)	америка́нец	*an American man*
америка́нская *American* (f.)	америка́нка	*an American woman*
кана́дский *Canadian* (m.)	кана́дец	*a Canadian man*
кана́дская *Canadian* (f.)	кана́дка	*a Canadian woman*

Упражне́ние

◇ **14.**   Fill in nouns or adjectives of nationality (the first letter is given) and languages as appropriate.

1. Пьер к_____. Он говори́т по-_____ и по-_____. Он к_____ студе́нт.

2. Серге́й р_____. Он говори́т по-_____. Он р_____ арти́ст.

3. Лари́са р_____ актри́са. Её ма́ма то́же р_____.

4. Джон а_____ студе́нт. Он а_____. Он говори́т по-_____.

5. Сюза́нна а_____. Она́ говори́т по-_____. Она́ а_____ арти́стка.

6. Нико́ль к_____. Она́ к_____ студе́нтка. Она́ говори́т по-_____ и по-_____.

2.9   ADJECTIVE AGREEMENT

Remember that adjectives agree with the noun they modify. Adjectives can be divided into two groups based on their stress: *stem stressed* (**-ый/ий**) and *end stressed* (**-ой**). If the adjective is end stressed (**-ой**), the feminine, (neuter, and plural) endings are also stressed. In the stem-stressed adjectives, the choice between the endings **-ый** and **-ий** is determined by a spelling rule:

Spelling Rule 1:	After к, г, х, ж, ч, ш, and щ, write и, not ы.

Spelling rule 1 applies to many other situations that you will encounter. It helps to memorize the rule now.

	masculine		**feminine**
stem-stressed	рýсский	(sp. rule—к)	рýсская
	америкáнский	(sp. rule—к)	америкáнская
	хорóший	(sp. rule—ш)	хорóшая
	извéстный		**извéстная**
	красúвый		**красúвая**
	симпатúчный		**симпатúчная**
end-stressed	плохóй		плохáя
	молодóй		**молодáя**

Adjectives new to you are bold-faced.

Упражнéние

◇ **15.** Fill in the correct adjective endings.

1. красúв*ая* актрúса
2. молод*áя* мáма
3. симпатúчн*ый* преподавáтель
4. извéстн*ая* балерúна
5. симпатúчн*ый* друг
6. молод*ай* дéдушка
7. красúв*ый* артúст
8. симпатúчн*ая* актрúса
9. молод*ый* пáпа
10. извéстн*ый* композúтор

Vocabulary

Note: The core vocabulary is bold-faced.

Nouns

Family

бáбушка	*grandmother*	**дéдушка**	*grandfather*
брат	*brother*	**дéти**	*children*
внук	*grandson*	**дочь**	*daughter*
внýчка	*granddaughter*	**дя́дя**	*uncle*

ПЛЕММЯНИННИЦА

жена́	wife
ма́ма	mother, mom
мать	mother
муж	husband
оте́ц	father
па́па	father, dad
семья́	family
сестра́	sister
сын	son
тётя	aunt

Nationalities

ЯПОНЕЦ / ЯПОНКА

америка́нец	American (m.)
америка́нка	American (f.)
кана́дец	Canadian (m.)
кана́дка	Canadian (f.)
ру́сский	Russian (m.)
ру́сская	Russian (f.)

Other Nouns

друг	friend (m.)
подру́га	friend (f.)
преподава́тель	teacher (college level)
фотогра́фия	photograph

Adjectives

краси́вый	beautiful
молодо́й	young
симпати́чный	nice

Adverbs

Languages

по-англи́йски	in English
по-испа́нски	in Spanish
по-кита́йски	in Chinese
по-неме́цки	in German
по-ру́сски	in Russian
по-францу́зски	in French
по-япо́нски	in Japanese

Quality

немно́го	a little
пло́хо, непло́хо	badly, not badly
свобо́дно	fluently

хорошо́,	well,
нехорошо́	not well

Pronouns

Personal

я	I
ты	you (sg.)
он	he
она́	she
мы	we
вы	you (pl.)
они́	they

Possessive

мой, моя́	my
твой, твоя́	your (sg.)
его́	his
её	her
наш, на́ша	our
ваш, ва́ша	your (pl.)
их	their

КЛАСНЫЙ = cool

Verbs

говор|и́ть (II)	to speak
говорю́,	
говори́шь,	
говоря́т	
понима́|ть (I)	to understand
понима́ю,	
понима́ешь,	
понима́ют	
ду́ма|ть (I)	to think
ду́маю,	
ду́маешь,	
ду́мают	

ДУМАТЬ to think
ЗНАТЬ to know
СМОТРЕТЬ to watch
ЧИТАТЬ to read

Other

до́ма	at home
ещё	still
и	and
коне́чно	of course
Ну что́ ты!	Oh, come on!
то́лько	only

Уро́к 3 (Тре́тий уро́к)

Что у вас есть?

Борза́я—э́то ру́сская соба́ка.

ковбо́й: У вас есть ло́шадь?

ру́сский: Нет, у меня́ есть соба́ка–борза́я. Это ру́сская соба́ка.

ковбо́й: А у меня́ есть ло́шадь.

THEMES	CULTURE	STRUCTURES
• Naming things	• Russian-language periodicals	• Gender of nouns
• Describing things with adjectives	• Russian cars	• Adjective agreement
• Asking for and expressing opinions	• Borzoi—the Russian greyhound	• Что это? versus Что такое?
• Talking about possessions		• Possessive pronouns
• Describing the size of your family		• Verbs думать and знать
		• Dependent clauses
		• Equivalents of the verb *to have*: у меня́ есть
		• Omission of есть

Naming Things

Что э́то?	Это **журна́л.**

◇ **3.1** Gender of nouns

журна́л   газе́та   кни́га

рома́н   слова́рь   письмо́

Describing Things with Adjectives

Это	**како́й** журна́л? **кака́я** газе́та? **како́е** письмо́?	Это	**ру́сский** журна́л. **ру́сская** газе́та. **ру́сское** письмо́.

◇ **3.2** Adjective agreement

kakóie

Other adjectives

америка́нский	испа́нский	япо́нский
кана́дский	неме́цкий	кита́йский
мексика́нский	францу́зский	
англи́йский	италья́нский	

like fem, form

RUSSIAN-LANGUAGE PERIODICALS

Newspapers have undergone great changes since the breakup of the Soviet Union. Numerous new publications have appeared, from serious business journals to sensational tabloids.

«Пра́вда» (literally, *the truth*) was the main voice of the Communist Party of the Soviet Union from 1912. Its importance diminished with the appearance of numerous smaller newspapers in the early nineties.

«Литерату́рная газе́та» is the most famous literary newspaper. It publishes articles for the general public on literature, art, and films.

«Огонёк» is the oldest weekly magazine in Russia. Its first issue appeared in 1899, and except for a short interruption during the revolution, it has been a close and true friend for Russian readers through glasnost and the fall of communism. «Огонёк» is similar to *Newsweek* and *Time* in the United States.

«Аргуме́нты и фа́кты» is one of the popular newcomers. It is a weekly newspaper with articles mostly on everyday life.

«Но́вое Ру́сское Сло́во» is a Russian-language newspaper published in New York.

Что такое «Анна Каренина»?	Это русский роман.

◇ **3.3** Что это? versus Что такое?

🎭 1. Что такое «Правда»?

Make a list of newspapers, novels, and magazines. Ask a partner questions according to the model.

S1: Что такое «Правда»?
S2: Это русская газета.

магнитофон

видеомагнитофон

видеокамера

принтер

фотоаппарат

компьютер

телевизор

радио

стереосистема

телефон

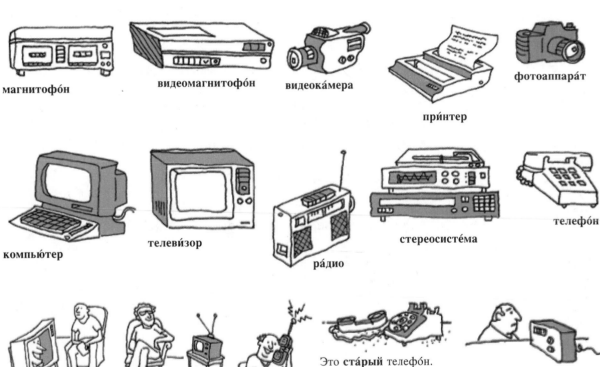

Это **большой** телевизор.

Это **маленький** телевизор.

Это **новый** телефон.

Это **старый** телефон.

Это **дешёвое** радио.

Это **интересная** книга.

Это **скучная** книга.

Это **дорогое** радио.

◇ **3.2** Adjective agreement

You can also make an opposite of many adjectives by adding не-, e.g., небольшо́й, неинтере́сный, недорого́й, некраси́вый. Such adjectives are considered somewhat less strong than the true opposites.

New adjectives

большо́й	ма́ленький
но́вый	ста́рый
интере́сный	ску́чный
дорого́й	дешёвый

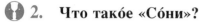

2. Что тако́е «Со́ни»?

A. Describe the following items with as many adjectives as possible.

S1: Что тако́е «Со́ни Уо́кмэн»? (Sony Walkman)
S2: Это магнитофо́н.
S1: Како́й магнитофо́н?
S2: Это ма́ленький, хоро́ший, япо́нский магнитофо́н.

1. *Ogonyok*
2. Apple Macintosh
3. *Wall Street Journal*
4. *Animal Farm*
5. *Time*

6. Panasonic
7. *Pravda*
8. Canon
9. *Moby Dick*
10. Sharp

B. Continue with your own items.

Чей э́то магнитофо́н?	Это **мой / твой / его́ / её / наш / ваш / их**	магнитофо́н.
Чья э́то кни́га?	Это **моя́ / твоя́ / его́ / её / на́ша / ва́ша / их**	кни́га.
Чьё э́то ра́дио?	Это **моё / твоё / его́ / её / на́ше / ва́ше / их**	ра́дио.

◇ **3.4** Possessive pronouns

Да, моё.

Чьё э́то ра́дио? Это **ва́ше** ра́дио?

3. **Материалист.** Pretend that you are showing your home to a Russian visitor (played by a classmate). Show him or her some of your possessions and describe them with several adjectives.

Model: Visitor's questions: Что это? Чья это видеокамера?
Это хорошая видеокамера?

Your answers: Это моя видеокамера. Да,
это хорошая и очень дорогая
видеокамера.

4. **Newspaper advertising.** Which telephone number would you call if you wanted to find out more about the following products? Which brand name is not very common in the United States?

1. dot-matrix printer
2. television
3. fax-machine
4. CD player
5. VCR
6. camcorder
7. calculator
8. cellular phone
9. cassette deck
10. telephone

1.

Trading Co **ДЕШЕВЛЕ— ТОЛЬКО ДАРОМ**

Телевизоры: SHARP, JVC 36-54 см-295=490$, SONY, PANASONIC 36-86 см-360=1350$. Видеокамеры: BLAUPUNKT 880/1520$, SONY 860/1450$. Видеомагнитофоны: SONY 375/465$, а также радиотелефоны, компакт-диск плейеры, аудиокомплексы. Тел. (095) 287-4433.

2.

ФИРМА БИЗНЕС-ЦЕНТР предлагает: компьютеры PC/AT 286/386/486, лазерные и матричные принтеры, копировальные машины Canon, телефаксы и телефоны Panasonic, калькуляторы Citizen. в ЦЕНТРЕ Москвы, в ЦЕНТРЕ внимания. Телефон: (095) 921-64-85

RUSSIAN CARS

«Чайка», «Волга» and «Москвич» are Russian-made cars. The largest, «Чайка», was formerly used almost exclusively by Soviet government officials. These cars were usually black. «Волга» is the second largest car. Many Russian taxicabs are Volgas—yellow with black checker stripes on each side. «Москвич» is a popular middle-sized car. «Лада», which was originally called «Жигули» (after a mountain range) in Russia, is essentially a Fiat made under an Italian license. The traffic police (ГАИ) often drive yellow Ladas.

5. Это итальянская машина?

A. Make short dialogues according to the model.

> S1: Что такое «Феррари»?
> S2: Это машина.
> S1: Какая машина?
> S2: Это красивая, дорогая, итальянская машина.

1. Jaguar	**6.** Lada
2. Peugeot	**7.** Pontiac
3. Toyota	**8.** Renault
4. Alfa Romeo	**9.** Volga
5. Mercedes-Benz	**10.** Volkswagen

B. Continue the activity with your own items.

Маркетинговая популярность наиболее известных автомобилей в баллах.	
«Вольво»	100,0
«БМВ»	78,4
«Мерседес»	78,4
«Форд»	56,3
«Линкольн»	32,0
«Понтиак»	20,0
«Шевроле»	8,0
«Крайслер»	4,0
«Бьюик»	4,0
«Опель»	4,0

6. Что такое «Вольво»? Это хорошая шведская[1] машина. [1]Swedi

This is a list of the most popular foreign cars in Russia.

1. What is their country of origin?
2. Which car(s) is ⟨are⟩ not popular in the United States?
3. What country seems to be missing from this list?

Colors			
бе́лый	*white*	се́рый	*gray*
чёрный	*black*	жёлтый	*yellow*
кра́сный	*red*	ора́нжевый	*orange*
ро́зовый	*pink*	зелёный	*green*
си́ний	*blue*	кори́чневый	*brown*
голубо́й	*light blue*	фиоле́товый	*purple*

Это моя́ **соба́ка**. Её зову́т Ла́йка.

А э́то моя́ **ко́шка** Му́рка.

7. **Что такóе добермáн?** Describe the following dogs with as many adjectives as possible, including colors.

> S1: Что такóе добермáн?
>
> S2: Это большáя, чёрная, симпатúчная, немéцкая собáка.

1. рóтвейлер	**6.** чáу-чáу
2. бáссет	**7.** бульдóг
3. добермáн	**8.** шар-пéй
4. пекинéс	**9.** кóлли
5. кóккер-спаниéль	**10.** афгáнская борзáя

BORZOI

Борзóй (male) and борзáя (female) are Russian greyhounds. They were loyal companions of Russian aristocrats, who used the dogs for hunting rabbits, foxes, and wolves. Borzois are fast runners, hence the name борзóй *(fast as an arrow)*.

Asking for and Expressing Opinions

Как	ты дýмаешь, вы дýмаете,	«Тайм» интерéсный журнáл?	Да, **по-мóему,** интерéсный. Нет, **не óчень** интерéсный. **Не знáю. Мóжет быть.**

По-мóему, **Я дýмаю, что** «Войнá и мир» интерéсный ромáн. **Я знáю, что**	Да, э́то **прáвда.** Нет, э́то **непрáвда.** **По-мóему,** э́то...

◇ 3.5 Verbs думать and знать
3.6 Dependent clauses

по- башему
по- твоему

8. **Как ты дýмаешь?**

A. Ask a classmate about his or her opinion concerning specific brands or items in the following categories. Then agree or disagree.

> S1: Как ты дýмаешь, «Тайм» хорóший журнáл?
>
> S2: Да, по-мóему, э́то óчень хорóший и интерéсный журнáл.
>
> S1: Да, э́то прáвда./ А по-мóему, э́то скýчный журнáл.

журнáл газéта ромáн машúна компьютер стереосистéма

B. *Student 1*: Express your opinion about some people in the professions given. Start your sentences with any of the expressions listed. *Student 2*: Agree or disagree.

S1:   По-мо́ему, Достое́вский о́чень хоро́ший писа́тель.

S2:   Да, э́то пра́вда. /Мо́жет быть./ Я не зна́ю./ А по-мо́ему,...

professions		
По-мо́ему,...	писа́тель	профе́ссор
Я ду́маю, что...	актёр	актри́са
Я зна́ю, что...	компози́тор	астрона́вт
	арти́стка	космона́вт

Talking about Possessions

Что у	меня́ тебя́ него́ / неё нас вас них	есть?	У	меня́ тебя́ него́ / неё нас вас них	есть соба́ка.

◇ **3.7** Equivalents of the verb *to have*

Это мой брат Са́ша. **У него́ есть** но́вый **мотоци́кл.**

Это тётя Алла. **У неё есть** ста́рый **велосипе́д.**

А э́то Ни́на и Ле́на. **У них есть** краси́вая ло́шадь.

У тебя ↑ есть соба́ка? вас	Да, есть. Да, у меня́ есть соба́ка. Нет.
Кака́я у тебя́ соба́ка? вас	У меня́ ру́сская соба́ка.
У тебя́ больша́я соба́ка? вас ↑	Да, больша́я. Да, у меня́ больша́я соба́ка.

◇ **3.8** Omission of есть

А вы?

- У вас есть маши́на?
- Кака́я у вас маши́на?
- У вас есть велосипе́д?
- А мотоци́кл?
- А соба́ка и́ли ко́шка у вас есть? Кака́я?

9. Что у них есть?

Look at the pictures and answer the questions.

1. Это Са́ша и Игорь. Кака́я у них маши́на? Это но́вая маши́на? Дорога́я?

2. Это Воло́дя. У него́ больша́я соба́ка? А ко́шка у него́ есть? Кака́я?

3. Это Ната́ша и Андре́й. Что у них есть? Како́й?

4. Это профе́ссор Андре́ев. Что у него́ есть?

5. Это Анна. Что у неё есть?

6. Это Игорь. Что у него́ есть?

10. Что у вас есть?

A. Ask a classmate ten questions about his or her possessions. Get a detailed description, including colors, when applicable.

S1: У тебя́ есть соба́ка?

S2: Да, есть.

S1: Кака́я соба́ка?

S2: Больша́я, чёрная, неме́цкая соба́ка.

B. Ask your teacher questions about his or her possessions (car, computer, VCR, etc.). Use follow-up questions when applicable to find out more details. Remember to use the formal form У вас.

Describing the Size of Your Family (Including Pets)

У вас есть **бра́тья и́ли сёстры?**	Да, есть. У меня́ есть **два бра́та** и **одна́ сестра́.** Нет.
У вас есть **де́ти?**	Да, есть. У меня́ есть **две до́чери** и **оди́н сын.**

Nouns with numerals require special grammatical forms that will be explained later. For the time being, memorize the information you need to describe your own family.

У меня́ есть...

	genitive		genitive plural
оди́н	два	три, четы́ре	пять (and over)
брат	бра́та	бра́та	бра́тьев
сын	сы́на	сы́на	сынове́й
одна́	две	три, четы́ре	пять (and over)
сестра́	сестры́	сестры́	сестёр
дочь	до́чери	до́чери	дочере́й
соба́ка	соба́ки	соба́ки	соба́к
ко́шка	ко́шки	ко́шки	ко́шек
ло́шадь	ло́шади	ло́шади	лошаде́й

11. У вас больша́я семья́?

A. Using the chart, describe the size of your own family.

B. Find out how many sisters and brothers (children, etc.) your classmates have. Use the questions in the information box.

На́ша семья́

Меня́ зову́т Ни́на Ле́бедева. На́ша семья́ больша́я: у меня́ есть ма́ма, па́па, два бра́та и одна́ сестра́. Моя́ сестра́ Ната́ша за́мужем[1] (у неё есть муж). Её муж Валенти́н журнали́ст. Он о́чень симпати́чный. У них есть де́ти: сын Ми́ша и дочь Ира.

[1]married (*of a woman*)

Мой ста́рший[2] брат Серге́й то́же журнали́ст. Он ещё не[3] жена́т,[4] но у него́ есть де́вушка.[5] Её зову́т Та́ня. Мой мла́дший[6] брат Са́ша студе́нт. Он ду́мает, что сча́стье[7]—это мотоци́кл. У него́ есть но́вый япо́нский мотоци́кл—о́чень дорого́й.

[2]older (*cf.* ста́рый) /
[3]not yet / [4]married (*man*) /
[5]girl(friend) / [6]younger /
[7]happiness

У нас есть соба́ка и ко́шка. На́ша соба́ка о́чень больша́я, чёрно-бе́лая, и, по-мо́ему, краси́вая. Её зову́т Ла́йка. На́ша ко́шка ма́ленькая и се́рая. Её зову́т Му́рка.

Answer the questions.

1. У неё ма́ленькая семья́?
2. Как зову́т её сестру́?
3. У Ната́ши есть муж? Как его́ зову́т?
4. Валенти́н—профе́ссор?
5. Де́ти у них есть? Как их зову́т?
6. Как зову́т ста́ршего бра́та Ни́ны?
7. У него́ есть жена́?
8. Са́ша то́же журнали́ст?
9. У него́ есть маши́на?
10. Како́й у него́ мотоци́кл?
11. Кака́я у них соба́ка?
12. Как её зову́т?
13. А ко́шка у них кака́я?
14. Как её зову́т?
15. Как вы ду́маете, что тако́е сча́стье?

A. *You should now be able to...*

1. *ask what something is*
2. *ask and answer questions about quality, size, age, price, color, and interest value of things*
3. *describe things with adjectives of nationality*
4. *ask for and express opinions*
5. *respond to an expression of opinion*
6. *ask and answer questions about what someone has*
7. *ask and answer questions about what kind of items someone has*
8. *describe the size of your family*

CHAPTER
REVIEW

B. Directed dialogue.

You are interviewing a visitor from Russia. A fellow student or your teacher can play the role of the visitor. Find out

1. *what the visitor's name is*
2. *what languages he or she speaks*
3. *if the visitor is a professor (yes)*
4. *if the visitor has a spouse (yes)*
5. *what the spouse's name is*
6. *if the spouse is also a professor*
7. *if the spouse speaks English*
8. *if they have children (yes, son and daughter)*
9. *what the names of the children are*
10. *if their daughter speaks English*
11. *if their son is a student*
12. *if they have a car (yes) and what kind*
13. *if they have a dog or a cat (a dog) and what kind*
14. *what the name of the dog is*
15. *if they have a computer (yes) and what kind*

Report the results of the interview in the third person.

Model: Его зову́т Серге́й Ива́нович Ка́рпов.

Её зову́т Татья́на Па́вловна Ка́рпова.

Extra

«Жигули́»—э́то ру́сская маши́на

Look at the specifications for a Zhiguli. Based on your general knowledge, what kind of statistics are usually given about cars? Jot down your ideas. How many of them can you find in the advertisement?

Ма́рка: «Жигули»

Мо́щность: 65 лошадиных сил

Максима́льная ско́рость: 140 км/ч

Две́ри: 4

Резервуа́р: 50 литров

Расхо́д бензи́на: 11 литров/100 км

Дви́гатель: 4 цилиндра

Объём: 1200 см^3

Вес: 1000 кг

Цвет: зелёный

Word Building

Suffix -ск-

Some proper nouns can be made into adjectives by adding the suffix -**ск**-, and the adjective ending. Slight modifications of the stem may also occur.

Nouns	Adjectives	Nouns	Adjectives
Техáс	техáсский	Ки́ев	ки́евский
Нью-Йорк	нью-йо́ркский	Калифо́рния	калифорни́йский
Москвá	моско́вский	Монреáль	монреáльский
Петербу́рг	петербу́ргский		

Make up new titles for newspapers using the adjectives just listed and the following nouns.

газéта   журнáл   курьéр *courier*   прáвда   сло́во *word*

Combining Adjectives

Two adjectives can sometimes be combined with a hyphen. In this construction, the first adjective takes a shorter form: stem + the vowel -**о**.

чёрный + бéлый = чёрн**о**-бéлый *black and white*
   У меня́ есть чёрно-бéлая кóшка.
   У негó есть чёрно-бéлый телеви́зор.

ру́сский + англи́йский = ру́сск**о**-англи́йский *Russian–English* (e.g., dictionary)

Note: The adjective англи́йский has a shorter stem: **англ-**

   áнгло-ру́сский словáрь *English–Russian dictionary*

Look at the advertisement for a computerized dictionary. Combine any two adjectives to make as many two-language dictionary titles as possible. What kind of dictionaries do you have?

ЭЛЕКТРОННЫЙ СЛОВАРЬ
НА ВОСЬМИ ЯЗЫКАХ

АНГЛИЙСКИЙ
ФРАНЦУЗСКИЙ
ИТАЛЬЯНСКИЙ
ИСПАНСКИЙ
НЕМЕЦКИЙ $87.50
ПОЛЬСКИЙ
РУССКИЙ
ГОЛЛАНДСКИЙ
84.000 слов, 10.500 слов и
150 популярных выражений
на каждом языке.

ГРАММАТИКА

3.1 GENDER OF NOUNS

There are three genders in Russian: masculine, feminine and neuter. You have already learned some masculine and feminine nouns (e.g., арти́ст/арти́стка, брат/сестра́). When the gender of the noun cannot be determined by its meaning alone (natural gender), it can be determined by the noun *ending*. Nouns ending in a *consonant* or **-й** are masculine, nouns ending in **-а** or **-я** are feminine, and those ending in **-о** or **-e** are neuter. Words that end in a soft consonant (written with the soft sign **-ь**) can be masculine or feminine. Their gender has to be memorized. Word lists and dictionaries give the gender for such nouns.

> слова́рь (m.) *dictionary*
> ло́шадь (f.) *horse*

	masc.		fem.		neuter	
hard stem	журна́л	**-ø**	кни́га	**-а**	письмо́	**-о**
soft stem	музе́й	**-й**	тётя	**-я**	упражне́ние	**-e**
	слова́рь	**-ь**	ло́шадь	**-ь**		

Note: Some animate nouns (including familiar forms of first names) that end in **-а** or **-я** are *masculine*.

	наш	па́па/де́душка/дя́дя/Ми́ша/Ко́ля
but:	**на́ша**	ма́ма/ба́бушка/тётя/Ма́ша/Та́ня

Упражне́ние

◇ **1.** Define the grammatical gender of the following nouns.

1. журна́л	**8.** ко́шка
2. кассе́та	**9.** при́нтер
3. письмо́	**10.** телефо́н
4. телеви́зор	**11.** ра́дио
5. кни́га	**12.** газе́та
6. маши́на	**13.** рома́н
7. велосипе́д	**14.** соба́ка

3.2 ADJECTIVE AGREEMENT

As you already know, adjectives agree with the nouns they modify. So far you have learned the masculine and feminine forms of adjectives. In this lesson, you will learn the *neuter* form.

Это ру́сский журна́л.   (The adjective agrees with a masculine noun.)
Это ру́сская газе́та.   (The adjective agrees with a feminine noun.)
Это ру́сское письмо́.   (The adjective agrees with a neuter noun.)

	masc.		fem.		neuter	
stem stressed	ру́сский изве́стный	-ий* -ый*	ру́сская изве́стная	-ая	ру́сское изве́стное	-ое
end stressed	плохо́й молодо́й **како́й**	-о́й	плоха́я молода́я **кака́я**	-а́я	плохо́е молодо́е **како́е**	-о́е

*The choice between the endings **-ый** and **-ий** is determined by Spelling Rule 1.

Spelling Rule 1:	After **к, г, х, ж, ч, ш, щ**, write **и**, not **ы**.

Note: Two adjectives have special forms that will be discussed in detail later. For now, they have to be memorized.

masculine	feminine	neuter	
хоро́ший	хоро́шая	хоро́шее	*good*
си́ний	си́няя	си́нее	*blue*

Упражне́ния

◇ **2.** Glossaries and dictionaries usually list adjectives only in the masculine form. You can deduce the feminine and neuter forms from the masculine. Use the nouns and adjectives provided to come up with the following drinks.

италья́нский	вино́ *wine*	бе́лый *white*
кита́йский	во́дка *vodka*	чёрный *black*
мексика́нский	пи́во *beer*	кра́сный *red*
ру́сский	чай *tea*	
францу́зский	шампа́нское *champagne*	

1. Mexican beer
2. Russian vodka
3. French red wine
4. Chinese black tea
5. French champagne
6. Italian white wine

3. Use each adjective on the left with each noun on the right.

Model: америка́нский рома́н, америка́нская газе́та...

1. америка́нский   рома́н
2. неме́цкий   газе́та
3. хоро́ший   письмо́
4. ру́сский   телеви́зор
5. англи́йский   маши́на
6. испа́нский   слова́рь
7. япо́нский   кни́га
8. францу́зский   ра́дио
9. мексика́нский   соба́ка
10. кана́дский   журна́л

4. Write the missing *What kind?* questions.

Model: Это ру́сский журна́л.   **Это како́й журна́л?**

1. Это америка́нская газе́та.
2. Это ру́сское письмо́.
3. Это итальянский журна́л.
4. Это япо́нский фотоаппара́т.
5. Это францу́зский рома́н.
6. Это неме́цкое ра́дио.
7. Это кита́йская газе́та.
8. Это англи́йский слова́рь.
9. Это америка́нский компью́тер.
10. Это япо́нская стереосисте́ма.

5. Answer the questions using the opposite descriptions. You should be familiar with the new adjectives *old, new, big,* and so on at this point.

Model: Это плоха́я газе́та?   **Нет, э́то хоро́шая газе́та.**

1. Это ста́рая кни́га?
2. Это интере́сный рома́н?
3. Это дорого́е ра́дио?
4. Это большо́й телеви́зор?
5. Это ма́ленькая стереосисте́ма?
6. Это но́вое письмо́?
7. Это краси́вая кни́га?
8. Это дорого́й компью́тер?
9. Это но́вый журна́л?
10. Это плохо́е ра́дио?

3.3 ЧТО ЭТО? VERSUS ЧТО ТАКОЕ?

In Lesson 1 you learned the difference between the following questions:

Кто э́то?	(a general question when no proper
Who is this?	noun is present)
Кто тако́й Юрий Гага́рин?	(a question when the proper name is
Who is Yuri Gagarin?	present and further clarification is
Кто така́я Алла Пугачёва?	needed)
Who is Alla Pugachova?	

The same basic rule applies to the questions **Что э́то?** and **Что тако́е?**

Что э́то?	(a general question when no proper
What is this?	noun is present)
Что тако́е «Со́ни»?	(a question when the proper name or
What is a Sony?	brand name is present and further
	clarification is needed)

Упражне́ние

◇ **6.** Ask the corresponding questions using Что э́то? or Что тако́е?

1. «Тайм»—э́то америка́нский журна́л.
2. Это мой компью́тер.
3. Это ру́сский журна́л.
4. «Пра́вда»—э́то ру́сская газе́та.
5. «Анна Каре́нина»—э́то ру́сский рома́н.

3.4 POSSESSIVE PRONOUNS

In Lesson 2 you learned the masculine and feminine forms of possessive pronouns. In this lesson you will learn the corresponding *neuter forms* and a new question word (also called *interrogative pronoun*) **чей?** (*whose?*). Like the other possessive pronouns, **чей** agrees with the noun it modifies.

Чей э́то журна́л?	Это **мой** журна́л.	(чей agrees with a masculine noun)
Whose magazine is this?	*It is my magazine.*	
Чья э́то кни́га?	Это **моя́** кни́га.	(чья agrees with a feminine noun)
Whose book is this?	*It is my book.*	
Чьё э́то ра́дио?	Это **моё** ра́дио.	(чьё agrees with a neuter noun)
Whose radio is this?	*It is my radio.*	

The new forms are bold-faced in the chart.

	possessive pronouns			personal pronouns	
masc.	**fem.**	**neuter**		**subject forms**	**object forms**
мой	моя́	**моё**	*my*	я — *I*	меня́ — *me*
твой	твоя́	**твоё**	*your*	ты — *you*	тебя́ — *you*
его́/её	его́/её	**его́/её**	*his, her*	он/она́ — *he/she*	его́/её — *him/her*
наш	на́ша	**на́ше**	*our*	мы — *we*	нас — *us*
ваш	ва́ша	**ва́ше**	*your*	вы — *you*	вас — *you*
их	их	**их**	*their*	они́ — *they*	их — *them*
чей	**чья**	**чьё**	*whose*		

Упражне́ния

◇ **7.** Write questions and answers according to the model. Be sure to use the right form of the pronouns.

Model: журна́л/мой **Чей э́то журна́л?** **Э́то мой журна́л.**

1. ра́дио/мой
2. кни́га/наш
3. слова́рь/твой
4. магнитофо́н/его́
5. газе́та/ваш

6. письмо́/её
7. стереосисте́ма/мой
8. телеви́зор/наш
9. компью́тер/твой
10. видеока́мера/их

8. Fill in the missing personal or possessive pronouns. Refer to the chart if necessary.

1. _____ говорю́ по-ру́сски. _____ подру́га не говори́т по-ру́сски. Она́ не понима́ет _____.

2. _____ не о́чень хорошо́ говори́шь по-англи́йски. Я не понима́ю _____. А, _____ брат по-англи́йски говори́т?

3. Э́то И́горь. А э́то _____ брат Серге́й. _____ говори́т по-англи́йски хорошо́. Я _____ понима́ю.

4. Э́то Ле́на. А э́то _____ сестра́. _____ зову́т Ната́ша. _____ по-англи́йски говори́т о́чень хорошо́. Я _____ понима́ю.

5. Э́то мы. _____ говори́м по-неме́цки. Вы _____ понима́ете? А э́то _____ ба́бушка и _____ де́душка.

6. Кто э́то? _____ сестра́? Да, э́то на́ша сестра́. _____ по-англи́йски говори́те? Да, мы говори́м по-англи́йски. _____ нас понима́ете? Да, мы _____ понима́ем.

7. Э́то Ми́ша и Ле́на. _____ говоря́т по-ру́сски. Мы _____ понима́ем. _____ роди́тели (*parents*) то́же говоря́т по-ру́сски.

3.5 VERBS ДУМАТЬ AND ЗНАТЬ

Ду́ма|ть (*to think*) and зна|ть (*to know*) are regular first conjugation verbs.

Упражне́ния

◇ **9.** Fill in the endings. Refer to Lesson 2, grammar section 2.2 if necessary.

я ду́ма _____   я зна́ _____

ты ду́ма _____   ты зна́ _____

он/она́ ду́ма _____   он/она́ зна́ _____

мы ду́ма _____   мы зна́ _____

вы ду́ма _____   вы зна́ _____

они́ ду́ма _____   они́ зна́ _____

10. **I know her, but she does not know me.** Finish the sentences with the opposite idea.

Model: Я знаю её, **а она́ не зна́ет меня́.**

1. Я зна́ю его́, ...   **4.** Он зна́ет тебя́, ...

2. Она́ зна́ет вас, ...   **5.** Мы зна́ем вас, ...

3. Ты зна́ешь их, ...   **6.** Вы зна́ете меня́, ...

3.6 DEPENDENT CLAUSES

Question words (**кто, что, како́й, как, чей,** and others) can be used in both independent and dependent clauses.

A. Independent

Кто э́то?	*Who is this?*
Что э́то?	*What is this?*
Кака́я э́то кни́га?	*What kind of book is this?*
Как ты говори́шь по-ру́сски?	*How do you speak Russian?*
Чья э́то газе́та?	*Whose newspaper is this?*

B. Dependent

Я не зна́ю, **кто** говори́т по-кита́йски.	*I do not know who speaks Chinese.*
Ты зна́ешь, **что** э́то?	*Do you know what this is?*
Он не зна́ет, **кака́я** э́то кни́га.	*He does not know what kind of book this is.*
Мы не зна́ем, **как** ты говори́шь по-ру́сски.	*We do not know how you speak Russian.*
Они́ не зна́ют, **чья** э́то газе́та.	*They do not know whose newspaper it is.*

Грамма́тика Уро́к 3

In addition, the word **что** is used as the conjunction *that* between clauses.The English language often omits the conjunction in these sentences.

> Я ду́маю, **что** борза́я—э́то краси́вая соба́ка.
> *I think (**that**) (the) borzoi is a beautiful dog.*
> Я зна́ю, **что** ты говори́шь по-ру́сски.
> *I know (**that**) you speak Russian.*

Упражне́ния

◇ **11.** Say that *you* do not know the answer to the following questions.

Model: Кто говори́т по-япо́нски? **Я не зна́ю, кто говори́т по-япо́нски.**

1. Что э́то?
2. Како́й э́то журна́л?
3. Чья э́то кни́га?
4. Кто не понима́ет меня́?
5. Чьё э́то письмо́?

12. They think that . . . Write complete sentences using the words given.

Model: Анна/борза́я/краси́вый/ соба́ка **Анна ду́мает, что борза́я—э́то краси́вая соба́ка.**

1. Серге́й/«Ла́да»/хоро́ший/маши́на
2. мы/«Огонёк»/интере́сный/журна́л
3. моя́ сестра́/доберма́н/краси́вый/соба́ка
4. я/Чайко́вский/хоро́ший/компози́тор
5. Да́ша и Са́ша/«Аргуме́нты и фа́кты»/хоро́ший/газе́та

13. How would you say the following in Russian?

1. Do you know what his name is?
2. Does she know who this is?
3. Do they know what my name is?
4. Does Sasha know whose car this is?
5. Do you know what kind of book this is?
6. Do you know that Volga is a Russian car?
7. I know that she speaks English very well.
8. We know that his sister does not understand Spanish.
9. He knows that I do not speak Chinese.
10. Does Sergei know how well my brother speaks German?

3.7 EQUIVALENTS OF THE VERB *TO HAVE*

You have so far learned to express possession with possessive pronouns *my*, *your*, *his*, and so on. You can also express possession in another way.

У меня́ есть машина. *I have a car.*
literally: *By me   there is   a car.*

Compare the two ways to express possession.

This is my/your ... dog.	*I/you ... have a dog.*
Это моя́ соба́ка.	**У меня́ есть** соба́ка.
Это твоя́ соба́ка.	**У тебя́ есть** соба́ка.
Это его́ соба́ка.	**У него́ есть** соба́ка.
Это её соба́ка.	**У неё есть** соба́ка.
Это на́ша соба́ка.	**У нас есть** соба́ка.
Это ва́ша соба́ка.	**У вас есть** соба́ка.
Это их соба́ка.	**У них есть** соба́ка.

Note: The third person pronouns **его́**, **её**, and **их** add an extra consonant, **н**, after the preposition **у**: у <u>н</u>его́, у <u>н</u>её, у <u>н</u>их.

Упражне́ния

◇ **14.** Write two complete sentences, according to the model.

Model: мы/большо́й/соба́ка   **У нас есть больша́я соба́ка.**
                                  Это на́ша больша́я соба́ка.

1. они́/ста́рый/ло́шадь (f.)
2. она́/но́вый/велосипе́д
3. я/большо́й/соба́ка
4. ты/но́вый/дорого́й/маши́на
5. мы/хоро́ший/слова́рь
6. вы/ма́ленький/ко́шка
7. он/япо́нский/видеока́мера
8. я/неме́цкий/ра́дио
9. мы/дорого́й/стереосисте́ма
10. она́/но́вый/ру́сский/газе́та

15. Rewrite the sentences using the other way of expressing possession.

Model: У меня́ есть соба́ка.   **Это моя́ соба́ка.**
        Это её сестра́.   **У неё есть сестра́.**

1. У меня́ есть ра́дио.
2. Это его́ мотоци́кл.
3. У них есть видеомагнитофо́н.
4. Это на́ша ко́шка.
5. У вас есть компью́тер.
6. Это её ло́шадь.
7. У нас есть маши́на.
8. Это моя́ соба́ка.
9. Это ваш телеви́зор.
10. У тебя́ есть велосипе́д.
11. Это твоя́ кни́га.
12. У него́ есть слова́рь.
13. У неё есть мотоци́кл.
14. Это их соба́ка.
15. У вас есть ра́дио.

3.8 OMISSION OF ЕСТЬ

When you *ask* about the *existence* of something, the word **есть** is used. The answer to such a question starts with *yes* or *no*. Similarly, if you make a *statement* about the existence of something or somebody, **есть** is included in the sentence. If, on the other hand, you already know that a person has something, but you want to find out more details, **есть** is omitted. Compare the following statements and question-and-answer pairs.

with **есть**

У меня **есть** машина.		(statement about existence)
У тебя **есть** машина?	Да, **есть.**	(question and answer about existence)
	Да, у меня есть машина.	

without **есть**

У тебя **хорóшая** машина?	Да, **хорóшая.**	(question and answer about quality)
Какáя у тебя машина?	У меня **хорóшая** машина.	(question and answer about quality)

Note: Negative statements or answers in complete sentences require grammatical structures that are beyond the scope of this lesson. For now, if you do not have the thing mentioned, answer simply, Нет.

У тебя есть мотоцикл? **Нет.**

Упражнéния

◇ **16.** Write the questions that elicited the answers provided.

Model: Да, у меня есть машина. **У тебя есть машина?**

1. Да, у меня есть собáка.
2. Да, у негó есть лóшадь.
3. Да, у нас есть видеомагнитофóн.
4. Да, у неё есть телефóн.
5. Да, у них есть кóшка.

17. Write your follow-up questions to the statements.

Model: У меня есть кнúга. **Какáя у тебя кнúга?**

1. У меня есть собáка.
2. У нас есть лóшадь.
3. У них есть мотоцúкл.
4. У негó есть видеокáмера.
5. У неё есть компьютер.

6. У меня есть велосипéд.
7. У нас есть словáрь.
8. У негó есть рáдио.
9. У нас есть кóшка.
10. У неё есть письмó.

Vocabulary

Note: The core vocabulary is bold-faced.

Nouns

Printed matter

газе́та	newspaper
журна́л	magazine
кни́га	book
письмо́	letter
рома́н	novel
слова́рь *m.*	dictionary

Electronics

видеока́мера	camcorder
видеомагнитофо́н	VCR
компью́тер	computer
магнитофо́н	tape recorder
при́нтер	printer
ра́дио	radio
стереосисте́ма	stereo system
телеви́зор	television
телефо́н	telephone
фотоаппара́т	camera

Vehicles

велосипе́д	bicycle
маши́на	car
мотоци́кл	motorcycle

Pets

ко́шка	cat
ло́шадь *f.*	horse
соба́ка	dog

Other nouns

война́	war
де́вушка	girl, young woman, girlfriend
де́ти *pl.*	children
материали́ст	materialist
мир	peace

пра́вда	truth
сча́стье [ща́стье]	happiness

Adjectives

Of origin

англи́йский	English
испа́нский	Spanish
италья́нский	Italian
кана́дский	Canadian
кита́йский	Chinese
мексика́нский	Mexican
неме́цкий	German
францу́зский	French
япо́нский	Japanese

Colors

бе́лый	white
голубо́й	light blue
жёлтый	yellow
зелёный	green
кори́чневый	brown
кра́сный	red
ора́нжевый	orange
ро́зовый	pink
се́рый	grey
си́ний, -яя, -ее	blue
фиоле́товый	purple
чёрный	black

Other

большо́й	big, large
дешёвый	cheap
дорого́й	expensive
интере́сный	interesting
како́й	what, what kind
краси́вый	beautiful
ма́ленький	little, small
мла́дший	younger

нóвый	new
скýчный	boring
стáрший	older
стáрый	old
хорóший, -ая, -ее	good

Pronouns

мой, моя́, моё	my
твой, твоя́, твоё	your (sg.)
егó	his
её	her
наш, нáша, нáше	our
ваш, вáша, вáше	your (pl.)
их	their
чей, чья, чьё	whose

Verbs

дýма|ть (I)	to think
есть	there is, there are
зна|ть (I)	to know

Other

ещё не	not yet
женáт	married (of a man)
зáмужем	married (of a woman)
мóжет быть	maybe, perhaps
по-мóему	in my opinion
у меня́ есть	I have
что	what
что *conj.*	that
что такóе	what is

(handwritten notes:)

что такóе — what is — ~~est~~ a stronger, more global query than какой

какой — was für ist es?

Когда — when

где — where

кто такой — who is that?

Уро́к 4 (Четвёртый уро́к)

Где здесь по́чта?

Иди́те пря́мо, а пото́м
нале́во.

Тури́ст: Извини́те,
пожа́луйста, где
здесь по́чта?
Мужчи́на: Пря́мо,
а пото́м нале́во.
Тури́ст: Спаси́бо.
Мужчи́на:
Пожа́луйста.

THEMES

- Describing your city
- Asking for directions
- Expressing location
- Describing things in the plural
- Describing your house or apartment

CULTURE

- St. Petersburg
- Moscow
- Russian housing
- Inside an apartment

STRUCTURES

- Он/она́/оно́/они́ versus э́то
- Demonstrative pronouns э́тот and тот
- Verbs находи́ться, называ́ться, and звать
- Prepositional case of nouns: singular
- Nominative plural of nouns, adjectives, and possessive and demonstrative pronouns

Describing Your City

Это го́род.

зда́ние
дом
це́рковь *f.*
парк
у́лица
КНИГИ
пло́щадь *f.*
универма́г
магази́н
ШКОЛА №36
шко́ла

1. Что тако́е «Хи́лтон»?

A. Make short dialogues using the words provided.

S1: Что тако́е «Хи́лтон»?
S2: Это гости́ница.
S1: Кака́я гости́ница?
S2: Больша́я, дорога́я гости́ница.

1. Harvard
2. Hyatt Regency
3. Tiffany's
4. Macy's
5. Broadway

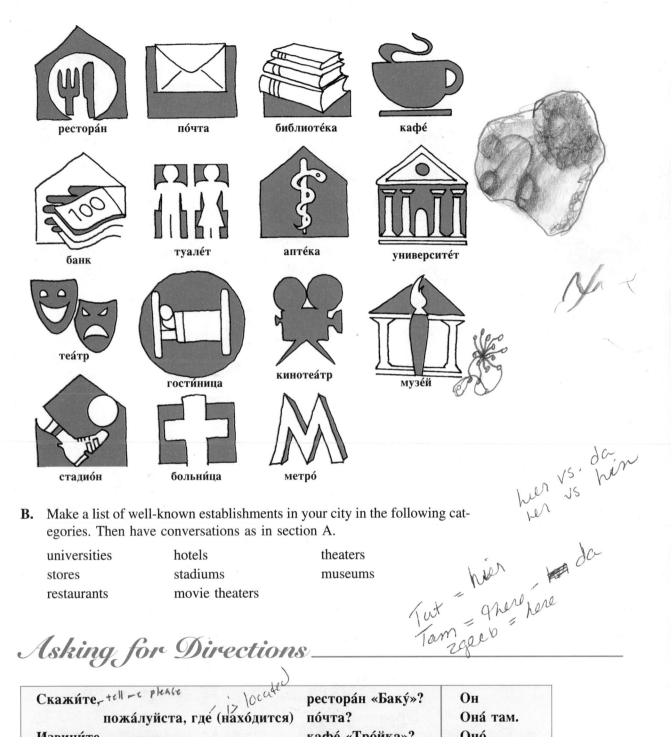

ресторан почта библиотека кафе

банк туалет аптека университет

театр гостиница кинотеатр музей

стадион больница метро

B. Make a list of well-known establishments in your city in the following categories. Then have conversations as in section A.

universities	hotels	theaters
stores	stadiums	museums
restaurants	movie theaters	

Asking for Directions

Скажите, пожалуйста, где (находится) Извините,	ресторан «Баку»? почта? кафе «Тройка»?	Он Она там. Оно
Спасибо.		Пожалуйста.

◇ **4.1** Personal pronouns

4.3 The verb находиться

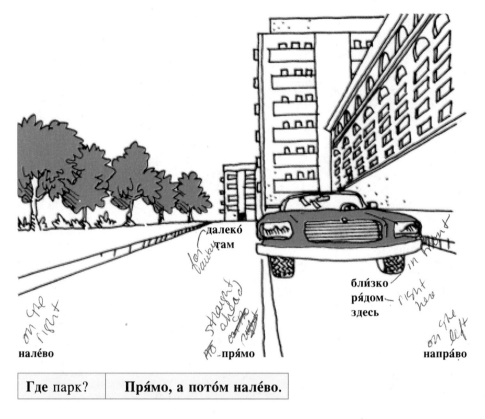

далеко́
там

бли́зко
ря́дом
здесь

нале́во   **пря́мо**   **напра́во**

Где парк?	Пря́мо, а пото́м нале́во.

2. Это Тверска́я у́лица.

A. You are driving your friend around Moscow in the area shown on the map. You are just entering Tverskaya Street from Manezh Square. Explain to your friend what is on the right and left. Before you start, examine the symbols on the map.

Model: Это Тверска́я у́лица. Нале́во гости́ница «Национа́ль» и гости́ница «Интури́ст»...

Ста́нции метрополите́на

Памятники

Музеи, выставки

Театры, концертные залы

Дома культуры, клубы

Кинотеатры

Библиотеки

Церкви

Стадионы

Гостиницы

Аптеки

B. You are standing on Manezh Square facing Tverskaya Street. Ask a passerby politely the location of the following establishments, all of which can be seen from Manezh Square.

S1: Скажи́те пожа́луйста, где...? S1: Спаси́бо.

S2: Там, напра́во. S2: Пожа́луйста.

1. гости́ница «Национа́ль»
2. кафе́ «Тверско́е»
3. магази́н «Кри́стиан Дио́р»
4. гости́ница «Интури́ст»

5. апте́ка «Фармако́н»
6. кафе́ «Ко́смос»
7. теа́тр и́мени М. Н. Ермо́ловой
8. магази́н «Дие́та»

ST. PETERSBURG

The city of St. Petersburg was built by Czar Peter the Great as "a window to the west." Building was started in 1703 and was conducted according to the architectural plans devised by Peter. St. Petersburg was the capital of the Russian empire from 1712 until the spring of 1918, when the revolutionary government declared Moscow the capital of the new Soviet Russia.

The original Germanic name of the city, Санкт-Петербу́рг (1703–1914), was russified to Петрогра́д (1914–1924), and renamed Ленингра́д after Lenin's death in 1924. The original name Санкт–Петербу́рг was restored in 1991.

Это Дворцо́вая пло́щадь.

Как	называ́ется	э́тот парк?	Ле́тний сад.
		э́та у́лица?	Не́вский проспе́кт.
		э́то зда́ние?	Музе́й «Эрмита́ж».

◇ **4.2** Demonstrative pronouns

4.3 Называ́ться versus зову́т

3. Как называется эта улица?

Your friend is driving you around St. Petersburg. He or she is a little quiet and does not volunteer information about the sights (unlike most Russians). Point to various buildings, churches, and streets, and find out what they are called.

S1: Как называется этот музей?
S2: Это Эрмитаж.

category	name
1. музей	Эрмитаж
2. стадион	Зимний стадион
3. парк	Летний сад
4. гостиница	«Астория»
5. ресторан	«Садко»
6. улица	Невский проспект
7. здание	Исаакиевский собор
8. парк	Михайловский сад
9. улица	улица Гоголя
10. площадь	Дворцовая площадь

Эта гостиница называется «Астория».

Как называется этот магазин?

4. Check your skills.

How would you

1. ask politely for directions to different places
2. give directions using *there, here, straight ahead, right, left, far,* and *near*
3. thank a person for information
4. accept thanks
5. ask about the name of a street or building

Expressing Location

The preposition **в** *(in)* is used for all nouns so far introduced in this lesson except the following: **на почте, на стадионе, на улице,** and **на площади.** Refer to the grammar section for further details.

Где Саша?	Он **в** магазине.
Где Лиза?	Она **в** музее.
Где Лена?	Она **в** школе.
Где Андрей?	Он **на** почте.

◇ **4.4** Prepositional case of nouns

5. Где они?

All these tourists are visiting different places. Where are they now?

S1: Где Игорь?
S2: Он в магазине «Мелодия».

e at end is "ye"
run the "в" into next word
would open take "на" spaces

кто	где		кто	где
1. Аня	библиоте́ка		**5.** Ла́ра	стадио́н (на)
2. Ната́ша	магази́н «Сувени́ры»		**6.** Ле́на	музе́й
3. Серёжа	гости́ница «Асто́рия»		**7.** Ми́тя	апте́ка
4. Воло́дя	рестора́н «Баку́»		**8.** Андре́й	теа́тр

Describing Things in the Plural

masc.		fem.		neuter	
рестора́н	рестора́ны	шко́ла	шко́лы	письмо́	пи́сьма
универма́г	универма́ги	библиоте́ка	библиоте́ки	зда́ние	зда́ния
музе́й	музе́и	пло́щадь	пло́щади		
слова́рь	словари́				

◇ **4.5** Nominative plural of nouns

Это тури́ст.   А э́то тури́сты.

6. Что тако́е «Хи́лтон» и «Хо́лидей Инн»?

A. Quiz a classmate according to the model.

S1: Что тако́е «Хи́лтон» и «Хо́лидей Инн»?
S2: Это гости́ницы.

1. Macy's and Bloomingdale's
2. *Time* and *Newsweek*
3. Hyatt Regency and Marriott
4. *New York Times* and *Christian Science Monitor*
5. Harvard and Yale
6. «Анна Каре́нина» и «Война́ и мир»
7. «Пра́вда» и «Аргуме́нты и фа́кты»
8. «Асто́рия» и «Европе́йская» (hotels)
9. Ле́тний сад и Миха́йловский сад (parks)
10. «Садко́» и «Зи́мний сад» (restaurants)

7. Что у них есть?

A. Many Russian stores of the Soviet era did not have special names. The store front simply read "Bread," "Souvenirs," and so on. What do you think they sell in the store depicted here? List all items in the plural.

РАДИОТОВАРЫ

B. What do you think they sell in a store called «Кни́ги»? List all items in the plural.

C. Invent titles for Russian stores that sell exclusively

   1. telephones   **4.** bicycles
   2. computers   **5.** motorcycles
   3. cameras

Каки́е э́то	рестора́ны? шко́лы? зда́ния?		Э́то	но́**вые** рестора́ны. ма́леньк**ие** шко́лы. больш**и́е** зда́ния.

◇ **4.6** Nominative plural of adjectives

Каки́е э́то тури́сты?
Э́то америка́нск**ие** тури́сты.

8. Что у вас есть?

A. You were assigned to write a Russian-language travel brochure for your city. Using the two columns of words here, brainstorm some catchy phrases to be used in the brochure.

Model: У нас есть краси́вые, зелёные па́рки, ...

каки́е	что
ма́ленькие	магази́ны
дороги́е	у́лицы
но́вые	тури́сты
ста́рые	пло́щади
интере́сные	па́рки
зелёные	музе́и
больши́е	теа́тры
недороги́е	рестора́ны
хоро́шие	гости́ницы
краси́вые	университе́ты

B. You are at a Moscow bookstore. Ask if they have the items listed. They do not, and the clerk always suggests something else.

S1: У вас есть япо́нские журна́лы?

S2: Нет, но кита́йские журна́лы у нас есть.

1. American magazines
2. German dictionaries
3. new Russian newspapers
4. American novels
5. French books

Москва́

Москва́—э́то о́чень ста́рый го́род. Юрий Долгору́кий основа́л[1] э́тот го́род в 1147-ом году́. Кремль (1)—э́то се́рдце[2] Москвы́. Там нахо́дятся ста́рые зда́ния, интере́сные музе́и и краси́вые це́ркви. Кра́сная пло́щадь (2)—э́то са́мая изве́стная пло́щадь в Росси́и. Кста́ти[3], сло́во[4] «кра́сный» ра́ньше[5] зна́чило[6] *beautiful*, а не *red*. На Кра́сной пло́щади нахо́дится Храм Васи́лия Блаже́нного (3)—изве́стная во всём ми́ре[7] це́рковь. На ле́вой стороне́[8] Кра́сной пло́щади нахо́дится большо́е кра́сное зда́ние—Истори́ческий музе́й (4). ГУМ (5)—госуда́рственный[9] универса́льный[10] магази́н—э́то большо́й ста́рый универма́г с[11] о́чень краси́вой архитекту́рой. Недалеко́ от[12] Кра́сной пло́щади нахо́дится Большо́й теа́тр (6). В э́том теа́тре есть изве́стный во всём ми́ре класси́ческий бале́т.

На Тверско́й у́лице нахо́дятся хоро́шие магази́ны, гости́ница «Интури́ст», рестора́ны и кафе́.

[1]founded
[2]heart
[3]by the way / [4]word
[5]earlier / [6]meant
[7]in the whole world
[8]side
[9]state
[10]universal / [11]with
[12]from

A. Answer the questions in English.

1. Who founded Moscow and when?
2. What buildings are located in the Kremlin?
3. Why is Red Square called *red*?
4. What does GUM stand for?
5. Where is the Bolshoi Theater located?

B. Find the places mentioned on the map of Moscow.

RED SQUARE

Since the times of Ivan III (fifteenth century), **Крáсная плóщадь** *(Red Square)* has been the scene for public events, from executions to demonstrations, processions, and parades. On the southwest side, Red Square is bounded by **Кремль** *(the Kremlin),* originally a fortress, but later a residence of monarchs and patriarchs, as well as the seat of the former Soviet government.

Храм Васи́лия Блажéнного *(St. Basil's Cathedral),* Russia's most famous landmark, is located at the south end of Red Square. It was built in the 1550s during Ivan the Terrible's reign to celebrate the final liberation of the Russian state from the Tatars. After Ivan's death, a small chapel was added to the cathedral. This chapel enclosed the tomb of a saint called **Васи́лий**. Soon thereafter, the whole cathedral became known as St. Basil's.

Most of the northeast side of Red Square is occupied by **ГУМ**, the largest and most famous department store in Moscow.

Это Крáсная плóщадь, Кремль и Храм Васи́лия Блажéнного.

9. **Это Красная площадь.** Look at the map. Explain what is on the right, on the left, and straight ahead, if you are

1. standing in the middle of Red Square facing St. Basil's Cathedral
2. standing in the middle of Red Square facing the Historical Museum
3. flying in a helicopter from the south across the river and the Kremlin

Москва

Красная площадь (2): Кремль (1), Храм Василия Блаженного (3)

универмаги: ГУМ (5), Детский мир (7)

театры: Большой театр (6)

музеи: Исторический музей (4), Музей им. А.С. Пушкина (8)

гостиницы: Россия (9), Метрополь (10)

библиотеки: библиотека имени Ленина (11)

Describing Your House or Apartment

RUSSIAN HOUSING

Это Кварти́ры.

Кварти́ра

Most city dwellers live in apartments; houses are virtually nonexistent in big cities. Apartments located in downtown areas are usually old and more spacious, but they are also often shared by several families (communal apartments). Dwellers in such apartments trade the convenience of location for lack of privacy. Communal apartments were common during the Soviet era, but now private ownership is slowly returning.

Apartment buildings in suburbs are usually colossal concrete blocks, with little variation in architectural design. The apartments are smaller than those in the downtown areas. When describing the size of an apartment, Russians usually count all rooms except for the kitchen, toilet, and bathroom. Thus, their apartment can be a двухкомнатная *(two-room)* кварти́ра, трёхкомнатная *(three-room)* кварти́ра, and so on. The area is expressed in square meters, counting only the main rooms.

Да́ча

Many Russians have a summer house in the countryside. These dachas are usually very modest by Western standards and rarely have modern conveniences, such as bathrooms or running water. Russians love the peace and quiet of the countryside and often spend entire summers at the dacha.

Это да́ча.

Где вы живёте?	Я живу́	в до́ме. в кварти́ре. в общежи́тии. на да́че.

В кварти́ре usually means that you own the apartment; на кварти́ре means that you rent it.

ЖИТЬ

я живу́	мы живём
ты живёшь	вы живёте
он, она́ живёт	они́ живу́т

Это **общежи́тие.**

А вы?

• Где вы живёте?
• Ва́ши роди́тели живу́т в кварти́ре и́ли в до́ме?

Эти студе́нты живу́т в общежи́тии.

На́ши друзья́ живу́т на да́че.

Мои́ роди́тели живу́т в кварти́ре.

◇ **4.7** Plural of possessive and demonstrative pronouns

🔵 10.   Где они́ живу́т?

A. Several Russians were interviewed about their place of living. Who lives where?

S1: Где живу́т Ми́ша и Ле́на?

S2: Они́ живу́т в кварти́ре.

	дом	кварти́ра	да́ча	общежи́тие
Ми́ша и Ле́на		X		
Ната́ша	X			
Анна Серге́евна		X		
Серге́й		X		
Воло́дя				X
Петро́вы			X	

B. Find out how your fellow students live. Do most of them live in houses, apartments, or residence halls? How about you?

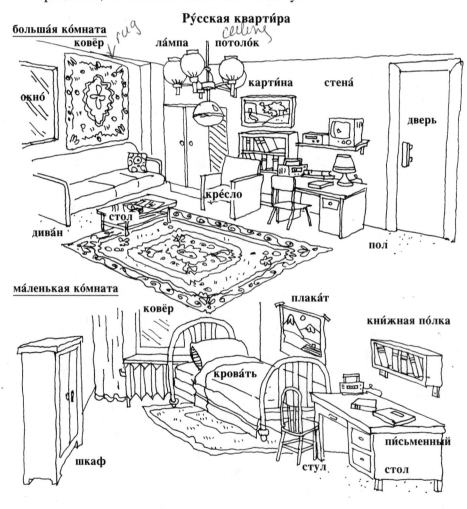

Ру́сская кварти́ра

больша́я ко́мната · ковёр · rug · ла́мпа · ceiling · потоло́к · карти́на · стена́ · окно́ · дверь · кре́сло · стол · дива́н · пол

ма́ленькая ко́мната · ковёр · плака́т · кни́жная по́лка · крова́ть · шкаф · стул · пи́сьменный стол

In Russian, things either hang, stand, or lie in the room. Use the singular forms (виси́т, стои́т, and лежи́т) with a singular subject and the corresponding plural forms with plural subjects.

На потолке́ **виси́т** ла́мпа.
На стене́ **вися́т** карти́на и ковёр.
На по́лке **стои́т** видеомагнитофо́н.
На полу́ **стоя́т** дива́н и кре́сло.
На полу́ **лежи́т** ковёр.
На столе́ **лежа́т** журна́лы.

INSIDE AN APARTMENT

Since many apartments are very small, the rooms serve several purposes. The living room doubles as a formal dining room and/or parents' bedroom. Thus, Russians often call this room simply больша́я ко́мната. Kitchens are also small, but, nevertheless, typical places for entertaining close friends. In most Russian apartments the туале́т and ва́нная (*bathroom*) are separate: the former contains a toilet bowl only, and the latter a bathtub and sink.

Russian apartments do not have full carpeting. Instead, they have parquet or linoleum floors with rugs of different sizes. In addition, certain oriental (Bukharan, etc.) rugs may be hung on the walls. If the family is religious, an icon (a religious image painted on wood) may stand in a special icon corner on a shelf.

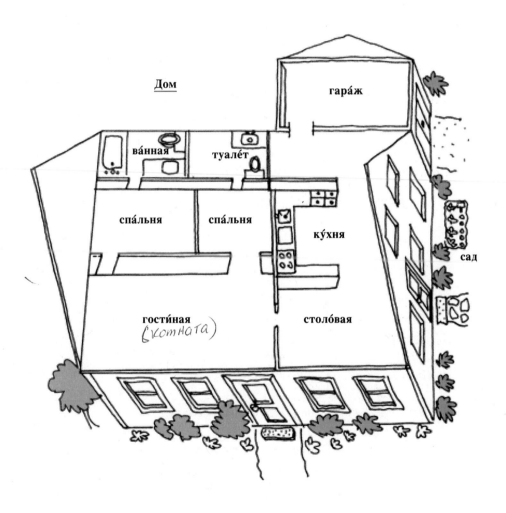

11. **Как ты живёшь?** Draw a floor plan of your family's house or apartment and explain the drawing to a classmate. Include the furnishings in all rooms.

Как живёт Наташа?

[1]suburb
[2]floor
[3]here: very / [4]typical
[5]comfortable / [6]area
[7]sleep

Мы живём далеко́ от це́нтра Москвы́, в но́вом райо́не[1]. На́ша кварти́ра нахо́дится на четвёртом этаже́[2] в большо́м десятиэта́жном до́ме. Магази́ны, шко́ла и метро́ нахо́дятся совсе́м[3] ря́дом. На́ша типи́чная[4] двухко́мнатная кварти́ра небольша́я, но ую́тная[5]. Её пло́щадь[6] 40 ме́тров. В большо́й ко́мнате спят[7] мои́ роди́тели, а я сплю в ма́ленькой ко́мнате. У меня́ в ко́мнате стоя́т крова́ть, пи́сьменный стол и стул. На стене́ вися́т кни́жные по́лки и плака́ты с америка́нскими арти́стами. Моя́ стереосисте́ма стои́т на по́лке. В большо́й ко́мнате у нас стоя́т дива́н-крова́ть, большо́й кни́жный шкаф, телеви́зор и видеомагнитофо́н на по́лке. На стене́ вися́т ста́рые карти́ны и ковёр из Узбекиста́на. В коридо́ре у нас есть телефо́н.

A. Answer the questions in English.

1. Where is Natasha's apartment located?
2. How many floors are there in the building?
3. On which floor does she live?
4. How does she probably get downtown from her apartment?
5. Where does she probably buy food?
6. How many rooms are in the apartment?
7. How many people are in Natasha's family?
8. Where do her parents sleep?
9. Where do they probably eat? Why do you think so?
10. How can you tell that Natasha is probably a teenager or a young adult?
11. Where is the telephone?
12. How does Natasha's living room differ from yours?

B. Draw a sketch of Natasha's apartment based on her description.

CHAPTER REVIEW

A. You should now be able to...

1. *describe the location of buildings*
2. *ask for and give directions to a place*
3. *thank somebody and respond to a thank you*
4. *inquire about the name of something*
5. *say where people are*
6. *describe things in the plural with adjectives*
7. *say whether you live in a house, apartment, or residence hall*
8. *describe the furnishings of your house or apartment*

B. *You and a Russian visitor rented a helicopter for an easy sight-seeing tour of your city. Explain what is on the right, on the left, and straight ahead while you are flying past all the important landmarks.*

C. *Pretend to be a famous movie star. Give a Russian visitor a tour of your mansion.*

Extra

A. For Sale and Wanted. Examine the advertisements and find out the following.

1. Which of the sales advertisements are not for housing?
2. Which For Sale advertisement would you call to buy a TV?
3. Which houses or apartments for sale are not located in Moscow?
4. Which of the houses or apartments is probably the largest? Smallest?
5. Which one would you buy?

B. Match the Wanted advertisements with the closest possible For Sale advertisement.

Продаю   *For Sale*
1. Продаю 2-комнатную квартиру. Тел. 203-62-83.
2. Продаю добермана. Тел: 158-87-67.
3. Большую дачу на берегу Балтийского моря, 35 км от Санкт-Петербурга. Тел. 238-78-46.
4. Цветной телевизор «Восток». Тел. 234-78-95.
5. Продаю большую квартиру в центре. Тел. 129-64-56.
6. Продается комната 16 кв.м в двухкомнатной квартире. Тел. 287-98-67.
7. Продаю щенков мини-шнауцера. Тел. 232-98-58.
8. Дом в Крыму с садом, телефоном, на берегу Азовского моря. Тел. 56-4-89, Сиротенко.

Куплю   *Wanted*
A. Куплю большую квартиру в Москве. Тел. 323-67-53.
B. Куплю квартиру на Южном берегу Крыма. тел. 342-01-81.
C. Куплю дачу недалеко от Санкт-Петербурга. Тел. 224-98-66.
D. Куплю большую собаку. Тел. 122-45-22.

Word Building

Roots

A root is a simple linguistic base (a fragment of a word) from which words are derived by phonetic change, additions, or both. Knowing the basic root may may help you understand other related words. Some simple words can also be a basis for word derivation. In the following two examples, the first one shows derivation from a word (гость), the second from a root (прав-).

гость *guest*	прав- *truth, right*	спра́ва *on the right*
гости́ница *hotel*	пра́во *right*	пра́вда *truth*
гостеприи́мный *hospitable*	напра́во *on the right, to the right*	пра́вило *rule*
гости́ная *living room, guest room*		пра́вильно *correctly*

Here are some more vocabulary items from this chapter. Connect the words in the first list to the words they are derived from.

универма́г	спа́льня	общежи́тие	ва́нная	столо́вая

стол	жить	магази́н	спать *to sleep*	ва́нна *bathtub*

ГРАММАТИКА

4.1 PERSONAL PRONOUNS

You have already learned that the personal pronouns **он** *(he)*, **она́** *(she)*, and **они́** *(they)* refer to animate masculines and feminines. The same forms are used to refer to masculine and feminine *inanimate* nouns. The pronoun **оно́** refers to neuter nouns. The forms **он/она́/оно́/они́** replace the noun they refer to and agree with it in gender and number.

Где мой **журна́л**?	**Он** здесь.	*Where is my magazine?* ***It*** *is here.*
Где моя́ **кни́га**?	**Она́** там.	*Where is my book?* ***It*** *is there.*
Где моё **ра́дио**?	**Оно́** здесь.	*Where is my radio?* ***It*** *is here.*
Где мои́ **кни́ги**?	**Они́** там.	*Where are my books.* ***They*** *are there.*

Note: Since **он/она́/оно́/они́** are replacer pronouns, the noun they refer to is *not* present in the same sentence.

Это мой **мотоци́кл.**	**Он** дорого́й.	*This is my motorcycle.* ***It*** *is expensive.*
Это мой **оте́ц.**	**Он** профе́ссор.	*This is my father.* ***He*** *is a professor.*

Another noun *can* be present in the sentence.

Это моя́ **подру́га** Ната́ша. **Она́** о́чень симпати́чная **де́вушка.**
This is my friend Natasha. ***She*** *is a very nice girl.*

Это (not a replacer pronoun) is used when the *same noun is repeated* in the second sentence.

Это Тверска́я **у́лица. Это** о́чень больша́я **у́лица.**
This is Tverskaya street. ***It*** *is a very big* ***street***.
Это твоя́ **кни́га**? Нет, э́то не моя́ **кни́га.**
Is this your book? No, ***it*** */**this** is not my* ***book***.
Это твой **оте́ц**? Да, э́то мой **оте́ц.**
Is this your father? Yes, ***it****/this* *is my* ***father.***

Упражне́ние

◇ **1.** Fill in **он/она́/оно́/они́** or **э́то.**

1. Вы не зна́ете, где здесь по́чта? _____ там, пря́мо.
2. Где здесь туале́т? _____ там, напра́во.
3. Это твоя́ маши́на? Нет, _____ не моя́ маши́на.
4. Где гости́ница «Национа́ль»? _____ там, пря́мо.
5. Где здесь банк? _____ там, нале́во.

6. Это Тверска́я у́лица. _____ о́чень больша́я у́лица.

7. Это мой слова́рь? Нет, _____ не твой слова́рь.

8. Ты зна́ешь, где́ моё ра́дио? Нет, я не зна́ю, где _____ .

9. Это моя́ соба́ка. _____ больша́я.

10. Это Изма́йловский парк. _____ о́чень краси́вый парк.

4.2 DEMONSTRATIVE PRONOUNS

Compare the following.

Это но́вый рестора́н.	**Этот рестора́н** но́вый.
This is a new restaurant.	***This restaurant** is new.*
Это ста́рая гости́ница.	**Эта гости́ница** ста́рая.
This is an old hotel.	***This hotel** is old.*
Это большо́е зда́ние.	**Это зда́ние** большо́е.
This is a big building.	***This building** is big.*

In the right column, *this* is a demonstrative pronoun that modifies the noun and therefore agrees with it in gender (masculine, feminine, or neuter).

Упражне́ние

◇ **2.** Rewrite the sentences using the demonstrative pronoun **э́тот/э́та/э́то**.

Model: Это но́вый рестора́н. **Этот рестора́н но́вый.**

1. Это больша́я библиоте́ка.

2. Это но́вый стадио́н.

3. Это ма́ленькая у́лица.

4. Это краси́вая це́рковь.

5. Это интере́сный музе́й.

6. Это но́вое зда́ние.

7. Это дорого́й универма́г.

8. Это ста́рое письмо́.

9. Это но́вая шко́ла.

10. Это хоро́ший магази́н.

If you compare two different items, you need another demonstrative pronoun **тот/та/то** *(that)*.

Этот телеви́зор большо́й, а **тот** (телеви́зор) ма́ленький.
***This** TV is big, but **that** one is small.*

Эта маши́на дорога́я, а **та** (маши́на) дешёвая.
***This** car is expensive, but **that** one is cheap.*

Это письмо́ ста́рое, а **то** (письмо́) но́вое.
***This** letter is old, but **that** one is new.*

Упражнéние

◇ **3.** Compare the two items according to the model.

Model: машúна/дорогóй/дешёвый **Эта машúна дорогáя, а та машúна дешёвая.**

1. магазúн/хорóший/плохóй
2. здáние/большóй/мáленький
3. библиотéка/мáленький/большóй
4. дом/нóвый/стáрый
5. парк/красúвый/некрасúвый
6. письмó/нóвый/стáрый
7. гостúница/хорóший/плохóй
8. университéт/большóй/мáленький
9. аптéка/нóвый/стáрый
10. рáдио/хорóший/плохóй

4.3 VERBS НАХОДИ́ТЬСЯ, НАЗЫВА́ТЬСЯ, AND ЗВАТЬ (ЗОВУ́Т)

Находи́ться

Находи́ться *(to be located)* is a reflexive verb, hence the ending **-ся**. You will learn more about reflexive verbs later. **Находи́ться** belongs to the second conjugation group and is most often used in the third person singular and plural.

Где нахóдится пóчта?
Where is the post office located?
Кремль и Крáсная плóщадь нахóдятся в Москвé.
The Kremlin and Red Square are located in Moscow.

In this lesson, the use of **нахóдится/нахóдятся** is optional. You should, however, recognize this verb.

Называ́ться versus звать (зову́т)

Like находи́ться, the verb **называ́ться** *(to be called)* is used primarily in the third person forms, referring to *inanimate* objects. This verb belongs to the first conjugation group.

Как называ́ется э́та у́лица?
What is this street called? (What is the name of this street?)
Как называ́ются э́ти здáния?
What are these buildings called? (What are the names of these buildings?)

Зову́т, from **звать** *(to call)*, is used when referring to *animate* objects.

Как тебя́ зову́т?
How do they call you? (What is your name?)

Упражне́ния

◇ **4.** Fill in **нахо́дится, называ́ется,** or **зову́т.**

    1. Эта у́лица _____ Охо́тный Ряд.
    2. Где _____ библиоте́ка?
    3. Как _____ э́то зда́ние?
    4. Его́ _____ И́горь.
    5. Как _____ э́та це́рковь?
    6. Стадио́н _____ далеко́.
    7. Как _____ э́та у́лица?
    8. Как вас _____ ?
    9. Где _____ Кремль?
    10. Это большо́е зда́ние _____ ГУМ.

5. What are the following things called? Ask questions according to the model. Remember to use the correct forms of demonstrative pronouns.

Model: у́лица   **Как называ́ется э́та у́лица?**

    1. парк
    2. библиоте́ка
    3. зда́ние
    4. це́рковь
    5. музе́й

4.4 PREPOSITIONAL CASE OF NOUNS: SINGULAR

The Russian language, like Latin and German, has a *case system*. This means that nouns, adjectives, and pronouns have different forms depending on their function in the sentence. You have so far learned the basic form of nouns and adjectives, the *nominative case*.

In this lesson you will learn the *prepositional case* of nouns. The prepositional case is used with the prepositions **в** *(in, at)* and **на** *(on, at)* to express location.

Где Са́ша?   Он **в** библиоте́к**е**.
Where is Sasha?   *He is at the library.*

The prepositional case ending is added to the noun *in place of* the nominative case ending. The prepositional case ending is **-e** for most nouns.

(handwritten: Adjective singular)

	Nominative			Prepositional	
Masc.					
hard stem	парк	-∅		па́рк**е**	-е
soft stem	музе́**й**	-й		музе́**е**	-е
	словар**ь**	-ь		словар**е́**	-е
Fem.					
hard stem	апте́к**а**	-а		апте́к**е**	-е
soft stem	спа́льн**я**	-я		спа́льн**е**	-е
	пло́щад**ь**[1]	-ь		пло́щад**и**[1]	-и
	ста́нци**я**[2]	-ия		ста́нци**и**[2]	-ии
Neuter	*метро*			*метро*	
hard stem	письм**о́**	-о		письм**е́**	-е
soft stem	мо́р**е**	-е		мо́р**е**	-е
	общежи́ти**е**[2]	-ие		общежи́ти**и**[2]	-ии

[1]Feminines ending in the soft sign (-ь) have the ending -и in the prepositional case.
[2]Nouns ending in -ия or -ие have the ending -ии in the prepositional case.

A few masculine (mostly one-syllable) nouns have an ending -у in the prepositional. This ending is always stressed. In this lesson there are two nouns of this type.

пол	*floor*	на пол**у́**	*on the floor*
сад	*garden*	в сад**у́**	*in the garden*

(handwritten in margin: foreign words often remain unaltered, e.g.: метро)

SIMPLIFIED RULE FOR THE PREPOSITIONAL OF NOUNS (SG.)	
M, F, N	**-е***

*Except for feminines ending in the soft sign (prep. case: **-и**), nouns ending in **-ия** or **-ие** (prep. case: **-ии**), and a few masculines (prep. case: **-у**).

Preposition в or на? The basic meaning of the two prepositions is the following.

в *(in)*	**на** *(on)*
в кни́ге *in the book*	на кни́ге *on the book*
в письме́ *in the letter*	на письме́ *on the letter*

The English translation can also be *at* for either one of the prepositions.

в теа́тре *at the theater*   на стадио́не *at the stadium*

The preposition **в** is generally used with enclosed places with boundaries, whereas **на** is used with events and activities covering an entire area. Sometimes, however, the use of **в** or **на** has to be memorized.

в библиоте́ке	*at the library*	на конце́рте	*at the concert*
в шко́ле	*at school*	на стадио́не	*at the stadium*
в университе́те	*at the university*	на да́че	*at the summer house*
		на по́чте	*at the post office*

Упражне́ние

◇ **6.** Answer the questions in complete sentences, using personal pronouns and the prepositional case with the preposition **в**.

Model: Где Ната́ша? (рестора́н)   **Она́ в рестора́не.**

1. Где И́горь? (библиоте́ка)
2. Где Ма́ша и Ле́на? (апте́ка)
3. Где Серге́й? (банк)
4. Где твоя́ сестра́? (шко́ла)
5. Где И́ра? (университе́т)

6. Где Ли́за и Ма́ша? (бар)
7. Где Ната́ша? (музе́й)
8. Где ваш оте́ц? (гости́ница)
9. Где ба́бушка? (магази́н)
10. Где твоя́ соба́ка? (парк)

4.5 NOMINATIVE PLURAL OF NOUNS

You have so far learned the *singular* forms of nouns (the nominative and prepositional cases). In this lesson, you will learn the *nominative plural* of nouns.

Чайко́вский и Рахма́нинов—э́то компози́тор**ы**.
Tchaikovsky and Rakhmaninov are composers.

	SINGULAR		**PLURAL**	
Masc.				
hard stem	рестора́н	-ø	рестора́н**ы**	**-ы**
	универма́г*	-ø	универма́г**и***	**-и***
soft stem	музе́**й**	-й	музе́**и**	**-и**
	слова́р**ь**	-ь	словар**и́**	**-и**
Fem.				
hard stem	шко́л**а**	-а	шко́л**ы**	**-ы**
	библиоте́к**а***	-а	библиоте́к**и***	**-и***
soft stem	спа́льн**я**	-я	спа́льн**и**	**-и**
	пло́щад**ь**	-ь	пло́щад**и**	**-и**
Neuter				
hard stem	письм**о́**	-о	пи́сьм**а**	**-а**
soft stem	зда́ни**е**	-е	зда́ни**я**	**-я**

* The choice between the letters **ы** and **и** is determined by Spelling Rule 1.

Spelling Rule 1:	After к, г, х, ж, ч, ш, and щ write и, not ы.

SIMPLIFIED RULE FOR THE NOMINATIVE PLURAL OF NOUNS	
M, F	- ы/и
N	- а/я

Some nouns have a shifting stress. Such changes are given in dictionaries and glossaries.

singular	plural	
письмо́	пи́сьма	*letter*
окно́	о́кна	*window*
сестра́	**сёстры**	*sister*
жена́	жёны	*wife*

A few nouns have *irregular* plural endings. Dictionaries and glossaries note these irregularities. At this point, you should recognize the following. The most important ones are bold-faced.

singular	plural	
го́род	города́	*city*
дом	дома́	*house*
ве́чер	вечера́	*evening*
профе́ссор	профессора́	*professor*
брат	**бра́тья**	*brother*
друг	**друзья́**	*friend*
муж	мужья́	*husband*
сын	сыновья́	*son*
стул	сту́лья	*chair*
ребёнок	**де́ти**	*child/children*
челове́к	**лю́ди**	*person/people*
дочь	до́чери	*daughter*
мать	ма́тери	*mother*

Some nouns have a *fleeting vowel*, that is, they lose (or add) a vowel when an ending is added.

singular	plural	
оте́ц	отцы́	*father*
це́рковь	це́ркви	*church*
америка́нец	америка́нцы	*American*
кана́дец	кана́дцы	*Canadian*

Some nouns are *indeclinable*, that is, they do not change their form.

singular	plural	
ра́дио	ра́дио	*radio*
кафе́	кафе́	*café*
метро́	метро́	*subway*

Упражне́ние

◇ **7.** Write the singular words in the plural and vice versa. This exercise does not contain irregular forms.

1. masculines
магази́н, _____
_____, словари́
бар, _____
_____, ба́нки
теа́тр, _____
_____, рестора́ны
универма́г, _____
музе́й, _____
_____, преподава́тели
писа́тель, _____

2. feminines
шко́ла, _____
_____, библиоте́ки
у́лица, _____
апте́ка, _____
_____, пло́щади
ло́шадь, _____

3. neuters
письмо́, _____
_____, о́кна
зда́ние, _____

4.6 NOMINATIVE PLURAL OF ADJECTIVES

Unlike the singular forms, the adjective endings in the (nominative) *plural* are the same for masculine, feminine, and neuter.

SINGULAR		PLURAL
masc.	но́в**ый**, хоро́ш**ий**, больш**о́й**	
fem.	но́в**ая**, хоро́ш**ая**, больш**а́я**	но́в**ые**, хоро́ш**ие**,* больш**и́е***
neuter	но́в**ое**, хоро́ш**ее**, больш**о́е**	

*Spelling Rule 1 is applied.

SIMPLIFIED RULE FOR THE NOMINATIVE PLURAL OF ADJECTIVES	
Pl.	-ые/ие*

*Spelling Rule 1 is applied.

Упражне́ния

◇ **8.** Write the corresponding questions.

Model: У меня́ краси́вые ко́шки.   **Каки́е у тебя́ ко́шки?**

1. У меня большúе собáки.
2. У нас красúвые пáрки.
3. У негó стáрые машúны.
4. У них хорóшие кнúги.
5. У неё дорогúе·лóшади.

6. У нас мáленькие дéти.
7. У негó молодые родúтели.
8. У меня симпатúчные друзья.
9. У неё мáленькие брáтья.
10. У них нóвые студéнты.

9. Write complete sentences in the plural.

Model: мы/большóй/собáка   **У нас есть большúе собáки.**

1. онú/большóй/собáка
2. мы/мáленький/кóшка
3. вы/хорóший/телевúзор
4. я/нóвый/кнúга
5. он/стáрый/письмó

6. ты/интерéсный/газéта
7. онá/красúвый/лóшадь
8. вы/дорогóй/компьютер
9. мы/рýсский/журнáл
10. онú/япóнский/машúна

4.7   PLURAL OF POSSESSIVE AND DEMONSTRATIVE PRONOUNS

You have so far learned the three singular forms of possessive and demonstrative pronouns. As with adjectives, the plural form is the same for masculine, feminine, and neuter.

Masc.	Fem.	Neuter	Pl.
мой	моя	моё	**мой**
твой	твоя	твоё	**твой**
егó/её	егó/её	егó/её	**егó/её**
наш	нáша	нáше	**нáши**
ваш	вáша	вáше	**вáши**
их	их	их	**их**
чей	чья	чьё	**чьи**
э́тот	э́та	э́то	**э́ти**
тот	та	то	**те**

Note 1: Notice the difference between the masculine singular **мой, твой** (with и крáткое) and the plural **мой, твой** (without и крáткое) with a stress on the final **и**. In textbooks the stressed syllables have an accent mark on the vowel, which should not be confused with the ''hat'' of и крáткое.

мой отéц (hat required)   мой родúтели (accent mark optional)
твой друг (hat required)   твой друзья (accent mark optional)

Note 2: Third person forms **егó** (*his*), **её** (*her*), and **их** (*their*) remain the same in all four forms, including the plural.

singular	plural
Это его́	Это его́
Это её соба́ка.	Это её соба́ки.
Это их	Это их

Упражне́ние

◇ **10.** Rewrite the sentences in the plural. This exercise contains some of the most important irregular nouns (marked with an asterisk).

Model: Мой брат* понима́ет
по-ру́сски.   **Мои́ бра́тья понима́ют
по-ру́сски.**

1. Мой преподава́тель говори́т по-ру́сски.
2. Эта у́лица краси́вая.
3. Этот магази́н о́чень дорого́й.
4. Это зда́ние но́вое.
5. Ва́ша ко́ммата больша́я.
6. Твоя́ подру́га симпати́чная.
7. Наш ру́сский друг* хорошо́ понима́ет по-испа́нски.
8. Этот журна́л интере́сный.
9. Моя́ сестра́* живёт в общежи́тии.
10. На́ша ко́шка ма́ленькая.

Hafli
NOV 19th - 22

6th & Delaware

ПРАВОСЛВНЯЯ Ц ерКОВЬ-
eastern orthodox church

Vocabulary

Note: The core vocabulary is bold-faced.   ПРАВОСЛОВ

Nouns

In the city

апте́ка	*drugstore*	**парк**	*park*		
банк	*bank*	**пло́щадь** *f.*	*square*	*Housing*	
библиоте́ка	*library*	**по́чта**	*post office*	**балко́н**	*balcony*
больни́ца	*hospital*	проспе́кт	*avenue*	**ва́нная**	*bathroom*
го́род	*city*	**рестора́н**	*restaurant*	гара́ж	*garage*
гости́ница	*hotel*	сад	*garden*	**гости́ная**	*living room*
дом	*house*	**стадио́н**	*stadium*	да́ча	*dacha,*
зда́ние	*building*	**теа́тр**	*theater*		*summer*
кафе́ *indecl.*	*café*	**у́лица**	*street*		*house*
кинотеа́тр	*cinema*	**универма́г**	*department store*	**дверь** *f.*	*door*
магази́н	*store*	**университе́т**	*university*	ико́на	*icon*
метро́ *indecl.*	*subway*	**це́рковь** *f.*	*church*	**кварти́ра**	*apartment*
музе́й	*museum*	**шко́ла**	*school*	**ко́мната**	*room*

коридо́р	*corridor*
ку́хня	*kitchen*
общежи́тие	*residence hall*
окно́	*window*
пол	*floor*
потоло́к	*ceiling*
спа́льня	*bedroom*
стена́	*wall*
столо́вая	*dining room*
туале́т	*toilet*

Furniture

дива́н	*sofa*
карти́на	*painting*
ковёр	*rug*
кре́сло	*armchair*
крова́ть *f.*	*bed*
ла́мпа	*lamp*
плака́т	*poster*
по́лка	*shelf*
стол	*table*
стул	*chair*
шкаф	*cabinet*

Other nouns

| мужчи́на | *man* |

Adjectives

пи́сьменный	*writing*
~ стол	*desk*
кни́жный	*book* (adj).
~ая по́лка	*bookshelf*
~ый шкаф	*bookcase*

Pronouns

он, она́, оно́, они́	*he/she/it/they*
тот, та, то, те	*that/those*
э́тот, э́та, э́то, э́ти	*this/these*

Adverbs

бли́зко	*near*
где	*where*
далеко́	*far*
здесь	*here*
нале́во	*to the left*
напра́во	*to the right*
пото́м	*then*
пря́мо	*straight ahead*
ря́дом	*close by*
там	*there*

Prepositions

| **в** + *prep.* | *in, at* |
| **на** + *prep.* | *on, at* |

Verbs

виси́т, вися́т	*is/are hanging*
жить (I),	*to live*
живу́, живёшь, живу́т	*is/are lying*
лежи́т, лежа́т	
называ́ется, называ́ются	*is/are called*
нахо́дится, нахо́дятся	*is/are located*
сто́ит, стоя́т	*is/are standing*

Phrases

извини́/те	*excuse me*
пожа́луйста	*please, you're welcome*
скажи́/те	*say, tell*

Урок 5 (Пя́тый уро́к)

Где вы живёте?

Оде́сса, Украи́на

Джейн: В како́м го́роде вы живёте?

Алла: Я живу́ в Оде́ссе.

Джейн: В Оде́ссе?! Я то́же живу́ в Оде́ссе.

Алла: Но я живу́ на Украи́не.

Джейн: А-а, а я живу́ в Теха́се.

THEMES

- Describing your country
- Expressing location
- Making comparisons
- Telling where you live and how long you have lived there

CULTURE

- Physical and political geography of Russia, former USSR republics, and Europe

STRUCTURES

- Prepositional case of nouns (with в, на, and о)
- Comparative of adjectives
- Superlative of adjectives
- Prepositional case of adjectives: в како́м / в како́й
- Nouns with numerals (год/го́да/лет)
- Time expressions: давно́

Geographical Terminology ———————————

The following nouns have a stress shift in the plural: странá–стрáны, горá–гóры, рекá–рéки, мóре–моря́, óзеро–озёра. In addition, two nouns have irregular plural endings: гóрод–городá, and (полу)óстров–(полу)островá.

Сéверная Амéрика
штат
Канáда
США
гóрод
Сан Францúско
странá
Мéксика
континéнт
Южная Амéрика
óзеро
горá
рекá
полуóстров
óстров
океáн
мóре

---

1. **Что такóе США?**

Make up short dialogues using the items and the model that follow.

S1: Что такóе США? S1: Какáя странá?
S2: Это странá. S2: Большáя, красúвая странá.

1. Áфрика
2. Орегóн
3. Миссисúпи
4. Эри *(Erie)*
5. Австрáлия

6. Росси́я
7. Амазо́нка
8. Флори́да
9. Ло́ндон
10. Ку́ба

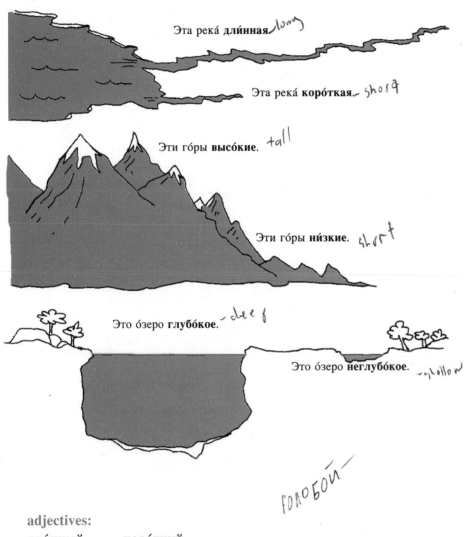

Эта река́ **дли́нная.** *long*

Эта река́ **коро́ткая.** *short*

Эти го́ры **высо́кие.** *tall*

Эти го́ры **ни́зкие.** *short*

Это о́зеро **глубо́кое.** *deep*

Это о́зеро **неглубо́кое.** *shallow*

голобой

adjectives:

дли́нный	коро́ткий
высо́кий	ни́зкий
глубо́кий	неглубо́кий

- Миссиси́пи—э́то дли́нная и́ли коро́ткая река́?
- А река́ Гудзо́н (*Hudson*)?
- Аппала́чи—э́то высо́кие и́ли ни́зкие го́ры?
- Озеро Эри—э́то глубо́кое и́ли неглубо́кое о́зеро?

Points of Compass

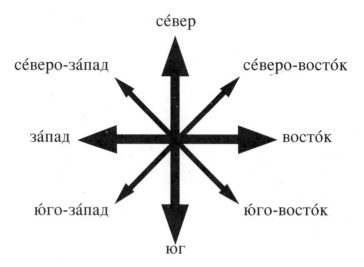

	На се́вере.
	На се́веро-восто́ке.
Где нахо́дится ваш штат?	**На восто́ке.**
	На ю́го-восто́ке.
	На ю́ге.
	На ю́го-за́паде.
	На за́паде.
	На се́веро-за́паде.

◇ **5.1** Prepositional case of nouns

2. На се́вере и́ли на ю́ге?

A. Каки́е шта́ты нахо́дятся на се́вере США?

А на ю́ге?	На за́паде?
На восто́ке?	На се́веро-за́паде?
На ю́го-восто́ке?	На се́веро-восто́ке?

B. Где нахо́дятся э́ти города́?

1. Миннеа́полис	**6.** Вашингто́н
2. Сан-Франци́ско	**7.** Бо́стон
3. Сан-Дие́го	**8.** Да́ллас
4. Ба́тон-Ру́ж	**9.** Нью-Йо́рк
5. Атла́нта	**10.** Лас-Ве́гас

3. Что такое Северная Дакота?

Read the following place names located on or close to the North American continent. Then make up short dialogues, including at least one descriptive adjective and the approximate location. Use the new adjectives длинный, глубокий, or высокий where appropriate.

S1: Что такое Северная Дакота?
S2: Это большой штат на севере.

1. Аппалачи
2. Северная Каролина
3. Портленд/Орегон
4. Гавайи
5. Южная Дакота

6. Гудзон
7. Галифакс
8. Новый Орлеан
9. Ямайка
10. Флорида

Making Comparisons

Аляска	**больше, чем**	Миннесота.
Миссисипи	**длиннее, чем**	Гудзон.

◇ 5.2 Comparative of adjectives

Это озеро **глубже, чем** то.

comparatives

большой	**больше**	низкий	**ниже**
маленький	**меньше**	старый	**старее** *старше*
длинный	**длиннее**	хороший	**лучше**
короткий	**короче**	красивый	**красивее**
глубокий	**глубже**	интересный	**интереснее**
высокий	**выше**	плохой ⇒ хуже	

old people: старше

4. Геогра́фия США.

A. Фа́кты и мне́ния. *Facts and opinions.* Answer the questions.

1. Како́й го́род бо́льше: Нью-Йо́рк и́ли Де́нвер?
2. Кака́я река́ длинне́е: Миссиси́пи и́ли Гудзо́н?
3. Како́й штат интере́снее: Калифо́рния и́ли Айова?
4. Како́й штат ме́ньше: Род-Айленд и́ли Флори́да?
5. Како́й го́род краси́вее: Сан-Дие́го и́ли Нью-Йо́рк?

B. Continue the list of questions using the following items.

1. Аппала́чи	Скали́стые го́ры (*Rockies*)
2. Теха́с	Се́верная Кароли́на
3. Лос-Анджелес	Бо́стон
4. Аля́ска	Южная Дако́та

C. Как ты ду́маешь? Ask a partner's (or your teacher's) opinion about the beauty or interest value of the following places. Use the comparatives интере́снее, краси́вее, or лу́чше.

Model: Нью-Йо́рк Вашингто́н

S1: Как ты ду́маешь, како́й го́род краси́вее: Нью-Йо́рк и́ли Вашингто́н?

or: Как вы ду́маете, ...

S2: По-мо́ему, Вашингто́н краси́вее, чем Нью-Йо́рк.

1. Аля́ска	Аризо́на
2. Аме́рика	Кана́да
3. Сан-Дие́го	Чика́го
4. Бо́стон	Да́ллас
5. Ме́ксика	США
6. Вашингто́н	Атла́нта
7. Флори́да	Миннесо́та
8. Майа́ми	Лас-Ве́гас

"сам" declines like any adjective

Аля́ска—э́то **са́мый большо́й штат**	в Аме́рике.
Росси́я—э́то **са́мая больша́я страна́**	в ми́ре.
Байка́л—э́то **са́мое глубо́кое о́зеро**	в ми́ре.
Кавка́зские го́ры—э́то **са́мые высо́кие го́ры**	в Росси́и.

◇ **5.3** Superlative of adjectives

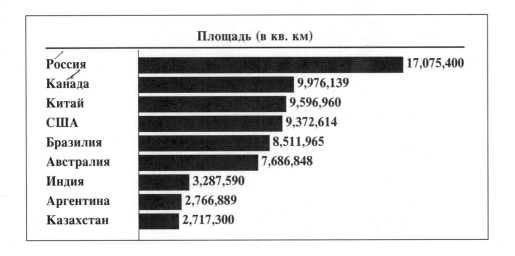

Площадь (в кв. км)

Россия	17,075,400
Канада	9,976,139
Китай	9,596,960
США	9,372,614
Бразилия	8,511,965
Австралия	7,686,848
Индия	3,287,590
Аргентина	2,766,889
Казахстан	2,717,300

5. Са́мая больша́я страна́.

Answer the questions based on the chart.

1. Кака́я страна́ са́мая больша́я в ми́ре?

2. Каки́е стра́ны бо́льше, чем США?

3. Кака́я страна́ в Ю́жной Аме́рике са́мая больша́я?

4. Кака́я страна́ в Се́верной Аме́рике са́мая больша́я?

5. Кака́я страна́ в Азии бо́льше, чем США?

6. Фа́кты и мне́ния.

A. Make up a geography quiz using the items listed.

		са́мый...	
Model:	Как называ́ется	са́мая...	
		са́мое...	

	страна́	
большо́й	штат	
высо́кий	го́род	в ми́ре
глубо́кий	го́ры	в Аме́рике
хоро́ший	о́зеро	(in your state)
дли́нный	река́	
	зда́ние	

B. Find out what your classmates think about different cities and states.

Model: Как ты ду́маешь, како́й штат   са́мый интере́сный в Аме́рике?
како́й го́род

Then report the results.

Model: Шан говори́т, что Аля́ска са́мый интере́сный штат, а
Андре́я говори́т, что э́то Теха́с...

C. You are invited to give a lesson on the geography of the United States to Russian schoolchildren. Show them the location of all possible landmarks, cities, states, and the like and give some interesting facts and opinions.

◇ **5.1** Preposition o

я не чиво не знаю

I know nothing about...

📖 Что вы знáете о Росси́и?

Росси́я—э́то сáмая большáя странá в ми́ре. На сéвере кли́мат аркти́ческий, а на юге субтропи́ческий.

На зáпаде нахóдятся сáмые больши́е городá: Москвá и Санкт-Петербýрг. На востóке—Сиби́рь, где сáмые дли́нные рéки: Обь, Ениси́й, Амýр и Лéна. Óзеро Байкáл—э́то сáмое глубóкое óзеро в ми́ре.

На юге нахóдятся Чёрное мóре и Каспи́йское мóре.

A. Answer the questions.

1. Какóй на сéвере кли́мат? А на юге?
2. Сáмые больши́е городá нахóдятся на зáпаде и́ли на востóке? А сáмые дли́нные рéки?
3. Что такóе Байкáл?
4. Каки́е моря́ нахóдятся на юге?

B. Find all the places listed here on the map on the front endpapers of this book.

моря́ и озёра	рéки	гóры	островá
Чёрное мóре	Днепр	Урáльские гóры	Нóвая Земля́
Каспи́йское мóре	Дон	(Урáл)	Сахали́н
Балти́йское мóре	Вóлга	Кавкáзские гóры	
Ледови́тый океáн	Обь	(Кавкáз)	**полуостровá**
óзеро Байкáл	Ениси́й		Крым
Ти́хий океáн	Лéна		Камчáтка
Лáдожское óзеро	Амýр		

The Crimean peninsula belongs to Ukraine.

👥 7. Кáрта Росси́и.

Describe the following places with an adjective. Use дли́нный, высóкий, and глубóкий where applicable. Give also their approximate location on the map.

S1: Что такóе Вóлга?

S2: Это дли́нная рекá на юге.

1. Лéна
2. Кавкáз
3. Нóвая Земля́
4. Камчáтка
5. Байкáл
6. Амýр
7. Сахали́н
8. Ениси́й
9. Крым
10. Днепр

8. Географи́ческие фа́кты.

A. Look at the captions on the charts. Based on your knowledge of the adjectives дли́нный, глубо́кий, and высо́кий, what do you think the nouns длина́, глубина́, and высота́ mean?

САМЫЕ БОЛЬШИЕ ОСТРОВА	
Название	Площадь в тыс. кв. км
1. Новая Земля	82,6
2. Сахалин	77,0

САМЫЕ БОЛЬШИЕ РЕКИ	
Название	Длина реки в км
1. Обь-Иртыш	5413
2. Амур	4420
3. Лена	4265
4. Енисей	4129
5. Волга	3690

Caspian Sea is classified as a lake because it has no outlet.

САМЫЕ БОЛЬШИЕ ОЗЕРА		
Название	Площадь в тыс. кв. км	Самая большая глубина в м
1. Каспийское море	424,0	980
2. Байкал	31,5	1741
3. Ладожское	18,4	225

САМЫЕ ВЫСОКИЕ ГОРЫ	
Название горной страны	Высота самой высокой вершины
1. Большой Кавказ	5633 (Эльбрус)
2. Уральские горы	1883

B. Answer the questions.

1. Как называ́ется са́мое большо́е о́зеро в Росси́и?
2. А са́мое глубо́кое о́зеро?
3. Како́е о́зеро глу́бже: Ла́дожское о́зеро и́ли Каспи́йское мо́ре?
4. Како́е о́зеро ме́ньше: Каспи́йское мо́ре и́ли о́зеро Байка́л?
5. Как называ́ется са́мый большо́й о́стров?
6. Как называ́ется са́мая дли́нная река́?
7. Кака́я река́ длинне́е: Ле́на и́ли Во́лга?
8. Каки́е го́ры вы́ше: Кавка́зские и́ли Ура́льские го́ры?

Political Geography

adjective endings for
prep. case ом/ем
masc/neutral ом/е.
fem ой/ей

Где?	
В како́й стране́?	В Аме́рике / в США / в Росси́и.
В како́м шта́те?	В Миннесо́те / в Калифо́рнии.
В како́м го́роде?	В Пари́же / в Москве́.

◇ **5.4** Prepositional case of adjectives: Introduction

В какой стране находится Париж?	Париж находится во Франции.

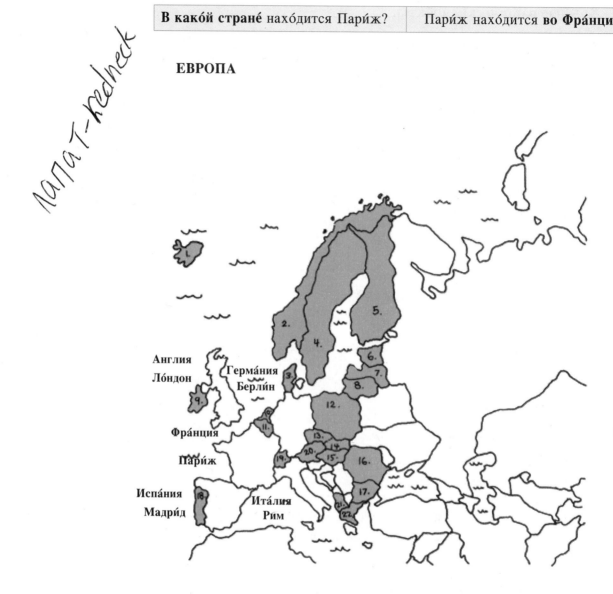

страна́	столи́ца		страна́	столи́ца
1. Исла́ндия	Ре́йкьявик		12. По́льша	Варша́ва
2. Норве́гия	Осло		13. Че́хия	Пра́га
3. Да́ния	Копенга́ген		14. Слова́кия	Братисла́ва
4. Шве́ция	Стокго́льм		15. Ве́нгрия	Будапе́шт
5. Финля́ндия	Хе́льсинки		16. Румы́ния	Бухаре́ст
6. Эсто́ния	Та́ллинн		17. Болга́рия	Софи́я
7. Ла́твия	Ри́га		18. Португа́лия	Лиссабо́н
8. Литва́	Ви́льнюс		19. Швейца́рия	Берн
9. Ирла́ндия	Ду́блин		20. А́встрия	Ве́на
10. Голла́ндия	Амстерда́м		21. Алба́ния	Тира́на
11. Бе́льгия	Брю́ссель		22. Гре́ция	Афи́ны

9. Где в Евро́пе?

Quiz a classmate on European geography.

S1: В како́й стране́ нахо́дится Ло́ндон?

S2: Ло́ндон нахо́дится в Англии.

СОЮЗ СОВЕ́ТСКИХ СОЦИАЛИСТИ́ЧЕСКИХ РЕСПУ́БЛИК, СССР (1917–1991)

Although the former Soviet Union consisted of fifteen separate republics, it was often regarded as a single entity with respect to politics and international relations. The breakup of the Soviet Union has given the former republics a new historical, political, and economic significance in the world.

Find the following former republics on the map on the front endpapers.

респу́блика	столи́ца
1. Росси́йская Федера́ция, Росси́я	Москва́
2. Эсто́ния	Та́ллинн (Та́ллин)
3. Ла́твия	Ри́га
4. Литва́	Ви́льнюс
5. Белару́сь (Белору́ссия)	Минск
6. Украи́на	Ки́ев
7. Молдо́ва (Молда́вия)	Кишинёв
8. Гру́зия	Тбили́си
9. Арме́ния	Ерева́н
10. Азербайджа́н	Баку́
11. Казахста́н	Алматы́ (Алма́-Ата́) — *Actana*
12. Узбекиста́н	Ташке́нт
13. Туркмениста́н	Ашхаба́д
14. Кыргызста́н (Кирги́зия)	Бишке́к (Фру́нзе)
15. Таджикиста́н	Душанбе́

Some names changed after the breakup of the Soviet Union. The old name is given in parentheses.

столица = capital (city)

10. Города́.

A. Using the map of Russia on the front endpapers, arrange the cities on the chart in two groups based on their location. Note: The Ural Mountains divide Russia into the European and the Siberian (Asian) part.

в Евро́пе   в Сиби́ри

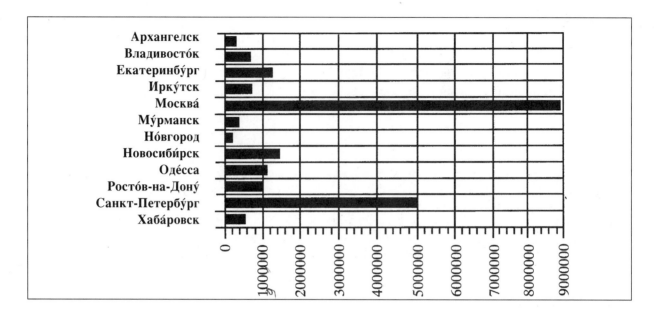

B. Answer the questions based on the chart. Refer to the map of Russia on the front endpapers for location.

1. Каки́е города́ нахо́дятся далеко́ на се́вере?
2. Како́й го́род са́мый се́верный?
3. Како́й го́род не нахо́дится в Росси́йской Федера́ции?
4. Каки́е города́ нахо́дятся в Сиби́ри?
5. Како́й го́род нахо́дится на берегу́... *(on the coast)*
   Чёрного мо́ря? Ти́хого океа́на? Ледови́того океа́на?
6. Како́й го́род бо́льше: Ирку́тск и́ли Му́рманск?
7. Како́й го́род са́мый большо́й?
8. Како́й го́род ме́ньше: Санкт-Петербу́рг и́ли Оде́сса?
9. Како́й го́род нахо́дится на реке́ Дон?
10. Како́й го́род нахо́дится недалеко́ от о́зера Байка́л?

Telling Where You Live and How Long You Have Lived There

В како́м го́роде вы живёте?	Я живу́ в Москве́.

◇ **5.4** Prepositional case of adjectives: Introduction

a long time

Вы давно́ живёте в Москве́? **Ско́лько лет** вы живёте в Москве́? How many years	**1 год.** **2 (3,4) го́да.** **5 (6,7, ...) лет.** **Всю жизнь.** — all my life

◇ **5.5** Nouns with numerals
5.6 Time expressions

А вы?

- В како́м го́роде вы живёте?
- Вы давно́ живёте там?
- А в како́м го́роде живу́т ва́ши роди́тели?

11. В како́й стране́ и в како́м го́роде?

A. Have short conversations with your classmate according to the model.

S1: В како́й стране́ живёт Са́ша?
S2: Он живёт в Росси́и.
S1: В како́м го́роде он живёт?
S2: Он живёт в Москве́.
S1: Ско́лько лет он живёт в Москве́? / Он давно́ живёт в Москве́?
S2: Де́вять лет.

кто	страна́	го́род	ско́лько лет
1. Бори́с	Росси́я	Санкт-Петербу́рг	4
2. Джон	Кана́да	Торо́нто	21
3. Сюза́нна	Англия	Ло́ндон	8
4. Мари́я	Испа́ния	Барсело́на	24
5. Ли́нда	США	Бо́стон	12
6. Марк и Пол	Фра́нция	Пари́ж	1
7. Улри́ка	Герма́ния	Га́мбург	5
8. Ната́ша	Украи́на	Оде́сса	всю жизнь *all my life*
9. Жа́нна	Ита́лия	Вене́ция	13
10. Шан	США	Сакраме́нто	22

B. Get together in groups of four students. Each student selects a character from section A. Find out where they all are from, what language(s) they speak, where their home cities are located, what their cities are like, and how long they have lived there.

12. **Кто где живёт?** *Who lives where?*

Read the statements and match the cities with the correct people.

Новосиби́рск	Ирку́тск	Екатеринбу́рг
Санкт-Петербу́рг	Оде́сса	Москва́
Му́рманск	Владивосто́к	Росто́в-на-Дону́
Арха́нгельск		

Мурманск **1.** **Ни́на:** Мой го́род нахо́дится о́чень далеко́ на се́вере, недалеко́ от Финля́ндии.

Новосибирск **2.** **Серге́й:** Я живу́ в Сиби́ри. Мой го́род нахо́дится на берегу́ реки́ Обь.

Иркутск **3.** **Воло́дя:** Мой го́род о́чень краси́вый. Он нахо́дится недалеко́ от о́зера Байка́л.

санкт-Петербург **4.** **Ма́ша:** Мой го́род большо́й. Он нахо́дится на берегу́ Балти́йского мо́ря, на се́веро-за́паде.

Одесса **5.** **Лари́са:** Я живу́ на Украи́не, на берегу́ Чёрного мо́ря.

во Владивосток **6.** **Андре́й:** Мой го́род нахо́дится о́чень далеко́ на восто́ке, на берегу́ Ти́хого океа́на.

Москва **7.** **Ле́на:** Мой го́род са́мый большо́й в Росси́и и, по-мо́ему, са́мый краси́вый.

Ростов-на-Дону **8.** **Алёша:** Мой го́род нахо́дится на ю́ге, на берегу́ реки́ Дон.

Архангельск **9.** **Гри́ша:** Я живу́ далеко́ на се́вере на берегу́ Ледови́того океа́на.

Екатеринбург **10.** **Ната́ша:** Мой го́род нахо́дится на Ура́ле.

Где лу́чше жить: в дере́вне[1] и́ли в го́роде?

[1]countryside

Меня́ зову́т Васи́лий Васи́льевич Ры́бкин. Я всю жизнь живу́ в дере́вне. Вся[2] моя́ семья́ живёт здесь: и де́ти, и вну́ки.

[2]all

[3]why

По-мо́ему, в дере́вне жить лу́чше, чем в го́роде. Почему́?[3] Потому́, что[4] у нас есть свой[5] дома́, есть река́ и лес, чи́стый во́здух[6] и тишина́.[7] Жить в дере́вне споко́йно.[8]

[4]because / [5]one's own) / [6]clean air / [7]quiet [8]peaceful

Меня́ зову́т Ле́на Орло́ва. Я ду́маю, что жить в дере́вне ску́чно. Я всю жизнь живу́ в большо́м го́роде, в Москве́. У нас там хоро́шая, но́вая кварти́ра. Мои́ роди́тели ра́ньше жи́ли[9] в дере́вне, а тепе́рь уже́[10] 25 лет живу́т в Москве́. *formerly / used to*

[9]formerly lived / [10]now already

Я ду́маю, что жить в большо́м го́роде интере́снее, чем в дере́вне. У нас есть хоро́шие теа́тры, музе́и, конце́рты, магази́ны. И, са́мое гла́вное,[11] лю́ди[12] в го́роде намно́го[13] интере́снее, чем в дере́вне.

[11]the main thing / [12]people [13]~~a lot~~ *much more*

• А как вы ду́маете? Где лу́чше жить? Почему́?

В дере́вне.

A. Answer the questions.

1. Васи́лий Васи́льевич давно́ живёт в дере́вне?
2. У Васи́лия Ры́бкина есть де́ти?
3. Васи́лий живёт в кварти́ре?
4. Васи́лий ду́мает, что жить в дере́вне ску́чно?
5. Роди́тели Ле́ны то́же живу́т в дере́вне?
6. Ле́на давно́ живёт в Москве́?
7. Почему́ (*why*) Ле́на ду́мает, что жить в го́роде интере́снее, чем в дере́вне?

B. Факт и́ли мне́ние?

1. Лю́ди в го́роде интере́снее, чем в дере́вне.
2. В го́роде есть теа́тры, музе́и и магази́ны.
3. В дере́вне есть река́ и лес.
4. Ле́на всю жизнь живёт в Москве́.
5. В дере́вне есть чи́стый во́здух.
6. В дере́вне жить споко́йно.

CHAPTER REVIEW

A. You should now be able to...

1. describe landmarks using
   geographical terminology
   adjectives (long/short, high/low, deep/shallow)
   points of the compass
2. explain the location of landmarks, cities, states, and countries
3. compare two items regarding their size, age, quality, and interest value
4. express your opinion about the relative value of something
5. ask and answer questions about the ranking of more than two items (superlative)
6. ask and answer questions about
   what country, state, and city you live in
   how many years you have lived in a place

B. Interview.

Interview a classmate. Find out where his or her parents and other relatives live and how long they have lived there. Then report the results of your interview.

	parents	siblings	grandparents	other relatives
city:				
state:				
length of time:				

C. Roleplay.

You are on the airplane on the way to Moscow. Get acquainted with the person sitting next to you (played by a classmate). Introduce yourselves and find out everything possible about each other, including

1. where you live and how long you have lived there
2. the location of your city (state, north/south)
3. the size of the city
4. interesting places in the city

D. Geography Review.

Quiz a friend on world geography according to the models. Substitute other places for the bold-faced terms.

1. В како́м шта́те нахо́дится **Лос-Анджелес?**
2. **Калифо́рния** нахо́дится на се́вере США?
3. Что тако́е **Байка́л?** Где нахо́дится **Байка́л?**
4. Как называ́ется **са́мый большо́й го́род в ми́ре?**

E. Show and Tell.
Pretend that you are promoting tourism to a country or state of your choice.
Show on a map its location, bordering states and countries, the capital, rivers,
mountains, and so on. Be sure to include several adjectives to describe the size,
beauty, and interest value of the items you mention.

Word Building

The noun **мир** has two basic meanings: *world* and *peace*. It appears in МИРУ МИР! *Peace to the World!* (literally, *To the world, peace.*), which was a common slogan in Soviet days. In addition, **мир** is the name of a space station and part of the title of Leo Tolstoy's famous novel «Война́ и мир» (*War and Peace*).

Остров is an *island*. The prefix **пол(у)** means *half*. Therefore, **полу-о́стров** is a half-island, or peninsula. Incidentally, the word *peninsula* is formed in the same way, from the Latin words **paene** (*almost*) and **insula** (*island*).

The Russian for *east* is **восто́к**. In addition, **восто́к** was a series of Russian spaceships. Yuri Gagarin's spacecraft was **Восто́к-1**. The word **восто́к** also appears in **Владивосто́к**, a city on the east coast of Russia. **Влади-** comes from the verb **владе́ть** (*to rule*), so Владивосто́к is the *ruler of the east*.

A variation of the Russian word for a *city* (**-град**) appeared in the names of some Soviet cities: Петрогра́д, Ленингра́д, Волгогра́д, Калинингра́д. The full word **го́род** appears in Но́вгород (literally, *new city*), a city in central Russia with a history spanning more than a thousand years.

Many names of Russian cities, especially those in Siberia, end in the suffix **-ск**. These cities are usually relatively young. Among them are Му́рманск, Арха́нгельск, Омск, Томск, Ирку́тск, Новосиби́рск, and Хаба́ровск. One of them, Свердло́вск, has been renamed with its original Germanic name Екатеринбу́рг.

Match the English with the corresponding Russian words. Some items were discussed in this section, whereas others relate to the vocabulary of Lesson 5.

world war	столи́чная
the ruler of the world	большинство́
Bolshevik	Влади́мир
half a year	меньшинство́
minority	мирова́я война́
majority	большеви́к
capital vodka	полго́да

ГРАММАТИКА

5.1 PREPOSITIONAL CASE: NOUNS

The prepositional case, as you learned in Lesson 4, is used to express location with the prepositions **в** and **на** and the ending **-е**. In this lesson, the prepositional case is used in the following new constructions:

A. Points of the Compass. Notice the preposition **на** in this construction.

> **на** се́вер**е**   *in the north*
> **на** восто́к**е**   *in the east*
> **на** ю́г**е**   *in the south*
> **на** за́пад**е**   *in the west*

B. Names of Places

You have already learned that nouns ending in **-ия** or **-ие** and feminines ending in a soft sign have exceptional prepositional case endings. Many place names fall into these categories. Place names consisting of letter abbreviations are not declined.

	ending

Feminines ending in **-ия**
  Áнглия   в Áнгли**и**
  Росси́я   в Росси́**и**
	-ии

Feminines ending in a soft sign
  Сиби́рь   в Сиби́р**и**
  Белару́сь   в Белару́с**и**
	-и

Abbreviations США в США	none

C. Foreign names of places. If the foreign word ends in a consonant, the Russian ending **-е** is usually added. Geographical names ending in **-е, -и, -о, -у** and in a stressed **-а** are not declined.

Дáллас	в Дáллас**е**
Вашингтóн	в Вашингтóн**е**
but: Сан-Франци́ско	в Сан-Франци́ско (no ending)
Перу́	в Перу́ (no ending)

D. The preposition **в** becomes **во** in front of nouns beginning with two consonants, the first one of which is **в** or **ф**.

Фра́нция	**во** Фра́нции
Владивосто́к	**во** Владивосто́ке

E. In addition to the prepositions **в** and **на,** the prepositional case is used with the preposition **о** *(about)*.

Что ты зна́ешь **о** Ло́ндоне?	*What do you know **about** London?*
Я говорю́ **о** дру́ге.	*I'm talking **about** (my) friend.*

The preposition **о** becomes **об** if followed by a vowel.

Что вы зна́ете **об** Африке?	*What do you know about Africa?*

The question words **кто** and **что** become **о ком** *(about whom)* and **о чём** *(about what)* in the prepositional case.

О ком ты говори́шь?	*Whom are you talking about?*
О чём ты ду́маешь?	*What are you thinking about?*

Упражне́ния

◇ **1.** Finish the sentences.

Model: Да́ллас нахо́дится (Техас) **в Теха́се.**

   1. Миннесо́та нахо́дится (се́вер).
   2. Сан-Франци́ско—э́то большо́й го́род (за́пад).
   3. Теха́с нахо́дится (юг).
   4. Нью-Йорк нахо́дится (се́веро-восто́к).
   5. Ло́ндон нахо́дится (Англия).
   6. Варша́ва нахо́дится (По́льша).
   7. Га́мбург нахо́дится (Герма́ния).
   8. Енисе́й—э́то больша́я река́ (Сиби́рь).
   9. Минск нахо́дится (Белару́сь).
   10. Я живу́ (США).

2. Write complete sentences according to the model.

Model: Во́лга/дли́нный/река́/Росси́я
    Во́лга—э́то дли́нная река́ в Росси́и.

   1. Гава́йи/большо́й/о́стров/за́пад
   2. Миссиси́пи/дли́нный/река́/юг
   3. Аппала́чи/большо́й/го́ры/восто́к
   4. Монреа́ль/краси́вый/го́род/Кана́да

5. Байкáл/глубóкий/óзеро/Сибúрь
6. Дон/длúнный/рекá/Россúя
7. Эри/большóй/óзеро/Амéрика
8. Кúев/стáрый/гóрод/Украúна (на)
9. Владивостóк/большóй/гóрод/востóк
10. Сéна (*Seine*)/большóй/рекá/Фрáнция

3. **Где онú живýт?** Write complete sentences according to the model.

Model: Лéна/Москвá **Лéна живёт в Москвé.**

1. Денúс и Мúша/Одéсса
2. моя́ сестрá/Лóндон
3. вы/Парúж
4. я/Торóнто
5. ты/Лос-Анджелес
6. Натáша/Владивостóк
7. Нúна и Лúза/Иркýтск
8. Сергéй/Минск
9. э́ти студéнты/Санкт-Петербýрг
10. мы/Чикáго

4. Answer the questions in complete sentences.

Model: О чём ты говорúшь? (Россúя) **Я говорю́ о Россúи.**

1. О чём вы говорúте? (Москвá)
2. О ком говорúт Ларúса? (Ивáн)
3. О чём ты дýмаешь? (семья́)
4. О ком онú говоря́т? (профéссор)
5. О чём вы дýмаете? (Россúя)
6. О чём говорúт профéссор? (Áфрика)
7. О ком дýмает Ольга? (Игорь)
8. О ком дýмают э́ти студéнтки? (Сергéй и Волóдя)
9. О чём говоря́т твоú друзья́? (Украúна)
10. О чём ты говорúшь? (геогрáфия)

5. Write the corresponding questions.

Model: Он говорúт о Ларúсе. **О ком он говорúт?**
Он говорúт о Москвé. **О чём он говорúт?**

1. Я дýмаю о Сергéе.
2. Онú дýмают о шкóле.
3. Мы говорúм о президéнте.
4. Я говорю́ об Украúне.
5. Мы дýмаю о бáбушке.

5.2 COMPARATIVE OF ADJECTIVES

You have so far learned the masculine, feminine, neuter, and plural forms of adjectives. To compare two items, you need the *comparative* form. The regular formation of the comparative is to add the suffix **-ее** to the adjective stem.

comparative

краси́в-ый *beautiful*	краси́в**ее** *more beautiful*
интере́сн-ый *interesting*	интере́сн**ее** *more interesting*
дли́нн-ый *long*	дли́нн**ее** *longer*
ста́р-ый *old*	ста́р**ее** *older*

Some comparative forms are irregular.

The form **старе́е** is used when comparing inanimate nouns. **Ста́рше** is used when comparing people: Моя́ сестра́ ста́рше, чем твоя́ сестра́.

большо́й	*big*	**бо́льше** *bigger* (also, *more*)
ма́ленький	*little*	**ме́ньше** *smaller* (also, *less*)
высо́кий	*tall, high*	**вы́ше** *taller, higher*
коро́ткий	*short*	**коро́че** *shorter*
глубо́кий	*deep*	**глу́бже** *deeper*
ни́зкий	*low*	**ни́же** *lower*

Some comparatives are formed from a different stem.

хоро́ший	*good*	**лу́чше**	*better*

Note 1: These comparative forms *do not* agree with the noun; they have one independent form only.

Этот штат бо́льше, чем тот штат.	(masculine noun)
Эта маши́на бо́льше, чем та маши́на.	(feminine noun)
Это зда́ние бо́льше, чем то зда́ние.	(neuter noun)
Эти го́ры бо́льше, чем те го́ры.	(plural noun)

Note 2: These comparatives *cannot be* immediately *followed* by a noun.

Аля́ска бо́льше ~~штат~~, чем Теха́с. (should be:
Аля́ска бо́льше, чем Теха́с.)

Note 3: These comparatives can also be used to compare adverbs.

хорошо́ *well*	лу́чше	*better*

Мой брат говори́т по-францу́зски **лу́чше,** чем я.

Упражне́ния

◇ **6.** Compare the following items according to the model.

Model: моя́ маши́на/твоя́ маши́на/ хоро́ший	**Моя́ маши́на лу́чше, чем твоя́ маши́на.**

1. моя́ соба́ка/его́ соба́ка/большо́й
2. мой го́род/твой го́род/интере́сный
3. э́то о́зеро/то о́зеро/глубо́кий
4. Колора́до/Аля́ска/ма́ленький
5. э́та река́/та река́/дли́нный
6. э́ти го́ры/те го́ры/высо́кий
7. Росси́я/США/большо́й
8. э́тот университе́т/тот университе́т/ста́рый
9. по-мо́ему/Бо́стон/Да́ллас/краси́вый
10. моя́ маши́на/твоя́ маши́на/хоро́ший

7. Which one is more beautiful (better, etc.)? Write the questions.

Model: Нью-Йо́рк/   **Како́й го́род бо́льше,**
        Да́ллас/большо́й   **Нью-Йо́рк и́ли Да́ллас?**

1. Теха́с/Колора́до/краси́вый
2. Нью-Йо́рк/Лос-Анджелес/большо́й
3. Миссиси́пи/Амазо́нка/дли́нный
4. Форд/БМВ/хоро́ший
5. Сти́вен Кинг/Джон Сте́йнбек/интере́сный
6. Аппала́чи/Ура́л/высо́кий
7. Яма́йка/Ку́ба/большо́й
8. Москва́/Санкт-Петербу́рг/ста́рый
9. США/Кана́да/ма́ленький
10. Хи́лтон/Хо́лидей Инн/хоро́ший

5.3 SUPERLATIVE OF ADJECTIVES

To compare more than two items, the *superlative* (the best, the longest, the most beautiful, etc.) is used. The superlative is formed by adding the adjective **са́мый** (*the most*) before the adjective + noun phrase. The adjective **са́мый** agrees with the noun it modifies.

Москва́—э́то **са́мый большо́й го́род** в Росси́и.
Moscow is the biggest city in Russia.
Обь—э́то **са́мая дли́нная река́** в Росси́и.
The Ob is the longest river in Russia.
Байка́л—э́то **са́мое глубо́кое о́зеро** в ми́ре.
Baikal is the deepest lake in the world.
Кавка́зские го́ры—э́то **са́мые высо́кие го́ры** в Росси́и.
The Caucasus Mountains are the highest mountains in Russia.

Упражнéние

◇ **8.** Form questions in Russian to find out the following information.

Model: the biggest city in Russia   **Как называ́ется са́мый большо́й го́род в Росси́и?**

1. the highest mountain in the world
2. the biggest state in America
3. the biggest country in the world
4. the deepest lake in the world
5. the oldest city in Russia
6. the biggest island in the world
7. the longest river in Africa
8. the tallest building in Moscow
9. the most interesting city in America
10. the best country in the world
11. the most beautiful state in America
12. the biggest lake in America
13. the best university in Russia
14. the most famous church in Moscow
15. the biggest island in Russia

[handwritten: masc/neuter : ом/ем   fem : ой/ей   but хороших ем, хороших, синем, синей синей]

5.4   PREPOSITIONAL CASE OF ADJECTIVES: INTRODUCTION

Adjectives agree with the noun they modify not only in gender but also in case. In this lesson you will need the prepositional case of the adjective **какóй**. The prepositional case of adjectives is discussed in detail in Lesson 6. For the time being, memorize the following three questions.

В какóм гóроде? *In what city?*   (with the masculine noun **гóрод**)
В какóм штáте? *In what state?*   (with the masculine noun **штат**)
В какóй странé? *In what country?*   (with the feminine noun **странá**)

Note: In Russian, the preposition always *precedes* the word(s) it modifies. In colloquial English, the preposition can be at the end of the sentence. Compare the following:

*What city do you live **in**?*   ***In** what city do you live?*
В какóм гóроде ты живёшь?   **В** какóм гóроде ты живёшь?

Упражне́ние

◇ **9.** Write the corresponding questions.

Model: Озеро Байка́л нахо́дится в Росси́и. | **В како́й стране́ нахо́дится о́зеро Байка́л?**

1. Я живу́ в Оде́ссе.
2. Мой брат живёт в Герма́нии.
3. Они́ живу́т во Владивосто́ке.
4. Сан-Дие́го нахо́дится в Калифо́рнии.
5. Мои́ роди́тели живу́т в Ирку́тске.
6. Мы живём в Аме́рике.
7. Да́ллас нахо́дится в Теха́се.
8. Президе́нт США живёт в Вашингто́не.
9. Минск нахо́дится в Белару́си.
10. Кремль нахо́дится в Москве́.

5.5 NOUNS WITH NUMERALS

To express the *amount of time* in years, the nominative singular (**год**) is used after 1 and all compound numbers ending in 1. The genitive singular (**го́да**) is used after 2, 3, and 4 and all compound numbers ending in 2, 3, or 4. The genitive plural (**лет**) is used after numbers 5 and higher, as well as with the question word **ско́лько** (*how many*).

1	**год**
2, 3, 4	**го́да**
5, 6,...	**лет**

Note: In compound numbers, the choice of **год/го́да/лет** depends on the last *word*, not on the figure itself.

21 (два́дцать **оди́н**) **год**   but: **11** (оди́ннадцать) **лет**
32 (три́дцать **два**) **го́да**   **12** (двена́дцать) **лет**
44 (со́рок **четы́ре**) **го́да**   **14** (четы́рнадцать) **лет**

Упражне́ние

◇ **10.** Fill in год/го́да/лет.

21 _____	14 _____	32 _____	18 _____
11 _____	23 _____	101 _____	13 _____
5 _____	33 _____	48 _____	44 _____

5.6 TIME EXPRESSIONS

To express an action that started in the past and is still going on, the *present tense* is used. **Давно** *(for a long time)* is not a question word. You can ask

Ты давно живёшь в Москве?
*Have you been living in Moscow **for a long time?***

Or you can use a question word **сколько** *(how many)*.

Сколько лет ты живёшь в Москве?
(For) how many years have you been living in Moscow?

The expression **всю жизнь** *(all [one's] life)* refers to the subject of the sentence and does not require the possessives *my, your,* and so on.

Я всю жизнь живу́ в Да́лласе.
I have lived in Dallas all my life.
Мой де́душка всю жизнь живёт в Ирку́тске.
My grandfather has lived in Irkutsk all his life.

Упражне́ние

◇ **11.** **How would you ask**

1. Anton Pavlovich how long he has been living in Moscow
2. your friend Sasha how long his parents have been living in Odessa
3. your friend Natasha how long she has been living in Vladivostok
4. Sergei if he has lived in Murmansk long
5. Anna Pavlovna if she has lived in Irkutsk long

Vocabulary _____

Note: The core vocabulary is bold-faced.

Nouns

Geographical terminology

гора́ *pl.* **го́ры**	*mountain*	**о́стров** *pl.* **острова́**	*island*
го́род *pl.* **города́**	*city*	**полуо́стров** *pl.*	*peninsula*
ка́рта	*map*	**полуострова́**	
контине́нт	*continent*	**река́** *pl.* **ре́ки**	*river*
мир	*world*	**респу́блика**	*republic*
мо́ре *pl.* **моря́**	*sea*	**столи́ца**	*capital*
о́зеро *pl.* **озёра**	*lake*	**страна́** *pl.*	*country*
океа́н	*ocean*	**стра́ны**	
		штат	*state*

Points of the compass

восто́к	*east*
за́пад	*west*
се́вер	*north*
юг	*south*

Other nouns

бе́рег (на берегу́)	*coast*
год, го́да, лет	*year, years*
жизнь *f.*	*life*

Adjectives

высо́кий	*tall*
глубо́кий	*deep*
дли́нный	*long*
коро́ткий	*short*
ни́зкий	*low*
са́мый	*the most*

Comparatives

бо́льше	*bigger, more*
ме́ньше	*smaller, less*
длинне́е	*longer*
глу́бже	*deeper*
вы́ше	*higher, taller*
ни́же	*lower*
старе́е, ста́рше	*older*
лу́чше	*better*
краси́вее	*more beautiful*
интере́снее	*more interesting*

Adverbs

давно́	*for a long time*
ско́лько	*how much, how many*

Prepositions

о + *prep.*	*about*

Proper Names

Азия	*Asia*
Аме́рика	*America*
Кавка́з	*Caucasus*
Кавка́зские го́ры	*Caucasus Mountains*
Каспи́йское мо́ре	*Caspian Sea*
Крым	*Crimea*
Ледови́тый океа́н	*Arctic Ocean*
Москва́	*Moscow*
Росси́я	*Russia*
Санкт-Петербу́рг	*St. Petersburg*
Сиби́рь *f.*	*Siberia*
США	*U.S.A.*
Ти́хий океа́н	*Pacific Ocean*
Ура́л	*Urals*
Ура́льские го́ры	*Ural Mountains*
Чёрное мо́ре	*Black Sea*

Other

всю жизнь	*all one's life*
чем	*than*

Уро́к 6 (Шесто́й уро́к)

Вы рабо́таете и́ли у́читесь?

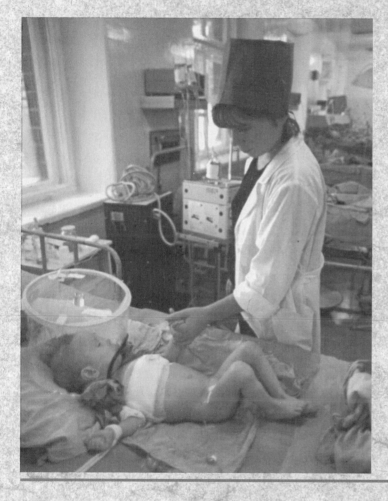

Врач рабо́тает в больни́це.

Америка́нец: Где вы рабо́таете?

Ру́сская: Я рабо́таю в больни́це.

Америка́нец: Вы медсестра́?

Ру́сская: Нет, я врач. А вы кто по профе́ссии?

Америка́нец: Я юри́ст.

THEMES	CULTURE	STRUCTURES	
• Talking about working and going to school	• Professions: Prestige and gender	• Double negatives	• Prepositional plural: Nouns, adjectives, and possessive and demonstrative pronouns
• Filling out applications	• Students and employment	• Prepositional singular: Adjectives and possessive and demonstrative pronouns	• Time expressions: *In what year? On what day? How many hours?*
• Talking about work and study schedules	• Names of buildings and companies	• Prepositional case of personal pronouns	
	• Calendars		
	• Acronyms		

Talking About Working and Going to School

Did you know that the English word *robot* is derived from the Slavic root робот-, meaning *to work*?

◇ **6.1** The verb рабо́тать

Кто вы (по профе́ссии)?	Я врач.
Где вы рабо́таете?	Я рабо́таю в больни́це.

рабо́тать

я рабо́таю	мы рабо́таем
ты рабо́таешь	вы рабо́таете
он/она́ рабо́тает	они́ рабо́тают

роботы = workers

профе́ссия	ме́сто рабо́ты	профе́ссия	ме́сто рабо́ты
учи́тель/-ница	шко́ла	фе́рмер	фе́рма (на)
преподава́тель профе́ссор	университе́т институ́т	продаве́ц/ продавщи́ца	магази́н
библиоте́карь	библиоте́ка	журнали́ст	газе́та
врач медсестра́/ медбра́т зубно́й врач ветерина́р	больни́ца поликли́ника	экономи́ст дире́ктор бизнесме́н ме́неджер программи́ст секрета́рь бухга́лтер юри́ст	фи́рма
архите́ктор строи́тель	стро́йка (на)	официа́нт/ка	рестора́н бар
инжене́р меха́ник	заво́д (на) фа́брика (на)		
учёный матема́тик фи́зик хи́мик лабора́нт	институ́т лаборато́рия	домохозя́йка писа́тель перево́дчик	до́ма

Most professions listed apply to both males and females. A separate feminine form is given when appropriate.

No preposition is needed in до́ма *(at home)*. The corresponding phrase with a preposition, в до́ме, means *in the house*.

PROFESSIONS: PRESTIGE AND GENDER

Unlike lawyers in the United States, Russian lawyers have traditionally enjoyed little social esteem. In addition, they have been poorly paid. In Moscow, there is one lawyer for approximately 10,500 residents, compared with one for every 450 residents in the United States. Few political leaders have been lawyers by training (Lenin and Gorbachev). Engineering, although not of the highest prestige, is a much more common profession. Most political leaders of the Soviet era were engineers. Formerly, prestige was not equated with the highest salary, but rather with the intellectual level of the profession. Thus, professors, scientists, writers, and actors were held in much higher esteem than were people in business or law. These attitudes have changed dramatically with the fall of the communist government.

Russian women play an active role in the job market. They work in factories and construction sites, as well as in professions requiring an advanced degree. The following list taken from the pamphlet «Же́нщины в СССР» shows the approximate percentage of women in certain professions.

Кто она́ по профе́ссии?

инжене́ров	60%
враче́й	65%
экономи́стов и бухга́лтеров	87%
учителе́й	74%
библиоте́карей	90%

Как по-ва́шему?

Каки́е профе́ссии прести́жные в США?
Каки́е профе́ссии типи́чно «же́нские» в США?

---

1. Кто где рабо́тает? *Who works where?*

Quiz a classmate about different professions according to the two models. Pay attention to the word order in the responses.

S1: Где рабо́тает **учи́тель?**
S2: Учи́тель рабо́тает в шко́ле.

and:

S1: Кто рабо́тает **в рестора́не?**
S2: В рестора́не рабо́тает официа́нт.

Твой де́душка **ещё** рабо́тает?
Нет, он **уже́ на пе́нсии.**

Он **нигде́ не** рабо́тает. Он **безрабо́тный.**

◇ **6.2** Negative sentences

2. Где они́ рабо́тают?

A. Have conversations with a partner according to the model.

S1: Кто **Ива́н Ива́нович** по профе́ссии?
S2: Он **матема́тик.**
S1: Где он рабо́тает?
S2: Он рабо́тает **в институ́те.**
S1: Ско́лько лет он там рабо́тает?
S2: Он рабо́тает там **2 го́да.**

кто	профе́ссия	ме́сто рабо́ты	ско́лько лет
1. Ната́лья Ива́новна	преподава́тель	университе́т	4
2. Серге́й Андре́евич	экономи́ст	фи́рма «Экспресс»	6
3. Анна Па́вловна	инжене́р	заво́д	12
4. Ива́н Анто́нович	строи́тель	стро́йка	3
5. Ни́на Игоревна	врач	больни́ца	22
6. Вита́лий Васи́льевич	хи́мик	нигде́/безрабо́тный	1
7. Еле́на Серге́евна	учи́тельница	нигде́/на пе́нсии	2

B. Find out what your classmates' relatives do for a living. Use the dialogue in A as a model. Ask your teacher for other professions if you need them.

кто   профе́ссия   ме́сто рабо́ты   ско́лько лет

3. Рекла́ма. *Advertisement.*

A. You are working in a company looking for more employees. Which ad in section A would you contact if you were looking for

1. a specialist in computer graphics

2. a person to help you set up a branch office in Rome

3. a field correspondent for your magazine

4. an advertising agent

B. Which one of the ads in section A can be matched with an ad in section B?

A. Looking for employment.

Предлагаю услуги рекламного агента. За справками обращаться Казахстан, г. Петропавловск, ул. Войкова, 72, Носков, Ю. В.

Профессиональный переводчик итальянского языка ищет интересную работу.
Тел. 467-98-67.

Профессиональный фотохудожник. Фото- и компьютерная графика.
Тел. 350-87-45.

Журналист с многолетним опытом работы на радио и в прессе примет серьезное предложение о работе в качестве корреспондента по Саратову.
Тел. (8452) 23-07-35.

B. Employment opportunities.

Приглашаем на работу рекламных агентов.
Тел. 378-81-67.

Фирма предлагает работу молодому творческому специалисту по радиоэлектронике. Возможно выпускнику техникума или вуза.
Тел. 934-99-09, Борис.

В како́м университе́те	ты у́чишься? вы у́читесь?	Я учу́сь в Моско́вском университе́те.
В како́й шко́ле у́чится	твой ваш брат?	Он у́чится в музыка́льной шко́ле.

◇ **6.3** The verb учи́ться

6.4 Prepositional case of adjectives, and possessive and demonstrative pronouns

6.5 Prepositional case of personal pronouns

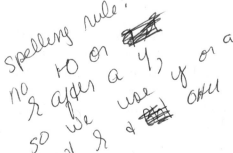

учи́ться

я учу́сь	мы у́чимся
ты у́чишься	вы у́читесь
он/она́ у́чится	они́ у́чатся

Я студе́нтка. **Я учу́сь** в Моско́вском университе́те.

А вы?

- В како́м университе́те вы у́читесь?
- Это хоро́ший университе́т?
- Большо́й и́ли ма́ленький?
- **Госуда́рственный** и́ли **ча́стный**?
- Но́вый и́ли ста́рый?

STUDENTS AND EMPLOYMENT

Most Russian students attend college full-time and receive a stipend to cover the cost of living. Hence they are less likely than American students to hold outside jobs. Older (and/or married) students, however, sometimes attend the evening section of a university, which allows them to support their families by working during the day.

4. Как вы ду́маете, где они́ у́чатся?

Match the list of universities on the right with the correct student. Then make short dialogues according to the model.

S1: В како́м го́роде живёт Ле́на?
S2: Она́ живёт в Москве́.
S1: В како́м университе́те она́ у́чится?
S2: Она́ у́чится в Моско́вском университе́те.

Са́ша живёт в Москве́.	Калифорни́йский университе́т
Дени́с и Лиа́на живу́т в Ки́еве.	Теха́сский университе́т
Джон живёт в шта́те Массачу́сетс.	Га́рвардский университе́т
Мари́са и Дуэйн живу́т в Теха́се.	Моско́вский университе́т
Кэ́ти живёт в Калифо́рнии.	Ки́евский университе́т

5. В како́м институ́те? В како́й шко́ле?

A. Where do these people work? Practice questions and answers according to the model.

S1: Где рабо́тает Андре́й?
S2: В университе́те./В шко́ле.
S1: В како́м университе́те?/В како́й шко́ле?
S2: В большо́м университе́те./В ма́ленькой шко́ле.

и́мя	ме́сто рабо́ты
Ка́рлос	мексика́нский рестора́н «Сомбре́ро»
Ле́на	музыка́льная шко́ла но́мер 1
Андре́й	медици́нский институ́т
А́нна	Большо́й теа́тр
Бори́с	Бе́лый дом
Лари́са	центра́льная больни́ца
Ири́на	францу́зский магази́н «Шане́ль»
Джон	городска́я библиоте́ка

Proper names in quotation marks are not declined.

B. Interview two or three classmates. Find out whether they work or not. If they do, ask what kind of place they work in. Your classmates should describe the places with at least three adjectives. Then report the results to the class.

NAMES OF BUILDINGS

Many Russian buildings formerly had very long official names. Some of them were named after (и́мени) a famous person, others after an award or order (о́рден).

Моско́вский о́рдена Ле́нина и о́рдена Трудово́го Кра́сного Зна́мени госуда́рственный университе́т и́мени Ломоно́сова (literally, *Moscow Lenin's Order and Order of the Red Banner of Labor State University named after Lomonosov*)

Моско́вский о́рдена Дру́жбы наро́дов госуда́рственный лингвисти́ческий университе́т (literally, *Moscow Order of Friendship of Nations State Linguistic University*)

Всесою́зная госуда́рственная о́рдена Трудово́го Кра́сного Зна́мени библиоте́ка иностра́нной литерату́ры (literally, *All-Union State Order of the Red Banner of Labor Library of Foreign Literature*)

Unlike universities, schools and stores had rather unimaginative names, often a number only: шко́ла №36 (но́мер 36), магази́н №106.

6. Где они́ рабо́тают?

The following places of employment represent typical Russian names. Match the people with the places of employment. (There are no absolute correct answers.)

S1: Как вы ду́маете, где рабо́тает Алексе́й?
S2: Я ду́маю, что Алексе́й рабо́тает в медици́нском институ́те.

Алла, арти́стка
Анато́лий, продаве́ц
Валенти́н, экономи́ст
Вита́лий, ветерина́р
Дми́трий, дире́ктор
Ири́на, инжене́р
Ната́лья, профе́ссор
Ни́на, врач
Серге́й, учи́тель

1. Всеросси́йский банк
2. ру́сско-америка́нская шко́ла №6
3. автосало́н «Кри́стал Мо́торс»
4. Де́тская городска́я клини́ческая больни́ца №1
5. Моско́вский инжене́рно-физи́ческий институ́т
6. Моско́вский госуда́рственный лингвисти́ческий университе́т
7. Ветклі́ника «Центр»
8. ночно́й клуб «Хулига́н»

Профессора́		в больши́**х** университе́т**ах**.
Учителя́	рабо́тают	в но́в**ых** шко́л**ах**.
Учёные		в хоро́ш**их** лаборато́ри**ях**.

◇ 6.6 Prepositional plural of nouns
6.7 Prepositional plural of adjectives and possessive and demonstrative pronouns

adj. ending is –ых if hard –их if soft or spelling rule
noun ending is normally –ах or –ях if soft ending

- Где обы́чно (*usually*) рабо́тают америка́нские студе́нты?
- В рестора́нах?

7. Make short dialogues using the following professions, already given in the plural. Use as many adjectives as possible.

S1: Где рабо́тают профессора́?
S2: Они́ рабо́тают в университе́тах.
S1: В каки́х университе́тах?
S2: В больши́х, хоро́ших, ... университе́тах.

1. учителя́
2. фе́рмеры
3. продавцы́
4. официа́нты
5. учёные
6. секретари́
7. медсёстры
8. библиоте́кари
9. журнали́сты
10. строи́тели

Filling Out Applications

АНКЕТА
Фамилия: *Тихонова*
Имя: *Людмила*
Отчество: *Петровна*

- Как её фамилия?
- Как её имя и отчество?

семейное положение *marital status*	
женщина *woman*	**мужчина** *man*
не замужем *single* замужем *married* разведена *divorced*	холост *single* женат *married* разведён *divorced*

8. Кто холост? Кто женат?

Discuss the marital status of the following people.

S1: Алексей женат?
S2: Нет, он холост.

	single	married	divorced
Алексей	✓		
Лариса	✓		
Сергей		✓	
Володя			✓
Таня		✓	
Маша			✓

9. Анкеты. *Applications.*

The following people are coming to visit your university. In order to place them with appropriate host families, you need to get some information about them. Look at the first form and answer the questions. Then ask similar questions about the other three forms.

1. Как его фамилия?
2. Как его имя и отчество?
3. Он женат?
4. В каком городе он живёт?
5. Какой у него адрес?
6. Кто он по профессии?
7. Где он работает?

Pay attention to the way addresses are written: city, street, house number, apartment number.

Фамилия:	Климов
Имя и отчество:	Валерий Борисович
Семейное положение:	женат
Адрес:	г. Санкт-Петербург, ул. Звездная, д. 1, кв. 54
Профессия:	экономист
Место работы:	фирма «Гермес»

Фамилия:	Антонова
Имя и отчество:	Ольга Ивановна
Семейное положение:	разведена
Адрес:	г. Владивосток, ул. Русская, д. 2, кв. 9
Профессия:	профессор математики
Место работы:	Дальневосточный университет

Фамилия:	Кулаков
Имя и отчество:	Антон Сергеевич
Семейное положение:	холост
Адрес:	г. Минск, ул. Маяковского, д. 6, кв. 17
Профессия:	инженер
Место работы:	Минский тракторный завод

Фамилия:	Смирнова
Имя и отчество:	Анна Павловна
Семейное положение:	не замужем
Адрес:	ул Вавилова, д. 3, кв. 45
Профессия:	переводчик
Место работы:	фирма «Транс-Хелп»

Talking About Work and Study Schedules

The word сегодня is pronounced [севодня].

Какой сегодня день?	Сегодня понедельник.

	АПРЕЛЬ			
понеде́льник		7	14	21	28
вто́рник	1	8	15	22	29
среда́	2	9	16	23	30
четве́рг	3	10	17	24
пя́тница	4	11	18	25
суббо́та	5	12	19	26
воскресе́нье	6	13	20	27

Notice that the first day of the week is Monday, not Sunday. The days of the week are not capitalized. In some calendars the days are run vertically, rather than horizontally.

Когда́ вы рабо́таете?	Я рабо́таю	в понеде́льник. во вто́рник. в сре́ду. в четве́рг. в пя́тницу. в суббо́ту. в воскресе́нье.

[handwritten annotation: → accusative case]

◇ **6.8** Time expressions: Days of the week

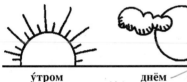

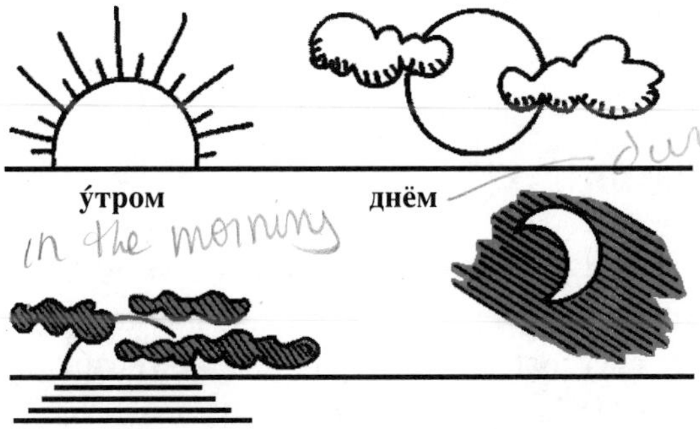

ýтром — — днём — — — *[handwritten: in the morning]* *[handwritten: during the day]*

ве́чером — — но́чью — *[handwritten: in the evening]* *[handwritten: every or each]* *[handwritten: in the night]*

[handwritten: выходные = (дни) non-work (day)]
[handwritten: рабочие = work days]

Вы рабо́таете **ка́ждый день**?	Нет, то́лько **в пя́тницу ве́чером**.

Ско́лько часо́в **в день** **в неде́лю** вы рабо́таете?	1 **час**. 2 (3,4) **часа́**. 5 (6,7, ...) **часо́в**.

◇ **6.8** Time expressions: *How many hours?*

10. Когда́ они́ рабо́тают? Утром, днём и́ли ве́чером? Ско́лько часо́в?

Answer the questions.

1. Ле́на рабо́тает ка́ждый день?
2. Когда́ рабо́тает Игорь?
3. Ско́лько часо́в рабо́тает Алексе́й в сре́ду?
4. Кто рабо́тает в четве́рг? Когда́?
5. Ско́лько часо́в в неде́лю рабо́тает Юра?

Russians often use a 24-hour clock.

Make up five more questions about the chart and ask a partner to answer them.

	пн.	вт.	ср.	чт.	пт.	сб.	вс.
8–11	Ле́на	Игорь	Алексе́й	Ле́на	Лари́са	Же́ня	Юра
11–17	Юра	Алексе́й	Лари́са	Же́ня	Ле́на	Игорь	Игорь
17–21	Игорь	Ле́на	Юра	Лари́са	Же́ня	Алексе́й	Ле́на

11. Вы рабо́таете ка́ждый день?

Find out which of your classmates work. How many hours per week? Who works the most hours?

[1]let's get acquainted

Дава́йте познако́мимся![1]

A. Find the following information for each one of the four texts. You do not have to understand every word to do the task. If information is missing, try to guess. Report the results to your classmates in Russian. Useful vocabulary: шко́льник, шко́льница *(student in a secondary school)*.

Model: Оля шко́льница. Она́ у́чится в шко́ле. Она́ не за́мужем. Её ма́ма ...

family members   professions   place of work or study   marital status

[2]my mother and I

1. Меня́ зову́т Оля. Я учу́сь в шко́ле, в деся́том кла́ссе. Мы с ма́мой[2] живём в двухко́мнатной кварти́ре недалеко́ от це́нтра Москвы́. Моя́ ма́ма рабо́тает на тексти́льном заво́де, а мой па́па рабо́тает на стро́йке. Он с на́ми не живёт. Мои́ роди́тели разведены́.

2. Меня́ зову́т Ди́ма. Я учени́к в специа́льной шко́ле англи́йского языка́. Моя́ ма́ма экономи́ст, а па́па врач. Моя́ сестра́ Та́ня моло́же меня́ на четы́ре го́да. Она́ у́чится в шесто́м кла́ссе.

3. Меня́ зову́т Еле́на. Я врач-педиа́тр в поликли́нике № 23. У меня́ есть оди́н сын, Ко́ля. Он ещё у́чится в шко́ле. С на́ми живёт мой оте́ц. Он не рабо́тает. Он уже́ на пе́нсии.

4. Меня́ зову́т Алексе́й. Я студе́нт вече́рнего отделе́ния[3] Мос- ³section
ко́вского университе́та. Я та́кже рабо́таю в фи́рме «Заря́» 20 часо́в в
неде́лю (обы́чно[4] в понеде́льник, вто́рник и пя́тницу). Моя́ жена́ ⁴usually
учи́тельница в шко́ле.

B. For number 4, write the questions you would have asked Aleksei to come
up with this story.

A. *You should now be able to...*

1. *say what a person's profession is, where a person works, and how long
he or she has worked there*

2. *say that a person is unemployed or retired*

3. *say where a person is studying*

4. *say in what kinds of places students normally work*

5. *ask and answer questions about last name, first name, and patronymic; marital status; and address*

6. *ask what day of the week it is and respond*

7. *say on which days and for how many hours you work*

**CHAPTER
REVIEW**

B. *Roleplay.* *You are planning to invite several of your Russian friend's relatives to visit you in the summer. You need some biographical data in order to
fill out some immigration paperwork. Ask your friend (played by a classmate)
to give you the information you need on the phone.*

First name:

Last name:

City:

Street address:

Profession:

Place of employment:

Word Building

Adjectives from Nouns

In the English language, nouns can sometimes function as adjectives. Thus,
theater school can become a *school theater* just by reversing the word order.
In Russian, however, the modifier has to be an adjective not only by function,
but also by form.

театра́льная шко́ла *theater school*
шко́льный теа́тр *school theater*

Adjectives are formed from nouns by adding various suffixes, such as **-ск-** and **-(ль)н-**, to the stem.

noun	adjective	noun	adjective
	-ск-		**-(ль)н**
медици́на	медици́нский	центр	центра́льный
университе́т	университе́тский	му́зыка	музыка́льный
го́род	городско́й	футбо́л	футбо́льный
		культу́ра	культу́рный
	-(ль)н-	секре́т	секре́тный
теа́тр	театра́льный		
шко́ла	шко́льный		

Combine these adjectives with the nouns that follow to make as many new places of employment as possible.

Model: **музыка́льная шко́ла, футбо́льный институ́т**

шко́ла	институ́т	теа́тр
больни́ца	центр	библиоте́ка

Acronyms

Acronyms of all kinds were abundant during the Soviet era. These were usually names of government offices, businesses, and political organizations. Among the political acronyms were комсомо́л (Коммунисти́ческий Сою́з Молодёжи, *Young Communist League*), колхо́з (коллекти́вное хозя́йство, *collective farm)*, исполко́м (исполни́тельный комите́т, *executive committee*), райко́м (райо́нный комите́т, *district committee*), компа́ртия (Коммунисти́ческая па́ртия, *Communist party*), and others. Among company acronyms were Интури́ст (Иностра́нный тури́ст, *foreign tourist*), совтранса́вто (Сове́тское тра́нспортное автоаге́нтство, *Soviet transportation agency*), Го́сплан (госуда́рственный план, *state planning ministry*), Го́сбанк (госуда́рственный банк, *state bank*), and hundreds of others.

Some of these abbreviations remain. The name of the company given here has 21 letters. From what professions might it draw its employees?

6.1 THE VERB РАБО́ТАТЬ

Рабо́тать is a regular first conjugation verb. Write the endings here.

Рабо́тать
я рабо́та_____
ты рабо́та_____
он/она́ рабо́та_____
мы рабо́та_____
вы рабо́та_____
они́ рабо́та_____

In this lesson you will learn to say *where* people work. For the time being, do not attempt to use expressions such as ''My brother *works as an engineer* in a factory.'' Instead, you can say the following.

Мой брат инжене́р. Он рабо́тает на заво́де.
My brother is an engineer. He works in a factory.

or: Мой брат инжене́р на заво́де.
My brother is an engineer in a factory.

When you inquire about a person's profession, you can say

Кто она́ по профе́ссии? or Кто она́?
Кто твоя́ мать по профе́ссии? Кто твоя́ мать?

Notice the difference between the questions

Кто э́то?   and   Кто он? Кто она́?
Who is this/he/she?   *What is he/she? What is his/her profession?*

Упражне́ния

◇ **1.** Fill in the verb **рабо́тать** in the correct form.

1. Где ты _____?
2. Я _____ в больни́це.
3. А где _____ твой оте́ц?
4. Он _____ на заво́де.
5. Мы _____ в рестора́не.
6. Анна Петро́вна, где вы _____?
7. Я уже́ давно́ _____ в э́той шко́ле.
8. Ле́на и Игорь то́же _____ здесь.
9. Мои́ роди́тели не _____.
10. Где _____ твоя́ сестра́?

2. **Who works where?** Write complete sentences with the words given. Remember to use the prepositional case and the correct preposition. **На** is given where applicable; otherwise, use the preposition **в**.

Model: я/рестора́н   **Я рабо́таю в рестора́не.**

1. мы/больни́ца
2. моя́ ба́бушка/музе́й
3. Ли́за и Воло́дя/фе́рма/на
4. вы/стро́йка/на/?
5. мой брат/до́ма

6. я/лаборато́рия
7. ты/поликли́ника/?
8. моя́ ма́ма/шко́ла
9. твой оте́ц/заво́д/на/?
10. э́тот студе́нт/магази́н

3. Write the corresponding questions.

Model: Моя́ ма́ма профе́ссор.   **Кто твоя́ ма́ма по профе́ссии?**

1. Мой оте́ц врач.
2. Моя́ ма́ма? Она́ рабо́тает в больни́це.
3. Нет, она́ то́же врач.
4. Нет, не о́чень давно́. Она́ рабо́тает там то́лько два го́да.
5. Я программи́ст.
6. Я рабо́таю в фи́рме «Заря́».
7. Нет, не о́чень больша́я.
8. Да, моя́ сестра́ рабо́тает.
9. В фи́рме «Экспре́сс». Она́ бухга́лтер.
10. Три го́да.

6.2   NEGATIVE SENTENCES

The negatives *nowhere, nobody*, and so on are formed with the prefix **ни-**. The Russian language uses a *double negative* in complete sentences; the verb is preceded by another negation, **не**.

кто	*who*	**никто́**	*nobody*	
где	*where*	**нигде́**	*nowhere*	
что	*what*	**ничего́**	*nothing*	(pronounced [ничево́]; this word does not follow the basic rule for formation)

Здесь **никто́ не** говори́т по-япо́нски.
Nobody speaks Japanese here.
Я **нигде́ не** рабо́таю.
I do not work anywhere.
Где ты рабо́таешь? **Нигде́.**   (not a complete sentence)
Where do you work? Nowhere.
Я **ничего́ не** зна́ю о Сиби́ри.
I do not know anything about Siberia.

Упражнéние

◇ **4.** Answer the questions in the negative.

Model: Где ты рабóтаешь? **Я нигдé не рабóтаю.**

Что ты знáешь об Аля́ске? **Я ничегó не знáю об Аля́ске.**

1. Где рабóтает твой дéдушка?
2. Анна и Лéна, что вы знáете об Амéрике?
3. Где рабóтают твои́ роди́тели?
4. Кто здесь говори́т по-китáйски?
5. Что ты дýмаешь об э́том (*about this*)?

6.3 THE VERB УЧИ́ТЬСЯ

Учи́ться is a reflexive verb, hence the longer endings in the conjugated forms. You will learn more about reflexive verbs in Lesson 7. For the time being, memorize the endings. The verb **учи́ться** is used to denote *the place* of study, either expressed or implied.

Где вы ýчитесь? Я учýсь в университéте.
Where do you study? *I study at a university.*

Вы рабóтаете и́ли ýчитесь? Я учýсь.
Do you work or study? *I study.*

The verb **учи́ться** is also used to refer to the *quality* of studying.

Он хорошó ýчится.

literally: *He studies well.* (i.e., *He is a good student.*)

Pay attention to the shift in stress from the ending in the first person singular *to the stem* in the other present tense forms.

учи́ться

я учýсь	мы ýчимся
ты ýчишься	вы ýчитесь
он/онá ýчится	они́ ýчатся

Упражнéние

◇ **5.** Fill in the missing verb endings.

1. Мой брат ýч_____ в университéте.
2. Где вы ýч_____?
3. Мы ýч_____ в медици́нском институ́те.
4. Ты давнó ýч_____ в Москóвском университéте?
5. Нет, недáвно. Я уч_____ там тóлько два гóда.

6. Где уч_____ Лари́са и Ми́тя?
7. Они́ уч_____ в Ки́евском университе́те.
8. Моя́ подру́га Ли́за уч_____ в Санкт-Петербу́рге.
9. В како́м университе́те она́ там уч_____?
10. Она́ уч_____ в институ́те и́мени *(named after)* Ге́рцена.

6.4 PREPOSITIONAL CASE (SINGULAR): ADJECTIVES AND POSSESSIVE AND DEMONSTRATIVE PRONOUNS

Adjectives

Adjectives agree with the nouns they modify not only in gender (како́й/кака́я/ како́е) but also *in case* (and number). In Lesson 5 you learned to ask

В како́м го́роде ты живёшь?
In what city do you live?
В како́й стране́ ты живёшь?
In what country do you live?

In these examples, the adjectives are in the prepositional case along with the nouns they modify. Examine the following.

Я рабо́таю в большо́м, хоро́ш**ем** ресторáне. *I work in a big, good restaurant.*	(adjective agrees with the masculine noun **рестора́н**)
Моя́ сестра́ рабо́тает в хоро́ш**ей,** но́в**ой** больни́це. *My sister works at a good, new hospital.*	(adjective agrees with the feminine noun **больни́ца**)
Я живу́ в большо́м зда́нии. *I live in a big building.*	(adjective agrees with the neuter noun **зда́ние**)

SIMPLIFIED RULE FOR THE PREPOSITIONAL SINGULAR OF ADJECTIVES	
M, N	**-ом/ем***
F	**-ой/ей***

*The choice between the endings -ом/ем and -ой/ей is determined by Spelling Rule 3.

or if a soft endings

Spelling Rule 3:	After **ж, ч, ш, щ,** and **ц,** write **о** in stressed singular endings, and **е** in unstressed singular endings.

Possessive and Demonstrative Pronouns

Examine the following sentences.

В **э́том** магази́не рабо́тают студе́нты.
There are students working in this store.

Мой брат рабо́тает в **э́той** больни́це.
My brother works in this hospital.

В **ва́шем** до́ме есть гара́ж?
Is there a garage in your house?

В мо**е́й** ко́мнате стои́т большо́й телеви́зор.
There is a big TV in my room.

Note: The third person possessives **его́, её**, and **их** are not declined.

В **его́ ко́мнате** стои́т большо́й телеви́зор.
There is a big TV in his room.

POSSESSIVE AND DEMONSTRATIVE PRONOUNS: PREPOSITIONAL SINGULAR		
Masc.	**Fem.**	**Neuter**
моём/твоём	мое́й/твое́й	моём/твоём
на́шем/ва́шем	на́шей/ва́шей	на́шем/ва́шем
э́том/том	э́той/той	э́том/том

Упражне́ния

◇ **6.** Finish the sentences with the correct form of the words in parentheses.

1. Америка́нский президе́нт рабо́тает в (Бе́лый дом).
2. Мой па́па рабо́тает на (большо́й заво́д).
3. Лари́са рабо́тает в (ма́ленькая шко́ла).
4. Са́ша рабо́тает в (медици́нский институ́т).
5. Ка́рлос рабо́тает в (кита́йский рестора́н).
6. Учёные рабо́тают в (хоро́шая лаборато́рия).
7. Моя́ ма́ма рабо́тает в (но́вая библиоте́ка).
8. Мы живём в (высо́кое зда́ние).
9. Э́та балери́на рабо́тает в (Большо́й теа́тр).
10. Врач рабо́тает в (но́вая поликли́ника).
11. Э́тот журнали́ст рабо́тает в (моско́вская газе́та).
12. Мой дя́дя рабо́тает на (больша́я фе́рма).
13. Мои́ друзья́ Ми́ша и Юра живу́т в (ма́ленький го́род).
14. Мои́ ба́бушка и де́душка живу́т в (краси́вый, ста́рый дом).
15. Мы живём на (Пу́шкинская у́лица).

7. **Addresses.** Write the questions and supply the missing words in the answers.

Model: г. Москва́, ул. Тверска́я, д. 13, кв. 14.

В како́м го́роде вы живёте?   Я живу́ в Москве́.
На како́й у́лице?   На Тверско́й у́лице.
В како́м до́ме?   В до́ме но́мер 13.
В како́й кварти́ре?   В кварти́ре но́мер 14.

1. г. Санкт-Петербу́рг, ул. Звёздная, д. 2, кв. 42.
   _____ Я живу́ в Санкт-Петербу́рге.
   _____ На Звёздн_____ у́лиц_____.
   _____ _____ но́мер 2.
   _____ _____ но́мер 42.

2. г. Му́рманск, ул. Садо́вая, д. 3, кв. 12.
   _____ Я живу́ _____.
   _____ На Садо́в_____ у́лиц_____.
   _____ _____ но́мер 3.
   _____ _____ но́мер 12.

8. Complete the sentences with the correct form of the words in parentheses.

   1. Мы живём на (э́та у́лица).
   2. В (наш го́род) есть хоро́шие университе́ты.
   3. Ско́лько лет ты у́чишься в (э́тот университе́т)?
   4. В (ва́ша библиоте́ка) есть ру́сские кни́ги?
   5. В (на́ша лаборато́рия) рабо́тают ру́сские учёные.
   6. В (э́то зда́ние) есть лифт (*elevator*)?
   7. У меня́ есть но́вый телеви́зор в (моя́ ко́мната).
   8. Ты ничего́ не зна́ешь о (мой го́род).
   9. В (ваш университе́т) есть хоро́шая библиоте́ка?
   10. На (ва́ша у́лица) есть магази́ны?

Како́й?   *What/which? What kind?*

The adjective **како́й** can be used to inquire about a *name* or about *quality*. For instance, the following question can be answered in two ways.

В **како́м** го́роде ты   Я живу́ в **Москве́**. (indicating the name of
живёшь?   the city)

or: Я живу́ в **большо́м** го́роде. (indicating quality)

Note: The adjective **какой** has to be used in questions in which *what* is followed by a noun. Thus, questions such as *What city? What university?* and so on require the use of **какой** (not **что**). Compare the following examples.

> Что это?
> ***What** is this?* (no noun following)

but: Какой это город?
> ***What city** is this?* (followed by a noun)

and: В каком городе ты живёшь?
> ***In what city** do you live?* (followed by a noun)

Упражнения

◇ **9.** Write the questions using **какой**.

Model: Я живу в **Калифорнии.** | **В каком штате ты живёшь?**
Лондон находится в **Англии.** | **В какой стране находится Лондон?**

1. Я живу в **Канаде.**
2. Красная площадь находится в **Москве.**
3. Я работаю в **музыкальной** школе.
4. Остин находится в **Техасе.**
5. Флорида находится в **США.**
6. Он работает в **большом** здании.
7. Мой папа работает в **медицинском** институте.
8. Мы живём в **маленькой** квартире.
9. Я учусь в **Московском** университете.
10. Лёна учится в **балетной** школе.

10. Finish the sentences with the preposition **о** *(about)* and the prepositional case. Remember that the preposition **о** becomes **об** when followed by a vowel sound.

Model: **Я говорю об этом городе.**
Я говорю о моей собаке.

1. Мы говорим (наша маленькая собака).
2. Я ничего не знаю (этот университет).
3. Что ты знаешь (мой брат Иван)?
4. Сергей ничего не знает (мой красивый город).
5. Мы ничего не знаем (твоя новая жена).

6. Они́ говоря́т (наш но́вый профе́ссор).

7. Я ду́маю (моя́ рабо́та).

8. Ру́сские мно́го *(a lot)* зна́ют (на́ша краси́вая страна́).

9. Что вы зна́ете (э́та музыка́льная шко́ла)?

10. Я ничего́ не зна́ю (твой но́вый муж).

11. Write the appropriate **како́й** questions for each of the following answers.

Model:	Они́ говоря́т о Ло́ндоне.	**О како́м го́роде они́ говоря́т?**
	Мы говори́м о Росси́и.	**О како́й стране́ вы говори́те?**

1. Я говорю́ о Кана́де.

2. Он говори́т о Москве́.

3. Мы говори́м об Орего́не.

4. Она́ говори́т о Моско́вском университе́те.

5. Они́ говоря́т о Во́лге.

6. Он говори́т о Байка́ле.

7. Мы говори́м о газе́те «Аргуме́нты и фа́кты».

8. Я говорю́ о рома́не «Анна Каре́нина».

9. Они́ говоря́т о Чёрном мо́ре.

10. Мы говори́м об Англии.

6.5 PREPOSITIONAL CASE OF PERSONAL PRONOUNS

You have so far learned the nominative (subject) and accusative (object) case forms of personal pronouns, as well as the nominative case forms of the question words **кто** and **что**. We will now add the *prepositional* case forms.

О ком она́ говори́т? Она́ говори́т **о тебе́**.
*Who is she talking **about**? She is talking **about you**.*
О чём ты ду́маешь?
*What are you thinking **about**?*
Что ты зна́ешь о Лари́се? Я ничего́ не зна́ю **о ней**.
*What do you know about Larisa? I do not know anything **about her**.*
Что вы зна́ете о Му́рманске? Мы ничего́ не зна́ем **о нём**.
*What do you know about Murmansk? We do not know anything **about it**.*

PREPOSITIONAL CASE OF PERSONAL PRONOUNS							
Nom.	я	ты	он	она́	оно́	мы	вы	они́
Prep.	мне	тебе́	нём	ней	нём	нас	вас	них

Note: The preposition **о** becomes **обо** before the form **мне**: обо мнé *(about me)*.

QUESTION WORDS (INTERROGATIVE PRONOUNS)		
Nom.	кто	что
Prep.	ком	чём

Упражнéния

◇ **12.** **О ком онú говоря́т úли ду́мают?** Write complete sentences according to the model.

Model: я/ты/говорúть   **Я говорю́ о тебé, и ты говорúшь обо мнé.**

1. он/онá/ду́мать
2. мы/вы/говорúть
3. я/ты/ду́мать
4. я/он/говорúть
5. онá/онú/ду́мать

13. Answer the questions with the negative **ничегó** *(nothing)*, replacing the nouns with pronouns where applicable.

Model: Что ты знáешь об Áфрике?   **Я ничегó не знáю о ней.**

1. Что ты знáешь обо мнé?
2. Что вы знáете о Сергéе?
3. Что онú знáют о тебé?
4. Что вы знáете о ромáне «Тúхий Дон»?
5. Что ты знáешь об э́том писáтеле?
6. Что онú знáют о моём брáте?
7. Что онá знáет о твоéй сестрé?
8. Что он знáет об э́том университéте?
9. Что вы знáете о Россúи?
10. Что ты знáешь о моём гóроде?

14. Write the questions with **о ком** or **о чём**.

Model: Я говорю́ о Ларúсе.   **О ком ты говорúшь?**
         Он говорúт о Кавкáзе.   **О чём он говорúт?**

1. Мы говорúм о Сергéе.
2. Онú ду́мают обо мнé.
3. Я говорю́ о моéй машúне.
4. Он говорúт о Ларúсе.

5. Я ду́маю о мое́й рабо́те.

6. Мы ду́маем о тебе́.

7. Они́ говоря́т о космона́вте Гага́рине.

8. Она́ ду́мает о Воло́де.

9. Я говорю́ о Нью-Йо́рке.

10. Она́ говори́т о Москве́.

6.6 PREPOSITIONAL CASE (PLURAL): NOUNS

The endings for the prepositional plural are the same for all genders.

Студе́нты ча́сто рабо́тают в рестора́н**ах**.
Students often work in restaurants.

Ру́сские студе́нты живу́т в общежи́ти**ях** и́ли на кварти́р**ах**?
Do Russian students live in dorms or apartments?

NOMINATIVE SG.			PREPOSITIONAL PL.	
Masc.				
hard stem	рестора́н	-ø	рестора́н**ах**	**-ах**
soft stem	музе́й	-й	музе́**ях**	**-ях**
	слова́рь	-ь	словар**я́х**	**-ях**
Fem.				
hard stem	шко́ла	-а	шко́л**ах**	**-ах**
soft stem	спа́льня	-я	спа́льн**ях**	**-ях**
	пло́щадь	-ь	площад**я́х**	**-ях**
Neuter				
hard stem	письмо́	-о	пи́сьм**ах**	**-ах**
soft stem	зда́ние	-е	зда́ни**ях**	**-ях**

SIMPLIFIED RULE FOR THE PREPOSITIONAL PLURAL OF NOUNS	
Pl.	**-ах/ях**

Nouns with irregular nominative plurals have irregular prepositional plurals.

nom. sg.		**nom. pl.**	**prep. pl.**
друг	*friend*	друзья́	друзь**я́х**
брат	*brother*	бра́тья	бра́ть**ях**
челове́к	*person*	лю́ди	лю́д**ях**
ребёнок	*child*	де́ти	де́т**ях**

Упражне́ние

◇ **15.** Complete the sentences with the prepositional plural and an appropriate preposition.

1. Официа́нты рабо́тают (рестора́н).
2. Учителя́ рабо́тают (шко́ла).
3. Медсёстры рабо́тают (больни́ца).
4. Библиоте́кари рабо́тают (библиоте́ка).
5. Э́ти учёные рабо́тают (музе́й).
6. Мы говори́м (ло́шадь).
6. Я ничего́ не зна́ю (соба́ка и ко́шка).
7. Ко́ля и Ле́на говоря́т (учи́тель).
8. Каки́е студе́нты живу́т (общежи́тие)?

6.7 PREPOSITIONAL CASE (PLURAL): ADJECTIVES AND POSSESSIVE AND DEMONSTRATIVE PRONOUNS

As with nouns, the prepositional plural endings for modifiers are the same for all genders. Examine the following sentences.

Что вы зна́ете об **э́тих** ру́сск**их** компози́тор**ах**?
What do you know about these Russian composers?

Где интере́снее жить: в больш**и́х**, но́в**ых** города́х и́ли в ма́леньк**их**, ста́р**ых** города́х?
Where is it more interesting to live, in big new cities or in small old cities?

О чём интере́снее говори́ть: о **его́** пробле́м**ах** и́ли о **мои́х** пробле́м**ах**?
What is it more interesting to talk about, his problems or mine?

SIMPLIFIED RULE FOR THE PREPOSITIONAL PLURAL OF ADJECTIVES	
Pl.	**-ых/их***

*Spelling Rule 1 is applied.

POSSESSIVE AND DEMONSTRATIVE PRONOUNS: PREPOSITIONAL PLURAL			
Masc.	**Fem.**	**Neuter**	**Pl.**
моём/твоём	мое́й/твое́й	моём/твоём	**мои́х/твои́х**
на́шем/ва́шем	на́шей/ва́шей	на́шем/ва́шем	**на́ших/ва́ших**
э́том/том	э́той/той	э́том/том	**э́тих/тех**

Упражнения

◇ **16.** Answer the question *in the plural* for the topics listed.

Model: О ком/чём вы говорите?

Мы говорим о моих подругах, о наших...

1. моя подруга
2. наша бабушка
3. его русский друг
4. наша большая собака
5. твой новый профессор
6. наш русский студент
7. этот русский писатель
8. известный русский композитор
9. хороший русский университет
10. эта русская артистка
11. интересная профессия
12. это высокое здание
13. его проблема
14. их квартира
15. наше общежитие

17. Finish the sentences with the words in parentheses.

1. Я ничего не знаю о _____ (*Russian dogs*).
2. Мы говорим о _____ (*old cars*).
3. Они говорят о _____ (*my Russian friends*).
4. Я думаю о _____ (*my parents*).
5. В _____ (*our cities*) большие универмаги.
6. В _____ (*American apartments*) есть балконы?
7. Лена и Лиза говорят об _____ (*these students*).
8. Что вы знаете о _____ (*our universities*)?
9. Они ничего не знают об _____ (*American schools*).
10. Какие люди живут в _____ (*these buildings*)?

6.8 TIME EXPRESSIONS

Days of the Week

To say *on Monday, on Tuesday*, and so on, you need the preposition **в** and the *accusative case*, which will be discussed in detail in Lesson 7.
Words ending in **-a** have the ending **-y** in this function.

Когда́?	*When?*
среда́	в сре́ду *on Wednesday*
пя́тница	в пя́тницу *on Friday*
суббо́та	в суббо́ту *on Saturday*

The following days do not differ from the nominative case form in this function.

Когда́?	*When?*
понеде́льник	в понеде́льник *on Monday*
вто́рник	**во** вто́рник *on Tuesday*
четве́рг	в четве́рг *on Thursday*
воскресе́нье	в воскресе́нье *on Sunday*

The expressions *in the morning, in the daytime*, and so on *do not require a preposition.*

у́тро	у́тром *in the morning*
день	днём *in the daytime, in the afternoon*
ве́чер	ве́чером *in the evening*
ночь	но́чью *at night*

These expressions can be combined with the days of the week.

в суббо́ту у́тром *on Saturday morning*
в понеде́льник ве́чером *on Monday evening*

Упражне́ние

◇ **18.** Look at the chart and answer the questions that follow in complete sentences.

When?	Mon.	Tue.	Wed.	Thur.	Fri.	Sat.	Sun.
morning	Lena		Sasha	Sergei	Sasha	Sergei	Sasha
afternoon		Sergei	Lena		Lena		Lena
evening	Sergei	Sasha	Sergei	Sasha		Lena	Sergei

1. Когдá рабóтает Лéна?
2. Когдá рабóтает Сáша?
3. Когдá рабóтает Сергéй?

(For) How Many Hours?

You have already learned to say how many *years* you have lived and worked in a place. You will now learn to say how many *hours* a day or week you work.

1	2,3,4	5,6,... скóлько	
год	гóда	лет	*years*
час	**часá**	**часóв**	*hours*

Скóлько **часóв в день** вы рабóтаете? Я рабóтаю **вóсемь часóв в день**.
How many hours per day do you work? I work eight hours per day.
Америкáнцы обы́чно рабóтают **40 часóв в недéлю**.
Americans usually work 40 hours per week.

The forms **в день** *(per day)* and **в недéлю** *(per week)* are time expressions with the accusative case (like the days of the week). For the time being, memorize these two expressions.

Упражнéние

◇ **19.** How many hours per day or week do these people work? Decide which form (per day or week) would be the most appropriate and write complete sentences according to the model.

Model: Елéна/4   **Елéна рабóтает 4 часá в день.**
           Сергéй/25   **Сергéй рабóтает 25 часóв в недéлю.**

1. Лéна/22
2. Алексéй/8
3. моя́ мáма/13
4. профéссор Вóдкин/35
5. мой брат/4
6. я/21
7.Волóдя и Ни́на/3
8. вы/1
9. мы/34
10. ты/6

Vocabulary

Note: The core vocabulary is bold-faced.

Nouns

Professions

архите́ктор	*architect*
библиоте́карь	*librarian*
бизнесме́н	*businessman*
бухга́лтер	*bookkeeper*
ветерина́р	*veterinarian*
врач	*physician*
дире́ктор	*director*
домохозя́йка	*housewife*
журнали́ст	*journalist*
зубно́й врач	*dentist*
инжене́р	*engineer*
лaboráнт	*laboratory technician*
матема́тик	*mathematician*
медсестра́/	*nurse*
медбра́т	
ме́неджер	*manager*
меха́ник	*mechanic*
официа́нт/ка	*waiter/waitress*
перево́дчик	*translator*
программи́ст	*programmer*
продаве́ц	*salesman*
pl. **продавцы́**	
продавщи́ца	*saleswoman*
профе́ссия, по	*profession,*
профе́ссии	*by profession*
секрета́рь	*secretary*
строи́тель	*construction worker*
учёный	*scientist*
pl. учёные	
учи́тель	*teacher*
pl. **учителя́**	*(elementary school)*
учи́тельница	*teacher*
фе́рмер	*farmer*
фи́зик	*physicist*
хи́мик	*chemist*

шко́ль/ник,	*student (in elementary and*
-ница	*secondary school)*
экономи́ст	*economist*
юри́ст	*lawyer*

Places

бар	*bar*
до́ма	*at home*
заво́д (на)	*factory, plant*
институ́т	*institute*
лаборато́рия	*laboratory*
поликли́ника	*health clinic*
стро́йка (на)	*construction site*
фа́брика (на)	*factory (light industry)*
фе́рма (на)	*farm*
фи́рма	*company*
шко́ла	*school (elementary*
	and secondary)

Days of the week

понеде́льник	*Monday*
вто́рник	*Tuesday* second day
среда́	*Wednesday*
четве́рг	*Thursday* fourth day
пя́тница	*Friday* fifth day
суббо́та	*Saturday*
воскресе́нье	*Sunday*

Other nouns

а́дрес	*address*
безрабо́тный	*unemployed*
день	*day*
же́нщина	*woman*
и́мя *n.*	*first name*
ме́сто	*place*
мужчи́на	*man*
неде́ля	*week*

о́тчество	*patronymic*

(пе́нсия),
    на пе́нсии
	*on pension,
	    retired*

положе́ние	*status*
рабо́та	*job, work*
рекла́ма	*advertisement*
фами́лия	*last name*
час, часа́, часо́в	*hour*

Adjectives

госуда́рст- венный	*state, public*
же́нский	*women's, female*
медици́нский	*medical*
музыка́льный	*musical*
прести́жный	*prestigious*
ча́стный	*private*

Verbs

рабо́та|ть (I)	*to work*

учи́ться (II),
    учу́сь,
    у́чишься,
    у́чатся
	to study

Other Vocabulary

Marital status

жена́т	*married (of a man)*
за́мужем	*married (of a woman)*
не за́мужем	*single (of a woman)*
разведён, разведена́	*divorced*
хо́лост	*single (of a man)*

Time expressions

ве́чером	*in the evening*
днём	*in the afternoon*
иногда́	*sometimes*
ка́ждый день	*every day*
но́чью	*at night*
обы́чно	*usually*
сего́дня	*today*
у́тром	*in the morning*

Other

и...и	*both...and*
ещё	*still*
нигде́	*nowhere*
ничего́	*nothing*
типи́чно	*typically*
уже́	*already*
уже не́	*not any more*

Урок 7 (Седьмой урок)

Что вы делаете каждый день?

Московское время—18 часов.

Профессор: Молодой человек, не спите на уроке!! Спать надо ночью.

Сергей: Ночью я занимаюсь.

Нина: Это неправда. Он каждую ночь гуляет!!

THEMES

- Telling time
- Discussing mealtimes
- Talking about daily activities
- Expressing where you are going
- Expressing frequency of actions

CULTURE

- Moscow time
- Time zones
- Russian mealtimes
- Household chores

STRUCTURES

- Time expressions: Сколько сейчас времени? Во сколько? каждую субботу; часто; два раза в неделю
- Reflexive verbs
- Accusative case of inanimate nouns: Singular and plural
- Direction with в/на + accusative
- Verbs of motion: идти versus ходить

Telling Time

Ско́лько сейча́с вре́мени?		час.
	Сейча́с	два **часа́**.
Кото́рый час?		пять **часо́в**.

◇ **7.1** Time expressions: Hours and the nouns вре́мя and час

Official time (schedules, programs, etc.) is expressed with a 24-hour clock. A 12-hour clock is used in informal speech. To specify A.M. and P.M., the words утра́, дня, ве́чера, and но́чи (*of the morning, of the afternoon*, etc.) are often used: 8 часо́в утра́ (8 A.M.)

Сейча́с **час**.   Сейча́с три **часа́**.   Сейча́с во́семь **часо́в**.   Сейча́с де́вять три́дцать.

Моско́вское вре́мя

The huge clock on the Savior's Tower (Спа́сская ба́шня) on Red Square gives the citizens of Moscow the official time. The chimes are also heard all over the country on the radio, accompanied by the time announcement, for example, Моско́вское вре́мя—двена́дцать часо́в.

---

1. Кото́рый час?

A. There are 10 time zones in Russia, of which Moscow time is the westernmost. What is the time difference between your city and Moscow? If you wanted to call your friend in Moscow between 7 P.M. and 9 P.M. local time, what time would it be in your city?

B. Е́сли (*If*) в Ло́ндоне сейча́с 12 часо́в дня, кото́рый час в Москве́? А в Волгогра́де? А во Владивосто́ке?
Кото́рый час в ва́шем го́роде, когда́ в Ло́ндоне 3 часа́ дня?

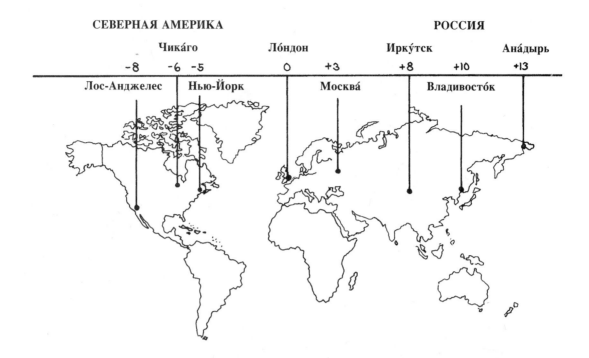

СЕ́ВЕРНАЯ АМЕ́РИКА РОССИ́Я

Чика́го Ло́ндон Ирку́тск Ана́дырь

-8 -6 -5 0 +3 +8 +10 +13

Лос-Анджелес Нью-Йорк Москва́ Владивосто́к

Discussing Mealtimes

RUSSIAN MEALTIMES

Russians normally do not eat lunch; therefore, there is no word for *lunch* in the language. There are three main meals in a day. За́втрак (*breakfast*) is typically rather heavy and may include fried eggs and potatoes, sausages, sauerkraut, bread, and tea or coffee. Since meals are not available in all workplaces, many people go through the entire day without eating anything. Schoolchildren are usually given a second breakfast (второ́й за́втрак) between 11 A.M. and 12 P.M. Обе́д (*dinner*) is the main meal of the day. Those who have a cafeteria at work may eat dinner there, between 2 P.M. and 3 P.M, but most people eat their обе́д at home between 5 P.M. and 7 P.M. Обе́д consists of appetizers, soup, a main dish, and a dessert. У́жин (*supper*) is lighter than обе́д and is eaten shortly before bedtime. It may include tea and bread with butter and cheese, porridge, and/or fruit.

Во ско́лько ты Когда́	за́втракаешь? обе́даешь? у́жинаешь?	Я	за́втракаю обе́даю у́жинаю	в 7 часо́в. в 5 часо́в. в 9.30 (де́вять три́дцать).
Во ско́лько вы за́втракаете?		**Я никогда́ не** за́втракаю.		

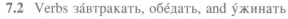

7.2 Verbs за́втракать, обе́дать, and у́жинать
7.3 Time expressions: *At what time?*

Russians express time with a period, not with a colon.

Это за́втрак. Са́ша за́втракает.

Это обе́д. **Вся** семья́ обе́дает **вме́сте**. Они́ обе́дают **бы́стро** и́ли **ме́дленно**?

Это у́жин. Са́ша у́жинает.

- Во ско́лько вы за́втракаете?
- Вы за́втракаете бы́стро и́ли ме́дленно?
- Во ско́лько вы обе́даете?
- Ва́ша семья́ обе́дает вме́сте?

2. Во ско́лько они́ за́втракают?

A. When do the following people eat their meals?

S1: Во ско́лько за́втракает (обе́дает/у́жинает) Ди́ма?
S2: Он за́втракает в 7 часо́в.

	Ди́ма	Андре́й	Та́ня	Оля	Воло́дя	Же́ня
за́втрак	7.00	8.00	7.30	—	6.30	8.30
обе́д	2.00	5.00	6.00	1.00	3.00	5.30
у́жин	7.30	10.00	9.30	8.00	8.30	—

B. Interview three classmates and find out when they eat their meals. Report the results to the class.

*Talking about Daily Activities*_____

Во ско́лько вы встаёте?	Я встаю́ в 6.30.
Во ско́лько вы ложи́тесь спать?	Я ложу́сь спать в 11 часо́в.

◇ **7.4** Reflexive verbs

лож|и́ться (II)		встав|а́ть (I)		сп|ать (II)	
я ложу́сь	мы ложи́мся	я встаю́	мы встаём	я сплю	мы спим
ты ложи́шься	вы ложи́тесь	ты встаёшь	вы встаёте	ты спишь	вы спи́те
он/она́ ложи́тся	они́ ложа́тся	он/она́ встаёт	они́ встаю́т	он/она́ спит	они́ спят

Ни́на **ложи́тся спать** в оди́ннадцать часо́в.

Она́ **встаёт** в семь часо́в.

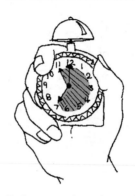

Ско́лько часо́в она́ **спит**?
Она́ спит во́семь часо́в.

Это **ра́но** у́тром.

Это **по́здно** ве́чером.

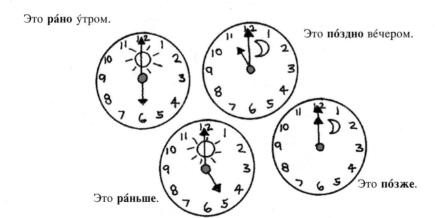

Это **ра́ньше.**

Это **по́зже.**

3. Во ско́лько они́ встаю́т? Во ско́лько они́ ложа́тся спать?

A. Some people need more sleep than others. Examine the chart and answer the questions that follow.

	Воло́дя	Ни́на	Оля	Ле́на	Гри́ша
ложи́тся спать	11.00	12.30	12.00	10.30	10.00
встаёт	7.00	6.30	8.00	5.30	5.00

1. Кто ра́но встаёт?
2. Кто по́здно ложи́тся спать?
3. Кто ложи́тся спать ра́ньше: Воло́дя и́ли Ни́на?
4. Во ско́лько ложи́тся спать Ле́на? А Гри́ша?
5. Кто встаёт по́зже: Оля и́ли Ле́на?
6. Во ско́лько встаёт Ни́на? А Воло́дя?
7. Ско́лько часо́в спит Воло́дя но́чью?
8. А Ни́на ско́лько часо́в спит?
9. Кто спит бо́льше: Гри́ша и́ли Оля?
10. Кто спит ме́ньше: Оля и́ли Ни́на?

B. Find out when your classmates go to bed and when they get up. Who sleeps the least?

Что она́ де́лает?

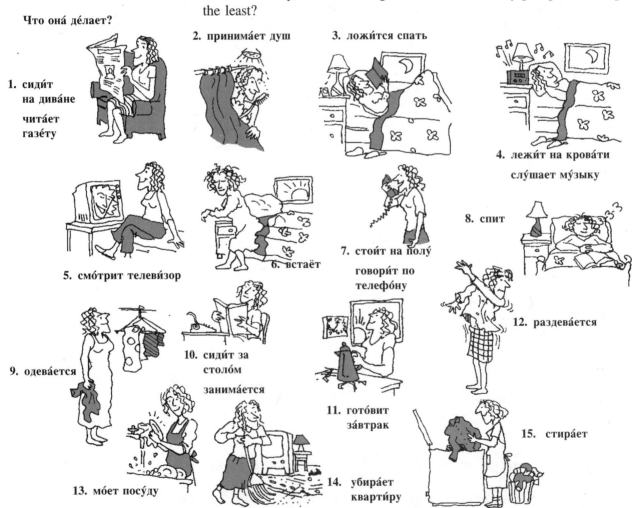

1. сиди́т на дива́не чита́ет газе́ту
2. принима́ет душ
3. ложи́тся спать
4. лежи́т на крова́ти слу́шает му́зыку
5. смо́трит телеви́зор
6. встаёт
7. стои́т на полу́ говори́т по телефо́ну
8. спит
9. одева́ется
10. сиди́т за столо́м занима́ется
11. гото́вит за́втрак
12. раздева́ется
13. мо́ет посу́ду
14. убира́ет кварти́ру
15. стира́ет

◇ **7.4** Reflexive verbs   **7.5** Conjugation of verbs

important linking words

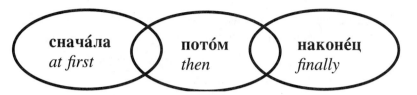

сначáла
at first

потóм
then

наконéц
finally

4. Что онá дéлает сначáла? А потóм?

Put the activities shown in chronological order. Use the important linking
words as appropriate.

Что он дéлает?	Он читáет	ромáн. газéту. письмó. кни́ги.

◇ **7.6** Accusative case: Inanimate nouns

5. Ивано́вы. *The Ivanov family.*

Create sentences by selecting one item from each column.

S1: Что дéлает пáпа?

S2: Он лежи́т на дивáне и спит.

пáпа		на полý	спит
мáма		на дивáне	одевáется
кóшка	стои́т	на столé	смóтрит телеви́зор
собáка	лежи́т	на сту́ле и	говори́т по телефóну
сын Ми́тя	сиди́т	на кровáти	слу́шает рок-му́зыку
дочь Лéна		за столóм	читáет газéту
бáбушка		на ку́хне	занимáется
дéдушка			обéдает

The verb гуля́ть has no
direct equivalent in
English. It implies
walking for pleasure and
can be translated as *to
be out walking, to play
hooky, to have a good
time,* etc.

Этот студéнт не занимáется.

Днём он спит, а нóчью **гуля́ет**.

6. Распоря́док дня. *Daily schedule.*

A. Here are three days from Sasha's weekly schedule. Discuss his activities using the question formats given, changing the bold-faced phrases.

Что он де́лает **в понеде́льник у́тром (в 7 часо́в)?**

Во ско́лько он **обе́дает во вто́рник?**

	пн.	вт.	ср.
7.00	встаёт, принима́ет душ, одева́ется, гото́вит за́втрак	спит	встаёт, принима́ет душ, одева́ется
8.00	за́втракает чита́ет газе́ту	встаёт одева́ется	занима́ется в университе́те
9.00	занима́ется в университе́те	гото́вит за́втрак за́втракает	
10.00		чита́ет газе́ту	за́втракает
11.00		занима́ется	занима́ется
12.00		в университе́те	в библиоте́ке
13.00			
14.00	обе́дает	гуля́ет	
15.00	занима́ется	слу́шает му́зыку	убира́ет кварти́ру
16.00	в библиоте́ке	обе́дает	
17.00	гуля́ет	занима́ется до́ма	смо́трит телеви́зор
18.00	смо́трит телеви́зор	стира́ет	
19.00		смо́трит телеви́зор	слу́шает му́зыку
20.00	у́жинает	чита́ет кни́гу/ у́жинает	обе́дает
21.00	смо́трит телеви́зор	раздева́ется	гуля́ет
22.00		ло́жится спать	
23.00	раздева́ется ло́жится спать чита́ет кни́гу	спит	
24.00	спит		ло́жится спать

B. Choose a day in Sasha's schedule and make a continuous story using the linking words **снача́ла, пото́м,** and **наконе́ц.**

Я **сижу́** на дива́не и **смотрю́** телеви́зор.

7. Что вы де́лаете у́тром?

A. Assume the role of Sasha and have conversations as in activity 6.

> S1: Что ты де́лаешь **в понеде́льник у́тром (в во́семь часо́в)?**
>
> S2: В во́семь часо́в я за́втракаю и чита́ю газе́ту.

and: S1: Во ско́лько ты **обе́даешь во вто́рник?**

> S2: Во вто́рник я обе́даю в 4 часа́.

B. Working with a partner, compare your typical daily schedules. Give the time when appropriate. Remember to use the linking words.

У́тром я...

Днём я...

Ве́чером я...

Но́чью я...

Здра́вствуй, э́то ба́бушка!

Grandmother calls every night to ask how things are going.

Ле́на:	Алло́!
Ба́бушка:	Ле́на? Это ба́бушка.
Ле́на:	Здра́вствуй, ба́бушка! Как дела́?
Ба́бушка:	Спаси́бо, хорошо́. Па́па уже́ до́ма?
Ле́на:	Нет, он ещё на рабо́те.[1]
Ба́бушка:	А вы что там де́лаете?
Ле́на:	Ма́ма гото́вит у́жин, а Ми́тя смо́трит телеви́зор.
Ба́бушка:	А ты что де́лаешь?
Ле́на:	Я занима́юсь. У меня́ за́втра[2] экза́мен.[3]
Ба́бушка:	А Са́шенька? Он что де́лает?
Ле́на:	Он уже́ спит.
Ба́бушка:	Ну, хорошо́. Споко́йной но́чи, Ле́ночка.
Ле́на:	Споко́йной но́чи, ба́бушка.

[1] at work

[2] tomorrow / [3] exam

A. Answer the questions in Russian.

1. У Ле́ны есть бра́тья и́ли сёстры? Ско́лько?
2. Кто ста́рше: Ле́на и́ли Са́ша?
3. Как вы ду́маете, кото́рый час?
4. Почему́ (*why*) Ле́на занима́ется?
5. Что де́лает Ми́тя, когда́ ма́ма гото́вит у́жин?
6. Как вы ду́маете, ба́бушка уже́ на пе́нсии?

B. Make up a similar dialogue using other activities.

> Когда́ я за́втракаю, я **всегда́** чита́ю газе́ту.
>
> Я **никогда́ не** смотрю́ телеви́зор, когда́ я обе́даю.

useful time expressions

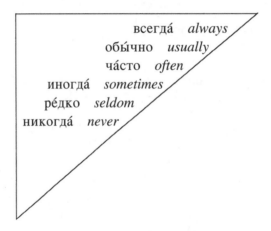

всегда́ *always*
обы́чно *usually*
ча́сто *often*
иногда́ *sometimes*
ре́дко *seldom*
никогда́ *never*

8. Когда́ я принима́ю душ,...

A. Answer the questions.

Вы слу́шаете му́зыку, когда́ вы занима́етесь?
Вы смо́трите телеви́зор, когда́ вы за́втракаете?
А ваш брат/ва́ша сестра́?

B. Describe other activities that you and your family members do simultaneously. Use the verbs given as a starting point and continue with your own ideas.

Model: Когда́ я мо́ю посу́ду, я всегда́...

мыть посу́ду (мо́ю, мо́ешь,...)   принима́ть душ
говори́ть по телефо́ну   гото́вить обе́д (гото́влю,
за́втракать   гото́вишь,...)
стира́ть

HOUSEHOLD CHORES

Кто в э́той семье́ гото́вит обе́д?

Russian women still do the majority of household chores, such as cooking, cleaning, and doing the laundry, despite the fact that most of them work outside the home. Many chores are done without the help of such modern appliances as microwave ovens, clothes dryers, and the like. Meals are usually prepared from scratch, and the laundry is hung out on the balcony. Husbands are the handymen in the family. They fix everything, from TV sets to plumbing. In addition, if the family has a car, the husband usually does all the maintenance work. Children follow the same pattern: girls help their mothers around the kitchen, while boys learn handyman skills from their fathers.

9. А кто у вас...?

A. Ask a classmate or your teacher questions about household chores in his or her family.

Кто у вас обы́чно стира́ет?
Кто в ва́шей семье́ обы́чно гото́вит обе́д? А за́втрак?
Кто посу́ду мо́ет?
Кто у вас обы́чно убира́ет?

B. All family members are different. Ask questions of your choice using as many verbs from this lesson as possible. Ask your classmates or your teacher.

Кто у вас никогда́ не...   Кто у вас всегда́...
Кто у вас бо́льше...   Кто у вас ре́дко...
Кто у вас лу́чше...

Expressing Where You Are Going

Куда́ ты идёшь? вы идёте?	Я иду́	в университе́т. в библиоте́ку. в кино́. на рабо́ту. на ле́кцию. на заня́тия. **домо́й**.
	Я **никуда́** не иду́.	

(handwritten annotations: "ат куда = from" "whence" "whither" "to class")

◇ **7.7** Expressing direction: **в/на** + accusative

The verb **идти́** implies going *on foot* only.

идти́

я иду́	мы идём
ты идёшь	вы идёте
он/она́ идёт	они́ иду́т

Куда́ они́ иду́т?

Анна идёт **на заня́тия**.

Пе́тя идёт **домо́й**.

Игорь идёт **на рабо́ту**.

Ли́за идёт **в библиоте́ку**.

Оля и ба́бушка иду́т **в парк**.

10. Куда́ они́ иду́т?

What a busy day! Where are they all going?

S1: Куда́ идёт Са́ша?
S2: Он идёт в библиоте́ку.

кто	куда́	кто	куда́
ма́ма	магази́н	тури́ст	рестора́н
ба́бушка и соба́ка	парк	де́душка	це́рковь
студе́нтка	библиоте́ка	Ко́ля	апте́ка
Ли́за и Ле́на	университе́т	На́дя	по́чта (на)
Серге́й	шко́ла	Ни́на и Ди́ма	никуда́
И́горь	рабо́та (на)	па́па	домо́й

11. Куда́ ты идёшь?

Read the dialogue. Then act it out by changing where you are going.

S1: Приве́т!
S2: Приве́т! Как дела́?
S1: Норма́льно.[1] А у тебя́ как?
S2: То́же ничего́.[2] Куда́ ты идёшь?
S1: В библиоте́ку.
S2: Прекра́сно.[3] Я то́же иду́ в библиоте́ку. Идём вме́сте![4]
S1: Хорошо́.

Both норма́льно and ничего́ are possible colloquial responses to Как дела́?

[1] okay
[2] okay

[3] great / [4] Let's go together!

Бу́дни на́шей жи́зни: часть пе́рвая[1]

[1] the days of our lives: part one

Расска́зывает Воло́дя, студе́нт, 19 лет, живёт в общежи́тии:

Встаю́ я в во́семь часо́в утра́, бы́стро принима́ю душ и иду́ на заня́тия. В де́сять часо́в я за́втракаю в университе́тской столо́вой,[2] а пото́м опя́ть иду́ на заня́тия. В три я иду́ в библиоте́ку занима́ться, а пото́м, часо́в в пять,[3] иду́ в кино́ с друзья́ми. Обе́даю я часо́в в семь и́ли в столо́вой, и́ли в общежи́тии. По́сле обе́да мы с друзья́ми гуля́ем по го́роду[4] и́ли прово́дим[5] вре́мя в общежи́тии. Е́сли у меня́ предстои́т[6] экза́мен, я ещё иду́ в библиоте́ку занима́ться, а е́сли нет, я иду́ на спорти́вную се́кцию[7] при университе́те. С девяти́ до[8] двена́дцати я обы́чно смотрю́ телеви́зор и́ли чита́ю кни́ги. Спать я иду́ в двена́дцать, е́сли сосе́ди по ко́мнате[9] то́же иду́т, а е́сли нет, гуля́ем до утра́.

[2] cafeteria

[3] around five o'clock

[4] in the city / [5] spend

[6] have

[7] club / [8] from...to

[9] roommates

A. Answer the questions in Russian.

1. Что де́лает Воло́дя в во́семь часо́в утра́?
2. Где он за́втракает?
3. Во ско́лько он за́втракает?

4. Что он де́лает по́сле уро́ков?

5. Что он де́лает с друзья́ми в пять часо́в?

6. Во ско́лько он обе́дает?

7. Где он обе́дает?

8. Что он де́лает по́сле обе́да?

9. Он ча́сто занима́ется в библиоте́ке?

10. Что он де́лает, е́сли сосе́ди по ко́мнате не иду́т спать?

B. Describe in Russian how Volodya's schedule differs from your daily schedule.

Expressing Frequency of Actions

Как ча́сто вы смо́трите телеви́зор?	**Ка́ждое у́тро.** **Ка́ждый день.** **Ка́ждый ве́чер.** **Ка́ждую ночь.** **Ка́ждую пя́тницу.**

◇ **7.8** Time expressions: Frequency of actions

Ско́лько раз в день (в неде́лю,...) вы принима́ете душ?	**Раз** 2,3,4 ра́за 5,6,7,... раз	**в день.** **в неде́лю.** **в ме́сяц.** **в год.**

◇ **7.8** Time expressions: Frequency of actions

Серге́й убира́ет кварти́ру **раз в год**.

12. Как ча́сто ты убира́ешь кварти́ру?

Interview a classmate. Find out how often he or she does the activities listed. Then continue the interview using five more items of your choice.

take a shower
clean the house/apartment
do the laundry
read novels
watch TV
make dinner

Как ча́сто вы **хо́дите** на заня́тия?	**Я хожу́** на заня́тия 5 раз в неде́лю.

◇ **7.9** Verbs of motion: идти́ versus ходи́ть

ходи́ть

я хожу́	мы хо́дим
ты хо́дишь	вы хо́дите
он/она́ хо́дит	они́ хо́дят

The verb ходи́ть implies going *on foot* only.

Дми́трий **хо́дит** на заня́тия 6 раз в неде́лю.

13. Как ча́сто? Ско́лько раз?

A. Discuss how often these students go to the places listed.

S1: Как ча́сто Воло́дя хо́дит в университе́т?
S2: Он хо́дит в университе́т 5 раз в неде́лю.

	Серёжа	Та́ня	Сюза́нна	Ро́берт
на заня́тия	5/неде́лю	6/неде́лю	3/неде́лю	2/неде́лю
в библиоте́ку	5/неде́лю	2/ме́сяц	4/неде́лю	1/ме́сяц
в кино́	2/ме́сяц	1/ме́сяц	4/ме́сяц	1/неде́лю
в рестора́н	1/ме́сяц	2/ме́сяц	6/ме́сяц	2/неде́лю

B. Find out how often your classmates go to the following places.

S1: Ско́лько раз в неде́лю ты хо́дишь на стадио́н?

or: Как ча́сто ты хо́дишь на стадио́н?

S2: Я хожу́ на стадио́н 2 ра́за в неде́лю.

магази́н	библиоте́ка
кино́	рестора́н
университе́т	рабо́та (на)

14. Ты ча́сто хо́дишь в кино́?

You meet a friend on the street. Your friend wants to know where you are going and how often you go there.

S1: Приве́т, ~~как дела~~ _Ivanovany Rich_

S2: Приве́т, ~~хорошо~~. Как живёшь?

S1: ~~в общежитии~~ _хорошо_. А ты?

S2: ~~в парке~~ _тоже хорошо_. Куда́ ты идёшь?

S1: Я иду́ в/на _библиотеку_

S2: Ты ча́сто хо́дишь в/на _библиотеку_ ?

S1: Нет/да, _3 раз в неделю_

Бу́дни на́шей жи́зни: часть втора́я[1]

[1] the days of our lives: part two

Расска́зывает Ида Кли́мова, 30 лет, инжене́р, рабо́тает на фа́брике игру́шек:[2]

[2] toy factory

Я встаю́ ка́ждое у́тро в шесть часо́в, принима́ю душ и одева́юсь. Пото́м я гото́влю за́втрак для[3] му́жа и дете́й. В семь три́дцать де́ти иду́т в шко́лу, а муж не́сколько[4] мину́т по́зже.[5] Я бы́стро за́втракаю, и в во́семь часо́в я уже́ иду́ на рабо́ту. Рабо́таю я де́вять часо́в. По доро́ге[6] домо́й я захожу́ в магази́н за проду́ктами.[7] До́ма я гото́влю обе́д, и когда́ муж прихо́дит домо́й, мы все обе́даем, обы́чно в семь часо́в. По́сле[8] обе́да я мо́ю посу́ду, убира́ю немно́го, помога́ю де́тям[9] де́лать уро́ки. В де́вять я гото́влю лёгкий[10] у́жин, а по́сле у́жина я немно́го смотрю́ телеви́зор, и в де́сять часо́в я иду́ спать.

[3] for
[4] a few / [5] later
[6] on the way
[7] to buy groceries
[8] after / [9] help the children
[10] light

Расска́зывает Вале́рий Кли́мов, 35 лет, рабо́чий[1] на автозаво́де:

[1] worker

Я встаю́ в шесть три́дцать, умыва́юсь[2] и одева́юсь. В семь часо́в я слу́шаю но́вости по ра́дио и курю́.[3] В семь три́дцать я за́втракаю, а в во́семь иду́ на рабо́ту. Я рабо́таю весь день,[4] а в шесть часо́в ве́чера я уже́ до́ма. Пото́м я чита́ю газе́ты, смотрю́ телеви́зор и курю́. В семь часо́в мы все обе́даем. По́сле обе́да я ещё[5] смотрю́ телеви́зор, курю́, и иногда́ игра́ю в[6] домино́ с друзья́ми[7] на у́лице. В де́сять часо́в я иду́ спать.

[2] wash
[3] smoke
[4] all day
[5] again
[6] play / [7] with friends

Answer the questions.

1. Кто встаёт ра́ньше: муж и́ли жена́?
2. Что де́лает муж, когда́ жена́ гото́вит за́втрак?
3. Что де́лает жена́, когда́ де́ти уже́ иду́т в шко́лу и муж на рабо́ту?
4. Во ско́лько жена́ идёт на рабо́ту?
5. Ско́лько часо́в в день они́ рабо́тают?
6. Что де́лает жена́ по доро́ге домо́й?
7. Что де́лает жена́, когда́ муж чита́ет газе́ты?
8. Во ско́лько они́ обе́дают?
9. Что де́лает жена́ по́сле обе́да?
10. А что де́лает муж по́сле обе́да?

Smoking is very common, and Russians seem to be less concerned than Americans about the related health problems.

CHAPTER REVIEW

A. You should now be able to...

1. *tell time and ask somebody what time it is*
2. *ask and answer questions about the time when some activities take place, including eating, going to bed, getting up, doing household chores, and various other daily activities*
3. *compare activities with the adverbs* later *and* earlier
4. *state the relative frequency of activities (always, sometimes, etc.)*
5. *ask and answer questions about where somebody is going*
6. *ask and answer questions about how often certain things are done, and how often you go to different places*

B. Roleplay.

A Russian exchange student (played by a classmate) is visiting your university. Compare your weekly schedules, pointing out all the differences in your daily habits, including the frequency of activities.

The Russian visitor is a (stereo)typical Russian student: lives in a dorm, goes to class every day, studies a lot, goes to the theater, reads a lot, is not employed, and eats most meals at a student cafeteria.

You are a typical(?) American student. You do your homework on the bed (something Russians would not do), watch TV and listen to music while you study, eat breakfast and other meals in front of the TV, and so on.

Word Building

Reflexive verbs

Transitive verbs can take a direct object, whereas intransitive verbs cannot. A group of intransitive verbs is formed by adding the reflexive particle -**ся** to the corresponding transitive verbs. In these reflexive verbs, the action is "reflected" back to the person performing it.

одевáть *to dress somebody*	одевáться *to dress oneself*
раздевáть *to undress somebody*	раздевáться *to undress oneself*
мыть *to wash somebody or something*	мы́ться *to wash oneself*

Roots

мы- *wash*

мы́ло *soap*

мыть посýду *to do the dishes* (from **посýда,** *dish*)

мыть гóлову *to wash one's hair* (from **головá,** *head*)

мы́ться *to wash oneself*

тер/тир/тр- *rub*

трéние *friction*

стирáть *to do laundry*

What do you think the following two household appliances might be?

стирáльная маши́на

посудомóечная маши́на

A popular Russian tongue twister includes words with the root **мы-.** Try to say it as fast as you can.

Мáма мы́ла Ми́лу мы́лом, Ми́ла мы́ло урони́ла.
Mother washed Mila with soap, Mila the soap dropped.

7.1 TIME EXPRESSIONS

Hours

The word **сейча́с** means *now*. Do not confuse it with the word **час** *(hour)*. **Это** is *not* used in these time expressions.

Сейча́с (оди́н) час.
Now it is one o'clock.

The words **час, часа́, часо́в** are used with full hours.

1 час   2,3,4 часа́   5,6,7,... часо́в

Orally, fractions of the hour can be expressed in two ways: by adding both the words *hour* and *minute* to the numbers or by leaving them out entirely.

Сейча́с 8.30.   you say: во́семь **часо́в** три́дцать **мину́т**
It is 8:30.   or: во́семь три́дцать

You should use the second variant at this point.

The nouns вре́мя and час

Вре́мя (genitive sg.: вре́мени) is a *neuter* word.

моско́вск**ое** вре́мя   моё вре́мя
Moscow time   *my time*

Ско́лько сейча́с вре́мени? is a colloquial way to inquire about time. **Кото́рый час?** is a more formal expression.

The plural of **час, часы́,** also means *clock* or *watch*. Notice that the adjectives modifying **часы́** are in the plural as well.

Как**и́е** больш**и́е** часы́!   У вас краси́**вые** часы́.
What a big clock!   *You have a beautiful watch.*

7.2 VERBS ЗАВТРАКАТЬ, ОБЕДАТЬ, AND УЖИНАТЬ

The verbs **за́втракать** *(to eat breakfast)*, **обе́дать** *(to eat dinner)*, and **у́жинать** *(to eat supper)* are regular first conjugation verbs. The corresponding nouns are **за́втрак, обе́д,** and **у́жин.** Supply the missing endings.

за́втракать	обе́дать	у́жинать
я за́втракаю	я обе́да_____	я у́жина_____
ты за́втракаешь	ты обе́да_____	ты у́жина_____
он/она́ за́втракает	он/она́ обе́да_____	он/она́ у́жина_____
мы за́втракаем	мы обе́да_____	мы у́жина_____
вы за́втракаете	вы обе́да_____	вы у́жина_____
они́ за́втракают	они́ обе́да_____	они́ у́жина_____

185

7.3 TIME EXPRESSIONS: *AT WHAT TIME?*

Когда́? *(When?)* is a more general question than **Во ско́лько?** *(At what time?)*. Giving the time in the answer requires the preposition **в**, followed by a specific time.

Во ско́лько ты за́втракаешь?	Я за́втракаю **в** во́семь часо́в.
At what time do you eat breakfast?	*I eat breakfast at eight o'clock.*
Когда́ ты обе́даешь?	Я обе́даю **в** шесть три́дцать.
When do you eat dinner?	*I eat dinner at six thirty.*

The negative answer to the question **Когда́?** is **никогда́** *(never)*. Remember that the Russian language uses the double negative.

Когда́ вы у́жинаете?	Мы **никогда́ не** у́жинаем.
When do you eat supper?	*We never eat supper.*

Упражне́ние

◇ **1.** Answer the questions in complete sentences using the information given.

1. Когда́ вы обе́даете? *(7:30)*

2. Во ско́лько ты за́втракаешь? *(eight o'clock)*

3. Анна Петро́вна, во ско́лько вы у́жинаете? *(8:30)*

4. Во ско́лько обе́дают э́ти студе́нты? *(three o'clock)*

5. Во ско́лько за́втракает твоя́ сестра́? *(never)*

7.4 REFLEXIVE VERBS

Reflexive verbs add the particle **-ся**, an abbreviation of the reflexive pronoun **себя́** *(self)*, to the end of all verbal forms. The particle has two variant forms: **-ся** after a consonant (including the soft sign) and **-сь** after a vowel sound. In Lesson 6 you learned the second conjugation verb **учи́ться** *(to study, to be a student)*. In this lesson, you learn one more second conjugation reflexive verb (**ложи́ться**) and three first conjugation verbs, **занима́ться, одева́ться,** and **раздева́ться**. Supply the missing endings.

уч|и́ть|ся (II)		**занима́|ть|ся (I)** here:	
to study		*to do schoolwork, to study, to be in class*	
я уч-у́-**сь**	(**-сь** after the vowel **у**)	я занима́-ю-**сь**	(**-сь** after the vowel **ю**)
ты у́ч-ишь-**ся**		ты занима́-ешь-**ся**	
он/она́ у́ч-ит-**ся**		он/она́ занима́-ет-**ся**	
мы у́ч-им-**ся**		мы занима́-ем-**ся**	
вы у́ч-ите-**сь**	(**-сь** after the vowel **е**)	вы занима́-ете-**сь**	(**-сь** after the vowel **е**)
они́ у́ч-ат-**ся**		они́ занима́-ют-**ся**	

ложи́ться (II) *to lie down*	одева́ться (I) *to get dressed*	раздева́ться (I) *to get undressed*
я лож-_____	я одева́_____	я раздева́_____
ты лож-_____	ты одева́_____	ты раздева́_____
он/она́ лож-_____	он/она́ одева́_____	он/она́ раздева́_____
мы лож-_____	мы одева́_____	мы раздева́_____
вы лож-_____	вы одева́_____	вы раздева́_____
они́ лож-_____	они́ одева́_____	они́ раздева́_____

Note: The verbs **учи́ться** and **ложи́ться** also have Spelling Rule 2 applied to the first (**у**, not **ю**) and last forms (**ат**, not **ят**):

Spelling Rule 2:	After **к, г, х, ж, ч, ш, щ,** and **ц,** write **а** and **у**, never **я** or **ю.**

Во ско́лько ты ложи́шься спать? Я ложу́сь спать в 11 часо́в.
At what time do you go to bed? *I go to bed at 11:00.*
(literally, *lie down to sleep*)
Ве́чером мы занима́емся в библиоте́ке.
In the evening we study at the library.
Утром мы одева́емся, а ве́чером раздева́емся.
We get dressed in the morning and undressed in the evening.

Упражне́ние

◇ **2.** Fill in the verbs endings.

1. Они́ занима́_____ в библиоте́ке.
2. В 8 часо́в я занима́_____.
3. Са́ша никогда́ не занима́_____.
4. Ты занима́_____ у́тром и́ли ве́чером?
5. Где вы занима́_____?
6. Я занима́_____ до́ма.
7. Мы занима́_____ в библиоте́ке.
8. Утром мы одева́_____.
9. Ве́чером мы раздева́_____
10. Оля одева́_____.
11. Где ты одева́_____, в спа́льне и́ли в ва́нной *(in the bathroom)*?
12. Я одева́_____ в ва́нной.
13. Ве́чером я раздева́_____ и лож_____ спать.
14. Во ско́лько вы лож_____ спать?
15. Мы лож_____ спать в 12 часо́в.

7.5   CONJUGATION OF VERBS

First conjugation verbs

These verbs are regular first conjugation verbs.

де́ла|ть   *to do*
чита́|ть   *to read*
принима́|ть   *to take* (e.g., a shower)
слу́ша|ть   *to listen*
стира́|ть   *to do laundry*
убира́|ть   *to clean* (e.g., the apartment)
гуля́|ть   *to walk, to stroll*

Встава́ть has a shorter present tense stem than expected: вста-, instead of встава́-. The verb has the stress on the endings.

вста|ва́ть   *to get up*
я встаю́
ты встаёшь
он/она́ встаёт
мы встаём
вы встаёте
они́ встаю́т

мыть   *to wash*
я мо́ю
ты мо́ешь
он/она́ мо́ет
мы мо́ем
вы мо́ете
они́ мо́ют

This verb has a vowel change in the stem.

Second conjugation verbs

This verb has a shifting stress: on the ending in the infinitive and the first person; on the stem in the other forms.

смотр|е́ть   *to watch, to look*
я смотрю́
ты смо́тришь
он/она́ смо́трит
мы смо́трим
вы смо́трите
они́ смо́трят

сто|я́ть   *to stand*
я стою́
ты стои́шь
он/она́ стои́т
мы стои́м
вы стои́те
они́ стоя́т

These two verbs have an extra letter л in the first person.

сп|ать   *to sleep*
я сплю
ты спишь
он/она́ спит
мы спим
вы спи́те
они́ спят

гото́в|ить   *to prepare*
я гото́влю
ты гото́вишь
он/она́ гото́вит
мы гото́вим
вы гото́вите
они́ гото́вят

Сиде́ть has a consonant change in the first person, as well as Spelling Rule 2 applied (у, not ю).

сид|е́ть   *to sit, to be sitting*
я сижу́
ты сиди́шь
он/она́ сиди́т
мы сиди́м
вы сиди́те
они́ сидя́т

леж|а́ть   *to lie, to be lying*
я лежу́
ты лежи́шь
он/она́ лежи́т
мы лежи́м
вы лежи́те
они́ лежа́т

Лежа́ть, like ложи́ться and учи́ться, has Spelling Rule 2 applied to the first and last persons.

Упражнéние

◇ **3.** Rewrite the sentences using the verbs in parentheses in the correct form.

1. Что ты (дéлать)?
2. Я (читáть) газéту.
3. Мой брат (сидéть) на полý и ничегó не (дéлать).
4. Где вы (читáть) газéты?
5. Мы (читáть) газéты дóма.
6. Мои родители (сидéть) на дивáне и (смотрéть) телевизор.
7. Я (лежáть) на кровáти и (слýшать) мýзыку.
8. Кто там (слýшать) рáдио?
9. Джон и Линда (сидéть) на кровáти и (слýшать) рок-мýзыку.
10. Вéчером я (смотрéть) телевизор.
11. Во скóлько ты (вставáть) в воскресéнье?
12. Ты чáсто (смотрéть) телевизор?
13. Когдá ты (принимáть) душ?
14. Ты (сидéть) или (стоя́ть) когдá ты говори́шь по телефóну?
15. Я (вставáть) в 8 часóв.
16. Ты (спать)? Нет, я не (спать).
17. Моя́ кóшка (лежáть) на полý и (спать).
18. В суббóту мы (гуля́ть) в пáрке.
19. Я (готóвить) обéд, а мой брат (мыть) посýду.
20. Кто у вас бóльше (смотрéть) телевизор: ты или твой пáпа?

7.6 ACCUSATIVE CASE: INANIMATE NOUNS

You have so far learned two case forms: the *nominative* (the case of the subject) and the *prepositional* (the case of location). In this lesson, you will learn the *accusative case*, the case of the *direct object*.

Finding the direct object

Action verbs, such as *to read*, *to speak*, *to listen*, are often followed by a *direct object*. The object of a sentence answers the question *What?* or *Whom?*

I	*read*	**a book.**	(Read *what?*—A book.)
subject	verb	object	
Lena	*likes*	**art.**	(Likes *what?*—Art.)
subject	verb	object	
Igor	*met*	**Tanya.**	(Met *whom?*—Tanya.)
subject	verb	object	
Tanya	*reads*	*in the library.*	(Reads *what?*—no object)
subject	verb		

In *interrogative* sentences (questions), the question word itself can be the object.

What *do*	*you*	*collect?*	(Collect *what?*—response)
object	subject	verb	
What *did*	*he*	*read?*	(Read *what?*—response)
object	subject	verb	

Упражнéние

◇ **4.** Underline the verb once and the direct object twice. Some sentences do not have an object.

1. I like music.
2. I can see you.
3. Do you know this song?
4. Sasha is writing a letter.
5. Can you hear me?
6. Close the door!
7. I don't know this song.
8. Where did they meet?
9. Have you already done the dishes?
10. What are you reading?
11. My brother is a good hockey player.
12. Where did he go?
13. My grandfather died two years ago.
14. What kind of ice cream do you like?
15. I bought new jeans at the mall.

The Form of the Object

The direct object of a Russian sentence is in the *accusative* case. Review the following examples. Only the *feminine* nouns have an ending different from the nominative case.

Я принимáю **душ**.	(masculine noun as the direct object)
I am taking a shower.	
Пáпа читáет **газéту**.	(feminine noun as the direct object)
Father is reading a newspaper.	
Лéна убирáет **квартúру.**	(feminine noun as the direct object)
Lena is cleaning the apartment.	
Бáбушка слýшает **рáдио**.	(neuter noun as the direct object)
Grandmother is listening to the radio.	

The following endings apply to *inanimate* nouns. Animate nouns will be discussed in Lesson 12.

Граммати́ка Уро́к 7

Nominative		Accusative		
Masc.				
рома́н	-ø	рома́н		(identical to the nom. sg.)
музе́й	-й	музе́й		
слова́рь	-ь	слова́рь		
Fem.				
кни́га	-а	кни́гу	-у	(**а** changes to **у**)
лаборато́рия	-я	лаборато́рию	-ю	(**я** changes to **ю**)
пло́щадь	-ь	пло́щадь		(identical to the nom. sg.)
Neuter				
письмо́	-о	письмо́		(identical to the nom. sg.)
зда́ние	-е	зда́ние		
Pl.				
журна́лы	-ы	журна́лы		(identical to the nom. pl.)
кни́ги	-и	кни́ги		
пи́сьма	-а	пи́сьма		
зда́ния	-я	зда́ния		

SIMPLIFIED RULE FOR THE ACCUSATIVE CASE OF INANIMATE NOUNS		
M, N		= nom.
F	а	→ у
	я	→ ю
	ь	= nom.
Pl		= nom.

Упражне́ния

◇ **5.** Complete the sentences with the words in parentheses.

1. Я чита́ю (кни́га).

2. Когда́ ты принима́ешь (душ)?

3. Ольга смо́трит (телеви́зор).

4. Ма́ма чита́ет (письмо́).

5. Мы чита́ем (журна́л).

6. Са́ша слу́шает (му́зыка).

7. Они́ слу́шают (ра́дио).

8. Па́па чита́ет (газе́та).

9. Студе́нт чита́ет (слова́рь).

10. Студе́нты чита́ют (кни́ги).

6. Write complete sentences with the following words.

1. Лиа́на/мыть/посу́да
2. мы/гото́вить/за́втрак
3. Ди́ма и Ми́ша/убира́ть/туале́т
4. я/смотре́ть/телеви́зор
5. ба́бушка/чита́ть/письмо́
6. вы/слу́шать/му́зыка
7. я/убира́ть/ко́мната
8. Оля/принима́ть/душ
9. я/гото́вить/у́жин
10. они́/чита́ть/кни́га

7.7 EXPRESSING DIRECTION: В/НА + ACCUSATIVE

You have already learned to express *location* with the prepositions **в** or **на** and the prepositional case. To express *direction, movement to a location*, the same prepositions **в** and **на** are used with the *accusative* case. Compare the following:

Где? *Where (at)?* в/на + *prep.*	Куда́? *Where (to)?* в/на + *acc.*
Са́ша в библиоте́ке.	Са́ша идёт **в библиоте́ку.**
Sasha is at the library.	*Sasha is going to the library.*
Игорь на стадио́не.	Игорь идёт **на стадио́н.**
Igor is at the stadium.	*Igor is going to the stadium.*
Ма́ма на рабо́те.	Ма́ма идёт **на рабо́ту.**
Mother is at work.	*Mother is going to work.*
Студе́нты на ле́кции.	Студе́нты иду́т **на ле́кцию.**
The students are at a lecture.	*The students are going to a lecture.*

Note: The choice between the prepositions **в** and **на** remains the same: if you use **в** to express location, you use **в** for direction; if you use **на** for location, you use **на** for direction.

The following constructions *do not have a preposition*:

Ба́бушка **до́ма.**	Ба́бушка идёт **домо́й.**
Grandmother is at home.	*Grandmother is going home.*

идти́(I) *to go*

я иду́	мы идём
ты идёшь	вы идёте
он/она́ идёт	они́ иду́т

The verb идти́ (to go) implies *going on foot* only. It has a stress on the endings (like жить: живу́, живёшь, etc.) Notice also the stressed infinitive ending -**ти́**.

Упражне́ния

◇ **7.** Rewrite the sentences to say that the people are on their way to the location.

Model: Студе́нт в университе́те.   **Студе́нт идёт в университе́т.**

1. Са́ша на заво́де.
2. Студе́нты в университе́те.
3. Вы на рабо́те.
4. Па́па в магази́не.
5. Ма́ма до́ма.
6. Серге́й в рестора́не.
7. Де́ти в шко́ле.
8. Ты в па́рке.

9. Тури́сты в гости́нице.
10. Ната́ша на ле́кции.
11. Ба́бушка в апте́ке.
12. Соба́ка на у́лице.
13. Ле́на и Ми́ша в кино́.
14. Я в музе́е.
15. Студе́нты в лаборато́рии.

8. Write the corresponding questions with **где** or **куда́**.

Model: Серге́й на заво́де.   **Где Серге́й?**
        Ма́ма идёт домо́й.   **Куда́ идёт ма́ма?**

1. Я иду́ в библиоте́ку.
2. Па́па на рабо́те.
3. Андре́й идёт на рабо́ту.
4. Мы идём в бар.
5. Мы в магази́не.

6. Студе́нты в университе́те.
7. Мы идём на ле́кцию.
8. Ни́на идёт в парк.
9. Я до́ма.
10. Я иду́ в шко́лу.

7.8 TIME EXPRESSIONS: FREQUENCY OF ACTIONS

The expressions *every morning*, *every Friday*, and the like are in the accusative case. Accusative of adjectives is discussed in detail in Lesson 8. For the time being, memorize the following patterns.

masc.	ка́ждый день	(accusative = nominative)
fem.	ка́ждую суббо́ту	(accusative = **-ую** for adjectives and **-у** for nouns)
neuter	ка́ждое у́тро	(accusative = nominative)

Once, twice, three times, and so on are expressed as follows:

(1) раз   2,3,4 ра́за   5,6,7,... раз

The word оди́н is often dropped here: раз *(once).*

Грамматика Урок 7

To say how many times a day (week, month, year) you do something, use the preposition **в** with the accusative case.

Ско́лько раз?   *How many times (a day, etc.)?*
в день
в неде́лю (from неде́ля, *week*)
в ме́сяц
в год

Упражне́ние

◇ **9.**   How would you say

1. every Saturday
2. every day
3. every year
4. every Sunday
5. every Wednesday
6. every Tuesday
7. every week
8. every Friday
9. five times a week
10. three times a day
11. twice a year
12. once a month
13. seven times a week

The adverbs of frequency **ча́сто, иногда́**, and so on usually precede the verb in the sentence, whereas the position of longer expressions (**ка́ждый день, 2 ра́за в неде́лю**, etc.) is determined by the speaker.

Я **ча́сто** смотрю́ телеви́зор ве́чером.
I often watch TV in the evening.

Я чита́ю газе́ты **ка́ждое у́тро.**
I read newspapers every morning.

or: **Ка́ждое у́тро** я чита́ю газе́ты.

Упражне́ние

◇ **10.**   How would you say that

1. you often read books in the evening
2. you usually watch TV when you eat breakfast
3. your father always reads the newspaper in the morning
4. your brother seldom does (his) homework
5. your parents sometimes get up very early

7.9   VERBS OF MOTION: ИДТИ VERSUS ХОДИТЬ

Идти́ and **ходи́ть** are *verbs of motion*. Both imply walking, that is, not using a vehicle. **Идти́** is a *unidirectional* verb; it describes motion to *one direction at a given time*. **Ходи́ть** is a *multidirectional* verb; it implies *movement to a location and back (a round trip)*.

Unidirectional	Multidirectional
идти́	**ходи́ть**
1. movement to one direction at a given time Я иду́ в библиоте́ку. *I am on my way to the library.* Моя́ дочь идёт в шко́лу. *My daughter is going to school.* *(She is on her way to school at the moment.)*	1. movement to a location and back (round trip, back and forth) Са́ша хо́дит по ко́мнате. *Sasha is walking back and forth in the room.* Моя́ дочь хо́дит в шко́лу. *My daughter goes to school.* *(She is old enough to attend school).*
	2. repeated action Я хожу́ в библиоте́ку ка́ждый день. *I go to the library every day.*
	3. ability to move Мой сын уже́ хо́дит. *My son can already walk.* (i.e., He has already learned to walk.)
	4. manner of movement Пти́цы лета́ют, а лю́ди хо́дят. *Birds fly and people walk.*

Note 1: Repeated action always implies a round-trip. (For example, you cannot go to a place a second time unless you leave the place first.)

Note 2: Sentences with multidirectional verbs often include adverbs that imply a round-trip or repeated action, such as *often, sometimes, every day*, etc.

ход|и́ть(II)	*to go, to walk*
я **хожу́**	мы хо́дим
ты хо́дишь	вы хо́дите
он/она́ хо́дит	они́ хо́дят

Ходи́ть is a second conjugation verb with a consonant change in the first person.

Упражне́ния

◇ **11.** Ask if these people often go to the places mentioned.

Model: Я иду́ на заня́тия.   **Ты ча́сто хо́дишь на заня́тия?**

1. Ли́за идёт в парк.
2. Ле́на и На́дя иду́т в магази́н.
3. Мы идём на стадио́н.
4. Серге́й идёт в библиоте́ку.
5. Я иду́ на рабо́ту.

6. Па́па идёт на по́чту.
7. Де́ти иду́т в шко́лу.
8. Мы идём в рестора́н.
9. Я иду́ в лаборато́рию.
10. Та́ня идёт на уро́ки.

12. Build complete sentences according to the model.

Model: **Я хожу́ в библиоте́ку ка́ждое у́тро.**

person	place	frequency
1. we	work	every day
2. I	store	every Friday
3. you (sg.)	library	sometimes
4. Larisa	class(es)	5 times a week
5. my parents	movies	once a month
6. you (pl.)	restaurant	twice a week
7. students	university	every morning
8. Sasha	work	every Saturday
9. grandmother	clinic	three times a week
10. my dog	park	every morning at 7:00

13. Supply the verbs **ходи́ть** or **идти́** in the correct form.

1. Ты ча́сто _____ в кино́?
Да, я _____ в кино́ раз в неде́лю.

2. Здра́вствуйте, Анна Петро́вна! Куда́ вы _____?
Я _____ в библиоте́ку.
Вы ча́сто _____ в библиоте́ку?
Да, я _____ туда́ (*there*) ка́ждую суббо́ту.

3. Моя́ дочь уже́ больша́я. Она́ уже́ _____ в шко́лу.

4. Воло́дя и Ли́за, приве́т! Вы куда́ _____?
Мы _____ в парк.
Вы _____ туда́ ка́ждый день?
Нет, то́лько в суббо́ту и в воскресе́нье.

5. Смотри́! (*Look!*) Анна и Ле́на _____ на заня́тия.
А, что?(*So what?*) А они́ не _____ на заня́тия ка́ждый день?
Нет, они́ ка́ждую ночь гуля́ют, а на заня́тия они́ _____ раз в неде́лю.

Vocabulary

Note: The core vocabulary is bold-faced.

Nouns

Time-related nouns

вре́мя *n.* (gen. sg. **вре́мени**)	time
ме́сяц	month
раз, ра́за	time (counting)

Meals

за́втрак	breakfast
обе́д	dinner
у́жин	supper

Other nouns

душ	shower
заня́тие (на)	class
концéрт (на)	concert
лéкция (на)	lecture
мýзыка	music
посýда	dish(es)
рабóта (на)	work
распоря́док дня	daily schedule
часы́ *pl. only*	watch

Adjectives

ка́ждый	every
москóвский	Moscow

Adverbs

Of time

всегда́	always
иногда́	sometimes
наконе́ц	finally
обы́чно	usually
по́здно	late
по́зже	later
пото́м	then
ра́но	early
ра́ньше	earlier

ре́дко	seldom
сейча́с	now
снача́ла	at first
ча́сто	often

Other adverbs

бы́стро	fast
вме́сте	together
домо́й	(to) home
куда́	where (to)
ме́дленно	slowly
никогда́	never
никуда́	(to) nowhere
норма́льно	okay
почему́	why
прекра́сно	wonderful

Verbs

вста|ва́ть (I) **встаю́, встаёшь, встаю́т**	to get up
гото́в|ить (II) гото́влю, гото́вишь, гото́вят	to prepare
гуля́|ть (I)	to be out playing, walking, strolling
де́ла|ть (I)	to do
за́втрака|ть (I)	to eat breakfast
занима́|ться (I) **занима́юсь, занима́ешься, занима́ются**	to study, to do homework
идти́ (I) иду́, идёшь, иду́т	to go, to be going (on foot)
лежа́ть (II) лежу́, лежи́шь, лежа́т	to lie

ложи́ться (II) *to lie down*
  ложу́сь,
  ложи́шься,
  ложа́тся

мыть (I) *to wash*
  мо́ю,
  мо́ешь,
  мо́ют

обе́да|ть (I) *to eat dinner*

одева́|ться (I) *to get dressed*
  одева́юсь,
  одева́ешься,
  одева́ются

принима́|ть (I) *to take* (e.g., a shower)

раздева́|ться (I) *to get undressed*
  раздева́юсь,
  раздева́ешься,
  раздева́ются

сиде́ть (II) *to sit*
  сижу́,
  сиди́шь,
  сидя́т

слу́ша|ть (I) *to listen*

смотр|е́ть (II) *to watch*
  смотрю́,
  смо́тришь,
  смо́трят

сп|ать (II) *to sleep*
  сплю,
  спишь,
  спят

стира́|ть (I) *to do laundry*

сто|я́ть (II) *to stand*
  стою́,
  стои́шь,
  стоя́т

убира́|ть (I) *to clean*

у́жина|ть (I) *to eat supper*

ход|и́ть (II) *to go*
  хожу́,
  хо́дишь,
  хо́дят

чита́|ть (I) *to read*

Other

Во ско́лько? *At what time?*
вся семья́ *the whole family*
Кото́рый час? *What time is it?*
на́до *must*
по телеви́зору *on TV*
по телефо́ну *on the telephone*
Ско́лько сейча́с вре́мени? *What time is it?*

Уро́к 8 (Восьмо́й уро́к)

Вы лю́бите класси́ческую му́зыку?

Э́то ру́сский наро́дный орке́стр.

Ру́сский: Каку́ю му́зыку вы лю́бите?

Америка́нец: Я люблю́ ро́к-музыку.

Ру́сский: А я бо́льше люблю́ класси́ческую му́зыку.

Америка́нец: Кто ваш люби́мый компози́тор?

Ру́сский:
Рахма́нинов.

THEMES

- Talking about literature and art

- Expressing emphasis and preference

- Talking about sports

- Talking about music

CULTURE

- Russian team names

- Chess as sport

- The role of hockey in Russia

- Famous hockey and chess players

- Traditional Russian folk music

- Famous composers

STRUCTURES

- Accusative case of personal pronouns: Review

- Accusative case of adjectives, possessive pronouns, and demonstrative pronouns

- The verb игра́ть with в and на

*Talking about Literature and Art*_____

Notice that some genres use an adjective + noun construction, whereas фанта́стика, детекти́вы (pl.), and поэ́зия are nouns, which are *not* followed by the word литерату́ра.

The adjective совреме́нный (*contemporary*) comes from the noun вре́мя (*time*) (cf. Ско́лько сейча́с вре́мени?) and the prefix **со-** (*with*). The English word *contemporary* is formed in the same way from the Latin words tempus (*time*) and con (*with*).

Литерату́ра

поэ́зия

класси́ческая~
совреме́нная~
фанта́стика
детекти́вы

писа́тель

поэ́т

Иску́сство

класси́ческое~

совреме́нное~

балет

худо́жник

(dancing is
general)

1. **Катего́рии.**

   What categories of literature and art do the following famous people represent?

   Model: Фёдор Достое́вский—э́то класси́ческая ру́сская литерату́ра.

   Fyodor Dostoevsky
   Vincent van Gogh
   Agatha Christie
   Ernest Hemingway
   Robert Frost
   Edgar Allan Poe
   Leonardo da Vinci
   Isaac Asimov
   Salvador Dali
   Mikhail Baryshnikov

Како́й бале́т			класси́ческий бале́т.
Каку́ю литерату́ру	ты лю́бишь?	Я люблю́	класси́ческую литерату́ру.
Како́е иску́сство	вы лю́бите?		класси́ческое иску́сство.
Каки́е рома́ны			класси́ческие рома́ны.

8.1 Accusative case of personal pronouns: Review

8.2 Accusative case of adjectives and possessive and demonstrative pronouns

люби́ть

я люблю́	мы лю́бим
ты лю́бишь	вы лю́бите
он/она́ лю́бит	они́ лю́бят

Серге́й лю́бит класси́ческую литерату́ру.

- Каку́ю литерату́ру вы лю́бите?
- Кто ваш **люби́мый** писа́тель?
- А како́е иску́сство вы лю́бите: совреме́нное и́ли класси́ческое?
- Кто ваш люби́мый худо́жник?

2. Каку́ю литерату́ру и́ли како́е иску́сство они́ лю́бят?

The following students were asked about their favorite books. Some of the books mentioned were novels, others were nonfiction books on art, and so on. Decide what genres the titles suggest and have short conversations with a partner.

S1: Каку́ю литерату́ру лю́бит Андре́й?

S2: Он лю́бит ру́сскую класси́ческую литерату́ру.

or: S1: Како́е иску́сство лю́бит Воло́дя?

S2: Он лю́бит совреме́нное иску́сство.

1. Андре́й «Война́ и мир»
2. Ни́на «Ру́сская поэ́зия XX ве́ка»
3. Воло́дя «Совреме́нные худо́жники»
4. Ми́ша *Mme. Bovary*
5. Анна *The Year 2050*
6. Та́ня «Францу́зские импрессиони́сты»
7. Са́ша *Murder in the Attic*
8. Ле́на «Арти́сты Большо́го теа́тра»

Expressing Emphasis and Preference _____

Коне́чно is often
pronounced [коне́шно].

Вы лю́бите иску́сство?	Да, **коне́чно**. Я о́чень люблю́ иску́сство, **осо́бенно** класси́ческое. Не о́чень. **Я бо́льше** люблю́ литерату́ру.

◇ **8.3** Emphasis and preference

3. Что они́ лю́бят?

A. The following chart shows some American students' preferences in literature and art. Practice questions and answers according to the model.

S1: **Каку́ю литерату́ру** лю́бит Ли́нда?
S2: Она́ лю́бит класси́ческую литерату́ру, **осо́бенно** ру́сскую.
S1: **А како́е иску́сство** она́ лю́бит?
S2: Она́ лю́бит класси́ческое иску́сство, осо́бенно францу́зское.

person	literature	art
1. Jennifer	classical (Russian)	classical (French)
2. Mark	sci-fi (American)	modern (Russian)
3. Andrea	detective novels (Russian)	modern (Spanish)
4. Amy	modern (American)	modern (French)
5. Scott	classical poetry (English)	classical (Italian)
6. Robert	classical (Russian)	modern (American)

B. Ask a classmate questions about each of the items listed.

S1: Ты лю́бишь ру́сскую класси́ческую литерату́ру?
S2: Да, я люблю́ ру́сскую класси́ческую литерату́ру.

or: Нет, я **бо́льше** люблю́...

4. Интервью́.

A. Ask a classmate about his or her preferences regarding

1. classical and modern literature
2. ballet
3. Russian literature
4. science fiction and detective novels
5. art

B. Report the results to the class.

Talking about Sports

[handwritten: type of sport]

Ви́ды спо́рта

[handwritten: умю́ умелоб]

америка́нский футбо́л— футболи́ст

хоккей—хоккеи́ст

волейбо́л—волейболи́стка

[handwritten: уме́ть = to know how (to do something)]

[handwritten: знать = to know someone]

бейсбо́л— бейсболи́ст

Feminine nouns are formed with the suffix **-ка**. Although tennis and figure skating are popular with both sexes, the chances of meeting a Russian хоккеи́стка or футболи́стка are small.

Футбо́л is *soccer*. The sport called *football* in the United States is америка́нский футбо́л.

фигу́рное ката́ние— фигури́стка

те́ннис—тенниси́стка

футбо́л— футболи́ст

[handwritten: кома́нда = team]

[handwritten: кому́ как = to each his own]

Other sports	гимна́стика
аэро́бика	гольф
бадминто́н	карате́
бокс	пинг-понг
борьба́ *wrestling*	пла́вание *swimming* *[handwritten: басе́н - pool]*
винд-сёрфинг	культури́зм *bodybuilding*

- Како́й вид спо́рта вы лю́бите?
- Како́й вид спо́рта вы не лю́бите?
- Вы лю́бите америка́нский футбо́л?
- А культури́зм?
- Каки́е ви́ды спо́рта **популя́рные**?

5. Кто такой...?

Make a list of famous male and female athletes using the following categories. How many names do your classmates recognize?

S1: Кто такой/кто такая (name of athlete)?
S2: Это известный американский фигурист/
известная американская фигуристка.

футболисты   бейсболисты   баскетболисты

теннисисты   фигуристы

Это баскетбольная, бейсбольная, футбольная или хоккейная **команда?**

- Какая ваша любимая хоккейная команда?
- В вашем городе есть хоккейная команда?
- Как она называется?

◇ **8.4** Syntax

6. Как по-вашему?

1. Кто самый хороший баскетболист в Америке? А футболист?
2. Кто ваш любимый баскетболист/хоккеист?
3. Какая ваша любимая футбольная команда?
4. А какую баскетбольную команду вы любите?
5. Какая баскетбольная команда самая хорошая в Америке?

6. А самая хорошая футбольная команда?

7. В вашем университете есть футбольная команда? Как она называется?

8. А баскетбольная команда у вас есть? Это хорошая команда?

9. Как вы думаете, кто самая известная фигуристка в Америке?

10. Какие в Америке известные теннисисты и теннисистки? Кто самый хороший?

Во что	ты играешь? вы играете?	Я играю **в**	теннис. хоккей. футбол. шахматы.

◇ **8.5** The verb **играть**: Games

Во что играет Надя?
Она играет в теннис.

Во что играют дедушка и дядя Коля?
Они играют **в шахматы**.

- А вы? Во что вы играете?
- Вы хорошо играете? Вы давно играете?
- Вы играете в шахматы?
- Как вы думаете, шахматы—это спорт?

If you *used to* play something, you can say: Я раньше играл (if you are male), or Я раньше играла (if you are female).

Шахматы—это спорт?

To Russians, chess is a sport that ranks almost as high in popularity as hockey. Many Russian chess players have won international contests. Chess is also a favorite pastime for many pensioners. You frequently see Russian men playing chess in parks, often using oversized chess pieces on large, in-ground chessboards.

🧍 7. Кто во что́ игра́ет? Как ча́сто?

A. Examine the weekly sports schedules for Slava, Mitya, Lena, and Natasha and answer the following questions.

1. Когда́ Сла́ва игра́ет в баскетбо́л?
2. Ско́лько раз в неде́лю Сла́ва игра́ет в футбо́л?
3. Во что́ игра́ет Ми́тя во вто́рник?
4. Когда́ Ми́тя игра́ет в хокке́й?
5. Во что́ игра́ет Ле́на? Ско́лько раз в неде́лю?
6. Ната́ша игра́ет в те́ннис то́лько в понеде́льник?

	пн.	вт.	ср.	чт.	пт.	сб.	вс.
Сла́ва	баскетбо́л	футбо́л	баскетбо́л	футбо́л		футбо́л	
Ми́тя	хокке́й	ша́хматы	хокке́й	хокке́й	хокке́й		
Ле́на	волейбо́л	волейбо́л	ша́хматы		волейбо́л		ша́хматы
Ната́ша	те́ннис		те́ннис			те́ннис	те́ннис

The term настоя́щий мужчи́на *(real man)* is a standard expression in Russian. Westerners might perceive this expression as somewhat sexist.

[1]real men

[2]outdoor rinks / [3]national [4]former / [5]multiple

[6]fans / [7]yell

Ша́й-бу́! is a cheer used to support a hockey team. The expression comes from the word ша́йба *(puck)*. Although the literal meaning refers to hockey games only, the same cheer is sometimes heard also at soccer games. Russian teams do not usually have cheerleaders.

B. Make up four more questions and ask a partner to answer them.

боле́ть за = to be a fan of / "real fan for"

Настоя́щие мужчи́ны[1] игра́ют в хокке́й!

Хокке́й—э́то са́мый популя́рный спорт в Росси́и. В хокке́й игра́ют в шко́лах, на стадио́нах, на спортпло́щадках.[2] Сбо́рная[3] кома́нда бы́вшего[4] СССР—многокра́тный[5] чемпио́н ми́ра и Олимпи́йских игр. Когда́ игра́ют в хокке́й, боле́льщики[6] на стадио́не крича́т:[7] «Ша́й-бу́! Ша́й-бу́!»

Answer the questions.

1. Како́й вид спо́рта са́мый популя́рный в Росси́и?
2. Где они́ игра́ют?
3. Что крича́т боле́льщики на стадио́не?
4. Как вы ду́маете, како́й спорт са́мый популя́рный в Аме́рике?
5. А в А́нглии? В Испа́нии?
6. Како́й спорт в Аме́рике не популя́рный?

8. **Изве́стные ру́сские хоккеи́сты и шахмати́сты.**

1. Find out which encyclopedia entries refer to hockey players and which to chess players.

2. What are the main accomplishments of each person?

3. From the articles listed, find the Russian equivalents for the following phrases.

world champion
European champion
Olympic champion

1. Чибурданидзе Майя Григ. (р. 1961), сов. шахматистка, межд. гроссмейстер (1977), з. м. с. (1978). Чемпионка мира с 1978 (после победы над Н. Т. Гаприндашвили), СССР (1977).	**3.** Мальцев Ал-др Ник. (р. 1949), сов. спортсмен, з. м. с. (1969). В 1969-78 неоднократный чемпион мира и Европы, чемпион Олимп. игр (1972, 1976) по хоккею с шайбой.	**5.** Карпов Анат. Евг. (р. 1951) сов. шахматист, междунар. гроссмейстер (1970), з. м. с. (1974). Чемпион мира среди юношей (1969), чемпион мира (с 1975), СССР (1976). Чл. ЦК ВЛКСМ (с 1974).
2. Спасский Бор. Вас. (р. 1937), сов. шахматист, междунар. гроссмейстер (1956), з. м. с. (1964), журналист. Чемпион мира (1969-72), СССР (1961, 1963, 1973). Чемпион мира среди юношей (1955).	**4.** Третьяк Владислав Ал-др. (р. 1952), сов. спортсмен (хоккей с шайбой, вратарь), з. м. с. (1971). Чл. КПСС с 1976. Неоднократный чемпион СССР, Европы и мира (в 1970-79), Олимп. игр (1972, 1976). Чл. ЦК ВЛКСМ с 1974.	**6.** Харламов Валерий Бор. (р. 1948), сов. спортсмен (хоккей с шайбой), з. м. с. (1969). Неоднократный чемпион СССР, Европы и мира (в 1969-79), Олимпийских игр (1972, 1976).

9. **Интервью́.**

A. Interview a classmate using the following English questions as a guideline. Add more questions of your choice.

1. Do you like sports? Which ones?

2. Which do you prefer, soccer or American football?

3. What are your favorite football and basketball teams?

4. Who are your favorite football and basketball players?

5. Do you like wrestling or boxing?

6. What sport do you play?

7. How often do you play it?

8. Do you play tennis? How well?

9. Do you play chess?

10. What sports do your relatives like?

B. Report the results to the class.

Talking about Music

Handwritten margin notes: люблю́ бо́льше всего́ = love most of all · Volksmusik · австри́йский = Austrian

Наро́дная му́зыка (literally, *folk music*) can be broadly defined as any traditional music from folk sources, for example, "On Top of Old Smokey."

Эстра́дная му́зыка (literally, *live stage music*) is usually performed by a single vocalist, rather than a band. Barbra Streisand is a typical representative of эстра́дная му́зыка. Алла Пугачёва is one of the best-known Russian artists in this category.

класси́ческая му́зыка

наро́дная му́зыка

рок-му́зыка

джаз

эстра́дная му́зыка

о́пера

компози́тор

10. Катего́рии.

Into which categories of music would you put the following artists, composers, or songs?

1. Alla Pugachova
2. Ludwig van Beethoven
3. Luciano Pavarotti
4. Bruce Springsteen
5. Duke Ellington
6. Wolfgang Amadeus Mozart
7. "On Top of Old Smokey"

11. Кака́я э́то му́зыка?

The following entries are from a book on the history of Soviet rock, called «Рок Му́зыка в СССР». Find out which rock group represents each of the types of music listed.

punk rock
folk and country rock
heavy rock
reggae
rhythm and blues

1.	**3.**
«Кабине́т» (Москва́). «К.» собра́ли в 1981 студе́нты МГУ Илья́ «Па́па» Шеста́ков (вока́л), Его́р Но́виков (гита́ра), Па́вел Ара́пенков (бас), Алекса́ндр Ма́ликов (уда́рные). Одна́ из пе́рвых моско́вских групп, игра́вших ска и рэ́ггей.	«Колу́мбус Крис» (Та́ллинн). Гру́ппа, игра́ющая в сти́ле хэ́ви с элеме́нтами ритм-энд-блю́за. Сформирова́лась на осно́ве анса́мбля «Аргос», существова́вшего в нача́ле 80-х.
2.	**4.**
«Ко́нтор» (Та́ллинн). Образова́лся в февр. 1980 в репертуа́ре фолк- и ка́нтри-рок, сатири́ческие пе́сни.	«Автомати́ческие Удовлетвори́тели» (Ленингра́д). Гру́ппа по пра́ву счита́ется пионе́ром панк-ро́ка.

Каку́ю му́зыку вы лю́бите?	Я люблю́ класси́ческую му́зыку.

- А каку́ю му́зыку вы лю́бите?
- Кака́я ва́ша люби́мая **рок-гру́ппа**?
- Кто ваш люби́мый компози́тор?

12. Каку́ю му́зыку ты лю́бишь?

Find out more about a classmate's music preferences by selecting one item from each column.

S1: Каку́ю му́зыку ты **бо́льше** лю́бишь: о́перу и́ли джаз?
S2: Я бо́льше люблю́ о́перу.

о́пера	джаз
класси́ческая му́зыка	эстра́дная му́зыка
ру́сская наро́дная му́зыка	ру́сская класси́ческая му́зыка
америка́нская рок-му́зыка	ру́сская рок-му́зыка
джаз	рок-му́зыка

[handwritten: Я ни на чём не играю (Что, P. case) — I don't play any instrument]

There are several words for *piano*. Роя́ль is a *grand piano*. An upright model is пиани́но. In musical notation the word often becomes фортепья́но. The player of the instrument is a пиани́ст/ка.

Бараба́ны is often used in the plural, although the singular can also be used. Уда́рные is another common word for percussion instruments.

The nouns for most players of instruments are derived from the corresponding instrument by adding the suffix -ист: кларнети́ст, флейти́ст, гитари́ст, etc. (an exception is скрипа́ч, *violinist*). The corresponding feminine forms add another suffix, -ка: гитари́стка, скрипа́чка, etc.

A popular Russian tongue twister involving the clarinet plays with the consonants к, л, and р: Карл у Кла́ры укра́л кора́ллы, Кла́ра у Ка́рла укра́ла кларне́т. (*Carl from Clara stole corals, Clara from Carl stole a clarinet.*)

Note the prepositional plural: бараба́ны— на бараба́нах.

Музыка́льные инструме́нты

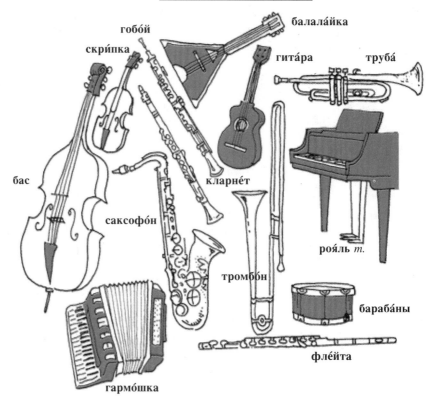

гобо́й · балала́йка · скри́пка · гита́ра · труба́ · бас · кларне́т · саксофо́н · роя́ль *m.* · тромбо́н · бараба́ны · гармо́шка · фле́йта

- Како́й инструме́нт вы лю́бите? Како́й не лю́бите?
- Каки́е инструме́нты обы́чно есть в рок-гру́ппе?

На како́м инструме́нте вы игра́ете?	Я игра́ю на балала́йке.

◇ **8.6** The verb игра́ть: Musical instruments

Это роя́ль.
Ма́ма игра́ет **на роя́ле**.

Это кларне́т.
Карл игра́ет **на кларне́те**.

Это бараба́ны.
Серге́й игра́ет **на бараба́нах**.

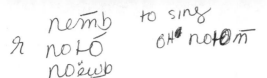

петь to sing

Я пою
поёшь
поёт

он*а* поют

- На како́м инструме́нте вы игра́ете?
- Вы хорошо́ игра́ете? Давно́?

13. Шко́льный орке́стр.

Look at the school orchestra program. What instruments do the children play?

S1: На како́м инструме́нте игра́ет Са́ша Гу́рин?
S2: Он игра́ет на скри́пке.

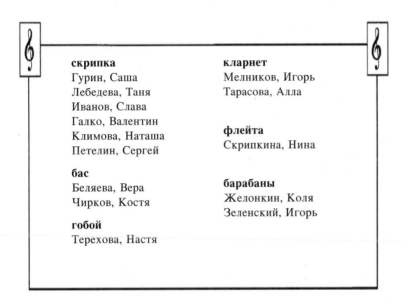

скрипка
Гурин, Саша
Лебедева, Таня
Иванов, Слава
Галко, Валентин
Климова, Наташа
Петелин, Сергей

бас
Беляева, Вера
Чирков, Костя

гобой
Терехова, Настя

кларнет
Мелников, Игорь
Тарасова, Алла

флейта
Скрипкина, Нина

барабаны
Желонкин, Коля
Зеленский, Игорь

14. Look at the record album cover and answer the following questions.

1. Who wrote the music and lyrics?
2. How many members of the group sing?
3. How many guitars are there?
4. What other instruments does the group have?

**Музыка и слова Б. Гребенщикова
Аранжировка участников ансамбля**

**Борис Гребенщиков, вокал, гитара;
Всеволод Гаккель, виолончель,
вокал; Андрей Романов, флейты,
вокал; Александр Куссуль, скрипки;
Петр Трощенков, барабаны;
Александр Ляпин, гитара; Сергей
Курехин, клавишные; Александр
Титов, бас-гитара, вокал; Игорь
Бутман, саксофоны; Александр
Беренсон, труба**

Ру́сская му́зыка

Ру́сские о́чень лю́бят наро́дную му́зыку. Са́мые популя́рные наро́дные пе́сни:[1] «Кали́нка», «Катю́ша», «Эй, у́хнем», «Вече́рний звон» и «Подмоско́вные вечера́». Са́мый изве́стный наро́дный инструме́нт—э́то балала́йка.

Са́мый изве́стный класси́ческий компози́тор—Пётр Ильи́ч Чайко́вский (1840–1893). Чайко́вский—а́втор о́перы «Евге́ний Оне́гин», бале́тов «Лебеди́ное о́зеро», «Спя́щая краса́вица» и «Щелку́нчик». Бале́т «Щелку́нчик» о́чень популя́рный в Аме́рике, осо́бенно среди́[2] дете́й.

Други́е[3] изве́стные ру́сские компози́торы: Серге́й Рахма́нинов (1873–1943), Дми́трий Шостако́вич (1906–1975), Серге́й Проко́фьев (1891–1953), Моде́ст Му́соргский (1839–1881) и Никола́й Ри́мский-Ко́рсаков (1844–1908).

[1]songs

[2]among
[3]other

Кали́нка,

Кали́нка,

Кали́нка моя́...

Это ру́сский наро́дный орке́стр.

Answer the following questions.

1. «Кали́нка»–э́то наро́дная пе́сня и́ли о́пера?
2. А «Евге́ний Оне́гин»?
3. Как называ́ется са́мый изве́стный ру́сский наро́дный инструме́нт?
4. Кто тако́й Моде́ст Му́соргский?
5. Что тако́е «Лебеди́ное о́зеро»?
6. Как по-англи́йски «Спя́щая краса́вица»? (спать, краси́вый)
7. Како́й бале́т Чайко́вского са́мый популя́рный в Аме́рике?
8. Как называ́ется э́тот бале́т по-англи́йски?
9. Как вы ду́маете, америка́нцы лю́бят наро́дную му́зыку?
10. А каки́е америка́нские наро́дные пе́сни вы зна́ете?
11. А францу́зские/мексика́нские/неме́цкие?

A. You should now be able to...

1. *say what kind of literature, art, or music you like*
2. *express your preference*
   for one kind in particular
   of one kind over another
3. *say what kind of sports and teams you like*
4. *say what sports or musical instruments you play*
5. *say what your favorite teams or music groups are*

B. *Get together in groups of three or four. Find out the following information about your classmates. Take notes and be prepared to report to the rest of the class.*

1. *what kind of literature they like*
2. *favorite author and/or novel*
3. *favorite sport*
4. *favorite teams in various sports*
5. *favorite players*
6. *what they play, how well, and for how long*
7. *what kind of music they like*
8. *favorite group, artist, and/or composer*
9. *what instruments they play, how well, and for how long*
10. *if their family members have any special talents in sports or music*

CHAPTER REVIEW

C. *Trivia Quiz.* Кто тако́й/кто така́я...
1. Га́рри Каспа́ров
2. Серге́й Рахма́нинов
3. Вале́рий Харла́мов
4. Ма́йя Чибурдани́дзе
5. Дми́трий Шостако́вич
6. Алла Пугачёва
7. Святосла́в Ри́хтер
8. Бори́с Спа́сский
9. Владисла́в Третья́к
10. Анато́лий Ка́рпов

Word Building

Roots

игр- *game, play*
игра́ть *to play*
вы́играть *to win*
вы́игрыш *winning, prize*
проигра́ть *to lose*
игра́ *game*
Олимпи́йские и́гры *Olympic games*
игро́к *player*
игру́шка *toy*

люб- *love, like*
люби́ть *to love, to like*
люби́мый *favorite*
люби́тель *lover, amateur* (in hobbies)
любо́вник, любо́вница *lover* (in relationships)
любо́вь *love*
Любо́вь *woman's name*
Лю́ба *familiar form of* Любо́вь

8.1 ACCUSATIVE CASE OF PERSONAL PRONOUNS: REVIEW

The verb **люби́ть** (*to like, to love*) is a regular second conjugation verb with an extra л in the first person singular. Pay attention also to the stress shift from the ending to the stem.

люби́ть

я люблю́	мы лю́бим
ты лю́бишь	вы лю́бите
он/она́ лю́бит	они́ лю́бят

You have already learned the subject (nominative case) and object (accusative case) forms of personal pronouns. Review the following forms.

nominative		**accusative**	
я	*I*	меня́	*me*
ты	*you*	тебя́	*you*
он	*he*	его́	*him*
она́	*she*	её	*her*
оно́	*it*	его́	*it*
мы	*we*	нас	*us*
вы	*you*	вас	*you*
они́	*they*	их	*them*

Упражне́ние

◇ **1.** Finish the sentences in the negative according to the model.

Model: **Я люблю́ тебя́, а ты меня́ не лю́бишь.**

1. Она́ лю́бит его́, а...

2. Мы лю́бим вас, а...

3. Они́ лю́бят нас, а...

4. Мы лю́бим тебя́, а...

5. Ты лю́бишь её, а...

6. Вы лю́бите их, а...

7. Он лю́бит её, а...

8. Я люблю́ вас, а...

9. Мы лю́бим их, а...

10. Они́ лю́бят меня́, а...

8.2 ACCUSATIVE CASE OF ADJECTIVES AND POSSESSIVE AND DEMONSTRATIVE PRONOUNS (INANIMATE)

In Lesson 7 you learned the accusative case of inanimate nouns.

Я чита́ю журна́л / газе́ту / письмо́ / кни́ги.

Review the simplified rule for the inanimate accusative.

M, N		= nom.
F a	→	у
я	→	ю
ь		= nom.
Pl		= nom.

Упражне́ние

◇ **2.** Write complete sentences according to the model.

Model: я/литерату́ра   **Я люблю́ литерату́ру.**

1. Оля/литерату́ра
2. я/детекти́вы
3. Са́ша/фанта́стика
4. вы/бале́т/?
5. они́/иску́сство

6. мы/о́пера
7. твой па́па/поэ́зия/?
8. твоя́ сестра́/литерату́ра/?
9. я/маши́ны
10. ты/компью́теры/?

You have already learned that adjectives, as well as possessive and demonstrative pronouns, agree with the nouns they modify, that is, they are in the same case form as the corresponding nouns. Review the following examples. Notice that the nominative and accusative forms are identical for masculine, neuter, and plural phrases. Feminine phrases, on the other hand, have a special form. Pay attention also to the rhyming effect of feminine endings.

	Nominative	Accusative
masc.	Како́й э́то бале́т?	Како́й бале́т ты лю́бишь?
	Э́то класси́ческий бале́т.	Я люблю́ класси́ческий бале́т.
	Э́то мой журна́л.	Я чита́ю мой журна́л.
	Э́тот журна́л но́вый.	Я чита́ю э́тот жу́рнал.
fem.	Кака́я э́то литерату́ра?	Каку́ю литерату́ру ты лю́бишь?
	Э́то ру́сская литерату́ра.	Я люблю́ ру́сскую литерату́ру.
	Э́то моя́ ко́мната.	Я убира́ю мою́ ко́мнату.
	Э́та ко́мната ма́ленькая.	Я убира́ю э́ту ко́мнату.
neuter	Како́е э́то иску́сство?	Како́е иску́сство ты лю́бишь?
	Э́то ру́сское иску́сство.	Я люблю́ ру́сское иску́сство.
	Э́то твоё письмо́.	Я чита́ю твоё письмо́.
	Э́то письмо́ дли́нное.	Я чита́ю э́то письмо́.
pl.	Каки́е э́то кни́ги?	Каки́е кни́ги ты лю́бишь?
	Э́то ру́сские кни́ги.	Я люблю́ ру́сские кни́ги.
	Э́то ва́ши пи́сьма.	Я чита́ю ва́ши пи́сьма.
	Э́ти рома́ны дли́нные.	Я люблю́ э́ти рома́ны.

Note: Adjective modifiers for feminine nouns ending in **-ь** also have the ending **-ую**. Possessive and demonstrative pronouns change accordingly.

Nominative	Accusative
Кра́сная пло́щадь	Кра́сную пло́щадь
моя́ крова́ть	мою́ крова́ть
э́та пло́щадь	э́ту пло́щадь

SIMPLIFIED RULE FOR THE INANIMATE ACCUSATIVE OF ADJECTIVES	
M, N	= nom.
F	- ую
Pl.	= nom.

POSSESSIVE AND DEMONSTRATIVE PRONOUNS: INANIMATE ACCUSATIVE			
Masc.	Fem.	Neuter	Pl.
мой/твой (= nom.)	мою́/твою́	моё/твоё (= nom.)	мои́/твои́ (= nom.)
наш/ваш (= nom.)	на́шу/ва́шу	на́ше/ва́ше (= nom.)	на́ши/ва́ши (= nom.)
э́тот (= nom.)	э́ту/ту	э́то (= nom.)	э́ти (= nom.)

Упражне́ния

◇ **3.** Complete the sentences using the words in parentheses.

Model: Я люблю́ (ру́сская литерату́ра). **Я люблю́ ру́сскую литерату́ру.**

1. Вы лю́бите (класси́ческая ру́сская литерату́ра)?
2. Ты лю́бишь (америка́нские детекти́вы)?
3. Вы лю́бите (ру́сская фанта́стика)?
4. Я люблю́ (англи́йская поэ́зия).
5. Твой оте́ц лю́бит (францу́зское иску́сство)?
6. Ле́на лю́бит (совреме́нная литерату́ра).
7. Ты лю́бишь (совреме́нный бале́т)?
8. Ми́ша лю́бит (совреме́нное иску́сство).
9. Вы лю́бите (ру́сское иску́сство)?
10. Моя́ ма́ма лю́бит (англи́йская литерату́ра).

4. The verbs **чита́ть** and **слу́шать** also need the accusative case. Answer the questions using the adjectives in parentheses. Notice that the adjectives are given in the masculine form.

Model: **Каку́ю кни́гу ты чита́ешь?** (ру́сский) **Я чита́ю ру́сскую кни́гу.**

1. Како́й журна́л чита́ет Са́ша? (америка́нский)
2. Каку́ю газе́ту вы чита́ете? (францу́зский)
3. Каку́ю кни́гу они́ чита́ют? (ру́сский)
4. Како́е письмо́ чита́ет ба́бушка? (дли́нный)
5. Каку́ю му́зыку ты слу́шаешь? (испа́нский)

5. Answer the questions in complete sentences using the information in parentheses. Where applicable, replace nouns by the personal pronouns **он, она́,** and **они́.**

Model: **Каку́ю литерату́ру лю́бит Серге́й?** (класси́ческая литерату́ра)
Он лю́бит класси́ческую литерату́ру.

1. Каку́ю литерату́ру лю́бит Воло́дя? (ру́сская литерату́ра)
2. Лари́са то́же лю́бит ру́сскую литерату́ру? (францу́зская литерату́ра)
3. Како́й рома́н чита́ет Ната́ша? (америка́нский рома́н)
4. Та́ня лю́бит фанта́стику? (англи́йская поэ́зия)
5. Каку́ю литерату́ру лю́бит ба́бушка? (класси́ческая ру́сская поэ́зия)
6. Каку́ю му́зыку лю́бит Ми́ша? (америка́нская рок-му́зыка).
7. Како́е иску́сство лю́бит дя́дя Ко́ля? (совреме́нное иску́сство)
8. А како́е иску́сство лю́бит Ма́ша? (класси́ческое иску́сство)
9. Каки́е кни́ги лю́бит Гри́ша? (ста́рые ру́сские кни́ги)
10. Каки́е маши́ны лю́бит И́горь? (ма́ленькие япо́нские маши́ны)

6. Write the corresponding questions using **како́й.**

Model: **Ле́на лю́бит совреме́нную** литерату́ру. **Каку́ю литерату́ру лю́бит Ле́на?**

1. Серге́й лю́бит **класси́ческую** поэ́зию.
2. Я люблю́ **ма́ленькие италья́нские** маши́ны.
3. Мой брат лю́бит **совреме́нное** иску́сство.
4. Ма́ша и Ми́ша лю́бят **класси́ческую** му́зыку.
5. Мы чита́ем **америка́нскую** газе́ту.
6. Ди́ма лю́бит **фанта́стику.**
7. Я люблю́ **совреме́нный** бале́т.

8. Мы лю́бим **ру́сскую** му́зыку.

9. Мой па́па лю́бит **ста́рые** маши́ны.

10. Моя́ сестра́ лю́бит **францу́зские** рома́ны.

7. Put the words in parentheses in the correct form.

1. Мы убира́ем (на́ша кварти́ра).

2. Я чита́ю (твоё письмо́).

3. Я хорошо́ зна́ю (моя́ страна́).

4. Я о́чень люблю́ (э́тот го́род).

5. Я ча́сто хожу́ в (э́та библиоте́ка).

6. Мы чита́ем (ва́ши пи́сьма).

7. Как ча́сто ты убира́ешь (твоя́ ко́мната)?

8. Я о́чень люблю́ (э́та кни́га).

9. Мы о́чень ре́дко хо́дим в (э́тот рестора́н).

10. Мой брат хо́дит в (э́та шко́ла).

8.3 EMPHASIS AND PREFERENCE

Очень (*very*) can be used to emphasize certain verbs, such as *to like*.

Я **о́чень** люблю́ фанта́стику.
I like science fiction very much (a lot).

Очень can also be used in negative sentences:

Я **не о́чень** люблю́ детекти́вы.
I don't like detective novels very much.

or in short answers:

Ты лю́бишь фанта́стику?	Да, о́чень.	Нет, не о́чень.
	Yes, a lot.	*No, not much.*

Preference can be expressed with the verb **люби́ть** and the adverb **бо́льше** (*more*).

Я **бо́льше** люблю́ поэ́зию.
I like poetry more. or: *I prefer poetry.*

8.4 SYNTAX

Notice the difference between the following two questions.

Кака́я		твоя́ люби́мая футбо́льная кома́нда?
What	*is*	*your favorite football team?*
subject	linking verb	predicate

Каку́ю футбо́льную кома́нду		ты	лю́бишь?
Which football team		*do you*	*like?*
object		subject	action verb

In the first example, which contains the linking verb *to be* in English, the *nominative case* is used in both the subject and the predicate parts of the question.

The second example includes the action verb **любúть.** The question phrase *which football team* is the object of the sentence and, therefore, in the *accusative case.*

Упражнéние

◇ **8.** Rewrite the questions following the form of the second example.

    1. Какáя твоя́ любúмая америкáнская баскетбóльная комáнда?

    2. Какáя твоя́ любúмая хоккéйная комáнда?

    3. Какáя вáша любúмая америкáнская бейсбóльная комáнда?

    4. Какáя твоя́ любúмая америкáнская рок-грýппа?

8.5 THE VERB ИГРÁТЬ: GAMES

When the verb **игрáть** *(to play)* refers to playing *games,* it is used with the *preposition* **в** and the *accusative case.*

    Сáша игрáет **в футбóл.** *Sasha plays football.*

Some games are in the accusative *plural.*

    игрáть в **шáхматы**   *to play chess*
    игрáть в **кáрты**   *to play cards*

The question *What do you play?* also requires the preposition **в** (spelled **во**).

    Во чтó ты игрáешь?   *What (game) do you play?*

Упражнéние

◇ **9.** Write questions according to the model.

    Model: Лéна игрáет в тéннис.   **Во чтó игрáет Лéна?**

    1. Сáша игрáет в шáхматы.

    2. Я игрáю в баскетбóл.

    3. Мы игрáем в кáрты.

    4. Мúша игрáет в футбóл.

    5. Кáтя и Игорь игрáют в тéннис.

8.6 THE VERB ИГРА́ТЬ: MUSICAL INSTRUMENTS

When the verb **игра́ть** refers to playing *musical instruments*, it is used with the *preposition* **на** and the *prepositional case*.

> **Ли́за игра́ет на гита́ре.** *Liza plays (on) the guitar.*

The question also has the **на** + prepositional construction.

> **На како́м инструме́нте ты игра́ешь?**
> *(On) what instrument do you play?*

or: **На чём ты игра́ешь?**
(On) what do you play?   (from **что,** *what*)

Упражне́ния

◇ **10. На како́м инструме́нте они́ игра́ют?**   Write complete sentences.

Model: Ди́ма/гита́ра   Ди́ма игра́ет на гита́ре.

1. Ли́за/скри́пка
2. я/бараба́н
3. Оля и Са́ша/роя́ль
4. ты/гобо́й
5. мы/гармо́шка
6. вы/балала́йка

11.   Write questions about sports and music according to the model.

Model: Ле́на игра́ет на фле́йте.   **На како́м инструме́нте игра́ет Ле́на?**

or: **На чём игра́ет Ле́на?**

Серге́й игра́ет в хокке́й.   **Во что́ игра́ет Серге́й?**

1. Я игра́ю в ша́хматы.
2. Моя́ ма́ма игра́ет на роя́ле.
3. Да́ша и Са́ша игра́ют в волейбо́л.
4. Мы игра́ем на скри́пке.
5. Мои́ роди́тели игра́ют в те́ннис.
6. Ко́ля игра́ет на балала́йке.
7. Мои́ друзья́ игра́ют на фле́йте.
8. На́ши студе́нты игра́ют в бейсбо́л.
9. Ру́сские студе́нты игра́ют в футбо́л.
10. Мой дя́дя игра́ет на саксофо́не.

Vocabulary

Note: The core vocabulary is bold-faced.

Nouns

Musical instruments

балалáйка	balalaika
барабáн	drum
бас	bass
гармóшка	accordion
гитáра	guitar
гобóй	oboe
кларнéт	clarinet
рoя́ль *m.*	grand piano
саксофóн	saxophone
скри́пка	violin
тромбóн	trombone
трубá	trumpet
флéйта	flute

Musicians

гитари́ст/ка	guitarist
пиани́ст/ка	pianist
скрипáч/ка	violinist
флейти́ст/ка	flutist

Other music vocabulary

балéт	ballet
джаз	jazz
инструмéнт	instrument
мýзыка	music
óпера	opera
оркéстр	orchestra
пéсня	song
рок-грýппа	rock group
рок-мýзыка	rock music

Sports

америкáнский	
футбóл	football
аэрóбика	aerobics
бадминтóн	badminton
баскетбóл	basketball
бейсбóл	baseball
бокс	boxing
винд-сёрфинг	wind surfing
волейбóл	volleyball
гимнáстика	gymnastics
гольф	golf
карaтэ́ *indecl.*	karate
культури́зм	bodybuilding
пинг-понг	table tennis
плáвание	swimming
тéннис	tennis
футбóл	soccer
хоккéй	hockey
шáхматы *pl.*	chess

Players of sports

бейсболи́ст/ка	baseball player
волейболи́ст/ка	volleyball player
теннаси́ст/ка	tennis player
фигури́ст/ка	figure skater
хоккéйст/ка	hockey player
шахмати́ст/ка	chess player

Other sports vocabulary

вид спóрта	kind of sport
комáнда	team
спорт	sport

Art and literature

балери́на	ballerina
балéт	ballet
детекти́вы *pl.*	detective novels
искýсство	art
литератýра	literature
поэ́зия	poetry
танцóр	dancer
фантáстика	science fiction
худóжник	artist, painter

Adjectives

Sports-related

баскетбóльный	basketball
бейсбóльный	baseball
футбóльный	football
хоккéйный	hockey

Other adjectives

класси́ческий	classical
люби́мый	favorite
нарóдный	folk
популя́рный	popular
совремéнный	modern
эстрáдный	live, stage

Verbs

игрáть (I)	to play
в+*acc.*	play a game
на+*prep.*	play an instrument
люби́ть (II)	to like, to love
люблю́,	
лю́бишь,	love
лю́бят	

Other

бóльше	more
конéчно	of course
осóбенно	especially

Уро́к 9 (Девя́тый уро́к)

Что вы лю́бите де́лать в свобо́дное вре́мя?

Это моржи́.

Бори́с Алексе́евич: Что вы лю́бите де́лать в свобо́дное вре́мя?

Диа́на: Я люблю́ ката́ться на лы́жах. А вы?

Бори́с Алексе́евич: Я бо́льше люблю́ пла́вать.

Диа́на: А где вы пла́ваете зимо́й? В бассе́йне?

Бори́с Алексе́евич: Нет, в о́зере. Я морж.

Диа́на: Морж?!!

THEMES

- Talking about the seasons
- Talking about free-time activities
- Discussing past activities
- Telling about your vacation

CULTURE

- Picking berries and mushrooms
- Swimming in the winter
- Where Russians spend their vacation
- Russian souvenirs

STRUCTURES

- Syntax: The noun вре́мя and the seasons
- Time expressions: Seasons
- Verb + verb constructions: я люблю́/уме́ю пла́вать
- Impersonal constructions with мо́жно
- Past tense of verbs
- Verbs of motion: ходи́л and е́здил
- Time expressions: *How long* (две неде́ли) and *How long ago* (два го́да наза́д)

223

Talking about the Seasons _____

Како́е э́то вре́мя го́да?

Это зима́.
Ди́ма лю́бит зиму́.

Это весна́.
Алла лю́бит весну́.

Это ле́то.
Серёжа лю́бит ле́то.

Это о́сень.
Ната́ша лю́бит о́сень.

◇ **9.1** Syntax: The noun вре́мя and the seasons

- А вы? Како́е вре́мя го́да вы лю́бите?
- Како́е вре́мя го́да вы не лю́бите?

Когда́ вы игра́ете в те́ннис?	**Зимо́й.** **Весно́й.** **Ле́том.** **О́сенью.**

◇ **9.2** Time expressions: Seasons

1. Что они́ де́лают о́сенью?

Look at the yearly activity schedule for two Russian schoolchildren, Tanya (Т) and Yura (Ю). Ask a partner

1. who plays soccer
2. if that child plays soccer in summer
3. when Yura plays hockey
4. when Yura plays the violin
5. who plays chess and when
6. what Tanya does in summer
7. if Tanya plays basketball in the fall
8. if the children play volleyball in winter
9. what Yura does in the fall
10. what the children do in spring

О́сенью	Зимо́й	Весно́й	Ле́том
футбо́л (Ю)	хокке́й (Ю)	баскетбо́л (Т)	волейбо́л (Ю,Т) те́ннис (Ю)
ша́хматы (Т) скри́пка (Ю)	ша́хматы (Т) скри́пка (Ю)	ша́хматы (Т) скри́пка (Ю)	ша́хматы (Т) скри́пка (Ю)

Talking about Free-Time Activities

PICKING BERRIES AND MUSHROOMS

Although free-time activities in Russia and Western countries tend to be similar for the most part, one activity is more typical in Russia than in the West: picking berries and mushrooms. Russians love nature, clean air, forests with aromatic birch trees. Since most city dwellers live in high-rise apartment buildings with minimal greenery around them, weekend trips **за́ город** (*to the countryside*) provide a welcome change of pace. Picking berries and mushrooms is a popular autumn activity. Berries are plentiful and include черни́ка (*blueberry*), земляни́ка (*wild strawberry*), клю́ква (*cranberry*), and мали́на (*raspberry*) for most of the **тайга́** (forest zones covering areas south of the Arctic Circle), and брусни́ка (*lingonberry*) and моро́шка (*cloudberry*) further north in the **ту́ндра**. Berries are preserved or sometimes deep-frozen and eaten as dessert or jam during cold winter months. Avid mushroom pickers can recognize dozens of edible varieties, as well as several poisonous ones. Mushrooms are usually dried or pickled for the winter.

Что они́ лю́бят де́лать?

ката́ться...

на лы́жах

на конька́х

на ро́ликах

на во́дных лы́жах

на ло́дке

на ка́тере

на па́русной ло́дке

ло́вить ры́бу

е́здить верхо́м

пла́вать в бассе́йне

бе́гать

собира́ть...
почто́вые ма́рки и значки́

я́годы и грибы́ в лесу́

Pins are typical Russian souvenir items. They come in all shapes and sizes. Americans are more likely to collect бейсбо́льные or баскетбо́льные ка́рточки.

Что вы лю́бите де́лать в свобо́дное вре́мя?	Я люблю́ пла́вать.

◇ **9.3** Verb + verb constructions

Ты **уме́ешь** пла́вать? Вы **уме́ете**	Да, **уме́ю**, но я не люблю́ пла́вать.

◇ **9.3** Verb + verb constructions

А вы?

- Что вы лю́бите де́лать в свобо́дное вре́мя?
- Как **прово́дят** свобо́дное вре́мя америка́нские студе́нты?
- Вы лю́бите бе́гать? Где вы бе́гаете?
- Вы уме́ете пла́вать? Вы хорошо́ пла́ваете?
- Вы уме́ете е́здить верхо́м?
- А ката́ться на конька́х и́ли лы́жах вы уме́ете?
- А на во́дных лы́жах?
- Вы собира́ете почто́вые ма́рки?

Серге́й **не уме́ет** ката́ться на лы́жах.

2. Что вы лю́бите де́лать?

The following people were asked about their favorite free-time activities for summer and winter. Look at the results and practice questions and answers according to the model.

S1: Что лю́бит де́лать **На́дя ле́том**?

S2: Ле́том она́ лю́бит собира́ть я́годы.

S1: А что она́ лю́бит де́лать зимо́й?

S2: Зимо́й она́ лю́бит ката́ться на лы́жах.

	ле́том	зимо́й
1. Игорь	ката́ться на во́дных лы́жах	собира́ть почто́вые ма́рки
2. Ле́на	пла́вать в о́зере	пла́вать в бассе́йне
3. Андре́й	бе́гать в па́рке	игра́ть в баскетбо́л в клу́бе
4. Ири́на	е́здить верхо́м	ката́ться на конька́х
5. Воло́дя	ката́ться на ло́дке и лови́ть ры́бу	игра́ть в ка́рты до́ма

3. Что они́ уме́ют де́лать?

A. Some activities require special skills. Look at the chart and answer the questions.

1. Са́ша уме́ет игра́ть в ша́хматы? А Та́ня?

2. Что уме́ет де́лать Андре́й? А Оля?

3. Кто уме́ет ката́ться на ро́ликах?

4. Кто уме́ет игра́ть на гита́ре?

5. Та́ня уме́ет е́здить верхо́м?

6. Кто не уме́ет пла́вать?

	Са́ша	Та́ня	Андре́й	Дени́с	Оля	Ле́на
игра́ть в ша́хматы	✔				✔	
пла́вать	✔		✔	✔	✔	
ката́ться на конька́х	✔	✔		✔	✔	✔
е́здить верхо́м			✔			✔
ката́ться на лы́жах	✔	✔		✔	✔	
ката́ться на ро́ликах			✔			✔
игра́ть на гита́ре		✔		✔	✔	

B. Practice questions and answers with a partner.

S1: **Са́ша** уме́ет **пла́вать**?

S2: Да, он уме́ет пла́вать.

C. Ask a partner about his or her skills and likes using the items in the chart. Then continue with your own items.

S1: Ты уме́ешь игра́ть в ша́хматы?

S2: Да, уме́ю (но не люблю́). /Нет, не уме́ю. А ты?

S1: Я то́же (не) уме́ю./ А я не уме́ю.

D. Ask your instructor about his or her skills and likes.

Где здесь **мóжно** плáвать?

мóжно = possible or permissible
нельзя = not possible / permitted

◇ **9.4** Impersonal constructions: мóжно

- Где в вáшем гóроде мóжно плáвать зимóй?
- Где в вáшем гóроде мóжно ловúть рыбу?
- А где мóжно собирáть ягоды и грибы?

Где мóжно плáвать зимóй?

[1]open-air

[2]even

[3]degrees / [4]water / [5]warm

[6]some / [7]cold

[8]walruses / [9]who

В цéнтре Москвы нахóдится большóй открытый[1] бассéйн. Там лю́ди плáвают кру́глый год—и лéтом, и зимóй, дáже[2] когдá температу́ра вóздуха мúнус 10 грáдусов.[3] Водá[4] в этом бассéйне тёплая.[5]

А нéкоторые[6] лю́ди лю́бят плáвать в óчень холóдной[7] водé. Это моржú[8]—лю́ди, котóрые[9] плáвают в óзере зимóй.

Answer the questions.

1. Москвичú (*Muscovites*) плáвают в этом бассéйне тóлько лéтом?

2. Кто такúе моржú?

3. В вáшем гóроде есть моржú?

4. Вы лю́бите плáвать в холóдной водé?

5. Что такóе «холóдная водá»? 22 грáдуса? 18 грáдусов? 10 грáдусов?

6. А лéтом где мóжно плáвать?

7. Где вы бóльше лю́бите плáвать: в мóре, в óзере, в рекé úли в бассéйне?

4. Интервью.

Interview two classmates. Take notes. Before you start, review the folllowing time expressions.

1	раз	
2,3,4 рáза	в день/недéлю/мéсяц/год	
5,6... раз		

A. Find out

1. what they like to do during different seasons
2. how often they are involved in each of the activities
3. if they can swim, and if yes, when and where they do
4. if they can ice-skate
5. if they can water-ski
6. if they can ski
7. if they can ride a horse
8. if they like fishing

Что вы лю́бите де́лать в свобо́дное вре́мя?

B. Report the results to the class.

Джим:	Ната́ша, что вы лю́бите де́лать в свобо́дное вре́мя?
Ната́ша:	В свобо́дное вре́мя? Я о́чень люблю́ проводи́ть вре́мя на све́жем[1] во́здухе.[2] Ле́том я люблю́ гуля́ть в па́рке, о́сенью собира́ть я́годы и грибы́ в лесу́, а зимо́й ката́ться на лы́жах.
Джим:	Где вы ката́етесь на лы́жах? Здесь в го́роде?
Ната́ша:	Нет, у нас есть да́ча недалеко́ от Москвы́. Мы обы́чно там ката́емся.
Джим:	А на конька́х в Москве́ мо́жно ката́ться?
Ната́ша:	Коне́чно мо́жно. Осо́бенно в Па́рке Культу́ры и Отдыха и́мени Го́рького.[3] Моя́ дочь там ката́ется почти́[4] ка́ждую суббо́ту.
Джим:	А что лю́бит де́лать ваш муж? Он то́же лю́бит собира́ть я́годы и грибы́ и ката́ться на лы́жах?
Ната́ша:	Нет, не о́чень. Он бо́льше лю́бит лови́ть ры́бу. Кру́глый год[5]—и ле́том, и зимо́й.

[1]fresh / [2]air

[3]Gorky Park
[4]almost

[5]year-round

Answer the questions.

1. Как и где Ната́ша прово́дит свобо́дное вре́мя?
2. А её дочь?
3. Что лю́бит де́лать её муж?

Discussing Past Activities

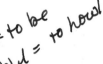

	я, ты, он	рабо́тал/занима́лся/был до́ма.
Вчера́	я, ты, она́	рабо́тала/занима́лась/была́ до́ма.
	мы, вы, они́	рабо́тали/занима́лись/бы́ли до́ма.

◇ **9.5 Past tense of verbs**

Что они́ де́лали в суббо́ту?

There is no word for *weekend* in Russian. Instead, Russians refer to these days separately (в суббо́ту, в воскресе́нье) or call them выходны́е (дни), *days off*, literally, *resting days*.

Ната́ша была́ до́ма и занима́лась.

Лари́са и Серге́й бы́ли в кино́.

Андре́й рабо́тал в библиоте́ке.

5. Распоря́док дня. *Daily schedule.*

А. Что де́лал Са́ша вчера́?

у́тром	днём	ве́чером
бе́гать	слу́шать му́зыку	занима́ться
за́втракать	занима́ться	гуля́ть
игра́ть в те́ннис	рабо́тать	чита́ть рома́н
занима́ться	обе́дать	у́жинать
	спать	смотре́ть телеви́зор

B. In which of these activities were you involved yesterday? In which were you not involved?

6. Что вы де́лали в суббо́ту?

A. Ask a partner if he or she engaged in any of the following activities on Saturday. If yes, ask a few follow-up questions, such as where, at what time, and for hour many hours (Ско́лько часо́в?).

S1: Ты е́здил(а) верхо́м в суббо́ту?
S2: Да, е́здил(а). /Нет, не е́здил(а). А ты?
S1: Я то́же. /Я то́же не е́здил(а)./А я не е́здил(а).

е́здить верхо́м	игра́ть на роя́ле
игра́ть в те́ннис	рабо́тать
ката́ться на лы́жах	занима́ться
пла́вать	чита́ть кни́ги
бе́гать	

B. Ask your teacher what he or she did during the weekend. Remember to use the **вы** form.

7. Где они были? Что они там делали? Когда они там были?

Look at the chart and have conversations according to the model. Change the clock times to a 12-hour clock.

S1: Где была Анна вчера?
S2: Она была в парке.
S1: Что она там делала?
S2: Она бегала.
S1: Когда она была там?
S2: Она была там утром, в восемь часов.

кто	где и когда	что делал
1. Дима	стадион (14.00)	играть в футбол
2. Света и Маша	кино (20.00)	смотреть фильм
3. бабушка	дома (21.00)	готовить ужин
4. Сергей	библиотека (10.00)	заниматься
5. Алла	лес (16.00)	ездить верхом

Сергей был **в магазине**.	Он ходил **в магазин**.
Наташа была **на работе**.	Она ходила **на работу**.
Лиза и Лена были **на озере**.	Они ходили **на озеро**.

◇ **9.6** Verbs of motion: Round-trips on foot: ходить

Сергей **ходил в магазин**.

8. Куда́ и́ли где?

A. Куда́ они́ ходи́ли?   What places did these American students visit while in Moscow?

S1:   Куда́ ходи́л Джон днём?

S2:   Днём он ходи́л в универма́г «ГУМ».

S1:   А ве́чером он куда́ ходи́л?

S2:   Ве́чером он ходи́л в рестора́н «Баку́».

кто	днём	ве́чером
1. Сюза́нна	Моско́вский университе́т	магази́н «Мело́дия»
2. Са́ра	апте́ка	поликли́ника
3. Ли́нда	Кремль	Большо́й теа́тр
4. Шан	парк Го́рького	музе́й
5. Билл	стадио́н (на)	кино́

B. Где они́ бы́ли?   Repeat the conversations using the verb *to be*.

S1:   Где был Джон днём?

S2:   Днём он был в универма́ге «ГУМ».

S1:   А ве́чером он где был?

S2:   Ве́чером он был в рестора́не «Баку́».

Talking about Your Vacation _____

WHERE DO RUSSIANS GO ON SUMMER VACATION?

Отпуск (*vacation*; the corresponding word for school and university breaks is **кани́кулы**) is the time to get out of the city. Some families go to the country to spend time at a **да́ча**, others send their children to a **ла́герь** (*camp*). **Ялта** on the Crimean Peninsula (**Крым**) or **Со́чи** on the Black Sea coast are popular resorts for both Russian and foreign tourists. Vacationers often stay in health spas, а **санато́рий** or **дом о́тдыха** (literally; *house of rest*) under a rigorous schedule of exercising, resting, and sunbathing.

Ле́том Джон был в Росси́и.	Ле́том он е́здил в Росси́ю.
Ни́на была́ в Москве́.	Она́ е́здила в Москву́.

◇ **9.6**   Verbs of motion: Round-trips: **е́здить**

• Где вы бы́ли ле́том?

• Куда́ вы е́здили?

9. **Как вы ду́маете, куда́ они́ е́здили?**

These were the vacation destinations for the people in the pictures. Answer the following questions.

Пари́ж   Ло́ндон   Оде́сса   Му́рманск   Москва́

1. В каку́ю страну́ они́ е́здили?   /В како́й стране́ они́ бы́ли?
2. В како́й го́род они́ е́здили?   /В како́м го́роде они́ бы́ли?
3. Как вы ду́маете, когда́ они́ бы́ли в э́тих города́х: ле́том, о́сенью, зимо́й и́ли весно́й?
4. Как они́ проводи́ли вре́мя в э́тих города́х?

Когда́ вы бы́ли в Оде́ссе?	Я был/а́ там **два го́да наза́д.**
Ско́лько вре́мени вы бы́ли там?	Я был/а́ там **две неде́ли.**

◇ **9.7** Time expressions: *How long* and *how long ago*

Ско́лько вре́мени?			Когда́?
1	2, 3, 4	5, 6,...	
день	дня	дней	... наза́д *≠ ago*
(одну́) неде́лю	(две) неде́ли	неде́ль	
ме́сяц	ме́сяца	ме́сяцев	
год	го́да	лет	

Other important time expressions

ра́ньше   *before*

в про́шлом году́   *last year*

на прошлой неделе

- Вы бы́ли в Росси́и?
- В каки́х шта́тах США вы бы́ли? Когда́?
- Куда́ вы е́здили в про́шлом году́?

👥 **10.   Ско́лько лет наза́д? Ско́лько вре́мени?**

Vladimir Ivanovich is a world traveler, who has visited a different country every year. The number after the country name denotes how many years ago he went there; the other numbers indicate the time spent in each city.

A. Answer the questions.

В каки́е стра́ны он е́здил?

В каки́х города́х он был?

B. Have short conversations according to the model.

S1:   Когда́ он е́здил в Аме́рику?

S2:   2 го́да наза́д.

S1:   Ско́лько вре́мени он был в Нью-Йо́рке?

S2:   В Нью-Йо́рке он был две неде́ли.

S1:   А ско́лько вре́мени он был в Оклахо́ма Си́ти?...

Ско́лько лет наза́д?	Ско́лько вре́мени?	
Аме́рика (2)	Нью-Йо́рк (2 нед.) Миннеа́полис (3 дн.)	Оклахо́ма Си́ти (1 нед.) По́ртленд (5 дн.)
Кана́да (1)	Га́лифакс (2 мес.) Ванку́вер (5 дн.)	Ви́ннипег (2 дн.)
Фра́нция (5)	Пари́ж (6 нед.)	Ни́цца (4 дн.)
Герма́ния (3)	Бонн (1 дн.) Фра́нкфурт (3 нед.)	Берли́н (6 дн.)
Испа́ния (6)	Мадри́д (2 нед.)	Барсело́на (1 дн.)
Ита́лия (4)	Рим (6 мес.)	Вене́ция (2 мес.)

11. Visitor ID card.

The ID card shown belongs to an American student. Answer the following questions.

1. Как её зову́т?
2. В како́й го́род она́ е́здила?
3. Ско́лько лет наза́д э́то бы́ло?
4. Ско́лько вре́мени она́ была́ там?
5. Она́ жила́ в общежи́тии и́ли в гости́нице?
6. В како́м университе́те она́ учи́лась?

О Б Щ Е Ж И Т И Е

**Моско́вского госуда́рственного
лингвисти́ческого университе́та**

**119021, Москва́,
Комсомо́льский пр-т, д. 6.**

Но́мер ко́мнаты **302**

Фами́лия *Джо́нсон Ли́нда*

Вре́мя прибы́тия *9. 07. 95 г.*

Срок прожива́ния согласо́ван

до *1. 08. 95 г*

Проре́ктор

The verbs *to buy, to eat,* and *to drink* are used in this lesson in the past tense only.

Мы **купи́ли** рýсские сувени́ры.

Мы **éли икрý** и **пи́ли** рýсскую вóдку.

Где вы бы́ли лéтом?

Студéнт:	Профéссор Смит, где вы бы́ли лéтом?
Профéссор Смит:	Лéтом мы с женóй[1] бы́ли в Росси́и. Мы éздили в рáзные[2] городá: Нóвгород, Санкт-Петербýрг и Москвý.
Студéнт:	А какóй гóрод был сáмый интерéсный?
Профéссор Смит:	По-мóему, Москвá. Мы бы́ли в Кремлé, в Большóм теáтре, где мы смотрéли балéт «Лебеди́ное óзеро», éздили в рáзные музéи. Вéчером мы обы́чно обéдали в ресторáнах, слýшали рýсскую эстрáдную мýзыку и танцевáли.[3]
Студéнт:	А что вы éли?
Профéссор Смит:	Икрý, конéчно—а пи́ли вóдку.
Студéнт:	А сувени́ры вы купи́ли?
Профéссор Смит:	Конéчно купи́ли. Мы купи́ли балалáйку, матрёшку...
Студéнт:	Что такóе матрёшка?
Профéссор Смит:	Это такáя кýкла.[4] Вот, смотри́те. И ещё мы купи́ли самовáр и рýсский чай.
Студéнт:	Какóй краси́вый самовáр!
Профéссор Смит:	Спаси́бо. И знáете, ещё мы купи́ли меховýю шáпку,[5] настоя́щую[6] рýсскую меховýю шáпку.
Студéнт:	Как интерéсно.

[1] with (my) wife
[2] different
[3] danced
[4] doll
[5] fur hat / [6] real

Answer the questions.

1. В каки́х городáх бы́ли профéссор Смит и егó женá?
2. Что они́ дéлали в Москвé?
3. Что они́ дéлали в ресторáнах?
4. Каки́е сувени́ры они́ купи́ли?

RUSSIAN SOUVENIRS

Matryoshkas are by far the best-known Russian souvenirs. These wooden dolls are based on Japanese stacking dolls introduced to Russia in the late nineteenth century. Russians were intrigued by the Japanese dolls because Russians already had wooden Easter eggs with smaller eggs inside. The Russian version of the stacking doll was called Matryoshka, for its resemblance to peasant women.

The **самова́р** (*self-cooker*) used to have a central place in the Russian household, but now it is mostly a decoration and a souvenir. The samovar was used for boiling water for tea. The original samovars were heated by a charcoal fire; modern ones are electric. The tea itself is never inside the samovar; it is in a small teapot on top of the samovar. When the water in the samovar is boiling, a small amount of tea is poured into a **стака́н** (*glass*), and boiling water is added to it from the samovar.

Это матрёшка и самова́р.

A. You should now be able to...

1. *say which season(s) you prefer*
2. *tell what activities you like to do and during which seasons you do them*
3. *say what you can and cannot do*
4. *say when and where certain activities can be done*
5. *describe what you did, where you were, and where you went (using appropriate past-time references)*
6. *say how long and how long ago you did something*

B. *Interview two classmates and find out about their free-time activities. Ask what they like to do, when, where, and how often. Also find out what they do not like or cannot do, or what they did before but do not do any more.*

C. *Call a friend and ask what he or she did on Sunday. Then explain how you spent your Sunday.*

***C*HAPTER REVIEW**

D. Roleplay I. *Get together in groups of three or four students. Each of you had a wonderful summer vacation. You want to make sure that your story is better than anybody else's. Compare your vacations by bragging about where you went, how long you were there, what you did, and what you bought.*

E. Roleplay II. *You are interviewing applicants for a position with a high security clearance. You need to find out as much as possible about the applicant's background. Use the following checklist and take notes. Be prepared to explain to the class why the applicant is (not) suitable for the position.*

Countries visited? Why? When?	*Foreign language skills?*
For how long?	*University education?*
Former places of residence?	*Former employment?*
How long?	*Same information about parents?*

Word Building

The verb **ката́ть** literally means *to roll* or *to slide something*. You can roll or slide *yourself* on various things:

	на конька́х	*on skates*
	на лы́жах	*on skis*
ката́ться	на са́нках	*in a sled*
	на тро́йке	*in a troika*
	на ка́тере	*in a motorboat*
	на ло́дке	*in a rowboat*

Като́к is a place for sliding *(ice-skating rink)*.

The verb **е́здить** *(to ride)* is used in similar phrases, and sometimes both **ката́ться** and **е́здить** can be used.

	на тро́йке	*in a troika*
е́здить	на велосипе́де	*on a bicycle*
	на ло́шади (or верхо́м)	*on a horse*

Верхо́м, as in **е́здить верхо́м**, comes from **верх** *(up, high)*. So, you are actually "riding up high" without any reference to a horse.

The following words or phrases all relate to the sports terminology in this chapter. Match the Russian and English columns.

бегу́н	*downhill (mountain) skiing*
лы́жный спорт	*swimming*
горнолы́жный спорт	*runner*
конькобе́жный спорт	*skiing*
нае́здник	*fishing trip*
пла́вание	*swimmer*
плове́ц	*speed skating*
рыба́лка	*rider*

9.1 SYNTAX

The noun вре́мя *(time)*

You have already seen the form **вре́мени,** the genitive case form of **вре́мя,** used in the expression Ско́лько сейча́с вре́мени? *(What time is it?)* In this lesson the noun *time* will be used in two expressions.

вре́мя го́да *season (pl.* времена́ го́да)

and: свобо́дное вре́мя   *free time, leisure time*

Вре́мя го́да and **времена́ го́да** literally mean *time(s) of year*. Unlike other nouns ending in **-я, вре́мя** is a *neuter* noun and therefore the adjective qualifiers are also in the neuter form. Questions and answers about favorite seasons can be formed in two ways.

1. Како́е   твоё люби́мое вре́мя го́да?
   Which   is   your favorite season?
                linking verb *to be*

   Моё люби́мое вре́мя го́да—весна́.

2. Како́е вре́мя го́да   ты   лю́бишь?
   Which season   do you   like?
      object   subject verb

   Я   люблю́   весну́. (accusative case)
   subject   verb   object

Свобо́дное вре́мя *(free time, leisure time)* is used in the following constructions.

1. With the preposition **в** and the accusative case (identical to the nominative).

   Что ты лю́бишь де́лать **в свобо́дное вре́мя?**
   What do you like to do in (your) free time?

2. With the verb **проводи́ть** *(to spend).*

   Как ты прово́дишь свобо́дное вре́мя?
   How do you spend (your) free time?

(handwritten: проводи́ть, проводи́те, прово́дят, прово́жу, прово́дишь, прово́дит, прово́дим)

The Seasons

Осень *(fall, autumn)* is a feminine noun ending in a soft sign (like ло́шадь and пло́щадь). Remember that the accusative case of such nouns is identical to the nominative case, but the modifying adjective is in the regular feminine accusative form **-ую.**

Я люблю́ **ру́сскую** о́сень.   *I like Russian fall.*

239

Упражне́ния

◇ **1.** Make complete sentences using the following cues.

Model: Са́ша/люби́ть/весна́   **Са́ша лю́бит весну́.**

1. Серге́й/люби́ть/ру́сская зима́

2. они́/люби́ть/весна́

3. ты/люби́ть/о́сень/?

4. я/не/люби́ть/моско́вское ле́то

5. мы/люби́ть/золота́я (*gold-colored*) о́сень

2. Ask the questions that elicited the following answers.

1. Моё люби́мое вре́мя го́да—зима́.

2. Я люблю́ весну́.

3. Нет, я не люблю́ ле́то.

4. А́нна лю́бит о́сень.

5. Да, Са́ша лю́бит зиму́.

9.2 TIME EXPRESSIONS: SEASONS

No preposition is needed in the Russian expressions for *in winter, in spring*, and so on. The forms **зимо́й, весно́й, ле́том,** and **о́сенью** are formed in the same way as **у́тром, днём, ве́чером,** and **но́чью,** which you learned in Lesson 6.

что *(what)*	когда́ *(when)*
зима́	зимо́й
весна́	весно́й
ле́то	ле́том
о́сень	о́сенью

Упражне́ние

◇ **3.** Write both the questions with *When?* and answers according to the model.

Model: Ле́на/игра́ть в   **Когда́ Ле́на игра́ет в волейбо́л?**
волейбо́л (весна́)   **Она́ игра́ет в волейбо́л весно́й.**

1. Са́ша/игра́ть в те́ннис (о́сень)

2. вы/рабо́тать (ле́то)

3. твой брат/игра́ть в хокке́й (зима́)

4. ты/игра́ть в бейсбо́л (весна́)

5. Ни́на и Та́ня/игра́ть в баскетбо́л (зима́)

9.3 VERB + VERB CONSTRUCTIONS

When two verbs follow each other in the sentence (e.g., I *like to sleep*, I *want to read*, I *hate to go*), the second verb is in the *infinitive* form.

Я	люблю́	**говори́ть**	по-ру́сски.
I	*like*	*to speak*	*Russian.*
	conjugated verb	infinitive	

Я	уме́ю	**пла́вать.**
I	*can (know how to)*	*swim.*
	conjugated verb	infinitive

but: **Я говорю́** по-ру́сски.   (**говори́ть** is the main verb)

  Я хорошо́ **пла́ваю.**   (**пла́вать** is the main verb)

The verb **уме́ть** (*to know how*) is a regular first conjugation verb. Do not mistake the **-ee-** for a long vowel; there is a syllable line between the two vowels.

уме́|ть (I)
я уме́ю
ты уме́ешь   [уме́-йеш]
он/она́ уме́ет   [уме́-йет]
мы уме́ем   [уме́-йем]
вы уме́ете   [уме́-йете]
они́ уме́ют

Упражне́ния

◇ **4.** How would you say that

  1. you like swimming
  2. you don't like horseback riding
  3. you can't ice-skate
  4. your sister likes speaking French
  5. your brother likes to play football
  6. you like to live in (the name of your state)

5. How would you ask Victor if

  1. he can ski
  2. he likes roller skating
  3. he can play the piano
  4. his parents know how to water-ski
  5. his sister likes to play chess
  6. he likes to live in a dorm

Что?	когда?
утро	утром
день	днём
вечер	вечером
ночь	ночью
зима́	зимо́й
весна́	весно́й
ле́то	~~ле́тои~~ ле́том
о́сень	о́сенью

6. The verbs **собира́ть, пла́вать**, and **бе́гать** are regular first conjugation verbs. Notice that there is only one main verb in these sentences. How do you say that

1. you collect old books
2. your sister swims well
3. your brother collects Russian classical music
4. your uncle collects old cars
5. you run in the park

7. Mixed practice.

A. Write the corresponding questions. Notice that some sentences have two verbs.

Model: Да, я уме́ю ката́ться на конька́х.   **Ты уме́ешь ката́ться на конька́х?**

1. Да, я люблю́ бе́гать.
2. Нет, я не уме́ю пла́вать.
3. Да, мой брат о́чень хорошо́ пла́вает.
4. Нет, я не уме́ю е́здить верхо́м.
5. Да, я собира́ю почто́вые ма́рки.

B. The bold-faced words are the direct answers to the questions asked. Write the questions according to the model.

Model: Мы собира́ем **значки́.**   **Что вы собира́ете?**
Мы собира́ем **ста́рые** значки́.   **Каки́е значки́ вы собира́ете?**

1. Мой па́па собира́ет **кни́ги.**
2. Он собира́ет **ру́сские** кни́ги.
3. Я собира́ю **ста́рые кни́ги.**
4. Я люблю́ **пла́вать.**
5. Я пла́ваю **в бассе́йне.**

9.4 IMPERSONAL CONSTRUCTIONS: МО́ЖНО

Мо́жно *(it is possible, one can, one may) + the infinitive* is used in impersonal questions with or without question words.

Где мо́жно пла́вать зимо́й? *Where can one swim in winter?*
Когда́ здесь мо́жно лови́ть ры́бу? *When can one fish here?*
Здесь мо́жно ката́ться на конька́х? *Can (may) one ice-skate here?*

Упражне́ние

◇ **8.** How would you ask

1. if one can ski here
2. where one can swim in summer
3. when one can ride a horse here
4. where one can ice-skate in this city
5. if one can fish here
6. where one can pick berries here
7. if fishing is allowed here
8. if swimming is allowed in this lake

9.5 PAST TENSE OF VERBS

The past tense of verbs is formed as follows. Start with the *infinitive*, take off the infinitive ending **-ть**, and add the past tense endings.

-л   (for masculines: я/ты/он)

-ла (for feminines: я/ты/она́)

-ло (for neuters: оно́)

-ли (for plurals and formal address: мы/вы/они́)

Examples:

Вчера́ ве́чером я смотре́л телеви́зор.   (a man speaking)
I watched TV last night.

Что ты де́лала в суббо́ту?   (a woman addressed informally)
What did you do on Saturday?

Письмо́ лежа́ло на полу́.   (a neuter noun)
The letter was lying on the floor.

Ната́ша и Игорь, что вы де́лали вчера́?   (several people addressed)
Natasha and Igor, what did you do yesterday?

Влади́мир Ива́нович, где вы жи́ли ра́ньше?   (one person addressed formally)
Vladimir Ivanovich, where did you live before?

Note 1: Watch out for verbs that have a consonant or vowel change in the conjugated form (of the present tense). Remember that the past tense is formed from the *infinitive*.

present tense	infinitive	past tense
он смо́трит	смотре́ть	он **смотре́л**
он спит	спать	он **спал**
он живёт	**жить**	он **жил**

Note 2: The formal form is the same as the plural.

Аня и Ми́тя, что **вы** де́лали вчера́?
Anya and Mitya, what did you do yesterday?
Алексе́й Петро́вич, что **вы** де́лали в Герма́нии?
Aleksei Petrovich, what did you do in Germany?

Past tense of the verb быть

Although the present tense forms of the verb *to be* are usually omitted, the past tense always needs to be expressed. The verb **быть** has a stress shift in the feminine form.

я/ты/он	**был**
я/ты/она́	**была́**
оно́	**бы́ло**
мы/вы/они́	**бы́ли**

Ле́на, где **ты** была́ вчера́?
Lena, where were you yesterday?

In the following sentences the *day of the week* is the subject. Its gender determines the form of the verb.

Вчера́ был **понеде́льник.**	*Yesterday was Monday.*
Вчера́ была́ **суббо́та.**	*Yesterday was Saturday.*
Вчера́ бы́ло **воскресе́нье.**	*Yesterday was Sunday.*

Упражне́ния

◇ **9.** Put the verbs in parentheses in the past tense.

1. Что _____ (де́лать) Ивано́вы вчера́? Утром Игорь Ивано́в _____ (чита́ть) газе́ту, когда́ он _____ (за́втракать), а пото́м он _____ (смотре́ть) телеви́зор.

2. Его́ жена́ Анна то́же _____ (чита́ть) газе́ту, когда́ она́ _____ (за́втракать). По́сле *(after)* за́втрака она́ _____ (убира́ть) кварти́ру.

3. Де́ти Ле́на и Воло́дя _____ (за́втракать) в 10 часо́в. Пото́м они́ _____ (смотре́ть) телеви́зор. Днём де́ти _____ (игра́ть) в те́ннис, а роди́тели _____ (быть) в кино́, где они́ _____ (смотре́ть) но́вый францу́зский фильм.

4. Ве́чером Ле́на _____ (бе́гать) в па́рке, а Воло́дя _____ (сиде́ть) до́ма и _____ (слу́шать) му́зыку. По́сле обе́да они́ _____ (игра́ть) в ка́рты, а пото́м _____ (смотре́ть) телеви́зор.

5. В 11 часо́в Ивано́вы _____ (спать).

10. **Где они́ бы́ли?** Write complete sentences according to the model.

Model: Ива́н/парк **Ива́н был в па́рке.**

1. ма́ма/до́ма
2. И́горь/магази́н
3. я/стадио́н (на)
4. мои́ роди́тели/теа́тр
5. где/Ни́на/?
6. она́/университе́т
7. студе́нты/библиоте́ка
8. Воло́дя/шко́ла
9. мы/рестора́н
10. вы/апте́ка/?

11. Continue the statements based on the information given in the first sentence.

1. Сего́дня вто́рник. Вчера́ _____
2. Сего́дня суббо́та. Вчера́ _____
3. Сего́дня четве́рг. Вчера́ _____
4. Сего́дня понеде́льник. Вчера́ _____
5. Сего́дня воскресе́нье. Вчера́ _____

Past tense of reflexive verbs

The past tense of reflexive verbs is formed in the same way as that of regular verbs. The reflexive endings -**ся** or -**сь** are reattached to the past tense forms.

infinitive		past tense	
занима́ | ть | ся	я/ты/он	занима́лся	**ся** after a consonant
	я/ты/она́	занима́лась	**сь** after a vowel
	оно́	занима́лось	**сь** after a vowel
	мы/вы/они́	занима́лись	**сь** after a vowel

Упражне́ние

12. Add the verb endings in the past tense.

1. Вчера́ Ю́ра не занима́_____
2. Он весь день *(all day)* ката́ _____ на лы́жах.
3. А его́ сестра́ Та́ня занима́ _____ в библиоте́ке.
4. Та́ня и Ната́ша занима́ _____ весь день.
5. А ве́чером Та́ня ката́ _____ на конька́х.
6. Мой оте́ц учи́ _____ в Моско́вском университе́те.
7. Когда́ Ле́на учи́ _____ в шко́ле, она́ жила́ в Москве́.
8. Ле́том мы ката́ _____ на во́дных лы́жах.
9. Ната́ша, ты занима́ _____ в библиоте́ке вчера́?
10. Ива́н Петро́вич, вы учи́ _____ в Ки́евском университе́те?

9.6 VERBS OF MOTION: ROUND-TRIPS

Round-trips on foot: ходи́ть

So far you have learned to use the verb **ходи́ть** for round-trips in the present tense. Remember that **ходи́ть** implies walking only and, therefore, it cannot be used for longer distances.

to go repeatedly	ходи́ть	Я ка́ждый день хожу́ в университе́т.
(and come back)	хожу́	*I go to the university every day.*
	хо́дишь	
	хо́дят	

In this lesson, you will learn to use the *past tense* of **ходи́ть**, which can often be translated as *went* in English.

went and came back	ходи́л	Утром я ходи́ла в магази́н.
	ходи́ла	*I went to the store in the morning.*
	ходи́ли	(Now I am back at home.)

As in English, going to places can be expressed in two ways in the past tense.

1. With the verb *to be.*

Где был Са́ша? Он был **в** магази́не. (**в/на** + the prepositional
*Where was Sasha? He was **at** the store.* case for location)

2. With the verb *to go.*

Куда́ ходи́л Са́ша? Он ходи́л **в** магази́н. (**в/на** + the accusative
*Where did Sasha go? He went **to** the store* case for direction)
(and came back).

Упражне́ния

◇ **13.** Rewrite the sentences using the verb **ходи́ть** and making all other necessary changes.

Model: Лари́са была́ в шко́ле. **Лари́са ходи́ла в шко́лу.**

1. Бори́с был на стадио́не.
2. Ле́на и Ли́за бы́ли в па́рке.
3. Де́душка был в апте́ке.
4. Ната́ша была́ в библиоте́ке.
5. Студе́нты бы́ли в музе́е.
6. Тури́сты бы́ли в Кремле́.
7. Серге́й был в рестора́не.
8. Та́ня была́ в шко́ле.
9. Мой брат был в больни́це.
10. Ива́н был на о́зере.

14. Write the corresponding questions with **где** or **куда́**.

Model: Игорь был в музе́е. **Где был Игорь?**

Игорь ходи́л в музе́й. **Куда́ ходи́л Игорь?**

1. Та́ня ходи́ла в музе́й.
2. Мой брат был на стадио́не.
3. Ива́н ходи́л в магази́н.
4. Студе́нты бы́ли в университе́те.
5. Ба́бушка ходи́ла в библиоте́ку.
6. Серге́й был в па́рке.
7. Анна и Ни́на бы́ли в лесу́.
8. Ми́ша ходи́л в рестора́н.
9. Я ходи́ла в теа́тр.
10. Мы бы́ли в шко́ле.

Round-trips by vehicle: **е́здить**

Since **ходи́ть** implies round-trips by walking, a different verb, **е́здить**, is needed for round-trips that involve longer distances, hence implying the use of vehicles. Here, too, round-trips can be expressed in two ways.

1. Using the verb *to be.*

Где вы бы́ли ле́том? Мы бы́ли **в** Москве́.
*Where were you in the summer? We were **in** Moscow.*

2. Using the verb *to go (by vehicle).*

Куда́ вы е́здили ле́том? Мы е́здили **в** Москву́.
*Where did you go in the summer? We went **to** Moscow.*

Упражне́ния

◇ **15.** Rewrite the sentences according to the model.

Model: Ле́на была́ в Ми́нске. **Ле́на е́здила в Минск.**

or: Ле́на е́здила в Минск. **Ле́на была́ в Ми́нске.**

1. Игорь был в Оде́ссе.
2. Ле́на была́ в Пари́же.
3. Серге́й е́здил в Ло́ндон.
4. Ната́ша была́ в Нью-Йо́рке.
5. Ива́н Ива́нович был в Мадри́де.
6. Джон был в Санкт-Петербу́рге.
7. Мы е́здили в Ки́ев.
8. На́дя и Алла бы́ли в Му́рманске.
9. Мои́ друзья́ бы́ли в Ирку́тске.
10. Та́ня е́здила в Новосиби́рск.

16. Rewrite the sentences using a round-trip verb. In some sentences both **ходи́ть** and **éздить** are possible.

1. Лéтом мои́ роди́тели бы́ли в Москвé.

2. Лéна, где ты была́ лéтом? В Москвé?

3. Утром я был в библиотéке.

4. Где была́ ма́ма у́тром? Она́ была́ в магази́не.

5. Ната́лья Ива́новна, где вы бы́ли лéтом?

9.7 TIME EXPRESSIONS: *HOW LONG* AND *HOW LONG AGO*

You have so far learned several time expressions using numerals (1 год, 2/3/4 гóда, 5 лет, etc.). Examine the following chart and examples.

Скóлько врéмени?			Когда́?
1	2,3,4	5,6,...	
день	дня	дней	
(одну́) недéлю	(две) недéли	недéль	... наза́д
мéсяц	мéсяца	мéсяцев	
год	гóда	лет	

Скóлько врéмени вы бы́ли в Москвé?	*How long were you in Moscow?*
Я был в Москвé **две недéли.**	*I was in Moscow **for two weeks.***
Когда́ вы бы́ли в Москвé?	***When** were you in Moscow?*
Я был в Москвé **пять лет наза́д.**	*I was in Moscow **five years ago.***

Упражнéние

◇ **17.** How would you say the following?

1. eight years ago

2. for twenty-one days

3. two months ago

4. for a week

5. eleven days ago

6. for three months

7. seven months ago

8. for two years

9. three weeks ago

10. for six months

Vocabulary ———————————————————

Note: The core vocabulary is bold-faced.

Nouns

Seasons and time

весна́	*spring*
вре́мя *n.*	*time*
(*pl.* **времена́**)	
вре́мя го́да	*season*
свобо́дное вре́мя	*free time, leisure time*
зима́	*winter*
ле́то	*summer*
о́сень *f.*	*fall, autumn*

Hobbies/collections

бейсбо́льные ка́рточки	*baseball cards*
значки́ (*sg.* **значо́к**)	*pins*
почто́вые ма́рки *pl.*	*stamps*

Souvenirs

во́дка	*vodka*
икра́	*caviar*
ку́кла	*doll*
матрёшка	*Russian nesting doll*
самова́р	*samovar*
сувени́р	*souvenir*
ша́пка	*cap*

Other nouns

гриб	*mushroom*
ка́тер	*motorboat*
лес (в лесу́)	*forest*
ло́дка	*boat*
ры́ба	*fish*
я́года	*berry*

Adjectives

мехово́й	*fur*
настоя́щий	*real*
па́русный	*sail*
ра́зный	*different, various*
свобо́дный	*free*

Verbs

бе́га|ть (I)	*to run*
быть	*to be*
е́здить	*to go, to travel by vehicle (round-trip)*
е́здить верхо́м	*to ride on horseback*
есть *irreg.*	*to eat*
past **ел, е́ла, е́ли**	
ката|ться (I),	*to roll, to ride*
ката́юсь, ката́ешься, ката́ются	
~ на во́дных лы́жах	*to water-ski*
~ на ка́тере	*to ride a motorboat*
~ на конька́х	*to ice-skate*
~ на ло́дке	*to ride in a rowboat*
~ на лы́жах	*to ski*
~ на ро́ликах	*to rollerskate*
купи́ть *past* **купи́л, купи́ла, купи́ли**	*to buy*
ловить (II, ловлю́, ло́вишь, ло́вят	*to catch*
~ ры́бу	*to fish*
пить *past* **пил, пи́ла, пи́ли**	*to drink*
пла́ва|ть (I)	*to swim*
проводи́ть (II), провожу́, прово́дишь, прово́дят	*to spend (time)*
собира́|ть (I)	*to collect*
уме́|ть (I)	*to be able, to know how*

Time Expressions

в про́шлом году́	*last year*
вчера́	*yesterday*
весно́й	*in spring*
зимо́й	*in winter*
ле́том	*in summer*
наза́д	*ago*
о́сенью	*in fall*
ра́ньше	*before, earlier*

Other

мо́жно	*one can/may; it is possible*

Уро́к 10 (Деся́тый уро́к)

Где вы у́читесь?

Это Моско́вский университе́т.

Ли́нда: На како́м
          факульте́те вы у́читесь?
Мари́на: На
          филологи́ческом.
Ли́нда: Что вы изуча́ете?
Мари́на: Я изуча́ю
          ру́сский язы́к и ру́сскую
          литерату́ру.
Ли́нда: На како́м вы
          ку́рсе?
Мари́на: На пя́том.

THEMES

- Talking about places to study
- Talking about college-level studies
- Talking about languages
- Talking about admissions procedures, teachers, and course work
- Discussing student accommodations
- Discussing secondary education

CULTURE

- Education in Russia
- Colleges and Divisions
- Majors and Year Levels
- Getting into a university
- In a Russian classroom
- Different kinds of exams
- Russian grading system
- Good-luck wishes
- Dormitories

STRUCTURES

- The genitive case singular: nouns, adjectives, and possessive and demonstrative pronouns
- Verbs изуча́ть, учи́ться, and занима́ться
- Ordinal numbers
- Nouns with parallel modifiers
- Ру́сский язы́к versus по-ру́сски
- Substantivized adjectives

251

Talking about Places to Study

Где вы у́читесь?	Я учу́сь	в университе́те. в медици́нском институ́те. в консервато́рии.

◇ **10.1** Prepositional case: Review

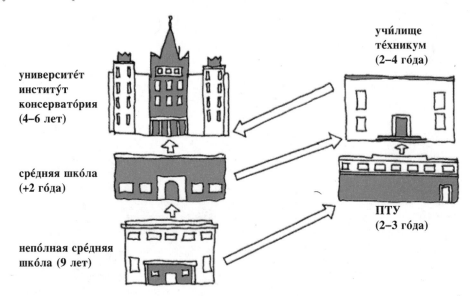

университе́т
институ́т
консервато́рия
(4–6 лет)

сре́дняя шко́ла
(+2 го́да)

непо́лная сре́дняя
шко́ла (9 лет)

учи́лище
те́хникум
(2–4 го́да)

ПТУ
(2–3 го́да)

EDUCATION IN RUSSIA

Mandatory education is 9 years, **непо́лная сре́дняя шко́ла** (literally: *incomplete secondary education*), equivalent to the U.S. junior high school. Two additional years complete the secondary education (**по́лная сре́дняя шко́ла**), which is equivalent to a high school education in the United States.

The **ПТУ** (**профессиона́льно-техни́ческое учи́лище**) is a technical-vocational senior high school. The **учи́лище** and **те́хникум** provide job training roughly equivalent to that provided by a two-year college in fields such as nursing and mechanics. **Университе́т** and **институ́т** are higher education institutions, often called **вуз** (from вы́сшее уче́бное заведе́ние). Of these, the **университе́т** offers a wider range of specialties, whereas an **институ́т** is often limited to a specific field, such as medicine or engineering. The **консервато́рия** trains future music professionals, such as pianists, composers, and conductors.

1. Где они́ у́чатся?

Practice questions and answers according to the model.

S1: Где у́чится бу́дущий **инжене́р**?
S2: Он у́чится в политехни́ческом институ́те.

or: S1: Кто у́чится **в политехни́ческом институ́те?**

S2: В политехни́ческом институ́те у́чится бу́дущий инжене́р.

заведе́ние *institution*	бу́дущая профе́ссия *future profession*
ПТУ	монтёр *electrician*
те́хникум	меха́ник
политехни́ческий институ́т	инжене́р
медици́нское учи́лище	медсестра́
медици́нский институ́т	врач
педагоги́ческий институ́т	учи́тель
консервато́рия	пиани́ст
университе́т	био́лог

Talking about College-Level Studies

В како́м университе́те вы у́читесь?	Я учу́сь **в Моско́вском** университе́те.

Many names of U.S. universities can be formed with the suffix **-ск**: Ста́нфордский университе́т, etc. Or the proper name can be left as is: Университе́т «Три́нити».

На како́м факульте́те вы у́читесь?	Я учу́сь **на филологи́ческом факульте́те, на отделе́нии ру́сского языка́ и литерату́ры.**

◇ **10.2** Genitive case

COLLEGES AND DIVISIONS

Russian universities are divided into **факульте́ты**, which are somewhere between a college and a division in size. Each **факульте́т** specializes in its own area of studies, such as math, physics, and philology (languages and literature).

А **факульте́т** is divided into smaller units called **отделе́ния** *(divisions)*, where each subject area forms а **ка́федра** *(discipline, department)*, for example, ка́федра англи́йского языка́.

Что вы **изуча́ете?**	Я изуча́ю ру́сскую литерату́ру.

◇ **10.3** Изуча́ть versus учи́ться and занима́ться

[handwritten annotations: taking class in...; I am enrolled (in university) (I am a student); do everyday studying]

МОСКО́ВСКИЙ УНИВЕРСИТЕ́Т	
факульте́ты	**предме́ты**
математи́ческий факульте́т	матема́тика
факульте́т вычисли́тельной матема́тики	вычисли́тельная те́хника
физи́ческий факульте́т	фи́зика астроно́мия
хими́ческий факульте́т	хи́мия
биологи́ческий факульте́т	биоло́гия антрополо́гия биохи́мия
геологи́ческий факульте́т	геоло́гия
географи́ческий факульте́т	геогра́фия
филосо́фский факульте́т	филосо́фия социоло́гия
истори́ческий факульте́т	исто́рия
экономи́ческий факульте́т	эконо́мика
филологи́ческий факульте́т	литерату́ра ру́сский язы́к лингви́стика
юриди́ческий факульте́т	юриспруде́нция
факульте́т журнали́стики	журнали́стика
факульте́т психоло́гии	психоло́гия

You may also need the following subjects.
иностра́нные языки́   *foreign languages*
междунаро́дные отноше́ния   *international relations*
полити́ческие нау́ки   *political sciences*

А вы?
- На како́м факульте́те вы у́читесь?
- Что вы изуча́ете?
- Каки́е предме́ты вы лю́бите?
- Каки́е предме́ты вы не лю́бите?
- Како́й предме́т, по-ва́шему, са́мый интере́сный?
- А са́мый **тру́дный**?

MAJORS AND YEAR LEVELS

Students select a concentration called a **специа́льность**, which is the approximate equivalent of a major in U.S. universities. Undergraduate programs generally last five years (compared to four-year programs in the United States). Instead of being identified by a class name (freshman, sophomore, etc.), Russian students are identified by their year (**курс**) of study. Graduate programs are called **аспиранту́ра**, leading to two higher degrees, **кандида́т нау́к** and **до́ктор нау́к**.

Кака́я у вас специа́льность?	Моя́ специа́льность— ру́сская литерату́ра.

◇ **10.4** Syntax

На како́м ку́рсе вы у́читесь?	Я учу́сь на пе́рвом второ́м тре́тьем ку́рсе. четвёртом пя́том
	Я учу́сь в аспиранту́ре.
	Я аспира́нт/ка.

◇ **10.5** Ordinal numbers

- Кака́я у вас специа́льность?
- На како́м ку́рсе вы у́читесь?

2. Кто где у́чится?

Look at the chart and have conversations according to the model.

S1: В како́м университе́те у́чится Же́ня?
S2: Он у́чится в Моско́вском университе́те.
S1: На како́м факульте́те?
S2: На филологи́ческом.
S1: Кака́я у него́ специа́льность?
S2: Его́ специа́льность—ру́сский язы́к и литерату́ра.
S1: На како́м ку́рсе он у́чится?
S2: На тре́тьем ку́рсе.

	Же́ня	Ната́ша	Мари́на	Гри́ша
унив.	Моско́вский	Дальневосто́чный	Новосиби́рский	Ки́евский
фак.	филологи́ческий	геологи́ческий	математи́ческий	истори́ческий
спец.	ру́сский язы́к и литерату́ра	океаноло́гия	стати́стика	исто́рия США
курс	3	4	2	1

3. **Roleplay.**

You have just arrived in Moscow and are now attending a welcome party for your student group. Get acquainted with a young Russian next to you, played by a classmate, and ask him or her for the following information. Your classmate will then want the same information from you.

1. name of the university
2. department
3. specialty
4. year level
5. subjects

Talking about Languages

Како́й **иностра́нный язы́к** вы изуча́ли в шко́ле?	В шко́ле я изуча́л ру́сский язы́к.
Како́й ваш родно́й язы́к?	**Мой родно́й язы́к** англи́йский.

Каки́е языки́ вы зна́ете?	Я зна́ю ру́сский и англи́йский языки́.
Вы хорошо́ говори́те по-ру́сски?	Непло́хо.

◇ **10.6** Nouns with parallel modifiers
10.7 Ру́сский язы́к versus по-ру́сски

The word намно́го (*much, a lot*) is used to emphasize comparisons: намно́го трудне́е (*much more difficult*).

Кита́йский язы́к тру́дный?	Да, тру́дный, **намно́го трудне́е,** чем ру́сский.

языки́:

англи́йский
неме́цкий

испа́нский
францу́зский
италья́нский
португа́льский

ру́сский
украи́нский
по́льский
че́шский

гре́ческий

ара́бский
япо́нский
кита́йский
коре́йский

- Како́й ваш родно́й язы́к?
- Каки́е иностра́нные языки́ вы зна́ете? Как хорошо́? А ва́ши роди́тели?
- Како́й язы́к вы изуча́ли в шко́ле? Ско́лько лет?
- Как вы ду́маете, како́й язы́к са́мый тру́дный в ми́ре?
- А како́й язы́к трудне́е: испа́нский и́ли ру́сский язы́к?
- Ара́бский и́ли ру́сский язы́к?

4. Как по-ва́шему?

Compare the languages using the comparative forms given.

	трудне́е
намно́го	краси́вее
	интере́снее

S1: Како́й язы́к трудне́е: францу́зский и́ли неме́цкий?
S2: По-мо́ему, францу́зский язы́к намно́го трудне́е, чем неме́цкий.

францу́зский	неме́цкий
кита́йский	испа́нский
япо́нский	ру́сский
ара́бский	англи́йский

5. Каки́е языки́ они́ зна́ют?

Ask a partner questions about the chart. Change the bold-faced parts in the model questions.

Model: **1.** Каки́е иностра́нные языки́ зна́ет **Пол**?

2. Ско́лько лет **Пол** изуча́л **англи́йский** язы́к?

3. Где **Пол** изуча́л **англи́йский** язы́к?

4. Как ты ду́маешь, **Пол** хорошо́ зна́ет **англи́йский** язы́к?

Paul	Gianna	Stefan	Nicole
English 8 years, school	German 1 year, university	Russian 8 years, school	Chinese 2 years, university
German 5 years, school	French 6 years, school	French 1 month, university	Japanese 2 months, school
		English 2 years, school	

6. Интервью́.

Interview two classmates. Find out

1. what language(s) they are studying now
2. what language(s) they studied before
3. where and how many years they studied the(se) language(s)
4. how well they speak the language(s)
5. what language(s) their parents know and how well

Talking about Admissions Procedures, Teachers, and Course Work

GETTING ADMITTED TO A UNIVERSITY

Approximately 20 percent of the 18-to-21 age group attend universities in Russia, compared with almost 50 percent in the United States. Getting into Russian universities is very hard. Parents often hire private tutors (**репети́торы**) to help their children prepare for the entrance exams. Students apply for admission to a specific **факульте́т**, not to the university in general. The general education requirement is often limited to a foreign language and history, and students start immediately with the required course work in their **факульте́т**. The program is very rigorous and allows for relatively few electives. Instruction is theoretical, with less student–professor interaction than in U.S. universities. Russians are often surprised at the relaxed atmosphere of U.S. universities.

Поступи́ть в Моско́вский университе́т о́чень тру́дно.

- В какой университет в Америке трудно поступить?
- А в ваш университет трудно было поступить?
- Сколько лет назад вы поступили в этот университет?

Профессор Лебедева **преподаёт** русский язык.
Она преподаватель русск**ого** язык**а**.

◇ **10.2** Genitive case

- Кто в вашем университете преподаёт английский язык?
- А русский язык кто преподаёт?

7. Что они преподают?

What do you think the following people might teach? What would their complete titles be? (e.g., professor of the Russian language)

Р. Т. Абрамович
профессор
ИНСТИТУТ СТРАН АЗИИ
И АФРИКИ

Е. А. Климов
доцент
ФАКУЛЬТЕТ ПСИХОЛОГИИ

И. Ф. Волков
декан, профессор
ХИМИЧЕСКИЙ ФАКУЛЬТЕТ

Н. И. Лебедева
преподаватель
ФИЛОЛОГИЧЕСКИЙ ФАКУЛЬТЕТ
Кафедра русского языка

А. К. Кукушкин
доцент
ИСТОРИЧЕСКИЙ ФАКУЛЬТЕТ

OTHER SCHOOL-RELATED VOCABULARY		
Семе́стры *Semesters*	**Кани́кулы** *Holidays*	**Зада́ния** *Assignments*
осе́нний семе́стр весе́нний	зи́мние кани́кулы ле́тние	сочине́ние *essay* упражне́ние *exercise* дома́шнее зада́ние *homework* докла́д *presentation* димло́мная рабо́та *thesis*
Экза́мены *Exams*	**Заня́тия** *Classes*	**Отме́тки** *Grades*

контро́льная рабо́та *quiz*
экза́мен
  у́стный *oral*
  пи́сьменный *written*
  зачётный *final*
	заня́тие *session, class*
	уро́к *lesson, class*
	(also a chapter in a textbook)
	ле́кция *lecture*
	семина́р *seminar*
		5 пятёрка *A*
		4 четвёрка *B*
		3 тро́йка *C*
		2 дво́йка *D*
		1 едини́ца *F*
		зачёт *credit*

Both written and oral exams have essay questions. There are not usually multiple-choice exams. On the exams students are often required to repeat what they have memorized, rather than to defend their own opinions.

Что они́ де́лают?

Студе́нты слу́шают ле́кцию. Ната́ша на пя́том ку́рсе. Серге́й чита́ет **докла́д**.
Она́ **пи́шет** дипло́мную рабо́ту.

Students do not wear outer garments in the classroom (no caps, hats, or coats). These are left at the гардеро́б *(cloakroom)*. Nor are outer garments worn while conducting any university business, such as consulting faculty members or administrators in their offices.

писа́ть (I)
я пишу́
ты пи́шешь
он/она́ пи́шет
мы пи́шем
вы пи́шете
они́ пи́шут

Ни пу́ха ни пера́! is a wish for good luck approximately equivalent to *Break a leg!* The literal translation, *Neither down nor feather(s)*, was originally a hunter's wish for luck. The response to Ни пу́ха ни пера́! is a superstitious К чёрту! (*[Go] to the devil!*). A more neutral wish for good luck is Жела́ю вам/тебе́ уда́чи! (*I wish you success.*)

Серёжа:	Приве́т, Ни́на! Ты куда́ идёшь?
Ни́на:	Приве́т, Серёжа! Я иду́ на заня́тия. У меня́ экза́мен.
Серёжа:	Ах, вот как (*Oh, I see*). **Ни пу́ха ни пера́!**
Ни́на:	**К чёрту!**

Профе́ссор:	**Жела́ю вам уда́чи!**
Студе́нты:	Спаси́бо.

Университе́т

В ру́сских университе́тах есть два семе́стра: осе́нний и весе́нний. Длина́ семе́стра—4 ме́сяца. Зи́мние кани́кулы—1 ме́сяц, а ле́тние—2,5 (два с полови́ной) ме́сяца. Во вре́мя ле́тних кани́кул студе́нты обы́чно рабо́тают. В конце[1] ка́ждого семе́стра студе́нты сдаю́т зачётные экза́мены: и у́стные, и пи́сьменные. Пи́сьменные экза́мены обы́чно дли́нные: студе́нты мно́го пи́шут. На у́стном экза́мене профе́ссор даёт студе́нту биле́т, где 1-3 вопро́са,[2] и студе́нт пото́м отвеча́ет[3] на вопро́сы биле́та. Биле́т, наприме́р, мо́жет быть тако́й:

[1]at the end

[2]questions / [3]answers

Ру́сская литерату́ра:
1. **Те́ма любви́ в рома́не А.С. Пу́шкина «Евге́ний Оне́гин».**
2. **Же́нские хара́ктеры в рома́не Л.Н. Толсто́го «Война́ и мир».**
3. **Те́ма револю́ции в поэ́ме В.В. Маяко́вского «Хорошо́!».**

Отве́тьте на вопро́сы. *Answer the questions.*

1. Как называ́ются семе́стры в ру́сских университе́тах?
2. Ско́лько ме́сяцев дли́тся (*lasts*) оди́н семе́стр?

3. Что делают студенты во время летних каникул?

4. Письменные экзамены короткие?

5. Как по-вашему, устный экзамен по русской литературе трудный?

А как у вас?

1. В вашем университете есть семестры или четверти (*quarters*)? А летний семестр есть?

2. Сколько недель длятся зимние каникулы?

3. Что делают американские студенты летом: учатся или работают?

4. У вас есть устные экзамены?

5. Какие экзамены вы больше любите: устные или письменные?

6. У вас часто бывают контрольные работы?

7. А экзамены часто бывают?

8. Вы любите длинные письменные экзамены?

9. Вы любите писать сочинения?

10. Вы любите читать доклады?

Discussing Student Accommodations

Где вы живёте?	**Я живу**	в общежитии. на квартире. дома **с родителями.***
	Я снимаю	квартиру. комнату.

*with (my) parents

В общежитии.

◇ **10.8** Substantivized adjectives

WHERE DO STUDENTS LIVE?

Most Russian students whose parents do not live in the same city live in university dormitories. Unlike the residence halls in U.S. universities, many Russian dormitories house three to five students per room. Foreign exchange students (**стажёры**), however, are usually given double rooms. Students have a **про́пуск** *(ID card)*, which they show to the house mother (**дежу́рная**) every time they enter the building. Dormitory rules, as well as amenities, are similar to those in U.S. universities.

Vocabulary for use in discussions

почему́	*why*	потому́ что	*because*
ти́хо	*quiet*	шу́мно	*noisy*
до́рого	*expensive*	дёшево	*cheap*

А вы?

- Где вы живёте?
- Это до́рого и́ли дёшево?
- Где вы обы́чно обе́даете: в столо́вой и́ли са́ми *(yourself)* гото́вите?
- Столо́вые в ва́шем университе́те хоро́шие? Дороги́е?
- Как по-ва́шему, где лу́чше жить: в общежи́тии и́ли на кварти́ре?
- Почему́?
- В америка́нских общежи́тиях есть дежу́рные?

Discussing Secondary Education

В како́м кла́ссе у́чится ваш брат?	Он у́чится **в девя́том кла́ссе.**

кла́ссы

1 пе́рвый	7 седьмо́й
2 второ́й	8 восьмо́й
3 тре́тий (-ьем)	9 девя́тый
4 четвёртый	10 деся́тый
5 пя́тый	11 оди́ннадцатый
6 шесто́й	12 двена́дцатый (США)

- Ва́ши бра́тья и́ли сёстры ещё у́чатся в шко́ле?
- В како́м кла́ссе?

Это пе́рвое сентября́.

Школа в России

Русские дети идут в школу в шесть лет. Обычно они учатся в школе одиннадцать лет.

Учебный год начинается первого сентября и кончается тридцатого мая. В русских школах учатся не пять, а шесть дней в неделю. Математику и родной язык школьники изучают с первого класса, историю и литературу с четвёртого класса, биологию и географию—с пятого, физику—с шестого, а химию —с седьмого.

С пятого класса ученики выбирают иностранный язык: английский, немецкий или французский, в некоторых школах испанский.

В одиннадцатом классе школьники сдают выпускные экзамены.

Ответьте на вопросы.

1. Сколько лет учатся в школе русские дети?

2. Сколько дней в неделю они учатся в школе?

3. Какие предметы они изучают в четвёртом классе? А в седьмом?

4. С какого класса они изучают иностранный язык?

А как в Америке?

1. Когда поступают в школу американские дети?

2. Сколько лет они обычно учатся?

3. Когда обычно начинается учебный год: в августе или в сентябре?

4. Сколько дней в неделю учатся в американских школах?

5. С какого класса в американских школах изучают иностранный язык? Какой иностранный язык самый популярный?

6. Американские школьники сдают выпускные экзамены?

CHAPTER REVIEW

A. *You should now be able to...*

1. *say where (university and department) a person is studying*

2. *say what you study and what your specialty is*

3. *compare school subjects and express your preference*

4. *say what year level you are in*

5. *compare different languages as to their difficulty, interest value, etc.*

6. *say which foreign languages you know, have studied, and where, when, and how long you studied them*

7. *say who teaches different subjects*

8. *ask about a person's native language*

9. *compare student accommodations*

10. *understand the Russian grading system*

11. *wish a person good luck on an exam and respond to such a wish*

12. *say what subjects you took in high school, what grade level, and for how long*

B. Roleplay. *Get together in groups of three to four students. Each student assumes the role of an exchange student from a different country. Compare the education system in your countries, using the following questions as a guideline. Add any other questions as needed.*

1. *Where are you studying?*
2. *How long have you been studying there?*
3. *What kind of place is it (size, quality, price, etc.)?*
4. *In what department (факульте́т) are you studying?*
5. *What year are you?*
6. *What subjects are you studying?*
7. *What is your native language?*
8. *Which languages are you studying now, and which have you studied before? Where and for how many years?*
9. *What is your major?*
10. *What subject do you like best?*
11. *Who teaches that subject?*
12. *Do you live in a dorm or an apartment?*
13. *What subjects did you take in school and for how many years?*
14. *What subjects did you like best in school?*

 Extra

Teachers and students at all levels

institution	шко́ла	университе́т	аспиранту́ра
number of years	11	5	2–4
teachers	преподава́тель учи́тель/ница	профе́ссор доце́нт преподава́тель	профе́ссор доце́нт
teachers refer to each other as...	колле́га	колле́га	колле́га
students	шко́ль|ник, -ница уче|ни́к, -ни́ца	студе́нт/ка	аспира́нт/ка
students refer to each other as...	однокла́ссник	одноку́рсник	
levels	кла́сс	курс	
students get on graduation	аттеста́т	дипло́м	дипло́м
graduates are called	выпускни́к	матема́тик, журнали́ст,...	кандида́т нау́к до́ктор нау́к

Word Building

Roots

пис- *write*

писа́ть   *to write*
писа́тель   *writer*
письмо́   *letter*
пи́сьменный экза́мен   *written exam*
пи́сьменный стол   *desk*

ук-, уч-   *study*

нау́ка   *science*
нау́чный   *scientific*
учёный   *scientist*
уче́ние   *learning*
учи́лище   *school, institute*
учи́тель   *teacher*
учи́ться   *to study at a place*
уче́бник   *textbook*
изуча́ть   *to study a subject*
учени́к   *pupil* (m.)
учени́ца   *pupil* (f.)
уче́бный год   *school year*

Many Russian proverbs (**посло́вицы**) have to do with learning. Try to match the following with the corresponding English translations.

Уче́нье—свет, а неуче́нье—тьма.

Repetition is the mother of learni

Повторе́ние—мать уче́нья.

Teach others and you will unders

**Кто хо́чет мно́го знать,
   тому́ на́до ма́ло спать.**

*Live a century, learn a century
   (and die a fool).*

**Нау́ка не пи́во, в рот не
   вольёшь.**

*The one who wants to know a lot
   has to sleep little.*

**Век живи́—век учи́сь (а умри́
   дурако́м).**

*Learning is light, ignorance is
   darkness.*

Учи́ други́х—и сам поймёшь.

*Science is not beer, you cannot p
   it into your mouth.*

10.1 PREPOSITIONAL CASE: REVIEW

Remember that adjectives agree with the nouns they modify in gender, case, and number.

> Я учу́сь в педагоги́ческом институ́те.
> *I study at the teacher training institute.*
> Мой брат у́чится в музыка́льной шко́ле.
> *My brother studies at the music school.*
> Серге́й у́чится в медици́нском учи́лище.
> *Sergei studies at the nursing school.*

Remember also that the prepositional case for nouns ending in **-ия** and **-ие** is **-ии**.

> Ма́ша у́чится в консервато́рии.
> *Masha studies at the conservatory.*

Before doing the exercises, review the conjugation of the verb **учи́ться**. Remember that Spelling Rule 2 is applied to the first (**у**, not **ю**) and last (**ат**, not **ят**) forms of the paradigm.

я	учу́сь	мы	у́чимся
ты	у́чишься	вы	у́читесь
он/она́	у́чится	они́	у́чатся

Упражне́ния

◇ **1.** Write complete sentences with the following words.

Model: я/медици́нский институ́т **Я учу́сь в медици́нском институ́те.**

1. я/медици́нское учи́лище
2. они́/Ки́евский университе́т
3. мы/консервато́рия
4. вы/педагоги́ческий институ́т
5. моя́ дочь/бале́тная шко́ла

2. Write the questions with **где**. Notice that some sentences are in the past tense.

Model: Мы у́чимся в Моско́вском университе́те. **Где вы у́читесь?**

1. Я учу́сь в Теха́сском университе́те.
2. Они́ у́чатся в МГУ.
3. Мой друг у́чится в консервато́рии.
4. Мы у́чимся в медици́нском институ́те.
5. Моя́ сестра́ учи́лась в Новосиби́рском университе́те.
6. Моя́ мать учи́лась в те́хникуме.
7. Наш оте́ц учи́лся в педагоги́ческом институ́те.
8. Мы учи́лись в шко́ле 2 го́да наза́д.

10.2 GENITIVE CASE (SINGULAR): NOUNS, ADJECTIVES, AND POSSESSIVE AND DEMONSTRATIVE PRONOUNS

You have so far learned three of the six cases: nominative (the case of the subject), accusative (the case of the direct object), and prepositional (the case of location). The main function of the *genitive case* is to express *possession, belonging to something or somebody*. Compare the English translations in the following examples.

Это маши́на мо**его́** ру́сск**ого** дру́г**а** Макси́м**а**.
*This is my Russian friend Maxim's car (the car **of** my Russian friend Maxim).*
Это ка́рта За́падн**ой** Евро́п**ы**.
*This is the map **of** Western Europe.*
Это ка́федра ру́сск**ого** язык**а́**.
*This is the Russian language department (the department **of** the Russian language).*

GENITIVE SINGULAR OF NOUNS					
Nominative			**Genitive**		
Masc.					
рома́н	Ива́н	-ø	рома́н**а**	Ива́н**а**	**-а**
музе́й	Серге́й	-й	музе́**я**	Серге́**я**	**-я**
словá́рь	И́горь	-ь	словар**я́**	И́гор**я**	**-я**
Fem.					
маши́на	Алла	-а	маши́н**ы**	Алл**ы**	**-ы**
кни́га	Ма́ша	-а	кни́г**и***	Ма́ш**и***	**-и***
тётя	Та́ня	-я	тёт**и**	Та́н**и**	**-и**
лаборато́рия	Мари́я	-я	лаборато́ри**и**	Мари́**и**	**-и**
пло́щадь		-ь	пло́щад**и**		**-и**
Neuter					
письмо́		-о	письм**а́**		**-а**
зда́ние		-е	зда́ни**я**		**-я**

*Spelling Rule 1 is applied.

SIMPLIFIED RULE FOR THE GENITIVE SINGULAR OF NOUNS	
M, N	-а/я
F:	-ы/и*

*Spelling Rule 1 is applied.

SIMPLIFIED RULE FOR THE GENITIVE SINGULAR OF ADJECTIVES	
M, N	-ого/его*
F:	-ой/ей*

*Spelling Rule 3 is applied.

mía

GENITIVE SINGULAR OF POSSESSIVE AND DEMONSTRATIVE PRONOUNS		
Masc.	Fem.	Neuter
моего́/твоего́	мое́й/твое́й	моего́/твоего́
на́шего/ва́шего	на́шей/ва́шей	на́шего/ва́шего
э́того/того́	э́той/той	э́того/того́

Note 1: The letter **г** in the endings **-ого** and **-его** is pronounced as **в**.

Note 2: его́ *(his)*, её *(her)*, and **их** *(their)* are not declined.

Note 3: Last names with adjective endings are declined as adjectives.

nominative	**genitive**		
Толсто́й	Толсто́го	рома́ны Толсто́го	*Tolstoy's novels*
Достое́вский	Достое́вского	жизнь Достое́вского	*Dostoevsky's life*
Чайко́вский	Чайко́вского	му́зыка Чайко́вского	*Tchaikovsky's music*

Use of the Genitive Case

A. To express possession

> Это кни́га мо**его́** бра́т**а** Игор**я**.
> *This is my brother Igor's book (the book of my brother Igor).*
> Это уче́бник **э́того** но́в**ого** студе́нт**а**.
> *This is this new student's textbook (the textbook of this new student).*
> Это маши́на мо**е́й** сестр**ы́** Ната́ш**и**.
> *This is my sister Natasha's car (the car of my sister Natasha).*

Note: Masculine nouns ending in -**a** (па́па, де́душка, дя́дя, and some nicknames) are declined as feminines. Their modifiers, however, are in the masculine form.

Это маши́на мо**его́** па́**пы**.   *This is my father's car.*

Это соба́ка мо**его́** дру́г**а** Воло́д**и**.   *This is my friend Volodya's dog.*

Many sentences denoting possession are preceded by the question *Whose?* **Чей?** which was introduced in Lesson 3.

masc.	**Чей**	э́то **каранда́ш**?	Это каранда́ш Ива́на.
		Whose pencil is this?	*It is Ivan's pencil.*
fem.	**Чья**	э́то **ру́чка**?	Это ру́чка Игоря.
		Whose pen is this?	*It is Igor's pen.*
neuter	**Чьё**	э́то **письмо́**?	Это письмо́ Ле́ны.
		Whose letter is this?	*It is Lena's letter.*
pl.	**Чьи**	э́то **кни́ги**?	Это кни́ги Та́ни.
		Whose books are these?	*They are Tanya's books.*

Упражне́ние

◇ **3.** Write questions and answers according to the model.

Model: кни́га/мой брат **Чья э́то кни́га? Это кни́га моего́ бра́та.**

учебник *textbook*   каранда́ш *pencil*   ру́чка *pen*
портфе́ль *m. briefcase*   су́мка *purse*

1. каранда́ш/э́тот студе́нт
2. уче́бник/э́та но́вая студе́нтка
3. ру́чка/мой брат Серге́й
4. письмо́/моя́ ба́бушка
5. кни́га/мой профе́ссор
6. портфе́ль/моя́ учи́тельница
7. соба́ка/Воло́дя
8. ко́шка/мой де́душка
9. маши́на/моя́ сестра́ Та́ня
10. велосипе́д/мой друг Ди́ма
11. ра́дио/наш друг Игорь
12. компью́тер/моя́ подру́га Ма́ша
13. дом/наш преподава́тель
14. ло́шадь/э́тот ковбо́й
15. су́мка/моя́ ма́ма

B. To modify a noun with another noun or noun phrase

In English, the modifier can be *before* or *after* the noun it modifies. In Russian, the modifier is *after* the main noun.

a **Russian language**	teacher	преподава́тель ру́сского
modifier	main noun	языка́
a teacher	*of the Russian language*	преподава́тель ру́сского
main noun	modifier	языка́

Note: The following are some mistakes commonly made by American students.

John Smith is a Russian teacher.
Джон Смит—~~ру́сский преподава́тель.~~

should be: преподава́тель ру́сского языка́.   (He is not Russian by nationality.)

We have a Russian Club.
У нас есть ~~ру́сский клуб.~~

should be: клуб ру́сского языка́.   (The club is not Russian by origin.)

Упражне́ние

4. Translate the following phrases by combining vocabulary items from the two lists below. Underline the main noun first.

1. dean of the philology department   **7.** division of applied mathematics
2. school of classical ballet   **8.** a textbook on British literature
3. department of psychology   **9.** a professor of modern art
4. history teacher   **10.** a French language club
5. Russian language institute   **11.** Tchaikovsky's music
6. a first year student   **12.** Tolstoy's novels

му́зыка	Толсто́й
рома́ны	Чайко́вский
институ́т	англи́йская литерату́ра
преподава́тель	ру́сский язы́к
профе́ссор	исто́рия
уче́бник	прикладна́я (*applied*) матема́тика
клуб	психоло́гия
студе́нт	класси́ческий бале́т
ка́федра	филологи́ческий факульте́т
факульте́т	пе́рвый курс
дека́н (*dean*)	совреме́нное иску́сство
шко́ла	францу́зский язы́к

10.3 ИЗУЧА́ТЬ VERSUS УЧИ́ТЬСЯ AND ЗАНИМА́ТЬСЯ

A. The verb **учи́ться** *(to be a student)* is used in the following two constructions.

1. To denote a *place* of study, that is, where you are a student.

Где ты у́чишься? Я учу́сь **в** университéте.
на филологи́ческом факультéте.
на пéрвом ку́рсе.

2. To express *how* one studies.

Как ты у́чишься?   Я учу́сь **хорошó.**

B. The verb **изуча́ть** is used when you want to say what *subjects* you are taking. Notice that the subjects taken are the *object* of the sentence and, therefore, in the *accusative* case.

В университéте я изуча́ю ру́сский язы́к, матема́тику и истóрию.
At the university I study the Russian language, mathematics, and history.

C. The verb **занима́ться** literally means *to be occupied with,* but is often used in the meaning *to do homework, to study.* This verb *cannot* take a direct object in the accusative case.

Что ты дéлаешь? Я занима́юсь.
What are you doing? I am doing my homework.

Я занима́юсь в библиотéке ка́ждый вéчер.
I study at the library every night.

Упражнéния

◇ **5.** Fill in **учи́ться, занима́ться,** or **изуча́ть** in the correct present tense form.

1. Лéна _____ матема́тику.

2. Мой брат _____ на филологи́ческом факультéте.

3. Мы _____ астронóмию.

4. Вéчером я _____ в библиотéке.

5. Я _____ ру́сский язы́к.

6. Мы _____ на пéрвом ку́рсе.

7. Cа́ша и Алла _____ францу́зский язы́к.

8. Мои́ друзья́ _____ в тéхникуме.

9. Вы обы́чно __ у́тром и́ли вéчером?

10. Где вы _____?

◇ **6.** Write complete sentences in the present tense according to the model. Remember to put the object in the accusative case.

Model:　Алла/матема́тика　**Алла изуча́ет матема́тику.**

1. Серге́й/фи́зика и астроно́мия
2. Ната́ша и Ле́на/биоло́гия
3. мы/ру́сская грамма́тика
4. ты/францу́зский язы́к/?
5. я/ру́сская литерату́ра
6. моя́ сестра́/медици́на
7. Андре́й/психоло́гия
8. вы/эконо́мика
9. мой брат/класси́ческое иску́сство
10. Ма́ша и Лари́са/англи́йский язы́к

10.4　SYNTAX

Notice the difference between the following two constructions.

Я	изуча́ю	матема́тику.	*I study mathematics.*
subject	verb	object (= accusative case)	
Моя́ специа́льность—матема́тика.			*My major is mathematics.*
subject		predicate (= nominative case)	

Some sentences can have a combination of cases.

Она́ изуча́ет исто́рию ру́сского иску́сства.
　　　　　　　 acc.　　　 gen.
*She is studying the
history of Russian art.*

Я чита́л поэ́зию Пу́шкина.
　　　 acc.　　 gen.
I (have) read Pushkin's poetry.

Упражне́ния

◇ **7.** How would you say that you

1. study the history of the Russian language
2. have read Tolstoy's novels (Толсто́й)
3. like Tchaikovsky's music (Чайко́вский)
4. understand the grammar of the Russian language (грамма́тика)
5. have not studied the geography of Europe (геогра́фия/Евро́па)

8. Write the words in parentheses in the correct form.

1. Я учу́сь в (Моско́вский университе́т), на (второ́й курс).
2. Я студе́нт (филологи́ческий факульте́т).
3. Моя́ специа́льность—(лингви́стика).

4. Я изуча́ю (англи́йский язы́к), (англи́йская литерату́ра), (психоло́гия), (матема́тика) и (исто́рия).

5. Мой друг Серге́й у́чится на (физи́ческий факульте́т).

6. Он уже́ на (пя́тый курс).

7. Он изуча́ет (фи́зика), (матема́тика) и (астроно́мия).

8. Его́ специа́льность—(а́томная фи́зика).

9. Сестра́ (Серге́й)—студе́нтка (четвёртый курс) (филологи́ческий факульте́т).

10. Её специа́льность—(класси́ческая филоло́гия).

10.5   ORDINAL NUMBERS

Ordinal numbers are regular adjectives and therefore agree with the noun they modify.

Э́то мой пе́рвый раз в Москве́.
This is my first time in Moscow.
Я учу́сь **на** пе́рв**ом** ку́рс**е**.
I study on the first-year level. (I am a first-year student.)
Са́ша у́чится **на** тре́ть**ем** ку́рс**е**.
Sasha is a third-year student.

Note: The adjective **тре́тий** has exceptional case forms. See the back endpapers for the complete declension.

Упражне́ние

◇ **9.**   Write out the sentences according to the model.

Model: Ле́на/2   **Ле́на у́чится на второ́м ку́рсе.**

1. я/3
2. они́/2
3. мы/5
4. ты/4
5. он/1

10.6   NOUNS WITH PARALLEL MODIFIERS

When two parallel modifiers refer to the same noun, the noun is usually in the plural, while the modifiers remain in the singular.

Я зна́ю **ру́сский** язы́к и **англи́йский** язы́к. = Я зна́ю ру́сский и англи́йский языки́.

10.7 РУ́ССКИЙ ЯЗЫ́К VERSUS ПО-РУ́ССКИ

The forms **по-ру́сски**, **по-англи́йски**, and so on, are normally used with the following verbs.

говори́ть	*to speak*	Я говорю́ **по-ру́сски**.
чита́ть	*to read*	Я чита́ю **по-неме́цки**.
писа́ть	*to write*	Я хорошо́ пишу́ **по-англи́йски**.

The corresponding questions are **На како́м языке́?** or, in the plural, **На каки́х языка́х?**

На како́м языке́ говори́т ваш друг?	Он говори́т по-кита́йски.
На каки́х языка́х вы говори́те?	Я говорю́ по-ру́сски и по-англи́йски.

With other verbs, the forms **ру́сский язы́к**, **англи́йский язы́к**, and the like are used.

Я изуча́ю **ру́сский язы́к**.	*I study (the) Russian (language).*
Я зна́ю **ру́сский язы́к**.	*I know (the) Russian (language).*
Я люблю́ **францу́зский язы́к**.	*I like (the) French (language).*

The corresponding questions are **Како́й язы́к?** or, in the plural, **Каки́е языки́?**

Како́й язы́к вы изуча́ете?	Я изуча́ю испа́нский язы́к.
Каки́е языки́ вы зна́ете?	Я зна́ю испа́нский и англи́йский языки́.

Note: The verb **понима́ть** *(to understand)* can be used with both constructions.

Я понима́ю **по-кита́йски**. and Я понима́ю **кита́йский язы́к**.

Упражне́ние

◇ **10.** Fill in the missing words.

1. Вы говори́те _____ (*Polish*)?

2. Мы хорошо́ зна́ем _____ (*French*).

3. Мой брат изуча́ет _____ (*Spanish*).

4. Я зна́ю _____ (*English, Russian, and German*).

5. Ле́на хорошо́ чита́ет _____ (*Arabic*).

6. Мой оте́ц не понима́ет _____ (*Ukrainian*).

7. Я пло́хо пишу́ _____ (*English*).

8. Я люблю́ _____ (*Russian*).

9. Мы не говори́м _____ (*Chinese*).

10. Са́ша изуча́ет _____ (*Japanese*).

10.8 SUBSTANTIVIZED ADJECTIVES

Substantivized adjectives are *adjectives by form* and *nouns by function*. They are *declined as adjectives*. You have encountered the following adjectives previously.

ва́нная	*bathroom*	Я принима́ю душ в ва́нн**ой**.
гости́ная	*living room*	В гости́н**ой** стоя́т дива́н, стол и стул.

Дежу́рный/дежу́рная (*receptionist, person on duty*) and столо́вая (*cafeteria, dining room*) are introduced in this lesson.

Мы обе́даем в столо́в**ой**.   *We eat dinner in the dining room.*

Vocabulary ─────────────────────

Note: The core vocabulary is bold-faced.

Nouns

Subjects

астроно́мия	*astronomy*
биоло́гия	*biology*
вычисли́-тельная те́хника	*computer science*
исто́рия	*history*
литерату́ра	*literature*
матема́тика	*mathematics*
предме́т	*subject (at school)*
психоло́гия	*psychology*
фи́зика	*physics*
хи́мия	*chemistry*

Grades and exams

дво́йка	*number two, "D" grade*
едини́ца	*number one, "F" grade*
зачёт	*credit*
зачётный экза́мен	*final, comprehensive exam*
контро́льная рабо́та	*quiz*
отме́тка	*grade (numeric)*
пятёрка	*number five, "A" grade*
тро́йка	*number three, "C" grade*
четвёрка	*number four, "B" grade*
экза́мен	*exam*

Places, levels, and activities

аспиранту́ра	*graduate studies*
заня́тие	*session, lesson*
ка́федра	*discipline, department*
класс	*grade (year level)*
консервато́рия	*conservatory (musical training)*
курс	*year level at a university*
ле́кция	*lecture*
ПТУ (профес-сиона́льно-техни́ческое учи́лище)	*vocational-technical high school*
семина́р	*seminar*
те́хникум	*technical college*
учи́лище	*vocational college*
факульте́т	*college (division)*

Students and teachers

аспира́нт/ка	*graduate student*
доце́нт	*docent, assistant professor*
уче|ни́к, -ни́ца	*schoolboy/girl*
шко́ль|ник, -ница	*schoolboy/girl*

Other school-related nouns

дипло́мная рабо́та	*thesis*
докла́д	*oral presentation*

кани́кулы *pl.*	*school holidays*
семе́стр	*semester*
сочине́ние	*paper, essay*
специа́льность *f.*	*specialty, major*

Other nouns

дежу́рный, дежу́рная	*person on duty*
ко́мната	*room*
про́пуск	*ID card*
столо́вая	*cafeteria, dining room*
язы́к	*language, tongue*

Adjectives

Departments and schools

биологи́ческий	*biological*
геологи́ческий	*geological*
истори́ческий	*historical*
математи́ческий	*mathematic*
медици́нский	*medical*
педагоги́ческий	*pedagogical, teachers'*
политехни́ческий	*polytechnical*
физи́ческий	*physical*
филологи́ческий	*languages and literature*
хими́ческий	*chemical*
экономи́ческий	*economic, business*
юриди́ческий	*law*

Languages

ара́бский	*Arabic*
гре́ческий	*Greek*
коре́йский	*Korean*
по́льский	*Polish*
португа́льский	*Portuguese*
украи́нский	*Ukrainian*
че́шский	*Czech*

Numerals

пе́рвый	*first*
второ́й	*second*
тре́тий, тре́тья, тре́тье	*third*
четвёртый	*fourth*
пя́тый	*fifth*
шесто́й	*sixth*
седьмо́й	*seventh*
восьмо́й	*eighth*
девя́тый	*ninth*
деся́тый	*tenth*
оди́ннадцатый	*eleventh*
двена́дцатый	*twelfth*

Seasons

весе́нний	*spring, vernal*
зи́мний	*winter*
ле́тний	*summer*
осе́нний	*fall, autumnal*

Other adjectives

бу́дущий	*future*
дипло́мный	*diploma*
зачётный	*credit*
иностра́нный	*foreign*
пи́сьменный	*written*
родно́й	*native*
сре́дний	*middle*
тру́дный	*difficult*
у́стный	*oral*

Verbs

быва́|ть (I)	*to be (frequently)*
изуча́|ть (I)	*to study a subject*
писа́ть (I) **пишу́, пи́шешь, пи́шут**	*to write*
поступи́ть (II) поступлю́, посту́пишь, посту́пят	*to get in (a school, university)*
преподаⅠва́ть (I) **преподаю́, преподаёшь, преподаю́т**	*to teach*
снима́|ть (I)	*to rent*

Expressions

Ни пу́ха ни пера́!	*Good luck!*
К чёрту!	*Go to hell!*
Жела́ю тебе́/вам уда́чи!	*I wish you luck!*

Other

дёшево	*cheap*
дóрого	*expensive*
почемý	*why*
потомý что	*because*
тѝхо	*quiet*
шýмно	*noisy*

Уро́к 11
(Оди́ннадцатый уро́к)

Где мо́жно купи́ть икру́?

На ры́нке продаю́т о́вощи и фру́кты.

Ли́за: Ба́бушка, где ты была́?

Ба́бушка: Я была́ на ры́нке.

Ли́за: Что ты купи́ла?

Ба́бушка: Ку́рицу, капу́сту, я́блоки...

Ли́за: А виногра́д ты не купи́ла?

Ба́бушка: Виногра́да не́ бы́ло.

THEMES

- Talking about eating and drinking
- Finding the right stores
- Counting money
- Talking about things you have and do not have
- Comparing quantities and measurements
- Comparing prices
- Asking for items in the store

CULTURE

- Russian food stores
- Russians and money
- Metric system
- Shopping–Russian style

STRUCTURES

- Verbs есть, пить, продава́ть, and купи́ть
- Genitive case
  - With numerals
  - To express possession: у Ива́на есть/был/бу́дет
  - With negatives: у нас нет/не́ было/не бу́дет
  - To express absence: Ива́на нет до́ма
  - With quantity and measurement: буты́лка молока́, 200 г колбасы́, ско́лько, мно́го, ма́ло, бо́льше, ме́ньше

Talking About Eating and Drinking

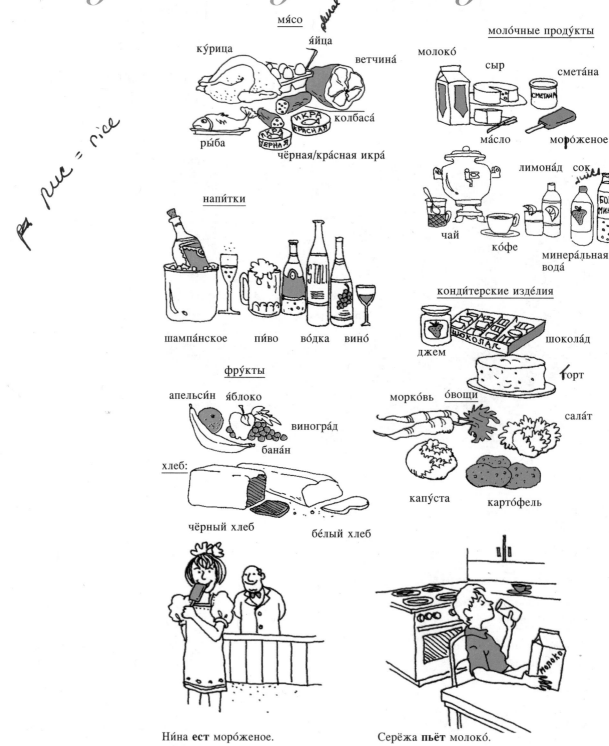

мя́со

ку́рица
я́йца
ветчина́
колбаса́
ры́ба
чёрная/кра́сная икра́

моло́чные проду́кты

молоко́
сыр
смета́на
ма́сло
моро́женое

лимона́д
сок
чай
ко́фе
минера́льная вода́

напи́тки

шампа́нское
пи́во
во́дка
вино́

конди́терские изде́лия

джем
шокола́д
торт

фру́кты

апельси́н
я́блоко
виногра́д
бана́н

морко́вь
о́вощи
сала́т
капу́ста
карто́фель

хлеб:

чёрный хлеб
бе́лый хлеб

Ни́на **ест** моро́женое.

Серёжа **пьёт** молоко́.

есть *to eat*	пить *to drink*
я ем	я пью → "рею"
ты ешь	ты пьёшь
он/она́ ест	он/она́ пьёт
мы еди́м	мы пьём
вы еди́те	вы пьёте
они́ едя́т	они́ пьют

- Что вы лю́бите/не лю́бите есть/пить?
- Что вы обы́чно пьёте у́тром?
- Вы еди́те фру́кты ка́ждый день? Каки́е?
- Что вы е́ли вчера́? А что вы пи́ли?

◇ **11.1** Verbs есть and пить

Finding the Right Stores

RUSSIAN FOOD STORES

There are fewer large supermarkets in Russia than in the United States. Russian food stores are often small and specialized: one store sells meat, another milk products, and so on. A гастроно́м is a delicatessen that specializes in various cold cuts and cheeses. A бу́лочная sells bread. A продово́льственный магази́н is a generic grocery store whose various departments (отде́л) are labeled in different ways: with adjective + noun phrases, such as Моло́чный (Мясно́й, Ры́бный, Ви́нный) отде́л, or with the name of the main product in a noun form, Молоко́ (Мя́со, Ры́ба, Вино́).

In some stores, the customers first pay for the items at the ка́сса (*cash desk*) and then receive the items in exchange for the cash receipt. An exception to this practice occurs in универса́м, a self-service supermarket where customers take items through a cash register.

A ры́нок is an open-air market where farmers sell their produce.

- Что **продаю́т** в гастроно́ме? *are they selling*
- А на ры́нке?
- А что продаю́т в бу́лочной?
- Что продаю́т в мясно́м **отде́ле**?
- Что мо́жно **купи́ть** в конди́терском отде́ле?
- А в моло́чном отде́ле?
- А в ви́нном отде́ле?
- Где мо́жно купи́ть икру́?

◇ **11.2** Verbs продава́ть and купи́ть

1. В како́м отде́ле?

Make a shopping list for groceries. Working with a partner, use the following vocabulary to practice asking in which department of a grocery store you can find the items you need.

ви́нный отде́л
конди́терский отде́л
мясно́й отде́л
фрукто́вый отде́л
моло́чный отде́л

S1: В како́м отде́ле продаю́т я́йца?

S2: Я́йца продаю́т в моло́чном отде́ле.

or: S1: Где мо́жно купи́ть я́йца?

S2: Я́йца мо́жно купи́ть в моло́чном отде́ле.

Counting Money

NUMBERS 100–1000s

100	сто
200	две́сти
300	три́ста
400	четы́реста
500	пятьсо́т
600	шестьсо́т
700	семьсо́т
800	восемьсо́т
900	девятьсо́т
1000	ты́сяча
2000	две ты́сячи
3000, 4000	три, четы́ре ты́сячи
5000, 6000, ...	пять, шесть, ... ты́сяч

RUSSIANS AND MONEY

Whereas Americans do not normally discuss their personal finances with outsiders, Russians do not hesitate to ask how much you earn and how much your house or car cost. On the other hand, Russians are less materialistic when it comes to providing services to other people. Friends and relatives frequently help with money and do not expect to be paid for baby-sitting or other small tasks.

The Russian monetary unit рубль (ruble) has fluctuated greatly since the breakup of the Soviet Union. The smaller (1/100 ruble) monetary unit копе́йка (kopeck) has become virtually worthless.

Ско́лько у вас де́нег?			У меня́...
1	**2, 3, 4**	**5, 6, 7, ...**	
рубль	рубля́	рубле́й	
до́ллар	до́ллара	до́лларов	
цент	це́нта	це́нтов	

У меня́ **два до́ллара пятьдеся́т пять це́нтов**

[handwritten notes: genetive + ? singular, genitive plural]

◇ **11.3** Genitive case: with numerals

The form **де́нег** is the genitive plural of the noun **де́ньги** (*money*). The plural forms are explained in detail in Lesson 15.

Notice that amounts including two different units do not have the conjunction и between dollars and cents: *two dollars fifty-five cents.*

[handwritten notes: Kop копе́йка, одна́, две, 3, 4 копе́йки, 5-20 копе́ек]

		Ива́на		
		И́горя		
Ско́лько	у	Ле́ны	де́нег?	
		Та́ни		
		тво**его́** бра́**та**		
		тво**е́й** сестр**ы́**		

◇ **11.3** Genitive case: у кого́ есть

[handwritten note: у is always followed by genitive case (since it means "by ___" + what they possess is nominative case)]

🎭 **2.** Ско́лько у них де́нег?

Practice questions and answers about money. Use the amounts in both columns.

S1: Ско́лько у **Ма́рка** де́нег?
S2: У Ма́рка 43 рубля́.

A	B
Марк 43р.	Ле́на 51р.
И́горь 221р.	Воло́дя 223р.
Ири́на 293р.	Лари́са 300р.
Ольга 400р.	Андре́й 150р.
Ната́ша $43.25	Та́ня $54.75
Серёжа $691.25	Ма́ша $692.75

[handwritten note: = "pedeciat"]

When comparing two items, the preposition на is used to denote the exact difference in quantities.

У кого́ бо́льше де́нег: у Ива́на и́ли у Ле́ны?	У Ива́на.
На ско́лько **рубле́й** **бо́льше?** / **ме́ньше?**	**На 1 рубль бо́льше.** **На 2, 3, 4 рубля́ ме́ньше.** **На 5 рубле́й ме́ньше.**

3. **У когó бóльше дéнег? На скóлько бóльше?**

Compare the amounts in columns A and B in Activity 2.

S1: У когó бóльше дéнег: у Мáрка úли у Лéны?
S2: У Лéны.
S1: На скóлько бóльше?
S2: На 8 рублéй бóльше.

Talking About Things You Have and Do Not Have

Морóженое is a substantivized adjective in the neuter form, hence the genitive ending -ого. Шампáнское (*champagne*) is declined in the same way: шампáнского.

У вас есть	рýсский чай?	Да, у нас есть рýсский чай.
У вас есть	рýсский чай? чёрная икрá? молокó? морóженое?	Нет, у нас **нет** рýсск**ого** чá**я.** чёрн**ой** икр**ы́.** молок**á.** морóжен**ого.**

◇ **11.3** Genitive case: nonexistence or absence

холодúльник

— —В холодúльнике **ничегó** нет!!
Нáдо купúть сыр, колбасý, мáсло...

Купú, пожáлуйста, сыр, колбасý, мáсло...

4. **В холодúльнике ничегó нет!!**

A. Your refrigerator is half empty. You have only every other item on the following checklist. Go over the list with a partner according to the model. Then review the list a second time and switch around the items you have.

S1:   У нас есть лимона́д?

S2:   Да, у нас есть лимона́д. / Нет, у нас нет лимона́да.

лимона́д ✓	неме́цкое пи́во
чёрная икра́	ма́сло
ку́рица	сыр
минера́льная вода́	колбаса́
молоко́	чёрный хлеб
ру́сская во́дка	моро́женое
кра́сное вино́	ру́сский чай
мя́со	джем
ветчина́	шокола́д
ры́ба	кра́сная икра́

B. Based on your initial checklist, name the items that need to be bought.

Model: На́до купи́ть колбасу́,...

or: Купи́, пожа́луйста, колбасу́,...

C. Which of the items in the list do *you* have in your refrigerator? Which ones don't you have?

Model: У меня́ есть... / У меня́ нет...

Review Later ↓

Notice that the stress is on the negative не, not on бы́ло: не́ было.

	был	ру́сский чай?		был	ру́сский чай.
Вчера́ у вас	была́	чёрная икра́?	Да, вчера́ у нас	была́	чёрная икра́.
	бы́ло	ма́сло?		бы́ло	ма́сло.
За́втра у вас	**бу́дет**	лимона́д.	Да, за́втра у нас	**бу́дет**	лимона́д.

◇ **11.3** Genitive case: у кого́ есть (past and future)

(plural) бу́дут бана́ны

	был	ру́сский чай?		present смысл Нет	ру́сского ча́я.
Вчера́ у вас	была́	чёрная икра́?	Нет, вчера́ у нас	**не́ было**	чёрной икры́.
	бы́ло	ма́сло?			ма́сла.
За́втра у вас	**бу́дет**	лимона́д?	Нет, за́втра у нас	**не бу́дет**	лимона́да.

◇ **11.3** Genitive case: nonexistence or absence (past and future)

🔊 **5. В магази́не.**

This store does not keep its stocks up-to-date. It is out of several items. If the store does not have the items today, ask about yesterday and tomorrow.

S1: У вас есть ру́сский чай?

S2: Да, у нас есть ру́сский чай./ Нет, у нас нет ру́сского ча́я.

S1: А вчера́ у вас был ру́сский чай?

S2: Да, вчера́ у нас был ру́сский чай./ Нет, у нас давно́ не́ было ру́сского ча́я.

S1: А за́втра бу́дет?

S2: Да, за́втра бу́дет ру́сский чай./ Нет, за́втра не бу́дет ру́сского ча́я.

	сего́дня	вчера́	за́втра
1. чёрный хлеб	да		
2. ру́сская во́дка	нет	нет	нет
3. францу́зский сыр	нет	да	да
4. кра́сная икра́	да		
5. бе́лое вино́	нет	нет	нет
6. неме́цкое пи́во	да		
7. моро́женое	нет	да	да
8. италья́нская колбаса́	да		
9. шве́дский шокола́д	нет	нет	нет
10. ры́ба	нет	да	нет

Comparing Quantities and Measurements

METRIC SYSTEM

Russians use the metric system for volume and weight. Since many food items are not prepackaged, the customer needs to specify the quantity in liters, grams, or kilograms. Consult the following chart for approximate equivalents.

Metric	American	Typical items
1 kg (1000 g)	2 lb	meat, apples, oranges, potatoes
1/2 kg (500 g)	1 lb	sausage, ham
250 g	1/2 lb	cheese
1 l	1 qt	milk

1	2, 3, 4	5, 6, 7, ...
грамм (г)	гра́мма	гра́мм(ов)
килогра́мм (кг)	килогра́мма	килогра́мм(ов)
литр (л)	ли́тра	ли́тров
1/2 кг	по́лки́ло	
1/2 л	пол-ли́тра	

The forms гра́ммов and килогра́ммов are often replaced by грамм and килогра́мм, especially in spoken language.

SHOPPING—RUSSIAN STYLE

With the recent changes in Russia, old shopping traditions are giving way to Western procedures, especially in bigger cities. During Soviet times customers brought their own containers for many items, such as a моло́чник for milk and a ба́нка *(jar)* for смета́на. Although most milk products are prepackaged now, many other items are still sold at service desks only. No~~t all~~ stores give out free plastic bags, and therefore customers often bring their own shopping bags. Some Russians carry a се́тка, a netlike shopping bag, in their purse or pocket.

Shopping for a complete meal usually involves going to several stores. Since many people either do not own cars or do not drive them every day, food shopping is often a daily activity.

ба́нка ко́фе 500 г

ба́нка чёрной икры́ 200 г

буты́лка кра́сного вина́ 1 л

буха́нка чёрного хле́ба

паке́т молока́

ба́нка апельси́нового джéма 250 г

па́чка грузи́нского ча́я 150 г

коро́бка шокола́да 500 г

килогра́мм мя́са 1 кг

кусо́к францу́зского сы́ра 300 г

по́лки́ло ма́сла 0,5 кг

The noun ко́фе is indeclinable.

◇ **11.3** Genitive case: with words of quantity and measurement

Что у неё **в се́тке?** У неё буха́нка хле́ба и буты́лка молока́.

Что она́ купи́ла? Она́ купи́ла буха́нку хле́ба и буты́лку молока́.

◇ **11.4** Syntax: Accusative versus nominative

👥 **6.** **Что у него́ в се́тке? Что он купи́л?**

Victor went to the store with the following shopping list. He wrote the quantity next to the items that are sold in bulk. Discuss with a partner what he bought. Add the appropriate containers to items without quantity.

Model: Он купи́л **па́чку** грузи́нского ча́я, ...

грузинский чай
красное вино-франц.
канадский сыр — 0,5 кг
масло
апельсиновый джем
кофе
колбаса — 300 г
мясо — 1 кг
шоколад
чёрная икра

7. Что на́до купи́ть?

A. You are planning a party. Your friend has offered to go to the store for you. Tell your friend what needs to be bought and have him or her write down the shopping list. Mention at least ten items with descriptive adjectives.

You: Купи́, пожа́луйста, ба́нку ко́фе, 200 г италья́нской колбасы́...

B. Your friend has returned from the store. Go over the shopping list and find out which items your friend was able to buy.

You: Ты купи́л/а ма́сло?

Friend: Да, купи́л/а.

Нет, не купи́л/а. Ма́сла не́ было.

(На) вечери́нка = party

a lot of

В буты́лке «А» мно́го воды́. (1 л)

В буты́лке «А» **бо́льше** воды́, чем в буты́лке «Б».

more of

На ско́лько бо́льше?

В буты́лке «А» **на** пол-ли́тра бо́льше воды́, чем в буты́лке «Б».

not much Less of

В буты́лке «Б» **ма́ло** воды́. (0,5 л)

В буты́лке «Б» **ме́ньше** воды́, чем в буты́лке «А».

Less

When comparing two items, use the preposition на to denote the exact difference in quantities.

◇ **11.3.** Genitive case: with words of quantity and measurement

8. Ско́лько тонн?

The following chart compares the consumption of some food items in the first quarters (кварта́л) of 1992 and 1993. Use the chart to answer the questions.

1. Каки́е проду́кты ру́сские е́ли ме́ньше в пе́рвом кварта́ле 1993-го го́да по сравне́нию с *(compared with)* пе́рвым кварта́лом 1992-го го́да?

2. А каки́е проду́кты они́ е́ли бо́льше?

3. На ско́лько ты́сяч тонн ме́ньше ры́бы е́ли в Росси́и в 1993-ом году́, чем в 1992-ом?

4. На ско́лько ты́сяч тонн ме́ньше е́ли сы́ра?

5. А живо́тного ма́сла на ско́лько ты́сяч тонн ме́ньше?

6. На ско́лько ты́сяч тонн бо́льше е́ли колбасы́?

Продажа основных продуктов питания, включая общепит (тысяч тонн)		
наименование товара	1992 г. I кв.	1993 г. I кв.
Мясо и птица	486	413
Колбасные изделия	209	249
Рыба	202	172
Масло животное	133	112
Масло растительное	104	93
Сыр	41	39

Comparing Prices

Pay careful attention to the stress in the forms сто́ит and сто́ят, from the verb сто́ить (*to cost*). They should not be confused with the forms стои́т and стоя́т (stress on the last syllable) from the verb стоя́ть (*to stand*).

Questions about the price of items sold in bulk imply *per kilogram* or *per liter*.

Ско́лько сто́ит ба́нка икры́?	Она́ **сто́ит** 10 до́лларов.
Ско́лько сто́ят бана́ны?	Они́ **сто́ят** 1 до́ллар.

Ба́нка дже́ма сто́ит два до́ллара два́дцать пять це́нтов.

Ба́нка чёрной икры́ сто́ит 15 до́лларов.	Это	до́рого!
		сли́шком до́рого!
Ба́нка кра́сной икры́ сто́ит 2 до́ллара.	Это	дёшево.

Чёрная икра́	**доро́же,**	чем кра́сная икра́.
Кра́сная икра́	**деше́вле,**	чем чёрная икра́.

◇ **11.5** Syntax: adjectives дорого́й and дешёвый

short form adjectives — no ending, only "o" one end — only used in nominative predicates this is — short form *[handwritten]*

too *[handwritten]*

🔵 **9.   Это сли́шком до́рого!**

A. Your Russian friend asked you to compile a list of food prices from U.S. stores. Discuss the results of your survey. A classmate will assume the role of the Russian.

> S1: Ско́лько сто́ит ба́нка ко́ка-ко́лы?
> S2: Она́ сто́ит шестьдеся́т це́нтов.
> S1: Это недо́рого./Это дёшево.

A	B
ба́нка ко́ка-ко́лы $.60	ба́нка пи́ва $1.00
буты́лка мексика́нского пи́ва $1.20	буты́лка неме́цкого пи́ва $1.40
швейца́рский сыр $6.50	америка́нский сыр $3.00
буты́лка апельси́нового со́ка $1.20	буты́лка минера́льной воды́ $.80
буха́нка чёрного хле́ба $1.25	буха́нка бе́лого хле́ба $1.23
па́чка ча́я $2.55	па́чка ко́фе $3.55

B. Continue the discussion by comparing the prices of column A with those of column B.

> S1: На ско́лько деше́вле/доро́же ба́нка ко́ка-ко́лы, чем ба́нка пи́ва?
> S2: Ба́нка ко́ка-ко́лы на со́рок це́нтов деше́вле/доро́же.

> or: S1: На ско́лько деше́вле/доро́же сто́ит ба́нка ко́ка-ко́лы, чем ба́нка пи́ва?
> S2: Ба́нка ко́ка-ко́лы сто́ит на со́рок це́нтов деше́вле/доро́же.

Asking for Items in the Store

Де́вушка (fem.) and
молодо́й челове́к
(masc.) are polite ways
to address a salesperson.
Actual exchanges
between a salesperson
and a client, however,
are often fragments of
sentences devoid of
extra courtesy.

Де́вушка!	У вас есть чёрная икра́?
Молодо́й челове́к!	Да́йте, пожа́луйста, буты́лку минера́льной воды́.

Плати́те в ка́ссу!

10. Диало́ги.

These dialogues take place in a traditional продово́льственный магази́н.

A. With your instructor, fill in the current ruble prices in the price list. Then read the dialogues and fill in the missing totals.

молоко́ л	_____
сыр кг	_____
ма́сло	_____
смета́на л	_____
колбаса́ кг	_____
бу́лочка[1]	_____
чёрный хлеб	_____

¹bun

1. Продавщи́ца: Что вы хоти́те?[2] [2]want
   Ни́на: Три ли́тра молока́.
   Продавщи́ца: Что ещё? *package*
   Ни́на: Килогра́мм сы́ра, па́чку ма́сла и пол-ли́тра *sour cream* ⟵ смета́ны. *butter* *half liter*
   Продавщи́ца: Это всё?[3] [3]all
   Ни́на: Да, э́то всё. Ско́лько с[4] меня́? [4]from
   Продавщи́ца: _____. Плати́те[5] в ка́ссу. Кто сле́дующий?[6] [5]pay [6]next

2. Продавщи́ца: Вам[7] что? [7]for you
   Марк: 200 грамм колбасы́, пожа́луйста.
   Продавщи́ца: Что ещё?
   Марк: Икра́ у вас есть?
   Продавщи́ца: Есть кра́сная икра́. Чёрной икры́ сего́дня нет.
   Марк: А за́втра бу́дет? — *it will be*
   Продавщи́ца: Наве́рно,[8] да. [8]probably
   Марк: Хорошо́. Тогда́[9] икру́ я куплю́ за́втра. [9]in that case
   Ско́лько с меня́?
   Продавщи́ца: _____.

3. Ната́ша: Де́вушка! Ско́лько сто́ят э́ти больши́е бу́лочки?
   Продавщи́ца: _____.
   Ната́ша: Я возьму́[10] пять. И ещё да́йте две буха́нки [10]I will take
   чёрного хле́ба.
   Продавщи́ца: Что ещё?
   Ната́ша: Это всё.
   Продавщи́ца: Пожа́луйста. _____.

   Что бы реко́ме́ндуете?
   (to waiter)
   what do you recommend?

4. Серге́й: Пол-ли́тра смета́ны, пожа́луйста.
   Продавщи́ца: Смета́ны нет.
   Серге́й: Хорошо́. А ско́лько сто́ит сыр?
   Продавщи́ца: _____.
   Серге́й: Полки́ло, пожа́луйста.
   Продавщи́ца: Это всё?
   Серге́й: Да, э́то всё. Ско́лько с меня́?
   Продавщи́ца: _____.

B. Find all the different ways in which the

   1. salesperson initiates the exchange
   2. customer initiates the exchange
   3. salesperson asks if the customer wants something else
   4. customer asks for the total of the purchase

C. Practice the dialogues with a partner, changing the items and quantities.

Матема́тика

Solve the math problems. (*Note:* The ruble amounts given here do not reflect real prices.)

1. Са́ша хо́чет купи́ть 3 ли́тра молока́, по́лкило сы́ра и 200 г колбасы́. Если оди́н литр молока́ сто́ит 2 рубля́, килогра́мм сы́ра 6 рубле́й и килогра́мм колбасы́ 10 рубле́й, ско́лько сто́ят его́ поку́пки?[1]

2. У Са́ши бы́ло 10 рубле́й. Он купи́л па́чку ча́я и ба́нку ко́фе и получи́л[2] 1 рубль сда́чи.[3] Ко́фе сто́ит в два ра́за бо́льше, чем чай. Ско́лько сто́ит ба́нка ко́фе? Ско́лько сто́ит па́чка ча́я?

3. У Ната́ши 10 рубле́й. У Серге́я в два ра́за бо́льше, чем у Ната́ши, а у Андре́я на два рубля́ ме́ньше, чем у Серге́я. Ско́лько рубле́й у Андре́я?

4. Лари́са ходи́ла в магази́н и купи́ла проду́кты на 10 рубле́й. Она́ купи́ла буха́нку чёрного хле́ба, ба́нку апельси́нового джéма и ба́нку смета́ны. Хлеб сто́ит 1 рубль, а джéм 3 рубля́. Ско́лько смета́ны купи́ла Лари́са, éсли литр смета́ны сто́ит 12 рубле́й.

5. Па́па купи́л буты́лку францу́зского вина́, буты́лку грузи́нского вина́ и буты́лку шампа́нского. Грузи́нское вино́ сто́ит 10 рубле́й, а францу́зское на 5 рубле́й доро́же. Шампа́нское сто́ит в два ра́за бо́льше, чем францу́зское вино́. Ско́лько сто́или его́ поку́пки?

6. Аня была́ на ры́нке и купи́ла апельси́ны и я́блоки на 8 рубле́й. Апельси́ны сто́ят 3 рубля́ килогра́мм, а я́блоки 1 рубль. Ско́лько килогра́мм апельси́нов и я́блок она́ купи́ла?

[1]purchases

[2]received / [3]change

There are two answers to problem 6.

Challenge.

Using these math problems as a model, write two more.

A. ***You should now be able to...***

1. *say what you like and do not like to eat and drink*
2. *ask and explain where specific items are sold*
3. *say how much money you have*
4. *say how much more or less money you have than somebody else*
5. *ask and answer questions about items you have, have had, and will have*
6. *ask and answer questions about items you do not have, have not had, and will not have*
7. *shop for food using correct quantities or containers*
8. *compare quantities and measures*
9. *ask and explain how much things cost*
10. *compare and express opinions about prices*
11. *address a salesperson politely*
12. *ask for items at a store*

*C*HAPTER
REVIEW

B. Roleplay. Several groups of two students each. *You are an exchange student in a small city in Russia. Your refrigerator is half empty. Working with your roommate (played by another student), make a shopping list of the things you need to buy for the weekend. Since you have very little money, decide with your roommate how you are going to share the cost of the items. Go to the* продовóльственный магази́н *and ask for the items in various departments. Be sure to find out your total in each department. Then go to the* кácca *and give the name of the department and the total for each one. Return to the departments to get your items.*

Salespersons in various departments. *You are out of several items that the customer wants. Try to offer something else instead. Make sure that you know what quantity the customer wants.*

Cashier. *Calculate the grand total for the customers. Give back change when appropriate. If you want to be a traditional Russian cashier, you need to have an abacus. Otherwise, a calculator will do.*

Word Building

Roots

-куп- *buy*

купи́ть   *to buy, to purchase*
покупáть   *to buy, to be buying*
покупáтель   *buyer*
покýпка   *purchase*
  Смотри́, э́то мои́ покýпки.
  Look, here is what I bought.

-продá-   *sell*

продавáть   *to sell, to be selling*
продáть   *to sell, to have sold*
продавéц   *salesman*
продавщи́ца   *saleswoman*
продáжа   *sale*
  Сегóдня в продáже свéжие фрýкты.
  Today on sale—fresh fruit.

распродáжа   *closeout sale*
прóдан   *sold out*
  Все биле́ты ужé прóданы.
  All tickets are already sold out.

ГРАММАТИКА

11.1 VERBS ЕСТЬ AND ПИТЬ

The verb **есть** *(to eat)* is an irregular verb. Learn the conjugation carefully. This verb is not related semantically to the verb form **есть**, as in **у меня есть**. The present tense conjugations for both **есть** and **пить** *(to drink)* are given on page 281. The past tense forms are as follows.

	есть *to eat*	**пить** *to drink*
past tense:	ел, е́ла, е́ло, е́ли	пил, пила́, пи́ло, пи́ли

Утром я обы́чно **пью** чай, а сего́дня у́тром я **пила́** ко́фе.

Я **ем** фру́кты ка́ждый день. Вчера́ я **е́ла** апельси́ны и я́блоки.

Remember that when you say what you *like* to eat and drink, the main verb is in the *infinitive*.

	Я пью молоко́.	*I drink milk.*
but:	Я люблю́ **пить** молоко́.	*I like to drink milk.*

Упражне́ние

◇ **1.** Write complete sentences using one word or phrase from each column. Make at least two sentences in the past tense.

1. мой брат	(не) люби́ть	пить	во́дка
2. я	никогда́	есть	мя́со
3. мы	иногда́		икра́
4. мои́ роди́тели	ре́дко		фру́кты
5. вы	ча́сто		моро́женое
6. моя́ сестра́	обы́чно		лимона́д
7. ты	вчера́		о́вощи
8. И́горь	в суббо́ту		пи́во
9. Та́ня			
10. Ле́на и Ди́ма			

11.2 VERBS ПРОДАВА́ТЬ AND КУПИ́ТЬ

The verb **продава́ть** *(to sell, to be selling)*, like other verbs ending in **-вать** preceded by **да-**, **зна-**, or **ста-**, drops **-ва-** from the present tense stem. The past tense, however, retains the suffix **-ва-**: продава́л.

Ба́бушка **продаёт** о́вощи на ры́нке.	*Grandmother sells vegetables at the market.*
Что здесь **продаю́т**?	*What do they sell here?*

The verb **купи́ть** *(to buy, to have bought)* adds the consonant -л in the first person form (like the verb **люби́ть**). **Купи́ть** is a *perfective aspect* verb (more about this in Lesson 12). It means that the *conjugated* forms denote the *future*, not the present tense. You will also encounter the command (imperative) form **купи́/те** in this lesson.

За́втра я **куплю́** но́вую стереосисте́му.	*Tomorrow I **will** buy a new stereo.*
Когда́ ты **ку́пишь** но́вую маши́ну?	*When **will** you buy a new car?*
Я **купи́ла** бана́ны и апельси́ны.	*I bought bananas and oranges.*
Где мо́жно **купи́ть** икру́?	*Where can one buy caviar?*
Купи́, пожа́луйста, хлеб!	*Please buy (some) bread.*

про-да-ва́-ть (I)	купи́ть (II)
я продаю́	я куплю́ *I will buy*, etc.
ты продаёшь	ты ку́пишь
он/она́ продаёт	он/она́ ку́пит
мы продаём	мы ку́пим
вы продаёте	вы ку́пите
они́ продаю́т	они́ ку́пят

Упражне́ние

◇ **2.** Supply the correct verb form.

1. Когда́ ты _____ *(will buy)* но́вый слова́рь?
2. Я _____ *(will buy)* его́ в суббо́ту.
3. Что вы _____ *(are selling)*?
4. Я _____ *(am selling)* о́вощи и фру́кты.
5. Вчера́ ма́ма была́ в магази́не и _____ *(bought)* проду́кты.
6. Где вы _____ *(did buy)* фру́кты: на ры́нке и́ли в магази́не?
7. Что _____ *(do they sell)* в э́том магази́не?
8. У нас есть молоко́? Нет. Ле́на _____ *(will buy)* его́ ве́чером.
9. Когда́ вы _____ *(will buy)* икру́?
10. Где мо́жно _____ *(buy)* фру́кты?

11.3   GENITIVE CASE

In Lesson 10 (grammar section 10.2) you learned the basic use and endings of the genitive case. Review the information if necessary.

SIMPLIFIED RULE FOR THE GENITIVE SINGULAR OF NOUNS	
M, N	-а/я
F	-ы/и*

*Spelling Rule 1 is applied.

SIMPLIFIED RULE FOR THE GENITIVE SINGULAR OF ADJECTIVES	
M, N	-ого/его*
F	-ой/ей*

*Spelling Rule 3 is applied.

This lesson expands on the various uses of the genitive.

A. To express possession (see Lesson 10).

Это соба́ка мо**его́** бра́т**а**.　　*This is my brother's dog.*

B. To connect modifier nouns to the main noun (see Lesson 10).

Анна Серге́евна—преподава́тель ру́сск**ого** языка́.
Anna Sergeyevna is a teacher of the Russian language. (i.e., a Russian teacher)

C. With numerals 2 and higher.　You have already learned that nouns with numerals have different case forms, such as **год, го́да,** and **лет.** The case of the noun is determined by the numeral. Thus, the noun is in the *nominative singular after the numeral 1* and after any compound numeral ending in 1 when pronounced. The noun is in the *genitive singular after the numerals 2, 3, and 4,* as well as after any compound numerals ending in 2, 3, or 4 when pronounced. Nouns *after numerals 5 and higher are in the genitive plural.* The endings for the genitive plural are discussed in detail in Lesson 15. For now, you have to memorize the forms needed.

1 (21, 31,...) nom. sg.	2, 3, 4,.... (22, 23, 24,...) gen. sg.	5, 6, 7,... (25, 26, 27,...) gen. pl.
год	го́да	лет
час	часа́	часо́в
рубль	**рубля́**	**рубле́й**
до́ллар	**до́ллара**	**до́лларов**
цент	**це́нта**	**це́нтов**

Note: Remember that the numerals 11, 12, and 13 require the genitive plural form, since they do not end in 1, 2, or 3 when pronounced.

У меня́ **21** (два́дцать оди́н) до́ллар / цент / рубль.

but:　У меня́ **11** (оди́ннадцать) до́ллар**ов** / це́нт**ов** / рубл**е́й**.

У него́ **23** (два́дцать три) до́ллар**а** / це́нт**а** / рубл**я́**.

but:　У него́ **13** (трина́дцать) до́ллар**ов** / це́нт**ов** / рубл**е́й**.

D. In the construction **У кого́ есть?** *(Who has?)* In Lesson 3 (grammar section 3.7) you learned to express possession like this:

У   меня́   есть   кни́га.
By   me   there is   a book. (I have a book.)

У is a preposition used with the *genitive* case (**меня́** is the genitive case of the personal pronoun **я**). Review the endings for the genitive case.

GENITIVE CASE OF PERSONAL PRONOUNS								
Nom.	я	ты	он	она́	оно́	мы	вы	они́
Gen.	меня́	тебя́	его́	её	его́	нас	вас	их

QUESTION WORDS (INTERROGATIVE PRONOUNS)		
Nom.	кто	что
Gen.	кого́	чего́

If the personal pronoun is replaced by a noun or a noun phrase, the noun and its modifiers must be in the genitive case, too.

У Ива́на есть маши́на.	*Ivan has a car.*
У мо**его́** бра́**та** есть но́вый мотоци́кл.	*My brother has a new motorcycle.*
У мо**е́й** сестр**ы́** Лари́с**ы** есть ко́шка.	*My sister Larisa has a cat.*
У **кого́** есть слова́рь?	*Who has a dictionary?*

Упражне́ния

◇ **3.** Write complete sentences according to the model.

Model: моя́ сестра́/но́вая соба́ка   **У мое́й сестры́ есть но́вая соба́ка.**

1. мой ру́сский друг Серге́й/но́вая маши́на
2. моя́ сестра́ Ма́ша/ма́ленькая ко́шка
3. моя́ тётя Ната́ша/но́вый дом
4. мой друг Ива́н/но́вые лы́жи
5. мой брат/но́вый велосипе́д
6. Оля/но́вая кни́га
7. моя́ подру́га Ли́за/но́вые кассе́ты
8. ба́бушка/краси́вая да́ча
9. мой де́душка/но́вый телеви́зор
10. Са́ша/дорого́й компью́тер

4. Write complete sentences according to the model. Remember to put rubles, dollars, and cents in the correct form as indicated in section C. Remember also that there is no conjunction **и** between dollars and cents.

Model:　Марк/2р.　　**У Ма́рка 2 рубля́.**

Ли́за/$5.32　　**У Ли́зы 5 до́лларов 32 це́нта.**

1. Воло́дя/5р.　　　6. Ни́на/$26.34
2. Та́ня/$2.28　　　7. Андре́й/26р.
3. Серёжа/32р.　　8. Игорь/$32.10
4. Ольга/$11.22　　9. Алла/11р.
5. Ната́ша/1р.　　　10. Ви́ктор/$21.31

Remember that in the construction **у кого есть?** (e.g., у Игоря есть маши́на), the thing possessed is the subject of the sentence. To express possession in the *past tense*, you need the past tense of the verb **быть** *(to be)*, which agrees with the subject (the thing possessed) in gender and number.

	У Ната́ши **был** велосипе́д.	(masculine noun
	Natasha had a bicycle.	as subject)
literally:	*By Natasha there was a bicycle.*	

	У Андре́я **была́** соба́ка.	(feminine noun
	Andrei had a dog.	as subject)
literally:	*By Andrei there was a dog.*	

	У мо́ей сестры́ **бы́ло** ра́дио.	(neuter noun
	My sister had a radio.	as subject)
literally:	*By my sister there was a radio.*	

	У Ни́ны **бы́ли** но́вые коньки́.	(plural noun
	Nina had new skates.	as subject)
literally:	*By Nina there were new skates.*	

Упражне́ние

◇ **5.** Write complete sentences in the past tense.

Model:　Ле́на/магнитофо́н　　**У Ле́ны был магнитофо́н.**

1. Валенти́н/коньки́
2. Оля/маши́на
3. мой брат Серге́й/ста́рый велосипе́д
4. Ли́за/компью́тер
5. де́душка/ста́рое ра́дио
6. моя́ подру́га Та́ня/лы́жи
7. мой друг Андре́й/жена́

8. я/ста́рая ко́шка
9. Ива́н/ло́шадь (f.)
10. Игорь/япо́нский мотоци́кл

To express possession in the *future tense*, you use the future tense of the verb **быть** (бу́дет or бу́дут), which agrees with the subject (the thing possessed) in number.

<blockquote>

У Лари́сы ско́ро **бу́дет** ребёнок.   (singular noun as subject)
Larisa will soon have a baby.
</blockquote>

literally: *By Larisa there will soon be a baby.*

<blockquote>

За́втра у нас **бу́дут** го́сти.   (plural noun as subject)
We will have visitors tomorrow.
</blockquote>

literally: *Tomorrow by us there will be visitors.*

E. To express nonexistence or absence. In earlier lessons, you learned the following question-and-answer pair.

У тебя́ есть соба́ка?   Нет. (short answer only for negative)

A negative answer with a *complete* sentence requires another **нет** (from **не + есть**) with the *genitive* case.

У тебя́ есть телеви́зор?	Нет, у меня́ **нет** телеви́зора.
У Ли́зы есть кни́га?	Нет, у неё **нет** кни́ги.
У вас есть молоко́?	Нет, у нас **нет** молока́.

Упражне́ния

◇ **6.** Answer the questions in the negative. Replace the names with the corresponding personal pronouns.

Model: У Ива́на есть мотоци́кл?   **Нет, у него́ нет мотоци́кла.**
            У Лари́сы есть ко́шка?   **Нет, у неё нет ко́шки.**

1. У Игоря есть соба́ка?
2. У ба́бушки есть мотоци́кл?
3. У вас есть ру́сская маши́на?
4. У Ли́зы есть муж?
5. У Анны есть сестра́?
6. У Ма́ши и Ната́ши есть брат?
7. У де́душки есть да́ча?
8. У Ви́ктора есть жена́?
9. У тебя́ есть слова́рь?
10. У вас есть ло́шадь?

7. Pretend that you are working in a store. Today you are out of everything the customer asks for.

Model: У вас есть чёрная икра́?   **Нет, сего́дня у нас нет чёрной икры́.**

1. У вас есть шве́дский *(Swedish)* шокола́д?
2. У вас есть кита́йский чай?
3. У вас есть минера́льная вода́?
4. У вас есть неме́цкая колбаса́?
5. У вас есть моро́женое? (declined as an adjective)
6. У вас есть францу́зский сыр?
7. У вас есть кра́сное вино́?
8. У вас есть францу́зское шампа́нское? (declined as an adjective)
9. У вас есть чёрный хлеб?
10. У вас есть неме́цкое пи́во?

8. Write the corresponding questions.

Model: Нет, у Лари́сы нет сестры́.   **У Лари́сы есть сестра́?**

1. Нет, у И́горя нет соба́ки.
2. Нет, у меня́ нет кварти́ры.
3. Нет, у Ле́ны нет ру́сско-англи́йского словаря́.
4. Нет, у Са́ши нет ру́сской маши́ны.
5. Нет, у Та́ни нет мла́дшего *(younger)* бра́та.

The genitive case can also express the *absence* of something or somebody.

Кого́ нет на уро́ке?	На уро́ке **нет** Ма́рка, Ле́ны и Та́ни.
Who is absent?	*Mark, Lena, and Tanya are absent.*
literally: *There is no who in class?*	*In class, there is no Mark, Lena, and Tanya.*

Упражне́ние

◇ **9.** Answer the questions using the words in parentheses.

Model: Кого́ нет в кла́ссе?   **В кла́ссе нет преподава́теля.**
     (преподава́тель)

1. Кого́ нет до́ма? (ма́ма)
2. Чего́ нет в магази́не? (чёрная икра́)
3. Чего́ нет в гараже́? (маши́на)
4. Кого́ нет на уро́ке? (мой друг И́горь)
5. Кого́ нет на рабо́те? (Анто́н Па́влович)

To express nonexistence and absence in the *past tense*, the negative **нет** is replaced by **не́ было** + *genitive*. Examine the following question-and-answer pairs carefully. Notice that in the question the verb **быть** agrees with the subject (nominative case) in gender and number. The negative response, however, has *no nominative case*, and therefore, you use the form **не́ было** regardless of gender (or number).

У тебя́ был телеви́зор?	Нет, у меня́ **не́ было** телеви́зора.
У Ли́зы была́ кни́га?	Нет, у неё **не́ было** кни́ги.
У вас бы́ло молоко́?	Нет, у нас **не́ было** молока́.

Упражне́ние

◇ **10.** Write questions and answers according to the model.

> Model: Лари́са/соба́ка **Ра́ньше у Лари́сы была́ соба́ка?**
> **Нет, у неё никогда́ не́ было соба́ки.**

1. Ба́бушка/велосипе́д
2. Серге́й/япо́нская маши́на
3. И́горь/мотоци́кл
4. Ле́на/кварти́ра
5. Ива́н/да́ча

To express nonexistence and absence in the *future tense*, the negative **нет** is replaced by **не бу́дет** + *genitive*.

За́втра у вас бу́дет	чай? икра́? молоко́?	Нет, за́втра у нас **не бу́дет**	ча́я. икры́. молока́.

F. **With words of quantity and measurement.** The genitive case is used after nouns of measurement and quantity (containers, packages, weight, and volume) and with the words **ско́лько, мно́го, ма́ло, бо́льше,** and **ме́ньше.**

буха́нка чёрного хле́ба *a loaf of black bread*
ба́нка кра́сной икры́ *a can of red caviar*
килогра́мм мя́са *one kilogram of meat*
литр молока́ *one liter of milk*
ско́лько вина́ *how much wine*
мно́го ма́сла *a lot of butter*
ма́ло икры́ *little caviar*
бо́льше шокола́да *more chocolate*
ме́ньше ветчины́ *less ham*

Упражне́ние

◇ **11.** Supply the correct forms of the words in parentheses. Notice that this exercise contains forms of the verb **есть** *(to eat)*, not to be confused with the phrase **у меня́ есть**.

1. Ско́лько (молоко́) в э́той буты́лке?
2. Я ем бо́льше (шокола́д), чем мой брат.
3. На́до есть бо́льше (ры́ба) и ме́ньше (мя́со).
4. Мой па́па ест о́чень ма́ло (сыр).
5. Кто ест бо́льше (моро́женое): ты и́ли твой брат?
6. Я пью мно́го (вода́).
7. Моя́ сестра́ ест о́чень ма́ло (хлеб).

11.4 SYNTAX: ACCUSATIVE VERSUS NOMINATIVE

Notice the difference between the following sentences.

У меня́ есть ба́н**ка** чёрной икры́.	(ба́нка is the subject of the sentence)
Я купи́ла ба́н**ку** чёрной икры́.	(ба́нка is the direct object of the sentence)

Упражне́ние

◇ **12.** Answer the questions using the words in parentheses.

1. Что купи́ла Ле́на? (буты́лка/лимона́д)
2. Что есть у Ива́на? (ба́нка/джем)
3. Что есть у Та́ни? (буха́нка/чёрный хлеб)
4. Что купи́л Ди́ма? (па́чка/ру́сский чай)
5. Что есть у На́ди? (литр/молоко́)
6. Что купи́л И́горь? (200 г/ветчина́)
7. Что купи́л па́па? (буты́лка/шампа́нское)
8. Что купи́ла Ли́за? (коро́бка/ру́сский шокола́д)
9. Что есть у А́ллы? (ба́нка/кра́сная икра́)
10. Что купи́л Андре́й? (кусо́к/францу́зский сыр)

11.5 SYNTAX: ADJECTIVES ДОРОГО́Й AND ДЕШЁВЫЙ

The words **до́рого** and **дёшево** are neuter forms of short adjectives. They are used independently, without a noun, to express an opinion about a price. The corresponding long adjective forms are used to modify nouns. Study the following examples.

	Это **дорога́я** маши́на.	(the adjective modifies the noun
	This is an expensive car.	**маши́на**)
or:	Эта маши́на **дешёвая**.	(predicate adjective)
	This car is cheap!	
but:	Это **до́рого**!	(no noun)
	That is expensive!	
	Это **дёшево**!	
	That is cheap!	

The word **сли́шком** *(too)* can be used to emphasize both long and short forms of adjectives.

Эта маши́на **сли́шком** дорога́я.	*This car is too expensive.*
Это **сли́шком** до́рого!	*This is too expensive.*

Доро́же *(more expensive)* and **деше́вле** *(cheaper)* are independent comparative forms. Do not use them to modify a noun.

Моя́ маши́на доро́же, чем твоя́ маши́на.
My car is more expensive than your car.

To modify a noun, you have to use the adverb **бо́лее** and the long form of the main adjective instead.

У меня́ **бо́лее дорога́я** маши́на, чем у тебя́.
I have a more expensive car than you (have).

Упражне́ние

◇ **13.** Compare column A with column B. What is the price difference between the items?

Model: **Этот велосипе́д на 100 до́лларов доро́же, чем тот велосипе́д.**

	A	B
велосипе́д	$150	$250
стереосисте́ма	$350	$400
слова́рь	$23	$20
кни́га	$42	$43
ра́дио	$79	$179

Vocabulary

Note: The core vocabulary is bold-faced.

Nouns

Food items

апельси́н	orange (fruit)
бана́н	banana
ветчина́	ham
вино́	wine
виногра́д collect.	grapes
вода́	water
во́дка	vodka
джем	jam
икра́	caviar
капу́ста	cabbage
карто́фель m., collect.	potatoes
ко́ка-ко́ла	Coca-Cola
колбаса́	sausage
ко́фе m. indecl.	coffee
ку́рица	chicken
лимона́д	lemonade
ма́сло	butter, oil
молоко́	milk
морко́вь f., collect.	carrot
моро́женое subst. adj.	ice cream
мя́со	meat
о́вощи	vegetables
пи́во	beer
проду́кты	produce
ры́ба	fish
сала́т	salad, lettuce
смета́на	sour cream
сок	juice
сыр	cheese
торт	cake
фрукт	fruit
хлеб	bread
чай	tea
шампа́нское subst. adj.	champagne
шокола́д	chocolate
я́блоко pl. **я́блоки**	apple
яйцо́ pl. **я́йца**	egg

Stores

бу́лочная subst. adj.	bakery
гастроно́м	delicatessen
продово́льственный магази́н	grocery store
ры́нок (на ры́нке)	farmers' market
универса́м	supermarket

Containers, measures, etc.

ба́нка	can, jar
буты́лка	bottle
буха́нка	loaf
грамм	gram
килогра́мм	kilogram
коро́бка	box
кусо́к	piece
литр	liter
паке́т	carton
па́чка	package
по́лкило	half a kilo
пол-ли́тра	half a liter
то́нна	ton

Other nouns

де́вушка	young woman, young girl
де́ньги pl. only (gen. де́нег)	money

до́ллар	*dollar*
изде́лия кондитерские	*confectionery*
ка́сса	*cash register*
напи́ток	*drink, beverage*
отде́л	*department*
рубль *m.*	*ruble*
се́тка	*shopping bag (net)*
холоди́льник	*refrigerator*
цент	*cent*
челове́к	*person*
молодо́й челове́к	*young man*

Adjectives

апельси́новый	*orange (fruit)*
ви́нный	*wine*
грузи́нский	*Georgian* (in the former USSR)
деше́вле *comp.*	*cheaper*
дёшево *short adj.*	*cheap*
до́рого *short adj.*	*expensive*
доро́же *comp.*	*more expensive*
минера́льный	*mineral*
моло́чный	*milk*
мясно́й	*meat*
ры́бный	*fish*
фрукто́вый	*fruit*
швейца́рский	*Swiss*

Adverbs

бо́льше	*more*
за́втра	*tomorrow*
ма́ло	*little*
ме́ньше	*less*
мно́го	*a lot*
ско́лько	*how much*
сли́шком	*too (much, etc.)*

Verbs

быть (I)	*to be*
бу́ду, бу́дешь, бу́дут	*(I will be, etc.)*
дай/те *imp.*	*give*
есть	*to eat*
ем, ешь, ест, еди́м, еди́те, едя́т; *past* ел, е́ла, е́ли	
купи́ть (II)	*to buy*
куплю́, ку́пишь, ку́пят; *imp.* купи́/те	
пить (I)	*to drink*
пью, пьёшь, пьют	
прода|ва́ть (I)	*to sell, to be selling*
продаю́, продаёшь, продаю́т	
сто́ить	*to cost*
сто́ит, сто́ят	

Other

на́до	*must, need*

Уро́к 12 (Двена́дцатый уро́к)

Что мы бу́дем де́лать в суббо́ту?

В моско́вском клу́бе.

Алла: Дава́й пойдём в теа́тр в суббо́ту! Там идёт «Ча́йка».

Джон: «Ча́йка»? Что тако́е «Ча́йка»?

Алла: Это пье́са Че́хова.

Джон: Ах, вот как! Я не зна́ю. Дава́й лу́чше пойдём в кино́.

THEMES

- Describing past activities
- Describing future activities
- Talking about TV and movie schedules
- Making invitations
- Talking on the telephone
- Going to the theater

CULTURE

- Russian television
- Russian movies and directors
- Telephone etiquette
- Ballet and theater in Russia

STRUCTURES

- Verbal aspect: past tense, future tense, consecutive action
- Animate accusative (sg.)
- Verbs of motion: пойти́, пое́хать

309

Describing Past Activities

> Что дéлала твоя́ подрýга Лари́са, когда́ ты смотрéла телеви́зор?
>
> Когда́ я смотрéла телеви́зор, моя́ подрýга Лари́са спала́.

В четвéрг вéчером в общежи́тии.

🗣 1. **В общежи́тии в 7 часóв.**

Working with a partner, discuss what the students in the picture above were doing in the dormitory on Thursday evening. Compare the simultaneous activities of students within a room and in different rooms.

Within one room:

S1: Что дéлал Жéня, когда́ Сáша дéлал урóки?

S2: Когда́ Сáша дéлал урóки, Жéня спал.

In different rooms:

S1: Что дéлала Оля, когда́ Жéня спал?

S2: Когда́ Жéня спал, Оля лежáла на кровáти и читáла кни́гу.

Оля **начала́ читáть** «Анну Карéнину» в понедéльник.

Онá **читáла** весь день во втóрник и в срéду.

В четвéрг вéчером Оля, наконéц, **прочитáла** её.

↦	→	⇥
	чита́ть	чита́л	прочита́л
	писа́ть	писа́л	написа́л
на́чал	за́втракать	за́втракал	поза́втракал
	обе́дать	обе́дал	пообе́дал
	у́жинать	у́жинал	поу́жинал
	де́лать	де́лал	сде́лал
	гото́вить	гото́вил	пригото́вил

◇ **12.1** Verbal aspect: overview   **12.2** Verbal aspect: past tense

Что	ты на́чал вы на́чали	де́лать, когда́	ты прочита́л вы прочита́ли	кни́гу?
Когда́ я прочита́л кни́гу, я **на́чал** смотре́ть телеви́зор.				

◇ **12.2** Verbal aspect in the past: consecutive action

Когда́ Же́ня **проснулся**, он **на́чал** де́лать уро́ки.

2. В общежи́тии в 8 часо́в.

At 8:00 the students in the dorm had just finished their previous activities. What did they begin to do next?

S1: Что на́чал де́лать Же́ня, когда́ он проснулся?

S2: Когда́ он проснулся, он на́чал де́лать уро́ки.

Же́ня	проснулся	на́чал де́лать уро́ки
Са́ша	сде́лал уро́ки	на́чал смотре́ть телеви́зор
Та́ня	проснулась	начала́ чита́ть статью́
Ната́ша	написа́ла письмо́	начала́ гото́вить у́жин
Оля	прочита́ла рома́н	начала́ писа́ть сочине́ние

The title of this activity imitates the title of the novel by Alexander Solzhenitsyn «Оди́н день Ива́на Денисо́вича». Preview the activity with students before assigning it as pair work. This activity can also be used as a monologue.

3. Оди́н день Дени́са Ива́новича.

Describe the successive activities of Dennis Ivanovich.

S1: Что на́чал де́лать Дени́с, когда́ он поза́втракал?
S2: Когда́ он поза́втракал, он на́чал мыть посу́ду.

8.00 при́нял душ на́чал за́втракать	8.30 поза́втракал на́чал мыть посу́ду	8.40 помы́л посу́ду на́чал чита́ть газе́ту	9.40 прочита́л газе́ту на́чал писа́ть статью́
17.40 написа́л статью́ на́чал гото́вить	18.00 пригото́вил на́чал обе́дать	18.30 пообе́дал на́чал мыть посу́ду	19.00 помы́л посу́ду на́чал смотре́ть телеви́зор

Discuss how long it took Dennis Ivanovich to (1) do the dishes after breakfast, (2) read the paper, (3) write the article, (4) prepare dinner, and (5) do the dishes after dinner.

За ско́лько вре́мени вы написа́ли письмо́?		Я написа́л его́ за...
1 (одну́) мину́ту час	**2, 3, 4** (две) мину́ты часа́	**5, 6, 7,...** мину́т часо́в
30 мину́т = полчаса́		

Серге́й вы́гладил руба́шку за 5 мину́т.

4. За ско́лько вре́мени?

Discuss how long it took the students to finish their activities.

S1: За ско́лько вре́мени Ни́на сде́лала уро́ки?
S2: Она́ сде́лала уро́ки за 20 мину́т.

кто	что сде́лал	за ско́лько вре́мени
1. Ни́на	сде́лать уро́ки	2 часа́
2. И́горь	помы́ть посу́ду	5 мину́т
3. Лари́са	пригото́вить у́жин	15 мину́т
4. Са́ша	убра́ть ко́мнату	полчаса́
5. Та́ня	вы́стирать джи́нсы	10 мину́т
6. Серге́й	вы́гладить руба́шку	5 мину́т

Куда́ **пошли́** студе́нты в пя́тницу у́тром **по́сле за́втрака**?		
Са́ша	**пошёл**	в библиоте́ку.
Та́ня	**пошла́**	на заня́тия.
Ната́ша и Же́ня	**пошли́**	в бассе́йн.

Куда́ **пое́хала** Оля у́тром?	Оля **пое́хала** за́ город.

◇ **12.5** Verbs of motion

Introduce the topic by sketching a few places and people on the chalkboard. Ask students who went where.

The phrase за́ город (*out of town*) has the accent on the preposition за́.

5. Куда́ пошли́ студе́нты в пя́тницу ве́чером?

Nobody stayed in the dorm on Friday night. Where did the students go? If you think they used a vehicle, use the verb пое́хать instead of пойти́.

S1: Куда́ пошёл / пое́хал Серге́й?
S2: Он пошёл / пое́хал на стадио́н.

1. Серге́й	стадио́н
2. Алла и Ле́на	кино́
3. Ни́на	Санкт-Петербу́рг
4. И́горь	да́ча
5. Ди́ма	рестора́н
6. Са́ша	ночно́й клуб «Хулига́н»
7. Андре́й и Ми́тя	о́зеро
8. Лари́са	кафе́

The purpose of the reading that follows is to demonstrate the use of the aspect in parallel, interrupted, and consecutive action. Make a flowchart of the story on the chalkboard, writing the consecutive actions vertically, parallel actions horizontally, and interrupted actions with an arrow to their respective reference verbs. *Extra writing assignment:* Students continue the story. (Where did they go? What was going on?)

Детекти́в Нюхин

Детекти́в Нюхин (whose last name, incidentally, comes from the verb **нюхать**, *to sniff*) has been assigned to follow NN. Read the detective's report and answer the questions that follow.

В 6 часо́в NN ещё спал. В 6.30 зазвони́л[1] буди́льник[2] и NN вста́л. Он пошёл в ва́нную, при́нял душ, а пото́м пошёл на ку́хню и на́чал за́втракать. Когда́ он за́втракал, зазвони́л телефо́н. NN до́лго[3] говори́л с ке́м-то по телефо́ну и ча́сто улыба́лся.[4] По́сле за́втрака NN на́чал чита́ть каку́ю-то иностра́нную газе́ту.

Когда́ он прочита́л газе́ту, он пошёл в библиоте́ку. В библиоте́ке он был два часа́. Там он чита́л каку́ю-то статью́. Когда́ он прочита́л статью́, он взял[5] како́й-то иностра́нный слова́рь и на́чал запи́сывать[6] слова́. Когда́ он записа́л слова́, он встал и вы́шел[7] на у́лицу.

На у́лице NN встре́тил[8] каку́ю-то же́нщину. Они́ пошли́ вме́сте в рестора́н. В рестора́не они́ ти́хо[9] говори́ли о чём-то. Когда́ они́ пообе́дали, они́ пошли́ в кино́, где пока́зывали[10] како́й-то иностра́нный фильм. Когда́ они́ смотре́ли фильм, они́ всё вре́мя целова́лись.[11] По́сле фи́льма они́ пошли́ в кафе́, где они́ пи́ли како́е-то францу́зское вино́ и е́ли ру́сскую икру́. Они́ танцева́ли и опя́ть[12] целова́лись. В 11 часо́в кафе́ закры́ли,[13] и они́ вы́шли на у́лицу. Там они́ взя́ли такси́ и пое́хали куда́-то. Так как[14] у меня́ не́ было ни де́нег ни маши́ны, я не смог[15] их пресле́довать[16] да́льше.[17] Они́ исче́зли[18] в тёмную[19] ночь...

Footnotes (margin):

[1]rang / [2]alarm-clock

[3]for a long time
[4]smiled

[5]took / [6]write down
[7]went out
[8]met
[9]quietly
[10]was showing
[11]kissed

[12]again
[13]closed
[14]since / [15]could
[16]follow / [17]further / [18]disappeared / [19]dark

The letter *N* is sometimes used in Russian literature to denote a place or person that the author does not wish to identify by name.

This story contains several pronouns ending in -то: кто́-то and its instrumental case form ке́м-то (*somebody*), како́й-то (*some kind of*), что́-то and its prepositional case form чём-то (*something*). There is also an adverb of the same type in the story: куда́-то (*[to] somewhere*).

Отве́тьте на вопро́сы.

1. Во ско́лько встал NN?
2. Что он де́лал, когда́ он за́втракал?
3. Что он на́чал де́лать, когда́ он поза́втракал?
4. Когда́ он пошёл в библиоте́ку?
5. Что он на́чал де́лать, когда́ он прочита́л статью́?
6. Кого́ он встре́тил на у́лице?
7. Что они́ де́лали в рестора́не?
8. Куда́ они́ пошли́, когда́ они́ пообе́дали?
9. Что они́ де́лали, когда́ они́ смотре́ли фильм?
10. Куда́ они́ пошли́ по́сле фи́льма?
11. Что они́ де́лали в кафе́?
12. Что они́ де́лали по́сле того́, как (*after*) кафе́ закры́ли?
13. Почему́ детекти́в Нюхин не смог пресле́довать их да́льше?
14. Как вы ду́маете, куда́ пое́хали NN и незнако́мая же́нщина?

Describing Future Activities

Что	ты **будешь** вы **будете**	делать в субботу?	Я **буду отдыхать**.
Куда	ты **пойдёшь** вы **пойдёте**	в субботу?	Я **пойду** на концерт.
Куда	ты **поедешь** вы **поедете**	в субботу?	Я **поеду** на дачу.

◇ **12.3** Verbal aspect: Future tense   **12.5** Verbs of motion

пойти

я пойду	мы пойдём
ты пойдёшь	вы пойдёте
он/она пойдёт	они пойдут

поехать

я поеду	мы поедем
ты поедешь	вы поедете
он/она поедет	они поедут

- Что вы будете делать в субботу?
- Куда вы пойдёте или поедете?
- А в воскресенье что вы будете делать?

В субботу.

Вечером Алла и Лена **пойдут на** концерт.

КОНЦЕРТНЫЙ ЗАЛ
КОНЦЕРТ
начало 18час.
КОНТРОЛЬ

В ГОСТЯХ ХОРОШО, А ДОМА ЛУЧШЕ.

Они **будут** слушать музыку Чайковского.

Сергей, Игорь, Нина и Таня **пойдут** в клуб.
Там они **будут танцевать** и **петь песни**.
Сергей **будет** играть на гитаре.

А что будет делать Саша вечером?
Какую книгу он будет читать?
Какую музыку слушать?
Почему он будет сидеть дома?

6. Что они́ бу́дут де́лать в воскресе́нье?

Working with a partner, discuss the students' plans for Sunday.

S1: Куда́ пойдёт Ни́на в воскресе́нье?
S2: Она́ пойдёт в теа́тр.
S1: Что она́ бу́дет там де́лать?
S2: Она́ бу́дет смотре́ть «Ча́йку» Че́хова.

1. Ни́на	в теа́тр	смотре́ть «Ча́йку» Че́хова
2. Окса́на	на като́к	ката́ться на конька́х
3. Андре́й	на стадио́н	смотре́ть хокке́йный матч
4. Ната́ша	в бассе́йн	пла́вать
5. Же́ня	за́ город	ката́ться на лы́жах
6. Воло́дя	в парк	бе́гать

7. Пла́ны на суббо́ту.

A. What do you think the following people will be doing on Saturday afternoon and evening? Why?

1. Ли́за—шко́льница. Она́ о́чень лю́бит спорт.
2. Константи́н Ива́нович—дире́ктор шко́лы. Он лю́бит класси́ческую му́зыку.
3. Серге́й Па́влович—врач. Он жена́т. У него́ есть два сы́на.
4. Ко́ля—студе́нт пе́рвого ку́рса МГУ.
5. Анна Па́вловна—учи́тель седьмо́го кла́сса. Не за́мужем.
6. Воло́дя—шко́льник. Учится в деся́том кла́ссе.
7. Лари́са—аспира́нтка. Пи́шет диссерта́цию.
8. Ни́на Андре́евна—инжене́р. Она́ за́мужем. У неё есть дочь.

B. **А вы?** Interview a classmate to find out what he or she will be doing on Saturday. Why? Where? At what time? Then report the results to the class.

Вы **уже́** прочита́ли э́тот рома́н?	Нет, **ещё не** прочита́л.
А когда́ **прочита́ете**?	Я **прочита́ю** его́ **по́сле** обе́да.

◇ **12.3** Verbal aspect in the future: perfective

8. Ты уже́ прочита́л рома́н?

You have a list of activities that you were supposed to complete. You are procrastinating and have not done anything yet. Your roommate is checking the current status of the list.

S1: Ты уже прочитал статью?
S2: Нет, ещё не прочитал.
S1: А когда прочитаешь?
S2: Я прочитаю её после обеда.

Things to be done	Roommate's question	Your estimate
1. прочитать статью	прочитаешь	прочитаю/после обеда
2. написать сочинение	напишешь	напишу/завтра
3. купить продукты	купишь	куплю/вечером
4. сделать уроки	сделаешь	сделаю/после этого фильма
5. приготовить обед	приготовишь	приготовлю/сейчас
6. убрать комнату	уберёшь	уберу/в субботу
7. помыть посуду	помоешь	помою/завтра утром
8. выстирать джинсы	выстираешь	выстираю/вечером
9. выгладить рубашку	выгладишь	выглажу/после ужина

Когда вы пойдёте в кино?	Я пойду в кино, когда я **пообедаю**.

◇ **12.3** Verbal aspect in the future: consecutive action

9. Когда ты пойдёшь в библиотеку?

You cannot do the activity your roommate is asking about until you have finished another one. Refer to activity 8 for verb conjugation.

S1: Когда ты уберёшь эту комнату?
S2: Когда я пообедаю.
Я уберу эту комнату, когда я пообедаю.

Things to be done first

1. Когда ты уберёшь эту комнату? — пообедать
2. Когда мы будем обедать? — приготовить обед
3. Когда мы пойдём на стадион? — сделать уроки
4. Когда ты выгладишь эту рубашку? — выстирать мои джинсы
5. Когда ты пойдёшь в магазин? — прочитать эту книгу
6. Когда мы поедем за город? — позавтракать
7. Когда мы пойдём гулять? — убрать ванную
8. Когда мы пойдём в кино? — написать это письмо
9. Когда мы будем ужинать? — купить молоко

Talking about TV and Movie Schedules

Что сегóдня **по телевúзору**?	В 19 часóв бýдет спорт.
Во скóлько **начинáется** эта передáча?	Онá **начинáется** в 19.45.
Во скóлько онá **кончáется**?	Онá **кончáется** в 20.45.

The word прогрáмма has several meanings: (1) TV schedule, (2) TV channel (also called канáл); and (3) a printed program for an event such as a play or a concert. Передáча is an individual program broadcast on TV or radio.

RUSSIAN TELEVISION

The main national channel is Пéрвый канáл or Пéрвая прогрáмма, also known as Остáнкино. Other channels include Канáл Россúя, Москóвская прогрáмма and Санкт-Петербýрг, as well as a variety of smaller regular and cable channels. Whereas TV programs during Soviet times were strictly controlled as to their moral and political views and could be described as informative yet dull, current programming relies heavily on imported material, from soap operas to cartoons and movies, some of which are of questionable quality.

Feature films (худóжественные фúльмы) are broadcast on all channels. Foreign films are dubbed, rather than subtitled. The dubbing, however, is often done with a single voice-over, usually by a sole male voice translating the parts of men, women, and children alike.

Children's programming includes a lot of cartoons (мультфúльмы), but Russian cartoons are now competing with Ninja Turtles and other foreign imports. Music programs are very popular, from classical concerts to programs similar to those on MTV, such as «Хит-парáд» and Прогрáмма «А».

TV commercials are emerging, but most commercials advertise not the product, but the company that sells it.

10. Что сегóдня по телевúзору?

A. Here is an excerpt from a weekly TV schedule. Notice that Russians use a 24-hour clock and that programs do not necessarily start at even hours or on the half hour. What other differences do you see? What day is the listing for? What are the names of the three channels shown?

B. Skim through the program and find as many of the following as you can: sport programs, musical programs, feature films, cartoons, news broadcasts.

Вторник, 4 марта
1-й канал. Останкино **19.50**—Футбол. Лига чемпионов. **21.00**—Новости. **21.45**—«Никто». Худ. фильм (США). **0.30**—«Тысяча и одна ночь». Музыкальная программа.
Канал Россия **19. 45**—Праздник каждый день. **20.35**—Санта-Барбара. **21.25**—Кино в марте. **21.40**—Премьера видеофильма «Сталин с вами?». **22.30** —Джентльмен-шоу. **23.00**—Репортер. **23.55**—Программа «А».
Московская программа **19.00**—Добрый вечер, Москва! **20.55**—Мультфильмы. **21.10**—Хит-парад. **22.00**—Московский телетайп. **23.10**—Зелёный коридор. **23.52** - «Сирано де Бержерак». Худ. фильм.

C. Working with a partner, have conversations about the TV schedule.

S1: Что сего́дня по телеви́зору?

S2: В девятна́дцать пятьдеся́т бу́дет футбо́л. А пото́м бу́дет...

or: S1: Во ско́лько начина́ется переда́ча «Са́нта-Ба́рбара»?

S2: Она́ начина́ется в два́дцать три́дцать пять.

S1: Во ско́лько она́ конча́ется?

S2: Она́ конча́ется в два́дцать оди́н два́дцать пять.

В како́м кинотеа́тре **идёт** фильм «Соля́рис»?	В кинотеа́тре «Росси́я».
Ты уже́ **ви́дел** фильм «Соля́рис»?	Нет, ещё не ви́дел.

RUSSIAN MOVIES AND DIRECTORS

The father of Russian filmmaking is Серге́й Эйзенште́йн (1898–1948). Eisenstein is famous for his group scenes, for depicting the effects of masses of people. His movies include *Battleship Potemkin* («Броненосец Потёмкин», 1925), an epic about the Russian czar Ivan the Terrible («Ива́н Гро́зный», 1944, 1946), and a film about the battle of Novgorod («Алекса́ндр Не́вский», 1938) with music by Серге́й Проко́фьев.

Another famous film director is Андре́й Тарко́вский (b. 1932), who is best known for his depiction of multiple layers of time. His historical epic «Андре́й Рублёв» (1969) portrays the most famous icon painter in Russia. «Соля́рис» (1972) is a science fiction film, said to be a response to Stanley Kubrick's *2001: A Space Odyssey.*

The majority of Russian feature films are produced at the Мосфи́льм studios.

Making Invitations

let's **Дава́й/те**	**пойдём** **пое́дем** **посмо́трим**	в теа́тр/в рестора́н/в кино́. за́ город/на да́чу/ката́ться на лы́жах. фильм «Соля́рис». переда́чу «До́брый ве́чер, Москва́».
Ты (не) хо́чешь	пойти́ **со мной*** в кино́ сего́дня ве́чером? пое́хать со мной на да́чу в суббо́ту?	

*with me

strong agreement agreement after hesitation	Хорошо́. **Дава́й/те.** *let's !* Хорошо́. (С удово́льствием.) Ну, **ла́дно.**
polite declining less polite	(К сожале́нию) я не **могу́.** Я не **хочу́.**
excuses	У меня́ за́втра бу́дет экза́мен. **Мне на́до** занима́ться. У меня́ нет вре́мени/де́нег. У меня́ мно́го рабо́ты. Я о́чень **уста́л/а.** *tired* *(perfective past tense)* Я уже́ **ви́дел** э́тот фильм. Уже́ сли́шком по́здно. → *late*
counterproposals	**Дава́й/те лу́чше** пойдём в кафе́.

мочь *to be able (to do something)*   хоте́ть *to want (to do something)*

я могу́	мы мо́жем	я хочу́	мы хоти́м
ты мо́жешь	вы мо́жете	ты хо́чешь	вы хоти́те
он/она́ мо́жет	они́ мо́гут	он/она́ хо́чет	они́ хотя́т

11. Дава́й!

A. Respond to the following suggestions. Get some more details before accepting or declining.

1. Дава́йте пойдём на бале́т за́втра ве́чером.
2. Ты хо́чешь пойти́ в кино́ ве́чером? Там идёт но́вый инди́йский фильм.
3. Дава́й пое́дем за́ город ката́ться на лы́жах.
4. Ты не хо́чешь пое́хать со мно́й в Япо́нию ле́том?
5. Дава́й пое́дем за́ город в воскресе́нье. Бу́дем собира́ть я́годы.
6. Дава́й пойдём в Третьяко́вскую галере́ю в суббо́ту.

Это Третьяковская галерея, самый известный музей искусства в Москве.

B. Using part A as an example, invite your friend (played by a classmate) to the following places. Give some more details, including the time.

стадион	концерт	ресторан «Арбат»
за город	кататься на коньках	

Давай поедем со мной в Германию летом?

Talking on the Telephone

Russians read telephone numbers as complete units: двести двадцать три—сорок пять—шестьдесят семь.

Какой ваш номер телефона?	(Запиши/те.) Мой номер 223-45-67.

TELEPHONE ETIQUETTE

The method of answering the telephone varies from country to country. Although in many European countries it is customary to answer the telephone by giving your last name, Russians usually answer the phone simply by saying Да!?, Алло!? or Слушаю! *(I am listening)*. The latter may sound somewhat rude to foreigners, but it is a perfectly appropriate way to answer the telephone in Russia.

There are several ways of asking to talk to a person, from the least formal Лена дома? to the more formal Позовите, пожалуйста, Елену Ивановну/Дениса Ивановича. Other possible phrases are short versions of the latter: Елену Ивановну, пожалуйста or Можно Елену Ивановну?

Мо́жно	Ма́рка, И́горя, Ле́ну, Та́ню,	пожа́луйста.	Мину́тку./Мину́точку./Сейча́с (позову́). Его́ нет (до́ма). Он пошёл на заня́тия. Её нет. Она́ пошла́ в кино́.
Позови́те			
Вы не зна́ете, когда́ он/она́ **придёт**?			Часо́в в шесть. **Что́-нибудь переда́ть**?
Переда́йте, пожа́луйста, что **звони́л** И́горь.			Хорошо́. **Переда́м**.

◇ **12.4** Animate accusative

звонить = to call (handwritten)

Мину́тку and
мину́точку are
fragments of the
sentence Подожди́те
мину́т(оч)ку *(Wait a
minute)*. Мину́т(оч)ка
is the diminutive form
of the noun мину́та
(minute).

Approximation is
expressed by reversing
the word order: **в шесть**
часо́в *(at 6:00)*, but
часо́в **в шесть** *(around
6:00)*.

12. Мо́жно Серге́я?

Working with a partner, ask to talk to the people listed. The number in
parentheses indicates the approximate time when they will return.

S1: Серге́я мо́жно?

S2: Серге́я нет до́ма. Он пошёл на стадио́н.

S1 Вы не зна́ете, когда́ он придёт?

S2: Часо́в в во́семь.

S1: Спаси́бо. Переда́йте, пожа́луйста, что звони́ла Ната́ша.

S2: Хорошо́, переда́м.

1. Ива́н Андре́евич (2 ч.)   **4.** Серге́й Анто́нович (1 ч.)

2. Воло́дя (7 ч.)   **5.** Мари́я Серге́евна (4 ч.)

3. Лари́са Ива́новна (10 ч.)   **6.** Серёжа (6 ч.)

Серёжа diminutive (handwritten)

13. Приглаше́ние. *Invitation.*

A. Read the dialogue and answer the questions that follow.

Ма́ма Ма́рка:	Алло́!
Пе́тя:	Позови́те, пожа́луйста, Ма́рка.
Ма́ма Ма́рка:	Мину́точку. Ма-арк!!
Марк:	Да.
Пе́тя:	Приве́т, Марк. Это Пе́тя. Слу́шай, сего́дня ве́чером на стадио́не идёт матч «Спарта́к-Дина́мо». У меня́ есть два биле́та. Ты не хо́чешь пойти́ со мной?
Марк:	Коне́чно хочу́. Во ско́лько?
Пе́тя:	Матч начина́ется в семь три́дцать, но дава́й встре́тимся[1] в семь.
Марк:	Где?
Пе́тя:	У гла́вного вхо́да.[2] Хорошо́?
Марк:	Хорошо́, договори́лись.[3]
Пе́тя:	Ну, до ве́чера тогда́.
Марк:	Пока́.

[1]meet

[2]main entrance

[3]It's a deal!

Пе́тя (handwritten)

in that case (handwritten)

1. Куда́ пригласи́л *(invited)* Пе́тя Ма́рка?
2. В како́й день бу́дет матч?
3. Во ско́лько он начина́ется?
4. Где они́ встре́тятся *(will meet)*?

B. Using the dialogue as a model, call a friend and invite him or her somewhere. Agree on the time and place.

Going to the Theater

BALLET AND THEATER IN RUSSIA

Russians are very serious about all forms of art, whether literature, performing arts, or paintings. Foreigners are often surprised by the depth of knowledge that Russians have in these areas. Russians are extremely proud of their cultural heritage and sometimes consider foreigners ignorant if they do not show adequate interest in culture.

Ballet as a form of art is very popular. Russians are willing to pay huge sums of money in order to see a performance.

Proper behavior in theaters includes leaving all outer garments in a coat check (гардеро́б), not bringing in food or drink, not leaving in the middle of a performance, not coughing, and most important, not whistling to applaud the performance.

Большо́й теа́тр—э́то са́мый изве́стный в Росси́и теа́тр о́перы и бале́та.

14. Read the series of dialogues and answer the questions at the end.

1. Лари́са: Ле́ну, пожа́луйста.

   Ма́ма Ле́ны: Её нет до́ма.

   Лари́са: А когда́ она́ бу́дет?

   Ма́ма Ле́ны: То́чно не зна́ю. Мо́жет быть часо́в в 11. Что́-нибудь переда́ть?

   Лари́са: Пожа́луйста, переда́йте, что звони́ла Лари́са.

   Ма́ма Ле́ны: Хорошо́, переда́м.

   Лари́са: Спаси́бо. До свида́ния.

   Ма́ма Ле́ны: Всего́ хоро́шего.

2. Лари́са: Да?!

Ле́на: Лари́са? Это Ле́на.

Лари́са: Приве́т, Ле́на! Где ты была́ у́тром?

Ле́на: В библиоте́ке.

Лари́са: А-а. Слу́шай, сего́дня ве́чером в Большо́м теа́тре идёт «Роме́о и Джулье́тта». Пойдём?

Ле́на: Я сего́дня ника́к не могу́. У меня́ за́втра экза́мен.

Мо́жет быть за́втра ве́чером?

Лари́са: Я не зна́ю, что там идёт за́втра. Но я узна́ю.[1] Ла́дно?

Ле́на: Хорошо́.

Лари́са: Ну, пока́.

Ле́на: Пока́.

[1]will find out

3. Же́нщина: Театра́льная ка́сса.

Лари́са: Скажи́те, пожа́луйста, кака́я бу́дет програ́мма за́втра ве́чером?

Же́нщина: За́втра ве́чером? Бале́т «Жизе́ль».

Лари́са: А биле́ты ещё есть?

Же́нщина: Нет, все биле́ты уже́ про́даны.[1]

Лари́са: А во ско́лько начина́ется спекта́кль?[2]

Же́нщина: В семь три́дцать.

Лари́са: Хорошо́, спаси́бо.

Же́нщина: Не́ за что.[3]

[1]sold out
[2]performance
[3]you're welcome

4. Ле́на: Алло́!

Лари́са: Ле́на, э́то Лари́са. За́втра бу́дет «Жизе́ль». Но в театра́льной ка́ссе сказа́ли,[1] что все биле́ты на за́втра уже́ про́даны.

Ле́на: Ничего́. Мо́жем купи́ть у теа́тра.

Лари́са: Да, коне́чно. Дава́й тогда́ встре́тимся в семь часо́в у теа́тра. Ла́дно?

Ле́на: Договори́лись. Тогда́ до за́втра.

Лари́са: До за́втра. Пока́.

[1]they said

5. **На второ́й день, у теа́тра**

Лари́са: У вас есть ли́шний[1] биле́т?

Пе́рвый мужчи́на: Нет.

Лари́са: Скажи́те, пожа́луйста, у вас нет ли́шнего биле́та?

Второ́й мужчи́на: Есть.

Лари́са: А мо́жет быть у вас есть два?

[1]extra

Второ́й мужчи́на:	К сожале́нию, у меня́ то́лько оди́н ли́шний биле́т, но у моего́ дру́га есть ещё оди́н ли́шний. Фе́дя! У тебя́ есть ли́шний биле́т?
Фе́дя:	Да, есть. Вот.
Лари́са:	Ско́лько сто́ят биле́ты?
Второ́й мужчи́на:	400 рубле́й.
Лари́са:	Хорошо́. Вот 400.
Второ́й мужчи́на:	Спаси́бо.
Лари́са:	И вам то́же большо́е спаси́бо.

1. Почему́ Ле́ны не́ было до́ма, когда́ звони́ла Лари́са?
2. Куда́ хоте́ла Лари́са пригласи́ть Ле́ну?
3. Как Лари́са узна́ла, что бу́дет в теа́тре за́втра?
4. Где и когда́ они́ встре́тились?
5. Почему́ они́ пошли́ в теа́тр, несмотря́ на то, что (*although*) все биле́ты бы́ли про́даны?
6. У кого́ они́ купи́ли биле́ты?
7. Ско́лько сто́или биле́ты?

CHAPTER REVIEW

A. You should now be able to...

1. *describe single activities in the past, present, and future*
2. *describe simultaneous and consecutive actions in the past, present, and future*
3. *use appropriate time expressions to say when a task will be completed*
4. *ask and answer questions about TV programs and movies (what is on, when the programs start and end)*
5. *ask a friend out*
6. *accept and decline an invitation*
7. *make a counterproposal*
8. *ask for and give a telephone number*
9. *ask to talk to a person on the telephone*
10. *leave a message*
11. *end a telephone conversation*

B. Directed dialogue. *Student 1: You want to invite your friend Natasha to the theater or a sports event, but she is not home. Ask when she will be back. Leave a message. Call again later and ask where she was. Make the invitation. Negotiating a suitable day is somewhat difficult, since your schedules do not match. Do not agree to your friend's counterproposal. Agree to find out* *where to get tickets, what they cost, and when the event starts. Then call the ticket office. After that, call your friend again and agree on the final details.*

Student 2: Your schedule is very busy this week. Make all kinds of excuses, make a counterproposal, but do finally agree to your friend's suggestion. Make sure that you know exactly how much the tickets are and when and where to meet.

Word Building

Verb prefixes

Many perfective aspect verbs are formed by adding a prefix to the corresponding imperfective aspect verb. There are more than 20 different verb prefixes from which to choose, a challenge for nonnative learners of Russian. Generally, however, there is only one *basic perfective* prefix for each unprefixed imperfective verb, which makes an aspect pair. Dictionaries usually cross-reference the basic aspect pairs.

In addition to the basic perfective prefix, many unprefixed verbs can also take other prefixes. Adding other prefixes results in a *modified perfective* with a slightly different meaning. For example, the imperfective aspect verb **писáть** (*to write*) can take several prefixes, all of which give the new perfective verb a specific meaning.

1. Basic perfective: **нaписáть**

2. Modified perfectives in which the prefix has a distinct meaning

до-	*to the end*	**дописáть**	*to write to the end*
над-	*above*	**надписáть**	*to write on top, to superscribe*
пере-	*again*	**переписáть**	*to write again, to rewrite*
под-	*under*	**подписáть**	*to underwrite, to sign*

3. Modified perfectives in which the basic meaning of the prefix is less distinct (idiomatic expressions)

зaписáть	*to write down, to record* (also: *to record on audio or videotape*)
описáть	*to describe*
подписáться	*to subscribe*
прописáть(ся)	*to register place of residence*
расписáться	*to acknowledge receipt of something* (also: *to register a marriage*)
списáть	*to copy (exactly)*

12.1 VERBAL ASPECT: OVERVIEW

Most Russian verbs have two separate forms, the *imperfective* and the *perfective aspects*. Together they form an *aspect pair*. Accordingly, starting with this lesson, most verbs listed in the vocabulary will have two forms. The perfective aspect will be marked with an asterisk.

читá|ть (I)   and   *прочитá|ть (I)

All forms of the *imperfective* aspect of a verb (the infinitive and the present and past tense forms) denote *process*, *action only*, with no reference to result or to the action being finished. Such action can be repeated, or it can be continuous.

The *perfective* aspect verb, on the other hand, denotes a *one-time action* that *had or will have a result, was or will be finished*.

	IMPERFECTIVE ASPECT (action *on-going* or *repeated*)	PERFECTIVE ASPECT (*result* of a *one-time action*)
Infinitive	Я хочý **читáть** книгу. *I want to read a/the book.* (I want to be involved in that action.)	Я хочý ***прочитáть** книгу. *I want to finish a/the book.* (I want to read the book and finish it. There will be a result.)
Present	Я **читáю** книгу. *I am reading a/the book.* (at the moment) Я чáсто **читáю** книги. *I often read books.* (in general, or repeatedly)	No present tense
Future	Я бýду **читáть** книгу. *I will be reading a/the book.* (I will be involved in that action.)	Я ***прочитáю** книгу. *I will finish a/the book.* (I will read the book and finish it.)
Past	Я **читáл** книгу. *I was reading a book.* (I was involved in that action.) Я чáсто **читáл** книги. *I often read books./I used to read books.* (in general, or repeatedly)	Я ***прочитáл** книгу. *I finished the book.* (I read the book and finished it.)

Aspect formation

Aspect pairs are formed in several ways. Sometimes you can predict the perfective aspect by seeing the imperfective aspect, and vice versa. For most verbs, however, you have to learn and memorize each form separately. The following are the most common ways to form aspect pairs.

A. **The perfective aspect adds a prefix.** In this type of formation, both aspects are conjugated in the same way.

по-	за́втракать	*поза́втракать	to eat breakfast
	обе́дать	*пообе́дать	to eat dinner
	у́жинать	*поу́жинать	to eat supper
с-	де́лать	*сде́лать	to do
вы-	стира́ть	*вы́стирать	to do laundry
на-	писа́ть	*написа́ть	to write
при-	гото́вить	*пригото́вить	to prepare
про-	чита́ть	*прочита́ть	to read

B. **Stem change (and sometimes a stress shift) occurs in the aspect pair.** The conjugation of verbs in this category must be learned separately for each aspect.

-а-/-и-	получа́ть	*получи́ть	to get
-ыва-/-а-	пока́зывать	*показа́ть	to show
-ва-/-	продава́ть	*прода́ть	to sell
-и- / -	убира́ть	*убра́ть	to clean

Other stem changes:

принима́ть	*приня́ть	to take (a shower, medicine, etc.)
покупа́ть	*купи́ть	to buy
приглаша́ть	*пригласи́ть	to invite

C. **The aspect pair is formed from different verb stems.**

говори́ть	*сказа́ть	to speak, to say
брать	*взять	to take

12.2 VERBAL ASPECT IN THE PAST TENSE

Single Action

The choice of imperfective or perfective aspect depends on what the speaker wants to express. If no reference is made to finishing the action, the imperfective aspect is used. Such sentences sometimes include time expressions referring to the length of time, such as **весь день** (all day), and **до́лго** (for a long time), or to the recurrence of the action, such as **ча́сто** (often), **иногда́** (sometimes), and so on.

If the speaker wants to emphasize the completion of an action, the perfective aspect is used. Perfective sentences often include words or phrases that imply completion, for example, **наконе́ц** (*finally*), **уже́** (*already*), and **в во́семь часо́в** (*at eight o'clock*).

Вчера́ я **чита́л** кни́гу.	(I was involved in that
I was reading a book yesterday.	action.)
Ле́том я ча́сто **чита́л** кни́ги.	(I was involved in that
In the summer I often read books.	action repeatedly.)
or: *I used to read books in the summer.*	
Вчера́ я наконе́ц *****прочита́л** кни́гу.	(I read the book and
Yesterday I finally finished the book.	finished it.)

Note that the English translation of the perfective aspect can leave out the main verb of the Russian sentence.

Я *****прочита́л** кни́гу.	*I **finished** the book.* (i.e., reading)
Я *****написа́л** сочине́ние.	*I **finished** the essay.* (i.e., writing)
Я *****поу́жинал.**	*I **finished** supper.* (i.e., eating)

Упражне́ния

◇ **1.** Complete the sentences with the past tense of the imperfective aspect verbs.

1. Вчера́ я весь день _____ (чита́ть) кни́ги.

2. Мой брат _____ (лежа́ть) на дива́не и _____ (слу́шать) му́зыку.

3. Утром Лари́са _____ (игра́ть) в те́ннис, а пото́м она́ _____ (рабо́тать).

4. Ба́бушка _____ (писа́ть) пи́сьма.

5. Ната́ша _____ (чита́ть) журна́лы, _____ (гуля́ть) в па́рке, а ве́чером _____ (смотре́ть) телеви́зор.

2. Select from the following list the correct perfective aspect verbs to complete the sentences in the past tense.

*****прочита́ть	*****пригото́вить
*****пообе́дать	*****написа́ть
*****сде́лать	

1. Вчера́ Ли́за весь день писа́ла сочине́ние. В 11 часо́в она́ наконе́ц _____ его́.

2. Ты уже́ _____ «Войну́ и мир»?—Ещё нет. Я ещё чита́ю его́.

3. Почему́ Ле́на не де́лает уро́ки?—Она́ их уже́ _____.

4. Та́ня уже́ _____ за́втрак?—Ещё нет.

5. Вы уже́ _____?—Нет, мы ещё обе́даем.

Грамматика Уро́к 12

◇ **3.** Say that you have already finished the activity. The perfective aspective verb is given in parentheses.

Model: Ли́за де́лает уро́ки. **А я уже́ сде́лала уро́ки.**
(сде́лать)

1. Са́ша чита́ет «Ти́хий Дон». (прочита́ть)
2. Ма́ша обе́дает. (пообе́дать)
3. Ле́на гото́вит за́втрак. (пригото́вить)
4. Серге́й пи́шет сочине́ние. (написа́ть)
5. Мы чита́ем журна́лы. (прочита́ть)
6. Лари́са у́жинает. (поу́жинать)
7. Ми́ша и Та́ня де́лают уро́ки. (сде́лать)
8. Ни́на принима́ет душ. (приня́ть)
9. Ната́ша мо́ет посу́ду. (помы́ть)
10. Ми́тя убира́ет ко́мнату. (убра́ть)

Consecutive Action

Consecutive actions can be combined in many different ways. In the following example, the activity of eating is finished (perfective aspect) before the second activity begins. The verb *нача́ть (to begin) is followed by the infinitive of an *imperfective* aspect verb (beginning of an action, no result).

Когда́ я *поза́втракал, я на́чал чита́ть кни́гу.
When I had eaten breakfast, I began to read a book.
or: *After I had ...*

It is also possible to have two actions completed one after the other.

Когда́ я *прочита́л рома́н, я *написа́л письмо́.
When I had read the novel, I wrote a letter.
or: *After I had ...*
Когда́ Са́ша *сде́лал уро́ки, он *пошёл в кино́.
When Sasha had done (his) homework, he went to the movies.
or: *After Sasha had ...*
Когда́ студе́нты *написа́ли сочине́ния, они́ *пое́хали домо́й.
When the students had written (their) essays, they went home.
or: *After the students had ...*

The last two examples contain the verbs **пойти́** (*to go on foot*; **пошёл, пошла́, пошли́**) and **пое́хать** (*to go by vehicle*) in the past tense. Both verbs denote the action of *setting off* to go to a destination. Refer to Section 12.5 for more details on verbs of motion.

Упражне́ния

◇ **4.** Supply the missing verbs in the action chain.

1. В суббо́ту у́тром, когда́ я _____ (*had finished breakfast*), я на́чал _____ (*to read*) кни́гу.

2. Когда́ я _____ (*had read*) кни́гу, я на́чал _____ (*to prepare*) обе́д.

3. Когда́ я _____ (*had prepared*) обе́д, я на́чал _____ (*to eat dinner*).

4. Когда́ я _____ (*had eaten dinner*), я на́чал _____ (*to write*) пи́сьма.

5. Когда́ я _____ (*had written*) все пи́сьма, я на́чал _____ (*to prepare*) у́жин.

6. Когда́ я _____ (*had prepared*) у́жин, я на́чал _____ (*to eat supper*).

7. Когда́ я _____ (*had eaten supper*), я на́чал _____ (*to read*) журна́л.

8. Когда́ я _____ (*had read*) журна́л, я пошёл _____ (*to sleep*).

5. Answer the questions using the words in parentheses.

1. Что начала́ де́лать Ната́ша, когда́ она́ поза́втракала? (чита́ть рома́н)

2. Что на́чал де́лать Серге́й, когда́ он сде́лал уро́ки? (смотре́ть телеви́зор)

3. Куда́ пошла́ Ма́ша, когда́ она́ написа́ла письмо́? (на/по́чта)

4. Куда́ пое́хал Юра, когда́ он поза́втракал? (на/о́зеро)

5. Куда́ вы пошли́ сего́дня у́тром, когда́ вы поза́втракали? (библиоте́ка)

6. Write the corresponding questions. Begin your sentences with one of the following:

Что на́чал/а́ де́лать ...

Куда́ пошёл (пошла́, пошли́) ...

Куда́ пое́хал/а ...

1. Когда́ ма́ма прочита́ла газе́ту, она́ пошла́ на рабо́ту.

2. Когда́ Ли́за сде́лала уро́ки, она́ начала́ слу́шать му́зыку.

3. Когда́ ба́бушка поу́жинала, она́ пошла́ спать.

4. Когда́ Воло́дя пригото́вил обе́д, он на́чал обе́дать.

5. Когда́ де́душка написа́л письмо́, он пошёл на по́чту.

6. Когда́ Лари́са вы́стирала джи́нсы, она́ начала́ гла́дить руба́шки.

7. Когда́ Лари́са вы́гладила руба́шки, она́ пошла́ в кино́.

8. Когда́ Серге́й убра́л свою́ ко́мнату, он пошёл гуля́ть.

9. Когда́ Ни́на помы́ла посу́ду, она́ начала́ стира́ть.

10. Когда́ Алла поза́втракала, она́ пое́хала за́ город.

12.3 VERBAL ASPECT IN THE FUTURE TENSE

The following is the basic rule about the use of aspects as applied to the future tense.

continuous, unfinished action, or repeated future action:	**imperfective future**
single action to be completed in the future:	**perfective future**

Imperfective Future

The imperfective future consists of the conjugated form of the verb **быть** and the *infinitive* of an *imperfective aspect* verb.

я	бýду	
ты	бýдешь	
он/онá	бýдет	читáть кни́гу. *I, you, ... will be reading a book.*
мы	бýдем	
вы	бýдете	
они́	бýдут	

Упражнéния

◇ **7.** Write complete sentences with the words given. Add prepositions where needed.

Model: Ни́на/слýшать/мýзыка   **Ни́на бýдет слýшать мýзыку.**

1. я/читáть/кни́га
2. Сергéй/писáть/письмó
3. мы/занимáться/библиотéка
4. Лéна и Сáша/гуля́ть/парк
5. Лари́са/убирáть/кварти́ра
6. вы/игрáть/волейбóл
7. бáбушка/стирáть
8. пáпа/мыть/посýда
9. ты/éздить верхóм
10. Волóдя/слýшать/мýзыка

8. Write the questions asking what the people will be doing.

Model: Мáша бýдет читáть кни́гу.   **Что бýдет дéлать Мáша?**

1. Оля бýдет слýшать мýзыку.
2. Я бýду занимáться в библиотéке.
3. Мы бýдем гуля́ть в пáрке вéчером.
4. Они́ бýдут читáть журнáлы.
5. Мой брат бýдет спать.

Perfective Future

Although the imperfective future is formed much as the future tense is formed in English (helping verb + the infinitive of the main verb), the perfective future is not. Instead, the *perfective future* is formed by *conjugating a perfective aspect verb* without the addition of a helping verb.

Я ***прочита́ю** кни́гу.	*I will read the book.* (I will finish it.)
За́втра я ***куплю́** но́вые джи́нсы.	*Tomorrow I will buy new jeans.*
Я ***пойду́** в кино́ ве́чером.	*I will go to the movies tonight.*

Упражне́ния

◇ **9. When will the activity be finished?**

A. Answer the questions saying that you will finish the activities at the time indicated in parentheses.

Model: Ты уже́ купи́л/а молоко́? **Нет, ещё не купи́л/а. Я**
(за́втра) **куплю́ его́ за́втра.**

1. Ты уже́ прочита́л/а «Войну́ и мир»? (в суббо́ту)
2. Ты уже́ написа́л/а письмо́? (за́втра)
3. Ты уже́ купи́л/а проду́кты? (за́втра у́тром)
4. Ты уже́ сде́лал/а уро́ки? (ве́чером)
5. Ты уже́ пригото́вил/а обе́д? (сейча́с)

B. Answer the questions saying that these people will finish the activities at the time indicated.

1. Ма́ма уже́ купи́ла апельси́ны? (за́втра у́тром)
2. Ле́на уже́ прочита́ла э́тот рома́н? (в суббо́ту)
3. Ва́ши роди́тели уже́ купи́ли но́вую маши́ну? (в пя́тницу)
4. Серге́й уже́ написа́л письмо́? (ве́чером)
5. Са́ша и Ле́на уже́ написа́ли письмо́? (за́втра)

10. Write complete sentences in the future tense by selecting items from each column.

Model: **Мы пойдём в кино́ в суббо́ту ве́чером.**
Мы пое́дем на да́чу в суббо́ту у́тром.

мы		на о́зеро	в суббо́ту	
Ле́на и Ми́ша		за́ город	в воскресе́нье	у́тром
я	пойти́	в библиоте́ку	в понеде́льник	днём
вы	пое́хать	на заня́тия	в пя́тницу	ве́чером
ты		на да́чу	во вто́рник	
Ви́ктор		в кино́	в сре́ду	
Алла		в теа́тр		

Consecutive Action in the Future

As with the past tense, there are many ways to express consecutive action in the future tense.

Когдá я *сдéлаю урóки, я бýду смотрéть телевúзор.
When I finish (my) homework, I will watch TV.

(The first action will be finished; the second will then start and continue for an unspecified time.)

Когдá я *прочитáю эту кнúгу, я *пойдý на стадиóн.
When I finish this book, I will go to the stadium.

(The first action will be finished before setting off.)

Когдá я *прочитáю эту кнúгу, я *напишý письмó.
When I finish this book, I will write a letter.

(Both actions will be finished, one after the other.)

Упражнéния

◇ **11.** Answer the questions using complete sentences.

Model: Что ты бýдешь дéлать, когдá ты сдéлаешь урóки? (читáть ромáн)

Когдá я сдéлаю урóки, я бýду читáть ромáн.

1. Что ты бýдешь дéлать, когдá ты прочитáешь этот ромáн? (смотрéть телевúзор)

2. Что бýдет дéлать Лúза, когдá онá сдéлает урóки? (писáть письмó)

3. Что вы бýдете дéлать вéчером, когдá вы поýжинаете? (слýшать мýзыку)

4. Что бýдет дéлать Волóдя, когдá он напúшет сочинéние? (спать)

5. Что ты бýдешь дéлать, когдá ты пообéдаешь? (читáть журнáлы)

12. Answer the questions saying that the activity in parentheses has to be finished first.

Model: Когдá ты пойдёшь в библиотéку? (позáвтракать)

Я пойдý в библиотéку, когдá я позáвтракаю.

1. Когдá Сáша поéдет на стадиóн? (сдéлать урóки)

2. Когдá вы пойдёте гулять? (прочитáть эту кнúгу)

3. Когдá ты поéдешь в Москвý? (купúть нóвую машúну)

4. Когдá ты пойдёшь в кинó? (написáть это письмó)

5. Когдá Сергéй и Лéна поéдут зá город? (пообéдать)

12.4 ANIMATE ACCUSATIVE

Russian nouns can be divided into two categories: *animate* and *inanimate*. Animate nouns refer to people and animals (e.g., Са́ша, ма́ма, писа́тель, ко́шка); inanimate nouns refer to places and things (Москва́, о́зеро, спорт). You have so far learned to use the accusative case with inanimate noun phrases only. *Animate* noun phrases have a separate accusative form for the *masculine, identical to the genitive case*. The feminine accusative is the same for both animate and inanimate nouns. Review the following examples.

		accusative case	
masc.	**inanimate:**	Я люблю́ америка́нский футбо́л.	(same as nominative)
	animate:	Я люблю́ тво**его́** бра́т**а** Ива́н**а**. Позови́те, пожа́луйста, И́гор**я**. Ты зна́ешь э́т**ого** но́в**ого** студе́нт**а**?	(same as genitive)
fem.	**inanimate:**	Я люблю́ ру́сск**ую** му́зык**у**.	(special accusative ending)
	animate:	Я люблю́ тво**ю́** мла́дш**ую** сестр**у́** Лари́с**у**. Мо́жно Та́н**ю**?	(special accusative ending)
neuter	**inanimate:**	Марк пи́шет дли́нное письмо́.	(same as nominative)

SIMPLIFIED RULE FOR THE ANIMATE ACCUSATIVE	
M	= **gen.** (adj.: **-ого/его**; nouns: **-а/я**)
F	= **inanim.** (adj.: **-ую**; nouns: **-у/ю**)

Note: Masculine names ending in **-а/я** are declined as feminines.

Ле́на пригласи́ла Ви́ктора, И́горя, Ми́шу и Воло́дю в теа́тр.
Lena invited Victor, Igor, Misha, and Volodya to the theater.

Упражне́ния

◇ **13. Who loves whom?** Write sentences according to the model.

Model: Ка́тя + Серге́й **Ка́тя лю́бит Серге́я, и Серге́й лю́бит Ка́тю.**

1. Ле́на + Са́ша
2. Та́ня + Ю́рий
3. Лари́са + Ми́тя
4. О́ля + Андре́й
5. Ната́ша + И́горь

6. И́ра + Дени́с
7. Ли́за + Воло́дя
8. Ни́на + Ми́ша
9. А́нна + Ви́ктор
10. Со́ня + Алексе́й

14. Finish the sentences with the animate or inanimate accusative.

1. Я люблю́ (ру́сская литерату́ра).

2. Я не зна́ю (э́тот арти́ст).

3. Вчера́ я встре́тила (мой ру́сский друг Игорь).

4. Мы пригласи́ли в кино́ (Ива́н, Ле́на, Та́ня и Серге́й).

5. Мой друг не лю́бит (бале́т).

6. Ты зна́ешь (моя́ подру́га Ната́ша)?

7. Я встре́тила (твоя́ мла́дшая сестра́) в библиоте́ке.

8. Я не люблю́ (америка́нский футбо́л).

9. Я не зна́ю (э́та студе́нтка).

10. Ты зна́ешь (мой ста́рший брат Воло́дя)?

12.5   VERBS OF MOTION

The verbs *пойти́ and *пое́хать are perfective aspect verbs of motion. The prefix по- denotes *setting off, beginning of a motion towards a destination.* In the following examples the verbs пойти́ and пое́хать are compared with the round-trip verbs ходи́ть and е́здить (from Lesson 9). Note that all four verbs can be translated as *went* in English.

A. Motion on foot

Где Са́ша?—Он **пошёл** в магази́н.	(Sasha is not here.)
*Where is Sasha?—He **went** to the store.*	
Са́ша, где ты был у́тром?—Я **ходи́л** в магази́н.	(Sasha is now back.)
*Sasha, where were you in the morning?—I **went** to the store.*	

B. Motion in a vehicle

Где Игорь?—Он **пое́хал** на да́чу.	(Igor is not here.)
*Where is Igor? He **went** to the summer house.*	
Игорь, где ты был в суббо́ту?—Я **е́здил** на да́чу.	(Igor is now back.)
*Igor, where were you on Saturday? I **went** to the summer house.*	

See sections 12. 2 and 12.3 on consecutive action and the perfective future for exercises with the verbs пойти́ and пое́хать. The following chart sums up what you have learned so far about verbs of motion.

Unidirectional Verbs

to be going at a given time	**идти́** иду́ идёшь иду́т	**е́хать** е́ду е́дешь е́дут	Куда́ ты идёшь? *Where are you going?* Он е́дет домо́й. *He is going home.*
was going, were going	шёл шла шли	е́хал е́хала е́хали	Куда́ ты шёл, когда́ я тебя́ ви́дел? *Where were you going when I saw you?* Маши́ны е́хали бы́стро. *The cars were going fast.*
will go	**пойти́** пойду́ пойдёшь пойду́т	**пое́хать** пое́ду пое́дешь пое́дут	Я пойду́ в кино́ ве́чером. *I will go to the movies tonight.* Ли́за пое́дет за́ город в суббо́ту. *Lisa will go out of town on Saturday.*
went, left, and hasn't returned yet	пошёл пошла́ пошли́	пое́хал пое́хала пое́хали	Са́ша до́ма?—Нет, он пошёл в кино́. *Is Sasha home?—No, he went to the movies.* Где Ми́тя?—Он пое́хал в Ки́ев. *Where is Mitya?—He went to Kiev.*

Multidirectional Verbs

to go repeatedly (and come back)	**ходи́ть** хожу́ хо́дишь хо́дят	**е́здить** е́зжу е́здишь е́здят	Я ка́ждый день хожу́ в университе́т. *I go to the university every day.* Ты ча́сто е́здишь в Москву́? *Do you often go to Moscow?*
went and came back	ходи́л ходи́ла ходи́ли	е́здил е́здила е́здили	Утром я ходи́ла в магази́н. *I went to the store in the morning.* Ле́том я е́здил в Москву́. *I went to Moscow in the summer.*

Упражне́ние

◇ **15.** Supply the missing verbs. Consult the verb chart if necessary.

  1. Приве́т, Пе́тя! У тебя́ но́вая маши́на? Куда́ ты _____ (*are going*)?—Я _____ (*am going*) на да́чу.

  2. Ты ча́сто _____ (*go*) на да́чу?—Да, я _____ (*go*) туда́ ка́ждую суббо́ту.

  3. Я _____ (*go*) в библиоте́ку ка́ждый день, а мой брат никогда́ не _____ (*goes*) в библиоте́ку.

  4. В коридо́ре: Приве́т, Серге́й! Ты куда́ _____ (*are going*)?—Я _____ (*am going*) на заня́тия.

  5. Где ты была́ у́тром, Ли́за?—Я _____ (*went*) в магази́н.

6. Игорь до́ма?—Нет, его́ нет до́ма. Он _____ (*went*) на стадио́н.

7. Ле́на, я ви́дел тебя́ на у́лице вчера́. Куда́ ты _____ (*were going*)?—Я _____ (*was going*) в магази́н. А ты, Ива́н?—Я _____ (*was going*) в кино́.

8. Игорь, вы куда́ _____ (*went*) ле́том?—Я _____ (*went*) в Со́чи, а моя́ сестра́ Анна _____ (*went*) в Москву́.

9. Юра, где ты был в суббо́ту?—Я _____ (*went*) на да́чу.

10. Андре́й Андре́евич сего́дня на рабо́те?—Нет, он _____ (*went*) во Владивосто́к.

Vocabulary

Note: The core vocabulary is bold-faced.

Nouns

биле́т	*ticket*
вход	*entrance*
галере́я	*gallery*
Третьяко́вская галере́я	*Tretyakov Art Gallery*
джи́нсы	*jeans*
като́к	*skating rink*
клуб	*club*
конце́рт	*concert*
матч	*game (sports event)*
мину́та	*minute*
мину́т(оч)ка *dim.*	*minute*
переда́ча	*TV or radio broadcast*
пе́сня	*song*
полчаса́	*half an hour*
приглаше́ние	*invitation*
програ́мма	*program*
пье́са	*play*
руба́шка	*shirt*
статья́	*article*

Adjectives

гла́вный	*main*
инди́йский	*Indian, from India*
ли́шний, ли́шняя, ли́шнее, ли́шние *soft adj.*	*extra*
ночно́й	*night*
театра́льный	*theater*

Adverbs

ещё	*still*
ещё не	*not yet*
ника́к	*no way*
тогда́	*in that case*
то́чно	*exactly*
уже́	*already*

Pronouns

весь, вся, всё, все	*all*
весь день	*all day*
что́-нибудь	*something*

Prepositions

за + *acc.*	*in, within* (a period of time)
по́сле + *gen.*	*after*
у + *gen.*	*by, at*

Verbs

The following verb paradigms reflect the usage in this chapter. For a complete listing, consult the verb glossary in the back of the book. Perfective verbs are marked with an asterisk.

ви́деть (II) ви́жу, ви́дишь, ви́дят	*to see*
*встре́титься (II) дава́й встре́тимся	*to meet* *let's meet*
гла́дить (II) гла́жу, гла́дишь, гла́дят *вы́гладить	*to iron*

гото́вить	to prepare (dinner,	**покупа́|ть** (I)	to buy
гото́влю,	etc.)	**купи́ть* (II)	
гото́вишь, гото́вят		куплю́,	
*пригото́вить		ку́пишь, ку́пят	
де́ла|ть (I)	to do	**приглаша́|ть** (I)	to invite
*сде́лать		**пригласи́ть* (II)	
за́втрака|ть (I)	to eat breakfast	приглашу́, пригласи́шь,	
*поза́втракать		пригласа́т	
звон|и́ть (II)	to call on the	**прийти́* (I)	to arrive
звоню́, звони́шь,	telephone	приду́, придёшь,	(on foot)
звоня́т		приду́т; *past* пришёл,	
*позвони́ть		пришла́, пришли́	
конча́ться	to end	**принима́|ть** (I)	to take (e.g.,
конча́ется, конча́ются		**приня́ть* (I)	a shower)
купи́ть *See* покупа́ть	to buy	приму́, при́мешь, при́мут;	
мочь (I)	to be able to	*past* при́нял, приняла́,	
могу́, мо́жешь, мо́гут		при́няли	
past мог, могла́, могли́		**просну́ться*	to wake up
мыть (I)	to wash	просну́лся	
мо́ю, мо́ешь, мо́ют		**смотр|е́ть** (II)	to watch, to look
*помы́ть		смотрю́, смо́тришь,	
*нача́ть	to begin (to do	смо́трят	
на́чал,	something)	**посмотре́ть*	
начала́, на́чали		**стира́|ть** (I)	to do laundry
начина́ться	to begin	**вы́стирать*	
начина́ется,		**танц|ева́|ть** (I)	to dance
начина́ются		танцу́ю, танцу́ешь,	
обе́да|ть (I)	to eat dinner	танцу́ют	
*пообе́дать		**убира́|ть** (I)	to clean
отдыха́|ть (I)	to rest	**убра́ть* (I)	
*переда́ть	to convey, to pass	уберу́, уберёшь, уберу́т	
imp. **переда́й/те**		**у́жина|ть** (I)	to eat supper
петь (I)	to sing	**поу́жинать*	
пою́, поёшь, пою́т		**узна́|ть* (I)	to find out
писа́ть (I)	to write	**хоте́ть**	to want
пишу́, пи́шешь, пи́шут		хочу́, хо́чешь, хо́чет,	
*написа́ть		хоти́м, хоти́те, хотя́т	
*пое́хать (I)	to go, to leave	**чита́|ть** (I)	to read
пое́ду, пое́дешь,	(by vehicle)	**прочита́ть*	
пое́дут			
*пойти́ (I)	to go, to leave	**Phrases**	
пойду́, пойдёшь,	(on foot)		
пойду́т; *past* пошёл,		ax! *interjection*	oh!
пошла́, пошли́		вот как	I see
*позови́/те *imp.*	call	**Всего́ хоро́шего!**	All the best!
		дава́й пойдём/пое́дем	let's go
		дава́й посмо́трим	let's watch
		договори́лись	it's a deal

за́ город	*out of town*	про́дан, про́дана,	*sold out*
к сожале́нию	*unfortunately*	про́даны *short adj.*	
ла́дно	*all right*	с удово́льствием	*with pleasure*
Мину́т(оч)ку!	*Just a minute!*	**со мно́й**	*with me*
мне на́до	*I have to*	**я уста́л/а**	*I am tired*
не́ за что	*you are welcome, don't mention it*		

Уро́к 13
(Трина́дцатый уро́к)

Что ей подари́ть?

Это ГУМ.

Ви́ктор: За́втра бу́дет Восьмо́е ма́рта. Я не зна́ю, что подари́ть жене́.

Алексе́й: Купи́ ей францу́зские духи́.

Ви́ктор: Ей не нра́вятся духи́.

Алексе́й: А кольцо́ с бриллиа́нтами?

Ви́ктор: Ну, что ты!? Я не миллионе́р.

THEMES

- Buying presents
- Asking for advice and making decisions
- Discussing likes and dislikes
- Planning for parties and making invitations
- Discussing ages and dates of birth
- Talking about holidays
- Expressing congratulations and wishes

CULTURE

- Giving gifts
- Birthday parties
- Visiting Russian homes
- Russian holidays
- Julian and Gregorian calendars

STRUCTURES

- Dative case: Overview
- The possessive pronoun свой
- Verbs подари́ть and дать
- Dative case: personal pronouns; singular and plural of nouns, adjectives, and possessive and demonstrative pronouns
- Verbs помога́ть, предлага́ть, and сове́товать
- The verb нра́виться
- The preposition к
- Age expressions
- Verbs роди́ться and умере́ть
- Time expressions: Days, months, and years

Buying Presents

GIVING GIFTS

Gift giving is often spontaneous and does not necessarily need an occasion. There are a few holidays, however, in which gifts play an essential part. One of these is New Year's, a holiday that has adopted many nonreligious elements of Christmas. Another such holiday is International Women's Day, celebrated on March 8 (Междунаро́дный же́нский день, Восьмо́е ма́рта). On this day, men send cards to and buy flowers and gifts for all the important women in their lives (mothers, wives, sisters, grandmothers, aunts, girlfriends, etc.). Gifts are usually given for birthdays, also. Special parties for gift collecting, such as baby or bridal showers, do not exist in the Russian culture. Contrary to U.S. traditions, the recipient is not expected to unwrap the gift immediately.

Янта́рь *(amber)*, harvested from the bottom of the Baltic Sea, is one of the most popular materials for jewelry in Russia. It is molded into necklaces, bracelets, rings, and brooches.

Пода́рки

пода́рок

спорти́вные това́ры

те́ннисная раке́тка

хокке́йная клю́шка
мяч

лы́жи

коньки́

одежда

шарф

га́лстук

сви́тер

кольцо́ золото́е / сере́бряное

ку́кла   ми́шка

грузови́к

цветы́   духи́   су́мка

ювели́рные изде́лия

серёжки

брасле́т

це́почка

часы́

бу́сы и
янтар

ку́бики

игру́шки

самолёт

кассе́та/диск

- Каки́е пода́рки мы обы́чно **покупа́ем** ба́бушке/де́душке?
- А ма́ленькому ма́льчику?
- Ма́ленькой де́вочке?
- А семнадцатиле́тней де́вушке?
- А пятнадцатиле́тнему **ю́ноше**?
- Каки́е пода́рки, по-ва́шему, неоригина́льные?
- Каки́е пода́рки дороги́е?

◇ **13.1** Dative case: overview

Ле́на **подари́ла своему́** дру́гу Ива́ну кни́гу.
А Ива́н **подари́л свое́й** де́вушке Ле́не цветы́.

Ма́ша **подари́ла свои́м** роди́телям коро́бку шокола́да.

◇ **13.2** The possessive pronoun свой

Кому́	ты вы	ку́пишь/**пода́ришь** ку́пите/**пода́рите**	кни́гу?		
			что?	кому́?	кому́?
Я	куплю́ подарю́	сви́тер кассе́ту кольцо́ часы́	моему́/своему́ ру́сскому дру́гу. моему́/своему́ ста́ршему бра́ту И́горю. мое́й/свое́й ру́сской подру́ге Ле́не. мое́й/свое́й мла́дшей сестре́ Та́не. э́тим ру́сским де́вушкам. мои́м роди́телям.	мне тебе́ ему́ ей нам вам им

◇ **13.3** Verbs подари́ть and дать   **13.4** Dative case endings

1. **День рождéния.** *Birthday.*

A. What did the students buy their boyfriends or girlfriends for their birthdays?

S1: Что подарúла Анна Вúктору?
S2: Онá подарúла емý часы́.
S1: А что подарúл Вúктор Анне?
S2: Он подарúл ей цветы́.

1. Анна (часы́)/Вúктор (цветы́)
2. Тáня (диск)/Игорь (духú)
3. Лéна (кассéта)/Сергéй (кольцó)
4. Натáша (свúтер)/Сáша (браслéт)
5. Оля (гáлстук)/Андрéй (мúшка)

B. **А вы?** Что вы подарúли на день рождéния

вáшему отцý
вáшей мáме
вáшей (стáршей/млáдшей) сестрé
вáшему (стáршему/млáдшему) брáту

А что онú подарúли вам?

2. **Подáрки на Нóвый год.**

What do you think Victor bought all the people on his list for New Year's? Use gift ideas from the beginning of the chapter.

S1: Как ты дýмаешь, что купúл Вúктор своéй дéвушке Натáше?
S2: Я дýмаю, что он купúл ей золотóе кольцó.

1. дéвушка Натáша
2. млáдший брат Денúс
3. стáрший брат Андрéй
4. сестрá Ларúса
5. бáбушка
6. дéдушка
7. лýчший друг Игорь
8. родúтели
9. нóвые америкáнские друзья́

От когó вы получúли э́тот подáрок?	Я получúл его́ от	Ивáна. Игоря. Лéны. Тáни.

Са́ша получи́л пода́рок **от ба́бушки.**

3. День рожде́ния.

Larisa's birthday was yesterday. What did her friends give her?

S1: От кого́ Лари́са получи́ла цветы́?

S2: Она́ получи́ла цветы́ от Ви́ктора.

or:

S1: Что получи́ла Лари́са от Ви́ктора?

S2: Она́ получи́ла от Ви́ктора цветы́.

кто	что
1. Ви́ктор	цветы́
2. Ни́на	духи́
3. Валенти́н	коро́бка шокола́да
4. На́дя	серёжки
5. Андре́й	кассе́та
6. Та́ня	цепо́чка
7. Са́ша	браслéт

4. Что подари́ли Ди́ме на Но́вый год?

Each one of the people listed bought little Dima a New Year's gift.

A. Look at the picture and decide which gift each person gave him.

S1: Что подари́ла ему́ ба́бушка?

S2: Я ду́маю, что ба́бушка подари́ла ему́ шарф.

ба́бушка	па́па
де́душка	ма́ма
тётя Алла	сестра́
дя́дя Ва́ня	брат

B. Practice the conversations again by saying from whom each gift was received.

S1: От когó Дúма получúл шарф?

S2: Я думаю, что он получúл шарф от бáбушки.

5. Что вы получúли в подáрок? От когó? А что вы подарúли им?

Interview a classmate and find out what he or she received for birthday presents. From whom? What did your classmate give relatives and friends for their birthdays? Report the results to the class.

Что получúл/а?   От когó?   Что подарúл/а?   Комý?

Asking for Advice and Making Decisions

Натáша **выбирáет** подáрки **рóдственникам.** В э́том магазúне большóй **вы́бор.**

asking for and giving...				
help:	**Помоги́/те мне** вы́брать пода́рок ма́ме.			Хорошо́. (С удово́льствием.)
suggestions:	Что	ты вы	**предложи́л бы** **предложи́ли бы**	мне купи́ть ма́ме?	**Купи́/те** **Подари́/те** ей духи́.
advice:	Что	ты вы	**сове́туешь** **сове́туете**	мне купи́ть ма́ме?	Я **сове́тую тебе́/вам** купи́ть ей духи́.

◇ **13.5** Dative case: verbs помога́ть, предлага́ть, and сове́товать.

The conditional form предложи́л/а бы is the equivalent of *would suggest*. The conditional is discussed in more detail in Lesson 15. The corresponding noun предложе́ние *(suggestion)* is used in the title of activity 6.

6. Каки́е у них предложе́ния?

A. Larisa is looking for the perfect gift for Professor Smirnov and his wife. She consults her friends Nina and Sergei.

1. Что сказа́ла Лари́са свои́м друзья́м Ни́не и Серге́ю?
2. Как отве́тила *(answered)* Ни́на?
3. А как отве́тил Серге́й?
4. А каки́е у вас предложе́ния?
5. Как вы ду́маете, что купи́ла Лари́са?

кто	предложе́ние Ни́ны	предложе́ние Серге́я
профе́ссор Смирно́в	кни́га об иску́сстве	вино́
жена́ профе́ссора Смирно́ва	цветы́	коро́бка шокола́да

B. You need to buy a gift for the following people. Ask several classmates for advice.

1. An exchange student from Russia who is now leaving to go back.
2. Your host family in Moscow during your trip next summer.

Discussing Likes and Dislikes

Мне	(не) **нра́вится**	э́тот пода́рок. э́та кни́га. э́то письмо́.
	(не) **нра́вятся**	э́ти кни́ги.

◇ **13.6** Dative case: Present tense of the verb нра́виться

(Как)	тебе́	нра́вится пода́рок?	Очень нра́вится./Не о́чень.
	вам	нра́вятся пода́рки?	Очень нра́вятся.
(Как)	тебе́	*понра́вился пода́рок?	Очень понра́вился./Не о́чень.
	вам	*понра́вилась кни́га?	Очень понра́вилась.
		*понра́вилось моё письмо́?	Очень понра́вилось.
		*понра́вились мои́ друзья́?	Очень понра́вились.

◇ **13.6** Dative case: Past tense of the verb нра́виться

7. Что кому́ нра́вится?

A. All the people listed like the gifts they received. Practice questions and answers according to the model.

S1: Како́й пода́рок нра́вится Игорю?

S2: Ему́ нра́вится те́ннисная раке́тка.

1. Игорь — те́ннисная раке́тка
2. Лари́са — сви́тер
3. Ива́н — хокке́йная клю́шка
4. Ми́ша — коньки́
5. ба́бушка — шарф
6. Дени́с — мяч
7. ма́ма — духи́
8. Та́ня — су́мка
9. па́па — га́лстук
10. Воло́дя — лы́жи

B. Pretend that *you* bought the gifts for the people in part A. Ask an outsider (played by a classmate) how the recipients liked their gifts.

S1: Игорю понра́вилась те́ннисная раке́тка?

S2: Очень понра́вилась.

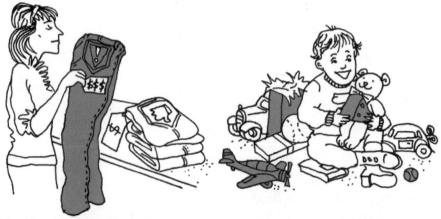

Ле́не **бо́льше** нра́вятся э́ти **мо́дные** дороги́е джи́нсы, чем те дешёвые.

Дени́су **бо́льше всего́** нра́вится ми́шка. Что ещё ему́ подари́ли?

8. Что вам бо́льше нра́вится?

A. You are planning a surprise for your friend. Find out your friend's preferences concerning the following items.

S1: Кака́я му́зыка тебе́ бо́льше нра́вится: класси́ческая и́ли рок-му́зыка?

S2: Мне бо́льше нра́вится рок-му́зыка.

1. класси́ческая му́зыка и́ли рок-му́зыка
2. совреме́нное и́ли класси́ческое иску́сство
3. иностра́нная и́ли америка́нская литерату́ра
4. италья́нская и́ли мексика́нская ку́хня
5. кра́сная и́ли чёрная икра́
6. ру́сский язы́к и́ли неме́цкий язы́к
7. ру́сские и́ли америка́нские духи́
8. больши́е и́ли ма́ленькие соба́ки
9. ру́сские и́ли америка́нские фи́льмы
10. золоты́е и́ли сере́бряные серёжки

B. Based on your friend's preferences, mention some actions that could be taken.

Model: Я куплю́ ему́/ей кассе́ту рок-гру́ппы «Кино́».
Мы пойдём ве́чером в италья́нский рестора́н.

9. Каки́е пода́рки им бо́льше всего́ понра́вились?

The teenagers listed received several gifts for New Year's. Which gifts did they like the most? Why?

S1: Како́й пода́рок бо́льше всего́ понра́вился Серге́ю?

S2: Ему́ бо́льше всего́ понра́вились коньки́.

S1: Почему́?

S2: Потому́ что он лю́бит ката́ться на конька́х.

1. Андре́й — лы́жи
2. Ири́на — видеокассе́та
3. Ле́на — компью́тер
4. Макси́м — те́ннисная раке́тка
5. А́нна — стереосисте́ма
6. И́горь — кни́га «Кулина́рия»
7. Са́ша — велосипе́д
8. Та́ня — коньки́

Traditional role divisions are more accepted in Russian than in American culture. The concept of sexism is virtually unknown to Russians.

Что подарить детям на Новый год?

Nina Alekseevna works in a toy store. Find out what she recommends for New Year's gifts this year.

Советует Нина Алексеевна, продавщица «Дóма Игрýшки»:

Сáмые лýчшие подáрки дéтям мóжно купить в москóвском «Дóме Игрýшки». В э́том годý игрýшки, к сожалéнию, намнóго дорóже, чем в прóшлом годý, но и вы́бор тепéрь другóй.[1] Там, где рáньше бы́ли отéчественные[2] велосипéды и самокáты,[3] тепéрь стоя́т итальянские дéтские электромобили «Феррáри». Ря́дом с[4] «Феррáри» стоит рýсский «Муравéй», тóже мини-автомобиль, но педáльный, и намнóго дешéвле. Если «Феррáри» вам не по кармáну,[5] лýчше купить что-то другóе, так как дéтям такие педáльные маши́ны бóльше не нрáвятся.

Если вáши дéти лю́бят стрóить, у нас есть великолéпные[6] модéли самолётов и маши́н. Но лýчше купить сначáла сáмую простýю[7] модéль, так как сáмые слóжные[8] обы́чно покупáют для себя́ отцы́. Мáленьким мáльчикам мы предлагáем трансфóрмеры, котóрые[9] склáдываются[10] и́ли в танк, и́ли в ракéту, и́ли дáже в рóбота.

Дéвочкам óчень нрáвятся кýклы Бáрби, Бéтти и Ли́нда, котóрые, к сожалéнию, стоя́т намнóго дорóже, чем нáши рýсские кýклы Нáстя и Кáтя. Бýдущим домохозя́йкам óчень нрáвятся игрýшечные пылесóсы[11] и стирáльные маши́ны.

Мáльчикам всегдá нрáвится «Набóр полицéйского»: пистолéт и нарýчники. А всем бýдущим бизнесмéнам мы предлагáем мáленькие кáссовые аппарáты.

Всем дéтям обы́чно нрáвятся ми́шки, хотя́[12] в э́том годý лýчше подари́ть большýю и лохмáтую[13] игрýшечную собáку.

[1] other, different
[2] here: domestic / [3] scooter
[4] next to

[5] can't afford

[6] wonderful
[7] simple
[8] complicated
[9] which / [10] turn into

[11] vacuum cleaners

[12] although
[13] furry

A. Отвéтьте на вопрóсы.

1. Что такóе «Муравéй»?
2. Нина Алексéевна совéтует купить «Муравéй»? Почемý (нет)?
3. Кто обы́чно покупáет слóжные модéли самолётов и маши́н? Комý?
4. Дéвочкам нрáвится кýкла «Нáстя»?
5. Что такóе «Набóр полицéйского»?
6. Что предлагáет Нина Алексéевна купить бýдущим бизнесмéнам?

B. Make a list of all the toys that Nina Alekseevna recommends.

    мáльчикам   дéвочкам

Planning for Parties and Making Invitations

хозя́ин   хозя́йка   гость

BIRTHDAY PARTIES

Children's birthdays are observed every year with small parties in the home of the celebrant. Adults' birthdays, when they are observed, are often celebrated in a restaurant with a dinner, a cake, and champagne. Gifts are usually given, but singing birthday songs is not as common as it is in the United States. A few birthdays songs exist («Пе́сенка Крокоди́ла Ге́ны» and «Карава́й»), but they are usually more appropriate for children's parties.

VISITING RUSSIAN HOMES

When you are invited to a Russian home, it is customary to bring the host or hostess a small gift or a bouquet of flowers. Flowers are brought in odd numbers, 3, 5, and so on; an even number of flowers is considered bad luck. Do not give white flowers, as they are for funerals.

While in a Russian home, do not praise lavishly any objects in the house, or you will end up taking them home with you.

В гостя́х.

У Анны ско́ро бу́дет **день рожде́ния.**		Она́ пригласи́т	Ви́кторa. Серге́я. Ма́шу. Та́ню.
Кого́ она́ **пригласи́т?**			

Приходи́/те	**ко мне к нам** в го́сти.		Спаси́бо.
Я хоте́л/а бы пригласи́ть вас		к нам в го́сти. в рестора́н.	Спаси́бо, с удово́льствием!!

◇ **13.7** Dative case: the preposition **к**

The conditional form я хоте́л/а бы *(I would like)* is a more polite phrase than я хочу́ *(I want)*. The use of the conditional is discussed in detail in Lesson 15.

The phrase в го́сти comes from the noun гость *(visitor)*. It does not have a direct equivalent in English. A possible translation is *to (go) visit somebody*. Another form of this phrase is в гостя́х *(to be visiting somebody)*. The latter is also found in the famous Russian proverb «В гостя́х хорошо́, а до́ма лу́чше» *(Home Sweet Home)*.

10. Кого́ пригласи́ть?

This is a page from Tanya's notebook. Whom is she planning to invite to her birthday party?

Model: Она́ хо́чет пригласи́ть Ма́шу,...

11. Диало́ги.

A. Read the two dialogues and answer the questions that follow.

1. | | |
   |---|---|
   | Ната́ша: | Мо́жно Андре́я? |
   | Сосе́д по ко́мнате: | Мину́тку. Андре́й! |
   | Андре́й: | Алло́! |
   | Ната́ша: | Приве́т, Андре́й. Это Ната́ша. |
   | Андре́й: | Ната́ша! Как дела́? |
   | Ната́ша: | Хорошо́, спаси́бо. Слу́шай, в суббо́ту у меня́ день рожде́ния. Я хоте́ла бы пригласи́ть тебя́ в кафе́ «Тро́йка». |
   | Андре́й: | Спаси́бо, с удово́льствием. Во ско́лько? |
   | Ната́ша: | Часо́в в во́семь. Хорошо́? |
   | Андре́й: | Хорошо́. Уви́димся в суббо́ту. |
   | Ната́ша: | Договори́лись. Пока́. |

2. | | | |
   |---|---|---|
   | Андре́й: | Ты слы́шала,[1] что в суббо́ту бу́дет день рожде́ния Ната́ши? | [1]heard |
   | Ли́за: | Да, слы́шала. Она́ меня́ пригласи́ла в кафе́ «Тро́йка». | |
   | Андре́й: | А ты не зна́ешь, кто там ещё бу́дет? | |
   | Ли́за: | Зна́ю. Она́ пригласи́ла И́горя, Ле́ну, Та́ню, Лари́су, Ма́рка и Ю́ру. И нас, коне́чно. Но Марк не мо́жет пойти́. Он е́дет к ба́бушке. | |
   | Андре́й: | Жаль.[2] А что ей подари́ть? Пода́рок на день рожде́ния—э́то ве́чная[3] пробле́ма. Что ты сове́туешь ей подари́ть? | [2]It is a pity.
[3]eternal, perpetual |
   | Ли́за: | Я не зна́ю. Мо́жет быть цветы́? Или кассе́ту, и́ли кни́гу? | |
   | Андре́й: | Я не зна́ю, кака́я му́зыка ей нра́вится. | |
   | Ли́за: | Я зна́ю, что ра́ньше ей нра́вилась иностра́нная рок-му́зыка, а тепе́рь ей бо́льше нра́вится класси́ческая му́зыка. Но что и́менно,[4] я не зна́ю. | [4]exactly |
   | Андре́й: | Как ты ду́маешь, му́зыка Рахма́нинова ей нра́вится? | |
   | Ли́за: | Ду́маю, что да. | |
   | Андре́й: | Ну, ла́дно. Я поду́маю об э́том. | |

1. У кого́ бу́дет день рожде́ния?
2. День рожде́ния бу́дет у Ната́ши до́ма?
3. Кого́ она́ пригласи́ла?
4. Почему́ Марк не мо́жет пойти́?
5. Что предложи́ла Ли́за купи́ть Ната́ше? Почему́?
6. Как вы ду́маете, что купи́л Андре́й?

B. Retell the story in the third person. You may need the past tense of the following verbs.

сказа́ть   *to say*
спроси́ть   *to ask*
отве́тить   *to answer*

12. День рожде́ния.

Your birthday is coming up. Call and invite a friend to celebrate the occasion. Discuss who else should be invited. Also agree on the time and place.

Discussing Ages and Dates of Birth

You can compare two items by using the conjunction чем + nominative (ста́рше, чем Игорь/моло́же, чем я) or the genitive case instead of чем, as shown.

In real life, it is impolite to ask a woman's age.

Ско́лько **тебе́/вам** лет?	**Мне** 21 год.
Ско́лько лет твоему́/ва́шему ста́ршему бра́ту?	**Ему́** 23 го́да.
Ско́лько лет твое́й/ва́шей ба́бушке?	**Ей** 65 лет.

◇ **13.8** Dative case: Age expressions

Мой брат **на** два го́да	**ста́рше** **моло́же**	меня́.

- Если э́то не секре́т, ско́лько вам лет?
- Ско́лько лет ва́шему отцу́?
- А ва́шей ма́ме ско́лько лет?
- Ско́лько лет ва́шим бра́тьям и сёстрам?
- На ско́лько лет они́ ста́рше и́ли моло́же вас?

ORDINAL NUMBERS 1–100		
1 пе́рвый	10 деся́тый	20 двадца́тый
2 второ́й	11 оди́ннадцатый	21 два́дцать пе́рвый
3 тре́тий (тре́тьем, тре́тьего)	12 двена́дцатый	30 тридца́тый
	13 трина́дцатый	40 сороково́й
4 четвёртый	14 четы́рнадцатый	50 пятидеся́тый
5 пя́тый	15 пятна́дцатый	60 шестидеся́тый
6 шесто́й	16 шестна́дцатый	70 семидеся́тый
7 седьмо́й	17 семна́дцатый	80 восьмидеся́тый
8 восьмо́й	18 восемна́дцатый	90 девяно́стый
9 девя́тый	19 девятна́дцатый	100 со́тый

		родился?	Я роди́лся	в 1978-ом году́.
В како́м году́	ты вы	**роди́лся?** **роди́лась?** **роди́лись?**	Я роди́лся Я родила́сь	в 1978-ом году́. в ты́сяча девятьсо́т се́мьдесят **восьмо́м** году́.

◇ **13.9** Verbs роди́ться and умере́ть   **13.10** Time expressions: years

Де́душка **у́мер**
Ба́бушка **умерла́** в 1992-ом (в ты́сяча девятьсо́т девяно́сто **второ́м**) году́.
Они́ **у́мерли**

Ско́лько лет бы́ло де́душке, когда́ он **у́мер?**	**Ему́** бы́ло 85 лет.

13. Изве́стные ру́сские.

When were these famous people born? When did they die? How old were they when they died?

S1: В како́м году́ роди́лся Чайко́вский?

S2: Он роди́лся в ты́сяча восемьсо́т сороково́м году́.

S1: А когда́ он у́мер?

S2: Он у́мер в ты́сяча восемьсо́т девяно́сто тре́тьем году́.

S1: Ско́лько лет ему́ бы́ло, когда́ он у́мер?

S2: Ему́ бы́ло пятьдеся́т три го́да.

Пётр Ильи́ч Чайко́вский 1840–1893	Илья́ Ефи́мович Ре́пин 1844–1930	Анна Андре́евна Ахма́това 1889–1966	Влади́мир Ильи́ч Ле́нин 1870–1924	Лев Никола́евич Толсто́й 1828–1910

14. Ско́лько им лет?

All the babies in the picture were born in different years. Answer the questions.

1. В како́м году́ они́ родили́сь?
2. Ско́лько им сейча́с лет?
3. Ско́лько лет им бы́ло два го́да наза́д?
4. Кто са́мый ста́рый?
5. Кто ста́рше: Игорь и́ли Ната́ша?
6. На ско́лько лет ста́рше?
7. На ско́лько лет Лари́са ста́рше Оли?

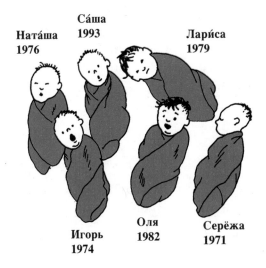

Ната́ша 1976 · Са́ша 1993 · Лари́са 1979 · Игорь 1974 · Оля 1982 · Серёжа 1971

ме́сяцы		
1. янва́рь (в январе́)	5. май	9. сентя́брь (-é)
2. февра́ль (-é)	6. ию́нь	10. октя́брь (-é)
3. март	7. ию́ль	11. ноя́брь (-é)
4. апре́ль	8. а́вгуст	12. дека́брь (-é)

◇ **13.10** Time expressions: months

- Как называ́ется второ́й ме́сяц го́да?
- А девя́тый?
- Как называ́ется пе́рвый ме́сяц весны́?
- А пе́рвый ме́сяц ле́та?
- А **после́дний** ме́сяц го́да?
- **В** како́м ме́сяц**е** вы родили́сь?
- А ва́ши бра́тья и сёстры?

Когда́	твой у тебя́	день рожде́ния?	**Мой** **У меня́**	**день рожде́ния** три́дцать пе́рвого января́.
Когда́ **у твоего́ бра́та** день рожде́ния?			**У него́** день рожде́ния 26-го декабря́.	

◇ **13.10** Time expressions: days, months, and years

15. Когда́ у Аллы день рожде́ния?

A. When do the following students have their birthdays?

S1: Когда́ у Аллы день рожде́ния?
S2: У неё день рожде́ния два́дцать пе́рвого ма́рта.

   1. Алла (21.03)
   2. Та́ня (08.08)
   3. Ле́на (13.05)
   4. Са́ша (30.09)
   5. Алексе́й (23.11)
   6. Валенти́н (07.04)
   7. Игорь (04.06)
   8. Ли́за (02.01)
   9. Ви́ктор (03.12)
   10. Ни́на (25.02)

B. Find out the birth dates of five of your classmates. Report the results to the class; have one student write the dates on the chalkboard in chronological order.

16. Интервью́.

A. Interview a few classmates. Find out

   1. how old they are (if it is not a secret)
   2. how much older or younger their siblings are
   3. how old their parents are, and which parent is older
   4. how old their grandparents are

B. Compare the results of your interviews. Whose grandparents are the oldest? Whose siblings are the youngest?

Talking About Holidays

RUSSIAN HOLIDAYS

Many typical Soviet holidays, such as May Day (May 1) and the anniversary of the October Revolution (November 7), lost their significance with the fall of communism. Only three holidays of the Soviet era remain: New Year's, International Women's Day, and Victory Day. At the same time, a new holiday appeared: Russian Independence Day (June 12).

The celebration of **Но́вый год** includes lavish dinners, gift giving, and decorating a tree (нового́дняя ёлка). Whereas adults celebrate with food and champagne on New Year's Eve, children often have morning parties (у́тренник). Their festivities include dressing up as animals or as characters from fairy tales, singing songs while walking around the ёлка, and receiving gifts from the Russian Santa Claus, Дед Моро́з *(Grandfather Frost)* and his helper Снегу́рочка *(Snow Maiden)*. Дед Моро́з is usually taller and thinner than Santa Claus. His costume can be either red, blue, or white with white trimming. Both Дед Моро́з and Снегу́рочка were originally characters in folktales.

The **Па́сха** *(Easter)* celebration starts the night before Easter Sunday when worshipers bring their traditional Easter food to church to be blessed. The

С Но́вым го́дом!

Христо́с воскре́с!

food includes Easter dessert, па́сха, sweet bread, кули́ч, and some Easter eggs. This is the night when attendance in churches is the highest. Near midnight the priest opens the door of the church and leads a procession of deacons, choir, and pa-rishioners around the church three times. Decorated Easter eggs (пи́санки) are an important part of the traditional Easter celebration.

The following list includes the most common wishes for various occasions.

Occasion	What we say	Response
birthday	С днём рожде́ния!	Спаси́бо.
new house	С новосе́льем!	Спаси́бо.
New Year's	С Но́вым го́дом!	Вас то́же./С Но́вым го́дом!
newborn child	С новорождённым!	Спаси́бо.
Women's Day	С пра́здником Восьмо́го ма́рта!	Спаси́бо. (to a female, Вас то́же.)
Christmas	С Рождество́м (Христо́вым)!	Вас то́же.
Easter	Христо́с воскре́с!	Вои́стину воскре́с!
any occasion	С пра́здником!	Вас то́же.

Ру́сские пра́здники

Расска́зывает Ира:

Мой люби́мый пра́здник—Но́вый год. К пра́зднику мы покупа́ем шампа́нское и торт, украша́ем нового́днюю ёлку[1] и гото́вим пода́рки. К нам прихо́дят ро́дственники, друзья́. Ро́вно[2] в 12 бьют[3] часы́ на Спа́сской ба́шне[4] Кремля́: мы все встаём, поднима́ем бока́лы[5] и поздравля́ем друг дру́га[6] с Но́вым го́дом.

Весно́й мы отмеча́ем[7] Междунаро́дный же́нский день—Восьмо́е ма́рта. Мы да́рим пода́рки ма́ме, сестре́ и ба́бушке, и поздравля́ем их с пра́здником. Же́нский день—э́то нерабо́чий день.

Сле́дующий[8] большо́й пра́здник —Пе́рвое ма́я. Это пра́здник весны́. В ма́е мы отмеча́ем и друго́й[9] пра́здник—День побе́ды.[10] В э́тот день в 1945-ом году́ зако́нчилась[11] Втора́я мирова́я война́.

День Росси́и и́ли День незави́симости[12]—э́то но́вый госуда́рственный пра́здник. Его́ отмеча́ют 12-го ию́ня.

Правосла́вные[13] отмеча́ют и религио́зные пра́здники: Па́сху в апре́ле и́ли в ма́е, и Рождество́ 7-го января́.

[1]decorate a New Year's tree
[2]exactly / [3]strike
[4]tower / [5]raise our glasses
[6]congratulate each other
[7]celebrate

[8]next
[9]other / [10]victory
[11]ended
[12]independence

[13]members of the Orthodox Church

Отве́тьте на вопро́сы.

1. Как ру́сские отмеча́ют Но́вый год?
2. Каки́е у них пра́здники весно́й?
3. А каки́е пра́здники ле́том?
4. Како́го числа́ правосла́вные отмеча́ют Рождество́?

JULIAN AND GREGORIAN CALENDARS

Although Russia implemented the Gregorian calendar, used in most countries, after the Revolution, the Russian Orthodox Church still uses the old Julian calendar, which is approximately 13 days behind the Gregorian calendar. This is why Russian Christmas and Easter are celebrated later than in other countries. It also explains why the October Revolution was celebrated on November 7 during the Soviet years: the original date, according to the Julian calendar, was October 25.

17. Когда́ отмеча́ют Но́вый год?

Here is a list of the most common Russian and U.S. holidays. Examine the chart and answer the questions that follow.

Пра́здник	в Росси́и	в Аме́рике
Но́вый год	01.01	01.01
День рожде́ния Ма́ртина Лю́тера Ки́нга —мла́дшего		18.01
День Свято́го Валенти́на		14.02
Восьмо́е ма́рта	08.03	
Па́сха	апре́ль/май	март/апре́ль
Пе́рвое ма́я	01.05	
День ма́тери		май
День побе́ды	09.05	
День поминове́ния		май

Пра́здник	в Росси́и	в Аме́рике
День отца́		ию́нь
День незави́симости	12.06	04.07
День труда́		сентя́брь
Хэллоуи́н		31.10
(День Октя́брьской револю́ции)	07.11	
День благодаре́ния		ноя́брь
Рождество́ (Христо́во)	07.01	25.12

1. Како́го числа́ отмеча́ют День незави́симости в Аме́рике? А в Росси́и?
2. Каки́е америка́нские пра́здники религио́зные?
3. Каки́е пра́здники лю́бят де́ти?
4. Како́й ваш люби́мый пра́здник?
5. В како́й стране́ бо́льше пра́здников: в Аме́рике и́ли в Росси́и?
6. Это пра́вда, что все америка́нские пра́здники нерабо́чие дни?
7. К каки́м пра́здникам да́рят пода́рки в Аме́рике? А в Росси́и? Кому́?

CHAPTER REVIEW

A. You should now be able to...
1. *discuss buying and receiving gifts*
2. *ask for and give advice regarding gift giving*
3. *say what you like and dislike and to what degree*
4. *invite people to a party and accept invitations*
5. *receive guests*
6. *use days, months, and years to express when something happened or will happen*
7. *discuss dates of birth and death*
8. *express age*
9. *compare ages*
10. *say when and how certain holidays are celebrated*
11. *express congratulations and wishes for various occasions*
12. *address letters and postcards (workbook)*
13. *say to whom cards were sent and from whom they were received (workbook)*

B. Roleplay. Student 1: *Your birthday is coming up. Decide with a friend whom to invite and then call the first person on your list. Let that person know what the occasion is, when and where it will be celebrated, and who else is coming. Then ask him or her to write down the list and call the next person.*
Student 2: *Help your friend make the plans.*
Student 3: *Call the next person on the list and explain the what, where, when, and who. Also discuss what you are going to buy.*

Extra

Междунаро́дный же́нский день. A Moscow newspaper «Аргуме́нты и фа́кты» asked several women what they would like to get for Women's Day. This activity should be done *in English*.

1. For each interviewee, find out the profession, age, and what she wanted.
2. Twenty-eight other women were interviewed as well. All of them expressed the same wish for a gift. What was it?

Что тебе подарить?

Что бы хотела лучшая половина человечества получить к своему празднику? Вот что показал опрос на улицах Москвы.

Эля Авдеева, 22 года, воспитатель детского сада:

—Я большая сластена. Хочу большой торт с орехами и цветами из крема.

Вероника, 28 лет, домохозяйка:

—Стиральную машину. Согласитесь, это не роскошь...

Нина, 32 года, официантка:

—Ужасно хочу сходить с мужем в ресторан.

Алевтина, 25 лет, художник:

—Хочется чего-нибудь особенного, небывалого—ну, например, пусть меня встретит на улице кинорежиссер Никита Михалков и пригласит сниматься в своем новом фильме.

Ирина, 46 лет, инженер:

—Хочу только, чтобы муж не напился и не ушел вечером

играть в преферанс, а побыл со мной...

Фредерика, 21 год, дизайнер (француженка, сейчас гостит у друзей):

—Мне обещали на праздник 8 Марта подарок: русская баня, русская водка и русские пельмени!

Кстати, еще 28 опрошенных женщин пожелали в качестве подарков цветы.

Е. ЕВГРАШИНА
О. СУКНОВСКАЯ

Word Building

Roots

да- *give*

дать *to give*

прода́ть *to sell*

подари́ть *to give as a gift*

дар *gift, talent*

пода́рок *gift, present*

одарённый *talented, gifted*

да́тельный падёж *dative case* (''giving case'')

род-, рож- *birth-, generating*

роди́ть *to give birth*

роди́ться *to be born*

рожде́ние *birth*

день рожде́ния *birthday*

да́та и ме́сто рожде́ния *date and place of birth*

Рождество́ *Christmas*

новорождённый *newborn*

роди́тели *parents* (''ones who give birth'')

ро́дственник *relative*

ро́дина *motherland*

ро́динка *birthmark*

наро́д *nation*

приро́да *nature*

поро́да *breed* (of dogs, etc.)

родно́й *native*

родно́й язы́к *native language*

роди́тельный падёж *genitive case* (''generating case'')

роди́льный дом *maternity ward* (''birthing house'')

13.1 DATIVE CASE: OVERVIEW

You have so far learned that the *direct object* of a Russian sentence is in the *accusative case*. The *dative case* is needed to express the *indirect object* of a sentence. The indirect object answers the question *to whom, for whom* something is given, bought, said, and so on.

Я	купи́л	**ему́**	кни́гу.
I	*bought*	***him***	*a book.*
		indirect object	direct object
		dat.	**acc.**

Я	дал	кни́гу	**мое́й мла́дшей сестре́.**
I	*gave*	*the book*	***to my younger sister.***
		direct object	indirect object
		acc.	**dat.**

Sometimes there is no direct object in the sentence.

Я	пишу́	**тебе́.**
I	*am writing*	***to you.***
		indirect object
		dat.

Some of the most frequent verbs used with an indirect object (the dative case) are the following.

дава́ть/*дать	Дай **мне** кни́гу.
to give	*Give me the book.*
покупа́ть/*купи́ть	Я купи́л **ма́ме** пода́рок.
to buy	*I bought (my) mother a gift.*
дари́ть/*подари́ть	Я подари́ла **сестре́** цветы́.
to give as present	*I gave (my) sister flowers.*
*сказа́ть	Она́ сказа́ла **ему́**, что она́ его́ лю́бит.
to say, to tell	*She told him that she loved him.*
расска́зывать/*рассказа́ть	Я расскажу́ **ему́** всю исто́рию
to tell (a story)	за́втра.
	I will tell him the whole story
	tomorrow.
пока́зывать/*показа́ть	Я покажу́ **тебе́** мои́ фотогра́фии
to show	за́втра.
	I will show you my photos tomorrow.
передава́ть/*переда́ть	Переда́йте **ему́**, что звони́ла Та́ня.
to convey, to pass	*Tell him that Tanya called.*

In addition, the dative case is used with many other verbs and constructions. This lesson covers use of the dative as follows:

1. with the verbs помога́ть *(to help)*, предлага́ть *(to suggest)*, and сове́товать *(to advise)* (section 13.5)
2. with the verb нра́виться *(to appeal)* (section 13.6)
3. with the preposition **к** *(to)* (section 13.7)
4. in age expressions (section 13.8)

13.2 THE POSSESSIVE PRONOUN СВОЙ

The possessive pronoun **свой** *(one's own)* refers back to the subject of the sentence. It can be used *instead of* the pronouns **мой, твой, наш,** and **ваш** in sentences in which the possessives are not part of the subject. The declension of **свой** is similar to that of **мой.**

Я	взял	мою́/**свою́** кни́гу.	*I took my own book.*
Ты	взял	твой/**свой** слова́рь.	*You took your own dictionary.*
Мы	взя́ли	на́ши/**свои́** кни́ги.	*We took our own books.*
Вы	взя́ли	ва́ши/**свои́** словари́.	*You took your own dictionaries.*

In third-person forms, there is a difference in the meaning of the possessives **его́, её,** and **их** and **свой.**

Он	взял	его́ маши́ну.	*He took his (somebody else's) car.*
		свою́ маши́ну.	*He took his own car.*
Она́	взяла́	её кассе́ту.	*She took her (somebody else's) cassette.*
		свою́ кассе́ту.	*She took her own cassette.*
Они́	взя́ли	их маши́ну.	*They took their (somebody else's) car.*
		свою́ маши́ну.	*They took their own car.*

Note: In general, the possessive **свой** is not used in sentences where the possessive is the subject or where reference to the subject cannot be established.

Я не зна́ю, где моя́ кни́га.	*I do not know where my book is.*
Как зову́т твоего́ бра́та?	*What's your brother's name?*
Мое́й сестре́ 22 го́да.	*My sister is 22.*

Упражне́иие

◇ **1.** Substitute the possessive pronoun **свой** where possible without changing the meaning of the sentence.

Model:	Я купи́ла моему́ бра́ту шокола́д.	**Я купи́ла своему́ бра́ту шокола́д.**
	Где твоя́ ма́ма?	Свой not possible.
	Кто взял мою́ су́мку?	Свой not possible without changing the meaning.

1. Я люблю́ мою́ ко́шку.
2. Где живёт ваш брат?
3. Моя́ ма́ма хорошо́ игра́ет на роя́ле.
4. Ско́лько сто́ит твоя́ маши́на?
5. Что ты пода́ришь твоему́ ста́ршему бра́ту на Но́вый год?
6. Я не зна́ю, где моя́ кни́га.
7. Кто взял мои́ джи́нсы?
8. Вы уже́ получи́ли (*received*) ва́ши де́ньги?
9. Как зову́т твоего́ бра́та?
10. Ты уже́ купи́л пода́рок твое́й сестре́?

13.3   VERBS *ПОДАРИТЬ AND *ДАТЬ

The Russian language has a separate verb for giving as a gift: дари́ть/*по-дари́ть. It is a regular second conjugation verb. Giving in general is expressed with the verb дава́ть/*дать. The imperfective aspect verb дава́ть drops the syllable -ва- in the present tense conjugated forms. The perfective aspect verb *дать is irregular. The imperative (command) form *Give!* is usually formed from the perfective aspect verb: Дай! and Да́йте!

да-ва-ть		*дать	
я даю́	мы даём	я дам	мы дади́м
ты даёшь	вы даёте	ты дашь	вы дади́те
он/она́ даёт	они́ даю́т	он/она́ даст	они́ даду́т
			imperative: да́й/те

Я *подарю́ ма́ме цветы́.	*I will give (my) mother flowers.*
Дед Моро́з да́рит де́тям игру́шки.	*Santa Claus gives children toys.*
Мои́ роди́тели ча́сто даю́т мне де́ньги.	*My parents often give me money.*
Я дам тебе́ э́ту кни́гу, когда́ я прочита́ю её.	*I will give you this book when I finish it.*

Упражне́иие

◇ **2.**   Supply the correct forms of the verbs дава́ть or дать.

1. Е́сли ты _____ (*will give*) мне твою́ кни́гу, я _____ (*will give*) тебе́ мою́.
2. Ма́ма _____ (*gave*) Ната́ше молоко́.
3. Ба́бушка всегда́ _____ (*gives*) мне апельси́ны и я́блоки.
4. Когда́ твои́ роди́тели _____ (*will give*) тебе́ де́ньги?
5. Ле́на, _____ (*give*) мне, пожа́луйста, э́тот слова́рь.
6. Андре́й _____ (*gave*) мне свою́ руба́шку.

7. Серге́й _____ (*will give*) мне ключ от кварти́ры (*key to the apartment*).

8. Ма́ма _____ (*gives*) Серёже де́ньги ка́ждую пя́тницу.

9. _____ (*give*) мне, пожа́луйста, две́сти грамм колбасы́.

10. Твои́ роди́тели _____ (*give*) тебе́ де́ньги ка́ждый день?

13.4 DATIVE CASE ENDINGS

Examine the following uses of the dative case.

Ли́нда купи́ла сво**ему́** ру́сск**ому** дру́гу Игорю кни́гу.
Linda bought her Russian friend Igor a book.

Что ты подари́ла тво**е́й** но́в**ой** подру́ге Ната́ше?
What did you give (as a gift) to your new friend Natasha?

Мо**е́й** мла́дшей сестре́ Та́не 15 лет.
My younger sister Tanya is 15.

Эт**им** де́вушк**ам** нра́вится мой пода́рок.
These girls like my gift.

DATIVE OF NOUNS							
Nominative			**Dative Singular**			**Dative Plural**	
Masc.							
арти́ст	Ива́н	-∅	арти́сту	Ива́ну	-у	арти́стам	-ам
музе́й	Серге́й	-й	музе́ю	Серге́ю	-ю	музе́ям	-ям
учи́тель	И́горь	-ь	учи́телю	И́горю	-ю	учи́телям	-ям
Fem.							
сестра́	Алла	-а	сестре́	Алле	-е	сёстрам	-ам
тётя	Та́ня	-я	тёте	Та́не	-е	тётям	-ям
ло́шадь		-ь	ло́шади		-и	лошадя́м	-ям
Neuter							
о́зеро		-о	о́зеру		-у	озёрам	-ам
зда́ние		-е	зда́нию		-ю	зда́ниям	-ям

Note 1: The dative case singular of nouns ending in **-ия** is **-ии**: Мари́я—Мари́и

Note 2: The following nouns have irregular plural forms.

nom. sg.	nom. pl.	dat. pl.	
ребёнок	де́ти	де́тям	*child*
друг	друзья́	друзья́м	*friend*
челове́к	лю́ди	лю́дям	*person*
брат	бра́тья	бра́тьям	*brother*
сосе́д	сосе́ди	сосе́дям	*neighbor*

SIMPLIFIED RULE FOR THE DATIVE OF NOUNS	
M, N	-у/ю
F	-е
Pl.	-ам/ям

SIMPLIFIED RULE FOR THE DATIVE OF ADJECTIVES	
M, N	-ому/ему[1]
F	-ой/ей[1]
Pl.	-ым/им[2]

[1]Spelling Rule 3 is applied.
[2]Spelling Rule 1 is applied.

DATIVE OF POSSESSIVE AND DEMONSTRATIVE PRONOUNS			
Masc.	**Fem.**	**Neuter**	**Pl.**
моему́/твоему́	мое́й/твое́й	моему́/твоему́	мои́м/твои́м
на́шему/ва́шему	на́шей/ва́шей	на́шему/ва́шему	на́шим/ва́шим
э́тому/тому́	э́той/той	э́тому/тому́	э́тим/тем

Note 1: **Свой** is declined like **мой**.

Note 2: The pronouns **его́** (*his*), **её** (*her*), and **их** (*their*) are not declined.

Note 3: Remember that masculine nouns ending in -**a** are declined as feminines. Their modifiers, however, are in the masculine form.

Я куплю́ мо**ему́** де́душк**е** кни́гу.

Джон купи́л сво**ему́** ру́сск**ому** дру́гу Са́ш**е** кассе́ту.

DATIVE CASE OF PERSONAL PRONOUNS								
nom.	я	ты	он	она́	оно́	мы	вы	они́
dat.	мне	тебе́	ему́	ей	ему́	нам	вам	им

QUESTION WORDS (INTERROGATIVE PRONOUNS)		
nom.	кто	что
dat.	кому́	чему́

Упражне́ния

◇ **3.** Answer the questions in complete sentences using the nouns in parentheses.

Model: Кому́ ты ку́пишь пода́рки? (Анна)   **Я куплю́ пода́рки Анне.**

1. Кому́ ты пода́ришь кни́гу? (Макси́м)
2. Кому́ ба́бушка купи́ла сви́тер? (Игорь)
3. Кому́ роди́тели купи́ли велосипе́д? (Ли́за)
4. Ле́на и Игорь, кому́ вы пода́рите э́ти цветы́? (Та́ня)
5. Кому́ ты ку́пишь торт? (Серге́й)

4. Write complete sentences with the words given. Use the perfective *future*.

Model: Я/подари́ть/мой ста́рший брат/кни́га
      Я подарю́ моему́ ста́ршему бра́ту кни́гу.

1. я/купи́ть/мой хоро́ший друг Игорь/га́лстук
2. Серге́й/купи́ть/э́тот но́вый студе́нт/слова́рь
3. мы/купи́ть/на́ша ру́сская подру́га Ле́на/коро́бка конфе́т
4. ма́ма/купи́ть/моя́ мла́дшая сестра́ Оля/ку́кла
5. ты/подари́ть/на́ша но́вая преподава́тельница/торт
6. я/подари́ть/мой но́вый профе́ссор/цветы́
7. мы/купи́ть/наш па́па/те́ннисная раке́тка
8. я/купи́ть/мой мла́дший брат Са́ша/ми́шка
9. Ди́ма и Ле́на/купи́ть/э́та но́вая студе́нтка Та́ня/брасле́т
10. вы/подари́ть/ваш де́душка/шарф/?

5. Write complete sentences in the *past tense* by selecting one item from each column. Notice that both the indirect objects and the direct objects are in the *plural*.

Model: **Мы купи́ли на́шим де́тям игру́шки.**

мы		ру́сские студе́нты	игру́шки
я		э́ти ма́ленькие ма́льчики	серёжки
Ли́за	купи́ть	мои́ роди́тели	коньки́
они́	подари́ть	на́ши де́ти	но́вые джи́нсы
Серге́й		э́ти де́вушки	францу́зские духи́
ты		мои́ но́вые друзья́	кни́ги

6. Supply the correct form of the personal or interrogative pronoun.

1. Что купи́ла Ната́ша своему́ мла́дшему бра́ту?—Она́ купи́ла _____ ми́шку.

2. Что тебе́ подари́ть?—Подари́ _____ серёжки.

3. Ле́на подари́ла ма́ме кни́гу? —Нет, она́ подари́ла _____ духи́.

4. Что ты купи́л Ми́те и Ле́не? —Я купи́л _____ цветы́.

5. Что подари́ли де́ти роди́телям? —Они́ подари́ли _____ часы́.

6. Ма́ма, что ты купи́ла мне?—Я купи́ла _____ моро́женое.

7. А́нна и Ни́на, что вам подари́ть на Но́вый год?—Купи́те
_____ игру́шки.

8. А́лла Серге́евна, я хочу́ подари́ть _____ э́ту кни́гу.

9. Ле́на, _____ ты купи́ла э́ту игру́шку? _____?—Нет, не тебе́,
а твоему́ бра́ту. _____ я купи́ла кни́гу.

10. Ви́ктор, _____ ты купи́л шокола́д? Твое́й сестре́?—Нет,
_____ я подарю́ цветы́, а шокола́д–э́то _____.—Ой, большо́е
спаси́бо, Ви́ктор! Я о́чень люблю́ шокола́д.

13.5   DATIVE CASE: VERBS ПОМОГА́ТЬ, ПРЕДЛАГА́ТЬ, AND СОВЕ́ТОВАТЬ

The verbs **помога́ть** (*to help*), **предлага́ть** (*to suggest*), and **сове́товать** (*to advise, to give advice*) govern the dative case; that is, the person receiving the help, suggestion, or advice is in the *dative case*. The verbs are conjugated as follows.

помога́|ть (I)	предлага́|ть (I)	сове́т|ова|ть (I)
я помога́ю	я предлага́ю	я сове́тую
ты помога́ешь	ты предлага́ешь	ты сове́туешь
....	....	....
они́ помога́ют	они́ предлага́ют	они́ сове́туют

*помо́чь (I)	*предлож|и́ть (II)	*посове́т|ова|ть (I)
я помогу́	я предложу́	я посове́тую
ты помо́жешь	ты предло́жишь	ты посове́туешь
он/она́ помо́жет	....	....
мы помо́жем	они́ предло́жат	они́ посове́туют
вы помо́жете		
они́ помо́гут		

past tense: помо́г, помогла́, помогли́
imperative: Помоги́/те

Я ка́ждый день помога́ю **ма́ме**.	*I help (my) mother every day.*
Помоги́те **свои́м роди́телям**!	*Help your parents!*
Ли́за предложи́ла **мне** купи́ть па́пе га́лстук.	*Lisa suggested (to me) that I buy Dad a tie.*
Я сове́тую **тебе́** купи́ть ему́ кни́гу.	*I advise you to buy him a book.*

Упражне́ние

◇ **7.** Translate the following into Russian.

1. Whom are you helping?
2. I am helping my mother.
3. I will help you tomorrow.
4. I helped my sister choose presents.
5. Victor helped me prepare dinner.
6. Help me clean the room.
7. Help me select a present for my grandfather.
8. Sasha suggested (to me) that I buy my sister a bracelet.
9. What do you advise me to give my friend Sasha?
10. I advise you to buy him a new watch.

13.6 DATIVE CASE: THE VERB НРА́ВИТЬСЯ

Present Tense

You have so far learned to express liking with the verb **люби́ть**. Although the verbs **люби́ть** and **нра́виться** (*to appeal, to please*) are often used interchangeably, they do have differences as well. **Люби́ть** is a more general term, whereas **нра́виться** often refers to a single, specific item or incident. Compare the following:

Вообще́ я люблю́ францу́зские фи́льмы, но э́тот фильм мне не нра́вится.
In general, I like French films, but this one I do not like.

The verb **нра́виться** is *not* used in conjunction with *other verbs,* that is, to express what you like or do not like *to do.* Instead, the verb **люби́ть** is used.

Я люблю́ **слу́шать** наро́дную му́зыку. (The verb **нра́виться** is not possible.)

When using the verb **нра́виться**, the *thing or person liked* is the *subject of the sentence.* The *person who likes* is in the *dative* case. Compare the following sentences with the verbs **люби́ть** and **нра́виться,** both of which can be translated as *I like Russian music.*

Я	люблю́	ру́сск**ую** му́зык**у.**
subject	verb	direct object
nom.		**acc.**
Мне	нра́вится	ру́сск**ая** му́зык**а.**
indirect object	verb	subject
dat.		**nom.**

literally: *Russian music appeals to me.*

Notice also that the verb **нравиться** must agree with a plural subject.

Мне	нра**вятся**	ру́сские фи́льмы.
indirect object	verb	subject
dat.		**nom.**

literally: *Russian films appeal to me.*

Упражне́ния

◇ **8.** Write complete sentences with the words given.

Model: Ива́н/э́тот фильм   **Ива́ну нра́вится э́тот фильм.**

1. я/э́та му́зыка
2. И́горь/рок-му́зыка
3. мой брат/э́ти фи́льмы
4. он/э́тот фильм
5. моя́ ма́ма/э́тот го́род
6. мой друг Андре́й/футбо́л
7. ты/э́та пе́сня/?
8. мой ста́рший брат/джаз
9. мои́ друзья́/э́та маши́на
10. твоя́ сестра́/мои́ пода́рки/?
11. мы/францу́зские духи́
12. ваш преподава́тель/э́ти но́вые студе́нты/?
13. моя́ ру́сская подру́га Та́ня/наш университе́т
14. вы/э́тот го́род/?
15. мои́ роди́тели/мой пода́рок

9. Write both questions and answers according to the model. Use the corresponding personal pronoun in the answer.

Model: Ле́на/наро́дная му́зыка   **Кака́я му́зыка нра́вится Ле́не?**
Ей нра́вится наро́дная му́зыка.

1. Серге́й/класси́ческая му́зыка
2. Ната́ша/эстра́дная му́зыка
3. твоя́ ста́ршая сестра́/совреме́нное иску́сство
4. э́ти ру́сские студе́нты/класси́ческая поэ́зия
5. Воло́дя/хокке́й (вид спо́рта)
6. па́па/ста́рые маши́ны
7. твоя́ сестра́/францу́зские рома́ны
8. твои́ роди́тели/о́пера (му́зыка)
9. твоя́ де́вушка Та́ня/золоты́е ко́льца
10. ва́ши де́ти/игру́шки (пода́рки)

Past Tense

Past tense sentences are formed as follows. Remember that the verb agrees with the *thing liked*.

Ма́ме *понра́вил**ся** пода́рок.   (agrees with a masculine noun)
Mother liked the gift.

Игорю *понра́вил**ась** кни́га.   (agrees with a feminine noun)
Igor liked the book.

Ба́бушке *понра́вил**ось** письмо́.   (agrees with a neuter noun)
Grandmother liked the letter.

Са́ше *понра́вил**ись** лы́жи.   (agrees with a plural noun)
Sasha liked the skis.

Упражне́ния

◇ **10.** Which present did these people like most of all? Write sentences in the past tense.

Model: Игорь/лы́жи   **Игорю бо́льше всего́ понра́вились лы́жи.**

1. Са́ша/коньки́
2. Ле́на/ку́кла
3. Андре́й/велосипе́д
4. моя́ сестра́/серёжки
5. Анна/те́ннисная раке́тка
6. ба́бушка/шарф
7. мой мла́дший брат Серге́й/ра́дио
8. па́па/часы́
9. мой друг Воло́дя/кассе́та
10. на́ши роди́тели/биле́т на конце́рт

11. Respond to your friend's statements by asking how the person in question liked the object of the activity.

Model: Ле́том я е́здил в Москву́.   **Как тебе́ понра́вилась Москва́?**

1. Вчера́ я был в кино́.
2. В суббо́ту мы бы́ли в на́шей но́вой библиоте́ке.
3. Ле́том мы е́здили в Ло́ндон.
4. Моя́ жена́ была́ в Москве́ зимо́й.
5. Вчера́ моя́ сестра́ встре́тила твоего́ дру́га Ви́ктора.
6. Ба́бушка получи́ла моё письмо́ 2 дня наза́д.
7. Мой брат получи́л но́вые коньки́ в пода́рок.
8. Вчера́ мы бы́ли на бале́те. Мы смотре́ли «Лебеди́ное о́зеро».
9. Я купи́л бра́ту кассе́ту рок-гру́ппы «Кино́».
10. Я подари́л мое́й сестре́ дороги́е францу́зские духи́.

*Понра́вился ог Нра́вился

The *past tense of an imperfective aspect* can sometimes indicate *reversal of an action*. The imperfective aspect form **нра́вился** implies that one has stopped liking something that was liked before, whereas the perfective aspect form *по-нра́вился denotes that the liking started in the past is still going on.

Ра́ньше мне **нра́вилась** рок-му́зыка, а тепе́рь мне бо́льше нра́вится класси́ческая му́зыка.
*I **used to** like rock music, but now I prefer classical music.*

Мне о́чень *понра́вился э́тот фильм.
I liked this film very much (and I still do).

Упражне́ние

◇ **12.** Here is a list of some people's past and current likings. Write sentences according to the model.

    Model: **Ра́ньше Анне нра́вился волейбо́л, а тепе́рь ей бо́льше нра́вится те́ннис.**

кто	ра́ньше	тепе́рь
1. Анна	волейбо́л	те́ннис
2. Серге́й	фигу́рное ката́ние	хокке́й
3. Воло́дя	ша́хматы	пла́вание
4. Та́ня	рок-му́зыка	джаз
5. И́горь	америка́нские фи́льмы	францу́зские фи́льмы
6. Ле́на	те́ннис	гимна́стика

13.7 DATIVE CASE: THE PREPOSITION К

In this lesson, the preposition **к** (*to, toward*) is used to denote *direction toward a person*. Compare the following.

Куда́ ты идёшь?	Я иду́ в шко́лу.	(**в** + *acc.*)
Where are you going?	*I am going to school.*	
	Я иду́ **к** Ле́не.	(**к** + *dat.*)
	*I am going to **Lena's**.*	

Я ходи́ла **к** И́горю вчера́.   *I went to Igor's (house, place) yesterday.*
Приходи́ **к нам** ве́чером.   *Come and visit us in the evening.*
                                   (literally: Come to us...)

Note: The preposition **к** adds the vowel **o** with the first person pronoun. Remember also that the third person pronouns add the consonant **н** with prepositions.

dat.	к + *dat.*	
мне	**ко** мне́	*to me*
ему́	к **н**ему́	*to him*
ей	к **н**ей	*to her*
им	к **н**им	*to them*

Упражнéние

◇ **13.** Finish the sentences with the prepositions **к** or **в** and the correct case.

1. Кудá ты идёшь? Я идý (Лѝза).
2. Вчерá я ходѝл (библиотéка).
3. Где Мáша? Онá пошлá (врач).
4. Приходѝ (мы) вéчером!
5. Кудá идёт Сергéй? Он идёт (Андрéй).
6. Зáвтра Лѝза поéдет (бáбушка) (дерéвня).
7. Зáвтра я поéду (Москвá) (мой родѝтели).
8. Лéтом мы éздили (Иркýтск) (нáши друзья́).
9. Игорь и Лéна не мóгут пойтѝ в кинó. (Онѝ) приéхали гóсти.
10. Приходѝ(я)!

13.8 DATIVE CASE: AGE EXPRESSIONS

Age is expressed as follows:

Скóлько	**тебé**	лет?	*How old are you?*
How many	*for you*	*years?*	
	dat.		

Скóлько лет тво**емý** брáту?	*How old is your brother?*
Скóлько лет тво**ѝм** родѝтелям?	*How old are your parents?*
Мо**éй** млáдш**ей** сестрé 21 год.	*My younger sister is 21.*
Мо**емý** стáрш**ему** брáту 23 гóда.	*My older brother is 23.*

Sentences in the past and future tenses add the verb **быть.** In the past tense, the *neuter* form **бы́ло** is used with all numerals other than those ending in 1 when pronounced.

past tense: Когдá мне **бы́ло** 10 лет, мне нрáвился баскетбóл.
When I was ten, I used to like basketball.

but: Когдá Сергéю был 21 год, он éздил в Амéрику.
When Sergei was 21, he went to America.

future: Мне скóро **бýдет** 20 лет.
I will be 20 soon.

Упражнéние

◇ **14.** How would you say the following?

1. I'm 25.
2. How old is he?

3. How old are you (formal)?
4. She's 22.
5. Are you 21?
6. How old is your younger brother?
7. How old is your grandmother?
8. My grandfather is 75.
9. How old are your parents?
10. My mother is 40 and my father is 42.
11. My brother will be 18 soon.
12. When my sister was 15, she liked rock music.

13.9 VERBS РОДИ́ТЬСЯ AND УМЕРЕ́ТЬ

You will need the verbs **роди́ться** *(to be born)* and **умере́ть** *(to die)* mostly in the past tense. The verb **умере́ть** has a shorter past tense stem, **умер-**. The masculine form does not add an **-л**. Pay attention to the shifting stress.

роди́ться	*умере́ть
роди́лся	у́мер
родила́сь	умерла́
родило́сь	у́мерло
роди́лись	у́мерли

13.10 TIME EXPRESSIONS: DAYS, MONTHS, AND YEARS

Time expressions answering the question *when?* with days, months, and years use the following combinations of cases.

month only	**В како́м ме́сяце?**	в январе́	**в** + *prep.*
year only	**В како́м году́?**	в 1996-о́м году́ (в ты́сяча девяно́сто шесто́м году́)	**в** + *prep.*
month + year	Когда́?	в январе́ 1996-го го́да (... девяно́сто шесто́го го́да)	**в** + *prep./gen.*
day + month	**Како́го числа́?** Когда́?	2-го января́ (второ́го января́)	*gen.*
day + month + year	**Како́го числа́?** Когда́?	2-го января́ 1996-го го́да (второ́го января́ ... девяно́сто шесто́го го́да)	*gen./gen.*

П. И. Чайкóвский **роди́лся** 25-го апрéля 1840-го гóда и **у́мер** 25-го октября́ 1893-го гóда.

P. I. Tchaikovsky was born on April 25, 1840, and died on October 25, 1893.

To ask about somebody's birthday you can use the verb **роди́ться** or the noun phrase **день рождéния**.

Когдá ты **роди́лся?**

Я роди́лся 24-го (два́дцать четвёртого) февраля́.

or: Когдá **твой день рождéния?**

Мой день рождéния 24-го февраля́.

or: Когдá **у тебя́ день рождéния?**

У меня́ день рождéния 24-го февраля́.

Упражнéние

◇ **15.** Translate the following into Russian.

1. In what month was your brother born?
2. Who (always masc.) was born in June?
3. In what month is Washington's birthday?
4. In what year did Tchaikovsky die?
5. When is your birthday?
6. My sisters were born in November.
7. My birthday is in May.
8. My best friend's birthday is on April 2.
9. Grandmother was born in 1935.
10. Anna Akhmatova died on March 5, 1966.
11. My grandfather died in February 1992.
12. Lena was born on January 31, 1979.
13. Volodya was born in June 1970.
14. Larisa's birthday is November 2.
15. Natasha was born on September 30, 1976.

Vocabulary

Note: The core vocabulary is bold-faced.

Nouns

Gifts

браслéт	*bracelet*
бриллиáнт	*diamond*
бусы́	*necklace*
гáлстук	*necktie*

грузови́к	*truck*
духи́ *pl. only*	*perfume*
игру́шка	*toy*
клю́шка (хоккéйная)	*(hockey) stick*
кольцó *pl.* **кóльца**	*ring*

кýбики	*building blocks*
кýкла	*doll*
мúшка	*teddy bear*
мяч	*ball*
одéжда	*clothing*
подáрок *pl.* **подáрки**	*gift, present*
ракéтка (тéннисная)	*(tennis) racket*
самолёт	*airplane*
свúтер	*sweater*
серёжка	*earring*
сýмка	*bag, purse*
товáры	*goods*
спортúвные ~	*sporting goods*
цветы́ *sg.* цветóк	*flowers*
цéпочка	*chain, pendant*
часы́ *pl. only*	*watch*
шарф	*scarf*
ювелúрные издéлия	*jewelry*
янтáрь *m.*	*amber*

Holidays and celebrations

Восьмóе мáрта, Междунарóдный жéнский день	*International Women's Day*
день рождéния	*birthday*
пáсха	*Easter*
Пéрвое мáя	*May Day*
прáздник	*celebration, holiday*
Рождествó	*Christmas*

Months (all masc.)

январь (в январé)	*January*
феврáль (-é)	*February*
март	*March*
апрéль	*April*
май	*May*
ию́нь	*June*
ию́ль	*July*
áвгуст	*August*
сентя́брь (-é)	*September*
октя́брь (-é)	*October*
ноя́брь (-é)	*November*
декáбрь (-é)	*December*

Other nouns

вы́бор	*selection, choice*
гость m.	*guest*
ходúть в гóсти	*to go for a visit*
быть в гостя́х	*to be visiting*
миллионéр	*millionaire*
предложéние	*suggestion*
проблéма	*problem*
рóдственник	*relative*
хозя́ин	*host*
хозя́йка	*hostess*
числó	*date, number*

Adjectives

золотóй	*gold(en)*
лéтний, лéтняя, лéтнее, лéтние *soft adj.*	here: *-year-old*
5-лéтний мáльчик	*five-year-old boy*
междунарóдный	*international*
млáдший	*younger, youngest*
мóдный	*fashionable*
молóже *comp. of* молодóй	*younger*
оригинáльный	*creative*
послéдний, -яя, -ее, -ие *soft adj.*	*last*
религиóзный	*religious*
серéбряный	*silver*
стáрше *comp. of* стáрый	*older*
стáрший	*older, oldest*

Adverbs

бóльше всегó	*most of all*
вообщé	*in general, generally*
úменно	*exactly*
скóро	*soon*

Pronouns

комý *dat.*	*to whom, for whom*
мне *dat.*	*to me, for me*
тебé *dat.*	*to you, for you*
емý *dat.*	*to him, for him*
ей *dat.*	*to her, for her*

нам *dat.*	to us, for us	предлага́ть (I)	to suggest
вам *dat.*	to you, for you	*предлож|и́ть (II)	
им *dat.*	for them	предложу́, предло́жишь,	
свой *poss.*	one's own	предло́жат	

Prepositions

к + *dat.*	to, toward
от + *gen.*	from

приглаша́|ть (I)	to invite
*пригласи́ть (II)	
приглашу́,	
пригласи́шь, приглася́т	
приходи́ть (II)	to arrive
прихожу́, прихо́дишь,	
прихо́дят;	
imp. приходи́те	

Verbs

выбира́|ть (I)	to choose, to pick
**вы́брать (I)	
вы́беру, вы́берешь,	
вы́берут	
да|ва́ть (I)	to give
даю́, даёшь, даю́т	
**дать,	
дам, дашь, даст,	
дади́м, дади́те,	
даду́т;	
imp. дай/те	
дар|и́ть (II)	to give as a present
дарю́, да́ришь, да́рят	
*подари́ть	
нра́виться (II)	to like, to please
нра́вится, нра́вятся	
*понра́виться	
**поду́ма|ть (I)	to think (for a while)
покупа́|ть (I)	to buy
**куп|и́ть (II)	
куплю́, ку́пишь, ку́пят	
получа́|ть(I)	to get
**получ|и́ть (II)	
получу́, полу́чишь,	
полу́чат	
помога́|ть (I)	to help, to aid
**помо́чь (I)	
помогу́, помо́жешь,	
помо́гут; *past* помо́г,	
помогла́, помогли́;	
imp. помоги́/те	

*роди́ться	to be born
роди́лся, родила́сь,	
роди́лись	
слы́ш|ать (II)	to hear
слы́шу, слы́шишь,	
слы́шат	
сове́т|ова|ть (I)	to give advice, to advis
сове́тую,	
сове́туешь, сове́туют	
*посове́товать	
умира́|ть (I)	to die, to pass away
**умере́ть (I),	
умру́, умрёшь, умру́т;	
past у́мер, умерла́, у́мерли	

Phrases

Добро́ пожа́ловать!	*Welcome!*
С днём рожде́ния!	*Happy Birthday!*
С новосе́льем!	*On your new house!*
С новорождённым!	*On your new baby!*
С Но́вым го́дом!	*Happy New Year!*
С пра́здником!	*Happy holiday!*
С пра́здником Восьмо́го ма́рта!	*Happy Women's Day!*
С Рождество́м!	*Merry Christmas!*
Христо́с воскре́с!	*Happy Easter!* (literally: *Christ is risen!*)
Вои́стину воскре́с!	response to "Happy Ea (*Truly is risen!*)

Уро́к 14
(Четы́рнадцатый уро́к)

Кака́я за́втра бу́дет пого́да?

На пля́же.

Пол: Кака́я там пого́да?

Серге́й:
        Прекра́сная пого́да. Со́лнце све́тит, 25 гра́дусов тепла́...

Пол: 25?! Это хо́лодно!

Серге́й: 25 по Це́льсию—э́то тепло́!

Пол: Ах, по Це́льсию! Тогда́ поня́тно!

THEMES

- Talking about the weather
- Talking about nature
- Discussing weather-related activities

CULTURE

- The climate of Russia
- Nature and the Seasons
- The White Nights
- Climatic zones and animals

STRUCTURES

- Syntax: impersonal versus noun + adjective constructions: сего́дня хо́лодно/холо́дная пого́да
- Irregular comparative of adjectives and adverbs
- Emphasis with намно́го
- Impersonal constructions/physical and emotional conditions: мне жа́рко, нам ве́село
- Necessity with на́до
- If clauses: future
- Syntax: тако́й versus так
- Soft adjectives

379

Talking about the Weather _____

The word сóлнце is pronounced [sontse].

небо

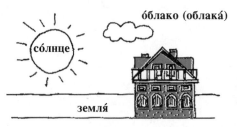

óблако (облакá)

лунá   звездá (звёзды)

земля́

Днём **свéтит** сóлнце.   Нóчью **свéтит** лунá.

In Russian, the weather can be хорóшая, плохáя, прекрáсная *(wonderful)*, etc., but not красúвая.

Какáя сегóдня **погóда**?	Сегóдня	хорóшая погóда. плохáя погóда.
Какáя вчерá **былá** погóда?	Вчерá **былá холóдная** погóда.	
Какáя зáвтра **бýдет** погóда?	Зáвтра **бýдет тёплая** погóда.	

Сегóдня...
Вчерá бы́ло...
Зáвтра бýдет...

сóлнечно

óблачно

пáсмурно

влáжно

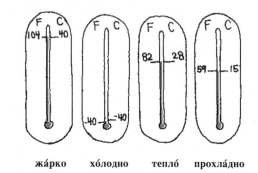

жáрко   хóлодно   теплó   прохлáдно

Сегóдня есть...
Вчерá был/á...
Зáвтра бýдет...

Сегóдня идёт...
Вчерá шёл...
Зáвтра бýдет...

вéтер   морóз   грозá   дождь   снег

When it is raining cats and dogs in English, Russian rain is being poured from a bucket: Дождь льёт как из ведрá.

◇ **14.1** Syntax

Осенью **ча́сто**	**быва́ет**	хо́лодно.
		холо́дная пого́да.
	быва́ют	дожди́.
Осенью ча́сто **идёт** дождь.		

◇ **14.1** Syntax

- Кака́я сего́дня пого́да?
- А вчера́ кака́я была́ пого́да?
- Кака́я пого́да бу́дет за́втра?
- Кака́я пого́да в ва́шем го́роде зимо́й/весно́й/ле́том/о́сенью?
- В ва́шем го́роде ча́сто быва́ет хо́лодно?
- Когда́ в ва́шем го́роде идёт дождь?
- В ва́шем го́роде высо́кая вла́жность?
- Вам нра́вится ле́то в ва́шем го́роде? Почему́ (нет)?
- Како́е вре́мя го́да вам бо́льше всего́ нра́вится: ле́то, о́сень, зима́ и́ли весна́? Почему́?

Зимо́й в Сиби́ри **намно́го** холодн**ее**, **чем** на берегу́ Чёрного мо́ря.

◇ **14.2** Comparative of adjectives

| | | | Opposites | | |
adjective	adverb	comparative	adjective	adverb	comparative
высо́кий	высоко́	**вы́ше**	ни́зкий	ни́зко	**ни́же**
дли́нный	дли́нно	длинне́е	коро́ткий	ко́ротко	**коро́че**
холо́дный	хо́лодно	холодне́е	тёплый	тепло́	тепле́е
			жа́ркий	жа́рко	**жа́рче**
тёмный	темно́	темне́е	я́ркий	я́рко	**я́рче**
			я́сный	я́сно	ясне́е
			све́тлый	светло́	светле́е
си́льный	си́льно	сильне́е	сла́бый	сла́бо	слабе́е
вла́жный	вла́жно	влажне́е	сухо́й	су́хо	**су́ше**

◇ **14.1** Syntax   **14.2** Comparative of adjectives and adverbs

1. **Ассоциа́ции.**

Which adjectives would you associate with the following nouns: температу́ра; день; ночь; пого́да; ве́тер; ле́то; со́лнце; дождь?

2. **Когда́ но́чи длинне́е?**

Answer the following questions.

1. Когда́ но́чи длинне́е: зимо́й и́ли ле́том? А дни?

2. Где дни ле́том длинне́е: на се́вере и́ли на ю́ге?

The northern part of the globe is characterized by few hours of daylight in winter and, in contrast, long hours of daylight in summer.

3. Где дни зимо́й коро́че: на се́вере и́ли на ю́ге?

4. В како́м шта́те зимо́й холодне́е: на Аля́ске и́ли в Теха́се?

5. В како́м го́роде зимо́й тепле́е: в Нью-Йо́рке и́ли в Хью́стоне? Почему́?

6. Где зимо́й холодне́е: в Сиби́ри и́ли на Гава́йских острова́х?

7. Где кли́мат влажне́е: на Гава́ях и́ли в Аризо́не?

3. Длинне́е и́ли коро́че?

Compare the items in column A with those in column B using comparatives of the adjectives in the box.

Model: ле́то в Санкт-Петербу́рге   ле́то на берегу́ Чёрного мо́ря
Ле́то в Санкт-Петербу́рге намно́го холодне́е, чем на берегу́ Чёрного мо́ря.

	A	**B**
1.	ночь	день
2.	со́лнце	луна́
3.	зима́ на се́вере	зима́ на ю́ге
4.	ле́то на се́вере	ле́то на ю́ге
5.	кли́мат в Аризо́не	кли́мат в Массачу́сетсе
6.	ве́тер в го́роде Чика́го	ве́тер в го́роде Эль-Па́со
7.	зима́ в Сиби́ри	зима́ в на́шем го́роде

Кака́я сего́дня температу́ра?	Сего́дня	21 гра́дус 22 гра́дуса 25 гра́дус**ов**	**тепла́. моро́за.**

Degrees above and below zero can be expressed in three ways: (1) using the words плюс and ми́нус, (2) using the words тепла́ *(of warmth)* and моро́за *(of frost)*, and (3) using the expressions вы́ше нуля́ *(above zero)* and ни́же нуля́ *(below zero).*

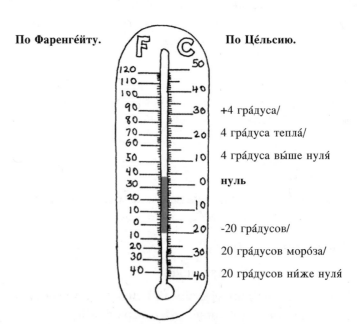

По Фаренге́йту.   По Це́льсию.

+4 гра́дуса/
4 гра́дуса тепла́/
4 гра́дуса вы́ше нуля́
нуль

-20 гра́дусов/
20 гра́дусов моро́за/
20 гра́дусов ни́же нуля́

4. Кака́я там пого́да?

A. The chart shows the weather conditions in various cities around the world. Answer the questions.

1. В како́м го́роде сего́дня са́мая высо́кая температу́ра? А са́мая ни́зкая?
2. В каки́х города́х идёт дождь? А снег?
3. Где све́тит со́лнце? А где па́смурно?
4. В како́м го́роде сего́дня тепле́е: в Ло́ндоне и́ли в Москве́? На ско́лько гра́дусов тепле́е?
5. Где сего́дня холодне́е: в Нью-Йо́рке и́ли в Пари́же? На ско́лько гра́дусов холодне́е?

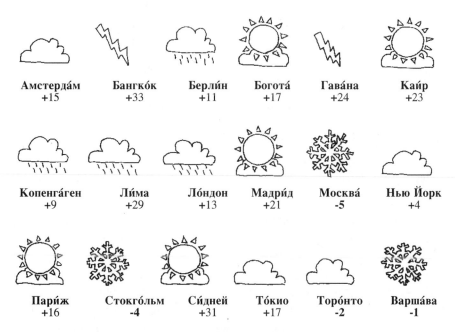

B. Working with a partner, ask questions about the cities.

S1: Кака́я сего́дня пого́да в Амстерда́ме?
S2: В Амстерда́ме сего́дня о́блачно. Температу́ра 15 гра́дусов тепла́.

5. Прогно́з пого́ды.

A. Look at the weather forecast and answer the following questions.

без *without*
оса́дки *precipitation*

1. What city is the forecast for?
2. What dates is the forecast for?

3. Is precipitation to be expected on the first day of the forecast? How about the following days?

4. What are the direction and strength of the wind?

5. What is the range of temperatures on the first day? How about the following days?

B. How are the following expressed in the Russian text: sleet, high temperature, above zero?

Погода

В Москве́ и Моско́вской о́бласти 26 ма́рта в отде́льных райо́нах сла́бый дождь со сне́гом, ве́тер ю́го-восто́чный, 5–10 м/сек. Макси́мальная температу́ра днём 3-5 гра́дусов тепла́, по о́бласти 1–6 гра́дусов тепла́, на доро́гах места́ми гололе́дица. 27 и 28 ма́рта без оса́дков, ве́тер ю́го-восто́чный, 5–10 м/сек, днём 2–7 гра́дусов тепла́.

---

6. **Сре́дняя температу́ра в ра́зных города́х.**

Use the temperature chart to answer the questions. Refer to the map of Russia on the inside cover of the book for the location of the cities.

1. Где нахо́дятся э́ти города́?

2. Кака́я сре́дняя температу́ра в Москве́ зимо́й и ле́том?

3. Где сре́дняя температу́ра ни́же зимо́й: во Владивосто́ке и́ли в Санкт-Петербу́рге? На ско́лько гра́дусов ни́же?

4. Где ле́том тепле́е: в Москве́ и́ли в Санкт-Петербу́рге? Во Владивосто́ке и́ли в Москве́? На ско́лько гра́дусов тепле́е?

5. В како́м го́роде са́мая ни́зкая сре́дняя температу́ра зимо́й?

6. А в како́м го́роде са́мая высо́кая сре́дняя температу́ра ле́том?

	сре́дняя температу́ра	
го́род	**зимо́й**	**ле́том**
Москва́	–12°C	+ 18°C
Санкт-Петербу́рг	–9°C	+ 17°C
Со́чи	+ 6°C	+ 23°C
Ирку́тск	–20°C	+ 16°C
Владивосто́к	–14°C	+ 21°C

7. **Где в Росси́и са́мое холо́дное ме́сто?**

The four phrases that follow state the locations of the hottest, coldest, wettest, and driest places in Russia. Which refers to the hottest place? Which refers to the wettest place? Match the descriptors **a** through **г** with the correct phrases. Then locate the places on the map.

1. к ю́гу от Ара́льского мо́ря: годовы́е оса́дки 80 мм

2. о́коло го́рода Верхоя́нска: минима́льная температу́ра −69°C

3. в Закавка́зье, недалеко́ от го́рода Бату́ми: годовы́е оса́дки 2500 мм

4. к юго-восто́ку от Ара́льского мо́ря: максима́льная температу́ра + 47°C

а. са́мое холо́дное ме́сто

б. са́мое жа́ркое ме́сто

в. са́мое вла́жное ме́сто

г. са́мое сухо́е ме́сто

8. Диало́ги.

Read the two dialogues and answer the questions that follow.

1. Ли́за звони́т[1] Ми́те во Владивосто́к.   [1]calls

    Ли́за: Кака́я там сего́дня пого́да?

    Ми́тя: Хоро́шая пого́да. Со́лнце све́тит, ве́тра нет, температу́ра во́здуха[2] 22 гра́дуса тепла́.   [2]air
А вчера́ была́ плоха́я пого́да. Весь день шёл дождь и бы́ло хо́лодно.

    Ли́за: Там ча́сто идёт дождь?

    Ми́тя: В а́вгусте почти́[3] ка́ждый день.   [3]almost

2. Марк и Ни́на разгова́ривают. Ни́на то́лько что[1] верну́лась[2] из Санкт-Петербу́рга.   [1]just (now) / [2]returned

    Марк: Как тебе́ понра́вился Санкт-Петербу́рг?

    Ни́на: Очень понра́вился.

    Марк: А пого́да там кака́я была́?

    Ни́на: Дово́льно[3] хо́лодно бы́ло. Ча́сто шёл дождь и́ли снег.   [3]rather

    Марк: А температу́ра кака́я была́?

    Ни́на: Ми́нус 10–плюс 5 гра́дусов.

    Марк: По Фаренге́йту?

    Ни́на: Нет, по Це́льсию.

    Марк: Ра́зве э́то хо́лодно?

    Ни́на: Нет, не о́чень, но ве́тер был о́чень си́льный.

    Марк: Тогда́ коне́чно.

The word ра́зве does not have a direct equivalent in English. It expresses doubt or disbelief in something that was said and can be translated as *I wonder if...* or *You don't really mean that...*

1. Когда́ Ми́тя и Ли́за разгова́ривают: ле́том и́ли зимо́й?

2. Кака́я во Владивосто́ке пого́да?

3. Как вы ду́маете, когда́ Ни́на была́ в Санкт-Петербу́рге?

4. Кака́я там была́ пого́да?

5. Как вы ду́маете, Марк ру́сский? Почему́ (нет)?

6. Как вы ду́маете, Марк живёт на се́вере и́ли на ю́ге? Почему́?

9. **Игровы́е ситуа́ции.**

1. Your friend is spending a semester in Russia. Call him or her and compare the weather conditions today.

2. Your friend just returned from a trip. Find out where he or she was and how the weather was there. Then describe the weather conditions in your city while your friend was away.

Talking about Nature

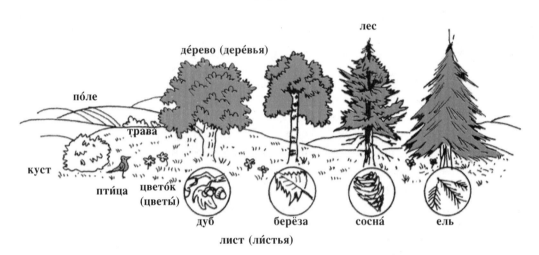

Приро́да

NATURE AND THE SEASONS

Russians' love for nature is sometimes difficult for foreigners to comprehend. Russian literature and music are full of descriptions of nature, and of trees in particular, often to the extent of boring a Western reader, who is unaccustomed to such detailed odes to nature. For Russians, nature is everywhere: it is in the white trunk of a birch tree, the symbol of Russian nature, and in the color of leaves in the fall. Золота́я о́сень (*golden fall*) is a phrase often heard, and it is also the name of a painting by the famous Russian landscape artist Левита́н.

The different seasons, especially the alternating darkness and light, can affect people's moods. November and December are the darkest months of the year, emphasized by the lack of snow. This is the most depressing time of the year, during which alcohol consumption is at its peak. The darkness is slowly alleviated by snow later in winter. Most people, however, soon grow tired of winter and anxiously look forward to the coming of spring. As the Russian poet Илья́ Эренбу́рг wrote in his poem, it is almost impossible for people living in the south, where roses bloom in December and the people do not even know the meaning of the word *blizzard*, to comprehend what it really means to yearn for spring.

The seasons are represented not only in art and in literature, but also in music. Tchaikovsky wrote a series of twelve lyric songs for the piano called «Времена́ го́да» (*The Four Seasons*), one for each month of the year. Each song reflects the feelings and emotions of people during that particular month.

Берёзовая ро́ща (*birch grove*).

Бе́лые Но́чи

Бе́лые но́чи refers to the time around the summer solstice, June 21, when the amount of continuous daylight ranges from a full 24 hours above the Polar Circle to approximately 20 hours on the latitude of St. Petersburg. «Бе́лые но́чи» is also the name of a popular arts festival held in St. Petersburg during that time.

Времена́ го́да

В Росси́и четы́ре вре́мени го́да: ле́то, о́сень, зима́ и весна́. Ле́то дли́тся[1] три ме́сяца: июнь, июль и а́вгуст. Ле́том ча́сто све́тит со́лнце, не́бо я́сное, голубо́е. В сада́х и в леса́х пою́т пти́цы, цвету́т цветы́. Осо́бенно краси́во де́рево берёза—си́мвол ру́сской приро́ды.

    [1]lasts

В Санкт-Петербу́рге в ию́не стоя́т бе́лые но́чи. В э́то вре́мя на у́лице светло́ почти́ кру́глые су́тки.[2] Са́мый дли́нный день го́да—21 ию́ня. В э́тот день со́лнце све́тит почти́ 20 часо́в.

    [2]24 hours

По́сле жа́ркого ле́та наступа́ет[3] золота́я о́сень. На дере́вьях жёлтые, кра́сные и золоты́е ли́стья. Это вре́мя го́да о́чень краси́вое. Но́чи стано́вятся[4] длинне́е, а дни коро́че. Пти́цы улета́ют[5] на юг. В ноябре́ ду́ет холо́дный ве́тер и ча́сто идёт дождь.

    [3]comes

    [4]become / [5]fly away

И вдруг[6]—пе́рвый снег и всё бе́ло круго́м. Наступа́ет холо́дная ру́сская зима́. Зима́ продолжа́ется три ме́сяца: дека́брь, янва́рь и февра́ль.

    [6]suddenly

А пото́м наступа́ет март—пе́рвый ме́сяц весны́. Ча́сто све́тит со́лнце. Дни стано́вятся длинне́е и тепле́е. Снег начина́ет та́ять.[7] Пти́цы возвраща́ются[8] и начина́ют стро́ить гнёзда.[9] В леса́х зелене́ют дере́вья, и появля́ются подсне́жники,[10] пе́рвые цветы́ весны́.

    [7]melt

    [8]return / [9]nests

    [10]snowdrops (*flowers*) appear

А по́сле весны́ опя́ть прихо́дит ле́то.

Отве́тьте на вопро́сы.

1. Ско́лько ме́сяцев дли́тся ле́то?
2. Кака́я ле́том пого́да?
3. Что тако́е берёза?
4. Что тако́е бе́лые но́чи?
5. Како́го числа́ са́мый дли́нный день го́да?
6. Что тако́е золота́я о́сень?
7. Кака́я о́сенью пого́да?
8. Как называ́ются зи́мние ме́сяцы?
9. Како́й пе́рвый ме́сяц весны́?
10. Кака́я весно́й пого́да?
11. Что де́лают пти́цы весно́й?
12. Что тако́е подсне́жники?

Discussing Weather-Related Activities

Тебе́ хо́лодно?	**Нет, мне** тепло́/жа́рко/хорошо́.

◇ **14.3** Impersonal constructions

На у́лице хо́лодно. Ле́не **на́до надеть** пальто́.

Серге́ю жа́рко. Ему́ **на́до снять** ку́ртку.

На у́лице, literally *in the street*, is also used with the meaning *outside*.

◇ **14.4** Necessity with на́до

Что вам на́до де́лать, е́сли на у́лице о́чень хо́лодно? А е́сли на у́лице жа́рко?

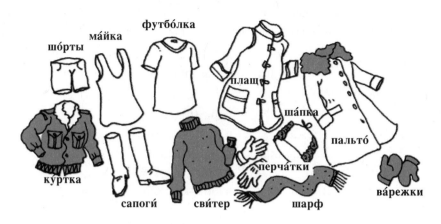

10. Что им на́до де́лать?

These people are not properly dressed for the weather. What should they do?

Е́сли за́втра **бу́дет** хоро́шая пого́да,	мы **бу́дем игра́ть** в те́ннис.
	мы **пойдём** в зоопа́рк.
	мы **пое́дем на пляж**.

◇ **14.5** *If* clauses

- Что вы бу́дете де́лать в суббо́ту, е́сли бу́дет хоро́шая пого́да?
- А е́сли бу́дет плоха́я пого́да?

11. Куда́ они́ пойду́т? Куда́ они́ пое́дут?

Where are these people going tomorrow, if the weather is nice? Use the verb пойти́ for short distances and пое́хать for long distances.

S1: Куда́ пойдёт/пое́дет Са́ша, е́сли за́втра бу́дет хоро́шая пого́да?

S2: Если за́втра бу́дет хоро́шая пого́да, он пойдёт/пое́дет на стадио́н.

1. Оля   парк (бли́зко)
2. Ни́на и Серёжа   пляж (далеко́)
3. ба́бушка и де́душка   да́ча (далеко́)
4. дя́дя Ва́ня   о́зеро (далеко́)
5. Ми́ша и Ле́на   зоопа́рк (бли́зко)

12. Если за́втра бу́дет...

A. It is the end of September in St. Petersburg. The weather is very unpredictable and can range from an Indian summer to snow. Larisa was asked what she would do tomorrow under the following eight weather conditions. Her answers were accidentally mixed up. Select the most logical answer for each condition. Also give recommendations for clothing when appropriate.

S1: Что бу́дет де́лать Лари́са, е́сли за́втра бу́дет тепло́?

S2: Если за́втра бу́дет тепло́, она́ бу́дет гуля́ть в па́рке/она́ пойдёт в парк.

S1: Как ты ду́маешь, что ей на́до наде́ть?

S2: Ей на́до наде́ть джи́нсы и футбо́лку.

пого́да	её отве́т *(her response)*
1. хо́лодно	убира́ть кварти́ру
2. дождь	зоопа́рк
3. жа́рко	ката́ться на лы́жах
4. со́лнечно	библиоте́ка
5. снег	сиде́ть до́ма и чита́ть
6. си́льный ве́тер	собира́ть грибы́
7. па́смурно	пляж
8. гроза́	ката́ться на па́русной ло́дке

B. Ask what your friend will be doing tomorrow under the weather conditions in Part A.

| Если за́втра бу́дет | **така́я** хоро́шая пого́да, **так** тепло́ | **как** сего́дня, мы пойдём на пляж. |

◇ **14. 6** Syntax: **тако́й** versus **так**

13. То́лько е́сли...

A. Your classmate and his or her friends will go to the following places only if the weather tomorrow compares favorably with the weather today.

S1: Вы за́втра пое́дете на да́чу?

S2: Да, пое́дем, но то́лько е́сли за́втра не бу́дет так хо́лодно, как сего́дня.

куда́ пойти́/пое́хать	за́втра
1. в бассе́йн	не бу́дет так хо́лодно
2. на стадио́н	бу́дет така́я хоро́шая пого́да
3. за́ город	бу́дет так тепло́
4. в зоопа́рк	не бу́дет така́я плоха́я пого́да
5. на пляж	бу́дет так жа́рко

B. Respond to the following statements by giving your conditions.

1. Дава́й пое́дем за́втра за́ город!

2. Дава́й пойдём за́втра в парк!

3. Дава́й пойдём ката́ться на конька́х за́втра!

4. Дава́й пойдём игра́ть в те́ннис за́втра!

CHAPTER REVIEW

A. *You should now be able to...*

1. ask and answer questions about the weather, including the sun, wind, rain, snow, humidity, and temperature, in the past, present, and future

2. compare weather conditions in different places

3. express temperature in Celsius and Fahrenheit

4. describe the typical weather conditions of an area

5. express physical and emotional conditions concerning temperature; well-being; boredom and interest; fun

6. give advice about appropriate clothing

7. say how activities depend on the weather

8. say how activities relate to the current weather

B. *Pretend to be a weather forecaster. Using a wall map or an overhead transparency, explain the current weather conditions around the United States or Russia. Also make a forecast for the next few days.*

C. *Roleplay.* *You live in a cold Russian city of your choice (Irkutsk, Novosibirsk, Vladivostok, Murmansk). Your classmate is a foreigner who lives in a warm climate. You are both at the Moscow airport waiting for a plane. Introduce yourself to the foreigner and compare the climates of your cities. Also discuss what leasure-time activities can be done in your climate.*

Extra

Природные зоны и животный мир России

The following texts descibe the five main climatic zones in Russia: arctic, tundra, taiga, steppe, and desert. Skim through the readings to find answers to the questions in English that follow. Do not try to understand every word.

Крайний север

Крайний север входит в состав ледяной зоны, в пределах которой находится Северный Ледовитый океан, его окраинные моря и острова.

В пределах ледяной зоны 23–176 суток длится полярная ночь, темнота которой несколько оживляется мерцанием звезд и слабым светом луны. Морозы в центральных районах Арктики достигают –40°С, а на побережьях –30°С.

Полярная ночь постепенно меняется полярным днем, продолжительностью 40–189 суток. Наступает короткое полярное лето с низким положением солнца над линией горизонта. Средняя температура воздуха в июле на морских побережьях достигает только +5...+9°С, а в центральных районах и того меньше: 0°...+2°С. Погода летом часто бывает ясная, но холодная.

К числу постоянных обитателей Крайнего севера относятся гренландский кит, северные дельфины, морж, тюлень и белый медведь.

1. The Arctic region does not include the mainland of Russia. What does it include instead?
2. ''Polar Night'' refers to the time in winter when the sun does not rise above the horizon at all. What is the range of the Polar Night in the Arctic regions?
3. What is the only source of light during Polar Nights?
4. What is the temperature in winter?
5. During Polar Days in the summer the sun does not set at all. What is the range of the Polar Day in the Arctic regions?

Areas above the Polar Circle have at least one day of complete darkness in winter (winter solstice, December 21) and one day of continuous daylight in summer (summer solstice, June 21). The number of these days increases gradually toward the North Pole, where there are 176 days of complete darkness and 189 days of continuous daylight.

6. What is the weather like in the summer?

7. What animals live permanently in the Arctic?

Тундра и лесотундра

Тундра (вместе с лесотундрой) занимает 15% всей территории бывшего СССР. Климат тундры суровый: зима длится 6–8 месяцев, часты морозы, доходящие до –50°C, сильные холодные ветры.

Лето в тундре короткое и холодное. Средняя температура в июле не превышает +10°C. Заморозки бывают даже летом, а снег выпадает уже в августе.

Постоянных обитателей в тундре мало: лемминги, дикие северные олени и некоторые птицы.

1. How much of the territory of the former USSR does tundra occupy?

2. How long does the winter last?

3. What is the weather like in winter?

4. What is the weather like in summer?

5. What animals live in the tundra?

Лесные полосы: тайга, смешанные и лиственные леса

Тайга—полоса сурового хвойного леса, состоящего из ели, сосны и других деревьев. В европейской части России тайга простирается от Карелии до Урала, далее тянется через всю Сибирь, включая Камчатку и Сахалин.

Климат тайги характеризуется теплым и довольно влажным летом и прохладной, а местами холодной зимой. Температура воздуха летом нередко превышает +30°C; зимой морозы достигают –30...50°C.

Животных в тайге много. К их числу могут быть отнесены: соболь, рысь, бурый медведь, волк, красная лиса, белка, заяц и ёж.

В лиственных лесах Дальнего Востока живёт самая крупная дикая кошка, обитающая в России —амурский тигр.

1. What kind of vegetation does the taiga have?

2. What areas of Russia does the taiga cover?

3. What is summer like in the taiga?

4. What about winter?

5. What animals live in the taiga?

6. What animal lives in the forests of the Far East?

Степь

Степь занимает территорию от Дуная до южного Урала и до берегов Чёрного и Азовского морей. Степи распространены также в Западной Сибири и Казахстане. Поверхность этой зоны покрыта в основном травами.

Сре́дняя температу́ра ию́ля +22...+23,5°C (жара́ места́ми достига́ет +40°C). Пого́да стои́т суха́я и со́лнечная. Зима́ коро́че и тепле́е, чем в лесно́й зо́не, с моро́зами −20...−30°C.

Типи́чные представи́тели живо́тного ми́ра сте́пи явля́ются степно́й волк и сайга́к (небольшо́й антило́п).

1. What areas of Russia does the steppe cover?
2. What is the main vegetation of the steppes?
3. What is the weather like in summer?
4. What is the weather like in winter?
5. What are some typical animals of the steppes?

Пусты́ня

Пусты́ни располо́жены в Сре́дней А́зии, Казахста́не и части́чно в Азербайджа́не.

Ле́то бо́льшей ча́стью безо́блачное и жа́ркое. Сре́дняя температу́ра ию́ля +26...+30°C. Жара́ места́ми дохо́дит до +40...+50°C (в тени́). Зима́ по сравне́нию с ле́том дово́льно суро́вая. Сре́дняя температу́ра января́ −12...−16°C.

Для пусты́нь характе́рны два ви́да верблю́дов: двухго́рбый верблю́д и одного́рбый верблю́д. Пе́рвый —приспосо́блен к суро́вым зи́мам, второ́й—хорошо́ перено́сит жару́, но бои́тся моро́зов. В ди́ком состоя́нии сохрани́лись то́лько двуго́рбые верблю́ды, кото́рые обита́ют в пусты́не Го́би (Монго́лия).

1. Deserts are mainly located in the southern republics of the former Soviet Union. In which republics?
2. What is summer like in the desert?
3. How about winter?
4. What are the two kinds of camels that live in the desert?
5. Which one can better endure cold winters?
6. Although neither type of camel lives in the wild in Russian territories, one of them lives in the wild somewhere else. Which one? Where does it live?

Word Building

Roots

-хлад-, -холод- *cold*	-мороз- *frost*
хо́лод *cold*	Дед Моро́з *Grandfather Frost*
холоди́льник *refrigerator*	морози́льник *freezer*
охлади́ть *to cool*	моро́женое *ice cream*
холо́дный *cold*	*за/моро́зить *to freeze*
прохла́дный *cool*	

Soft adjectives

Soft adjectives are formed with a suffix **-н(ь)-**. Most of them refer to time or place.

◇ **14.7** Soft adjectives

Time:

> зи́мний   *winter(y)*
>> Зи́мний дворе́ц   *Winter Palace* (in St. Petersburg)
>
> весе́нний   *spring, springlike*
>> весе́нний день   *spring day*
>
> осе́нний   *autumnal*
>> «Осе́нний марафо́н»   *Autumn Marathon* (a Russian film)
>
> ле́тний   *summer(y)*
>> Ле́тний сад   *Summer Garden* (in St. Petersburg)
>
> у́тренний   *morning*
>> у́тренняя переда́ча   *morning broadcast*
>
> вече́рний   *evening*
>> «Вече́рний Звон»   *Evening Bell(s)* (a Russian song)

Place:

> сре́дний   *middle*
>> сре́дняя температу́ра   *average temperature*
>> сре́дняя шко́ла   *middle school* (including high school)
>> Сре́дняя Азия   *Central Asia*
>
> ни́жний   *lower*
>> Ни́жний Но́вгород   *Nizhny Novgorod* (a city in Russia)
>
> ве́рхний   *upper*
>> Озеро Ве́рхнее   *Lake Superior*
>
> да́льний   *distant*
>> Да́льний Восто́к   *Far East*
>
> после́дний   *last*
>> после́дний по́езд   *the last train*
>
> кра́йний   *extreme*
>> Кра́йний Се́вер   *the Far North*

Other meanings:

> си́ний   *blue*
>> си́ние джи́нсы   *blue jeans*
>
> ли́шний   *extra*
>> ли́шний биле́т   *extra ticket*
>
> дома́шний   *home*
>> дома́шнее зада́ние   *homework*

ГРАММАТИКА

14.1 SYNTAX

A. Weather conditions can be expressed using two different constructions.

1. Adjective + noun constructions. In these, the adjective agrees with the noun it modifies.

Сего́дня холо́д**ная пого́да**.	*The weather is cold today.*
Вчера́ была́ холо́д**ная пого́да**.	*The weather was cold yesterday.*
За́втра бу́дет холо́д**ная пого́да**.	*The weather will be cold tomorrow.*

2. *Impersonal constructions* with (predicative) *adverbs*. These constructions do not modify a noun. Notice also that the word **э́то** is not used (compare the English *it*).

Сего́дня хо́лод**но**.	***It** is cold today.*
Вчера́ бы́л**о** хо́лодно.	***It** was cold yesterday.*
За́втра бу́дет хо́лод**но**.	***It** will be cold tomorrow.*

Pay special attention to the stress shift that sometimes occurs from adjectives to adverbs.

холо́дн|ый	*cold*	хо́лодно	*it is cold*
тёпл|ый	*warm*	тепло́	*it is warm*

Упражне́ние

◇ **1.** Change the sentences from impersonal to adjective + noun constructions and vice versa.

Model:	Сего́дня тепло́.	**Сего́дня тёплая пого́да.**
	Вчера́ была́ тёплая пого́да.	**Вчера́ бы́ло тепло́.**

1. Сего́дня хо́лодно.
2. Вчера́ была́ тёплая пого́да.
3. За́втра бу́дет тепло́.
4. За́втра бу́дет прохла́дно.
5. Вчера́ бы́ло хо́лодно.
6. В Сиби́ри зимо́й холо́дная пого́да.
7. На Чёрном мо́ре ле́том жа́рко.
8. Вчера́ бы́ло со́лнечно и тепло́.
9. В суббо́ту была́ о́блачная пого́да.
10. Сего́дня со́лнечно.

Nouns are used to express *windy* and *freezing* conditions, as well as *thunderstorms*.

Сего́дня **есть ве́тер**.	*It is windy today.*	
За́втра бу́дет **моро́з**.	*It will be freezing tomorrow.*	
Вчера́ был **ве́тер**.	*It was windy yesterday.*	(agrees with the masculine noun)
Вчера́ была́ **гроза́**.	*There was a thunderstorm yesterday.*	(agrees with the feminine noun)

Nouns are also used to express *raining* and *snowing*. The verb **идти́** is used mostly in the *present* and *past tenses*.

Сего́дня **идёт** дождь.	*It is raining today.*
В Москве́ ча́сто **идёт** снег зимо́й.	*It snows often in Moscow in winter.*
Вчера́ **шёл** си́льный дождь.	*It rained hard yesterday.*
Пошёл дождь.	*It **began to** rain.*

In the future tense, the verb **идти́** is replaced by the verb **быть**.

По ра́дио говори́ли, что за́втра **бу́дет** снег.
They said on the radio that it will snow tomorrow.

B. To express *frequent* or *typical* weather conditions in the present tense, the verb **быва́ть** *(to be [frequently])* is often used.

Ле́том ча́сто **быва́ет** хоро́шая пого́да.	*The weather is often nice in the summer.*
В Москве́ ча́сто **быва́ет** хо́лодно.	*It is often cold in Moscow.*
В Санкт-Петербу́рге ча́сто **быва́ет** ве́тер.	*It is often windy in St. Petersburg.*

The verb **быва́ть** can also replace the verb **идти́** to express frequent or typical raining or snowing.

В а́вгусте **ча́сто быва́ют** дожди́.	(The noun *rain* is in the plural.)
It often rains in August.	
or: В а́вгусте ча́сто **идёт** дождь.	

Упражне́ние

◇ **2.** How would you say the following in Russian?

1. What's the weather like today?
2. The weather is nice today.
3. The weather was awful yesterday.
4. It will be cold tomorrow.
5. Is it sunny today?
6. It was warm yesterday.
7. Is it windy today?

8. It is raining.

9. Does it often snow in Murmansk in winter?

10. What was the weather like in Moscow?

11. Does it often rain in Moscow?

12. Is it cold in Moscow in winter?

13. It rained all day (весь день) yesterday.

14. It will be sunny tomorrow.

15. The weather is often very cold in St. Petersburg.

14.2 COMPARATIVE OF ADJECTIVES AND ADVERBS

You have already learned that the *comparative* of adjectives and adverbs is usually formed with the ending **-ee** (Lesson 5, grammar section 5.2). You have also learned that the adverb **намно́го** *(by far, much)* is used to emphasize a comparison of two items (Lesson 10). Do not confuse **намно́го** with **немно́го** *(a little)*.

В Му́рманске **намно́го** холодн**ее**, чем в Оде́ссе.	*It is **much** colder in Murmansk than in Odessa.*

Many adjectives and adverbs, however, have irregular comparative forms. Most of these end in a single vowel, **-e**, and some have a consonant mutation in the stem. The following irregular comparatives are introduced in this lesson.

вы́ше	*higher*
ни́же	*lower*
коро́че	*shorter*
жа́рче	*hotter*
я́рче	*brighter*
су́ше	*drier*

Упражне́ние

◇ 3. Rewrite each sentence twice using the comparative. Some forms are regular and some irregular.

Model: В Кана́де зимо́й хо́лодно, а в Теха́се тепло́.

В Кана́де зимо́й намно́го холодне́е, чем в Теха́се.

В Теха́се зимо́й намно́го тепле́е, чем в Кана́де.

1. Температу́ра зимо́й ни́зкая, а ле́том высо́кая.
2. В Москве́ зимо́й хо́лодно, а в Оде́ссе тепло́.
3. Дни ле́том дли́нные, а зимо́й коро́ткие.
4. Но́чи зимо́й тёмные и дли́нные, а ле́том све́тлые и коро́ткие.
5. Ве́тер в Чика́го си́льный, а в Са́нта-Фе́ сла́бый.

6. В го́роде Суху́ми вла́жно, а в Но́вгороде су́хо.
7. На ю́ге жа́рко, а на се́вере хо́лодно.

14.3 IMPERSONAL CONSTRUCTIONS

Several predicative adverbs are used in impersonal constructions referring to a person's physical or emotional state. Among them are **хо́лодно, тепло́,** and **жа́рко,** as well as **хорошо́, пло́хо, ве́село** (*fun*), **интере́сно, ску́чно** (*boring*), and many others. The *dative case* is used to denote the logical subject of sentences with predicative adverbs.

Тебе́ жа́рк**о**?	*Are you hot?*
Серге́**ю** пло́х**о**.	*Sergei is feeling bad.*
Ле́н**е** бы́ло ве́сел**о** на уро́ке.	*Lena had fun in class.*
Ему́ бу́дет тепло́.	*He will be warm.*

Note: There is a difference in meaning between sentences that use adverbs and those that use adjectives.

Ему́ хо́лодн**о**.	but:	Он холо́дн**ый** (челове́к).
He is (feels) cold.		*He is a cold person.*
(It is cold for him)		
Иго́р**ю** ску́чн**о**.		Игорь ску́чн**ый**.
*Igor is **bored**.*		*Igor is **boring**.*

Упражне́ние

◇ **4.** How would you say the following in Russian?

1. I'm fine.
2. I was cold yesterday.
3. Are they bored?
4. He is boring.
5. We had fun yesterday.
6. Professor Vodkin is an interesting person.
7. You will be cold in Moscow.
8. Are you hot?
9. Your brother will be bored here.
10. We felt bad yesterday.
11. Are you (pl.) cold?
12. Did you have a good time at the movies last night?
13. Were you bored at the party (на вечери́нке) on Saturday?
14. Do you feel bad?
15. It was very interesting for me at the museum.

14.4   NECESSITY WITH НА́ДО

Necessity can be expressed using **на́до** (*must, have to*) as follows:
dative + **на́до (бы́ло/бу́дет)**.

Мне на́до идти́ домо́й.	*I have to go home.*
Иго́рю на́до бо́льше занима́ться.	*Igor must study more.*
Ле́не на́до бы́ло снять пальто́.	*Lena had to take off (her) coat.*
Тебе́ на́до бу́дет бо́льше спать.	*You will have to sleep more.*

Упражне́ние

◇ **5.**   Supply the missing phrases.

1. _____ (*You will have to*) бо́льше занима́ться.
2. _____ (*Lena had to*) идти́ домо́й.
3. _____ (*I will have to*) купи́ть но́вую футбо́лку.
4. _____ (*You'd better*) слу́шать внима́тельно (*carefully*).
5. _____ (*They had to*) пое́хать в Нью-Йо́рк.
6. _____ (*Ivan must*) снять пальто́.
7. _____ (*You [formal] have to*) наде́ть ша́пку. На у́лице
   хо́лодно.
8. _____ (*We will have to*) бо́льше занима́ться.
9. _____ (*My brother had to*) лежа́ть в больни́це две
   неде́ли.
10. _____ (*Tanya had to*) купи́ть но́вые перча́тки.

14.5   *IF* CLAUSES

In this lesson you will learn to express the dependence of one future action on another. Note that the future tense is used in *both parts* of the complex sentence.

Е́сли за́втра **бу́дет** хоро́шая пого́да,	я **бу́ду чита́ть** кни́гу в па́рке я *****пойду́** в бассе́йн. я *****пое́ду** на пляж.

The choice between the imperfective or perfective future in either part of the sentence depends on the context.

Е́сли ты *****прочита́ешь** э́ту кни́гу сего́дня, я **бу́ду чита́ть** её за́втра.
If you read (and finish) this book today, I'll read (be reading) it tomorrow.
Е́сли ты **бу́дешь чита́ть** рома́н, я *****пойду́** в библиоте́ку.
If you'll be reading a novel, I'll go to the library.

Упражне́ние

◇ **6.** **A.** Say where the following people will *go* tomorrow under the following weather conditions. Use either **пойти́** or **пое́хать** as appropriate.

Model: тепло́ мы/лес **Е́сли за́втра бу́дет тепло́, мы пое́дем в лес.**

1. хо́лодно мы/никуда́

2. хоро́шая пого́да они́/парк

3. со́лнечно я/да́ча

4. жа́ркая пого́да Серге́й/пляж

5. не/дождь ба́бушка/лес

B. Say what the following people will *do* tomorrow under the following weather conditions.

1. си́льный ве́тер Ни́на и Андре́й/ката́ться на па́русной ло́дке

2. дождь я/сиде́ть до́ма

3. снег Ми́тя/ката́ться на лы́жах

4. не/дождь мои́ роди́тели/собира́ть грибы́

5. плоха́я пого́да мой брат/убира́ть кварти́ру

14.6 SYNTAX: ТАКО́Й VERSUS ТАК

Тако́й and **так** (*so, such*) are used to emphasize a statement or to compare two parallel items in combination with **как** (*as*). **Так** is used with short adjectives and adverbs, whereas **тако́й** is used with long adjectives that modify a noun.

Emphasis:

Сего́дня **так** хо́лодно! *It is so cold today.*

Она́ поёт **так** краси́во! *She sings so beautifully.*

Она́ **така́я** симпати́чная де́вушка! *She is such a nice young woman.*

Сего́дня **така́я** хоро́шая пого́да! *The weather is so beautiful today.*

Comparison:

Е́сли за́втра бу́дет **так** жа́рко, **как** сего́дня, я пое́ду на пляж.

or: Е́сли за́втра бу́дет **така́я** жа́ркая пого́да, **как** сего́дня, я пое́ду на пляж.

If it (the weather) is as hot tomorrow as it is today, I will go to the beach.

Упражне́ние

◇ **7.** Supply the words **так** or **тако́й**.

1. Она́ _____ ску́чная преподава́тельница.

2. Ему́ бы́ло _____ хо́лодно.

3. Он написа́л мне _____ дли́нное письмо́.

4. В лесу́ о́сенью _____ краси́во.

5. За́втра бу́дет _____ плоха́я пого́да, как сего́дня.

6. Сего́дня не _____ жа́рко, как вчера́.

7. Моя́ маши́на не _____ дорога́я, как твоя́.

8. Я не игра́ю на роя́ле _____ хорошо́, как мой брат.

9. По ра́дио говори́ли, что за́втра бу́дет _____ си́льный ве́тер, как сего́дня.

10. Нам бы́ло _____ интере́сно на уро́ке.

14.7   SOFT ADJECTIVES

The adjectives **ле́тний, осе́нний, зи́мний,** and **весе́нний** are examples of soft adjectives. In previous chapters, you have encountered the following: **дома́шний** *(home),* **ли́шний** *(extra),* **после́дний** *(last),* **си́ний** *(blue),* and **сре́дний** *(middle).*The Word Building section of this lesson lists several other important soft adjectives.

These adjectives are called soft because their stems end in the *soft consonant* **н**. When declining soft adjectives the *stem must stay soft at all times.* Therefore, instead of the regular adjective endings with the vowels **ы, а, о,** and **у** (before which the consonant is hard), the soft variants **и, я, е,** and **ю** are used.

Some forms of soft adjectives coincide with those of hard adjectives conforming to the spelling rules. Compare the following:

хоро́ший	(ending **-ий** is determined by Spelling Rule 1)
си́ний	(soft adjective, ends in **-ий,** but not because of the spelling rule)
хоро́шего	(ending -**его** is determined by Spelling Rule 3)
си́него	(soft adjective, ending -**его** keeps the stem soft)

Soft adjectives are declined as follows. The case forms in parentheses have not been introduced yet.

	masc.	fem.	neuter	plural
nom.	ле́тний	ле́тняя	ле́тнее	ле́тние
acc.	ле́тний/ле́тнего	ле́тнюю	ле́тнее	ле́тние/(летних)
gen.	ле́тнего	ле́тней	ле́тнего	(ле́тних)
prep.	ле́тнем	ле́тней	ле́тнем	ле́тних
dat.	ле́тнему	ле́тней	ле́тнему	ле́тним
(instr.	ле́тним	ле́тней	ле́тним	ле́тними)

Упражне́ние

◇ **8.** Supply the correct endings.

1. Я дала́ тебе́ мой после́дн_____ до́ллар.
2. У вас нет ли́шн_____ биле́та?
3. Владивосто́к нахо́дится на Да́льн_____ Восто́ке.
4. У меня́ есть си́н_____ маши́на.
5. Кака́я в ва́шем го́роде сре́дн_____ температу́ра?
6. Каки́е стра́ны нахо́дятся в Сре́дн_____ А́зии?
7. Ма́ма купи́ла мне но́вое весе́нн_____ пальто́.
8. Мой друг Са́ша живёт в Ни́жн_____ Но́вгороде.
9. Тебе́ на́до наде́ть зи́мн_____ сапоги́.
10. Что подари́ть 5-ле́тн_____ ма́льчику?

Vocabulary

Note: The core vocabulary is bold-faced.

Nouns

Weather

ве́тер	wind
gen. sg. **ве́тра**	
вла́жность	humidity
во́здух	air
гра́дус	degree
гроза́	thunderstorm
дождь *m.*	rain
кли́мат	climate
моро́з	frost
пого́да	weather
прогно́з	forecast
снег	snow
температу́ра	temperature
Фаренге́йт,	Fahrenheit,
по Фаренге́йту	on the Fahrenheit scale
Це́льсий,	Celsius,
по Це́льсию	on the Celsius scale

Nature

берёза	birch
де́рево	tree
pl. **дере́вья**	
дуб	oak
ель *f.*	fir

звезда́ *pl.* звёзды	star
земля́	land, ground
куст	bush
лист *pl.* ли́стья	leaf
луна́	moon
не́бо	sky
о́блако *pl.* **облака́**	cloud
по́ле	field
приро́да	nature
пти́ца	bird
со́лнце [со́нце]	sun
сосна́	pine
трава́	grass
цветы́ *sg.* **цвето́к**	flowers

Clothing

ва́режки *pl.*	mittens
ку́ртка	jacket
ма́йка	sleeveless T-shirt
пальто́ *indecl.*	overcoat
перча́тки *pl.*	gloves
плащ	raincoat
сапоги́	boots
сви́тер	sweater
футбо́лка	T-shirt
ша́пка	cap
шарф	scarf
шо́рты	shorts

Other nouns

зоопа́рк	*zoo*
пляж	*beach*

Adjectives and Adverbs

весёлый, ве́село	*happy, fun loving*
вла́жный, вла́жно	*humid*
высо́кий, высоко́	*high, tall*
вы́ше *comp.*	*higher, taller*
жа́ркий, жа́рко	*hot*
жа́рче *comp.*	*hotter*
коро́ткий, ко́ротко	*short*
коро́че *comp.*	*shorter*
ни́же *comp.*	*lower*
ни́зкий, ни́зко	*low*
о́блачный, о́блачно	*cloudy*
па́смурно	*overcast*
поня́тно	*understood, clear*
прекра́сный	*wonderful*
прохла́дный, прохла́дно	*cool*
ра́зный	*various*
све́тлый, светло́	*light*
си́льный, си́льно	*strong*
ску́чный, ску́чно	*boring, dull*
сла́бый, сла́бо	*weak*
со́лнечный, со́лнечно	*sunny*
сухо́й, су́хо	*dry*
су́ше *comp.*	*drier*
тако́й, так	*so, such*
тёмный, темно́	*dark*

тёплый, тепло́	*warm*
холо́дный, хо́лодно	*cold*
я́ркий, я́рко	*bright*
я́рче *comp.*	*brighter*
я́сный, я́сно	*clear*

Verbs

быва́|ть(I)	*to be frequently*
надева́|ть (I) *надеть	*to put on* (of clothes)
наде́ну, наде́нешь, наде́нут	
разгова́рива|ть (I)	*to talk, to chat*
све́тит; *past* свети́ло	*is shining; was shining*
снима́|ть (I) *снять (I)	*to take off* (of clothes)
сниму́, сни́мешь, сни́мут	

Other

дово́льно *adv.*	*fairly, rather*
е́сли	*if*
ми́нус	*minus, below zero*
на́до *adv.*	*must*
намно́го *adv.*	*by far, much*
нуль	*zero*
плюс	*plus, above zero*
почти́	*almost*
ра́зве	*I wonder (if)*
тогда́	*in that case, then*

Уро́к 15
(Пятна́дцатый уро́к)

Куда́ вы пое́дете ле́том?

Они́ бу́дут ката́ться на лы́жах.

Анна: Куда́ вы пое́дете ле́том?

Еле́на: Мы пое́дем в Со́чи. В конце́ ию́ня, на ме́сяц.

Анна: Что вы бу́дете там де́лать?

Еле́на: Бу́дем лежа́ть на пля́же, загора́ть, купа́ться в мо́ре, мо́жет быть ката́ться на лы́жах в гора́х...

Анна: А ме́стные достопримеча́тельности вы бу́дете смотре́ть?

Еле́на: Коне́чно бу́дем. В Со́чи достопримеча́тельностей о́чень мно́го.

Анна: Ну, что ж! Счастли́вого пути́!

Еле́на: Спаси́бо.

THEMES

- Making travel plans
- Packing the suitcase
- Discussing modes of transportation and travel routes
- Arriving at the hotel
- Making requests

CULTURE

- The resort of Sochi
- Transportation in Russia
- Moscow airports and railway stations
- Hotels
- The writer Anton Chekhov

STRUCTURES

- Conditional mood
- Genitive plural of nouns, adjectives, and possessive and demonstrative pronouns
- Animate accusative: plural
- Time expressions: че́рез две неде́ли, на три дня
- The short adjective ну́жен
- Verbs of motion with prefixes: пое́хать/пойти́; уе́хать/уйти́; прие́хать/прийти́
- Imperative

Making Travel Plans

Как вы лю́бите отдыха́ть?

лежа́ть на пля́же и загора́ть

купа́ться в мо́ре

пала́тка

**занима́ться альпини́змом
ходи́ть в похо́ды**

**е́здить в ра́зные города́
смотре́ть достопримеча́тельности**

- Како́й **о́тдых** вы бо́льше лю́бите: акти́вный и́ли пасси́вный?
- Вы лю́бите загора́ть?
- А купа́ться в мо́ре вы лю́бите?
- Или, мо́жет быть, вы **предпочита́ете** э́ти **заня́тия**:
    ката́ться на лы́жах/конька́х/ло́дке
    е́здить верхо́м
    танцева́ть и гуля́ть всю ночь
    лови́ть ры́бу
    рабо́тать в саду́ на да́че
    ходи́ть в музе́и, теа́тры, рестора́ны...
- В ва́шем шта́те мо́жно занима́ться альпини́змом?
- Вы лю́бите ходи́ть в похо́ды? А спать в пала́тке?
- Каки́е в ва́шем го́роде есть достопримеча́тельности?

| Вы лю́бите **путеше́ствовать?**
Вы бы́ли **за грани́цей?** | Да, о́чень.
Да, два го́да наза́д я был/а́
в Англии. |

- Вы лю́бите путеше́ствовать?
- В каки́х стра́нах вы уже́ бы́ли? Когда́?

| Куда́ **бы** вы **пое́хали,**
е́сли бы у вас **бы́ли** де́ньги? | **Е́сли бы** у меня́ **бы́ли** де́ньги,
я **бы пое́хал за грани́цу** /
в Ита́лию. |

◇ **15.1** Conditional mood

The phrases за грани́цей and за грани́цу *(abroad)* are formed with the preposition за *(behind)* and the noun грани́ца *(border)* in the instrumental case for location and in the accusative case for direction.

1. Е́сли бы у меня́ бы́ли де́ньги...

Select a place where you would like to go. Then answer the two questions.

Model: Е́сли бы у меня́ бы́ли де́ньги, я бы хоте́л/а пое́хать...

за грани́цу	в ра́зные шта́ты США
в Евро́пу (в Росси́ю,...)	в Колора́до
в Сре́днюю Азию (в Узбекиста́н,...)	в Калифо́рнию
на Да́льний Восто́к (в Япо́нию,...)	на Аля́ску
в Ю́жную Аме́рику (в Брази́лию,...)	на Гава́йи

1. Когда́ бы вы туда́ пое́хали: ле́том, зимо́й, о́сенью и́ли весно́й? Почему́?

2. Что бы вы там де́лали?

| Ско́лько сто́ит **пое́здка** в Росси́ю? | Она́ сто́ит 1500 до́лла**ров.** |

2. Ско́лько сто́ит пое́здка?

A. Look at the travel advertisement and answer the questions.

1. В каки́е стра́ны э́ти пое́здки?

2. Ско́лько они́ сто́ят?

3. Кака́я пое́здка са́мая дешёвая?

4. А са́мая дорога́я?

5. А са́мая дли́нная?

6. На ско́лько до́лларов доро́же пое́здка в Пакиста́н, чем на Кана́рские острова́?

7. На ско́лько до́лларов деше́вле пое́здка в Еги́пет, чем во Фра́нцию?

8. Морски́е круи́зы бу́дут по Атланти́ческому и́ли по Ти́хому оке́а́ну?

9. Вам на́до заплати́ть *(to pay)* в рубля́х и́ли в до́лларах?

10. Каку́ю пое́здку вы бы вы́брали?

ТУРПАКЕТЫ

ИНДИЯ 5 дней, 995 долл. США.

ЕГИПЕТ (Каир, Александрия) 7 дней, 695 долл. США.

ФРАНЦИЯ (Париж) 7 дней, 760 долл. США.

КАНАРСКИЕ ОСТРОВА 10 дней, 795 долл. США.

ПАКИСТАН 4 дня, 895 долл. США.

МОРСКИЕ КРУИЗЫ на т/х «Казахстан» и «Федор Шаляпин»—по Средиземноморю, Западной Европе.

ОПЛАТА В РУБЛЯХ ПО КУРСУ ЦБ РФ.

B. How do you think tourists might spend their time in the travel destinations advertised?

Model: В Инди́и тури́сты бу́дут смотре́ть ме́стные достопримеча́тельности, ходи́ть в музе́и, обеда́ть в инди́йских рестора́нах...

THE RESORT OF SOCHI

Sochi is one of the most popular resorts (куро́рт) on the Black Sea coast. Every year millions of tourists come to this city for recreation or for medical treatment in the mineral springs of Matsesta. Sochi also attracts sports enthusiasts. Activities range from tennis, waterskiing and swimming to mountain skiing and climbing. In the course of a day, vacationers can ski in the breathtakingly beautiful Caucasus Mountains and afterward swim in the warm Black Sea.

Sochi has always been a favorite destination for foreign tourists. During the Soviet years it became a tradition to plant trees as a token of friendship between Sochi and various cities of the world. One of these trees was called Де́рево Дру́жбы *(Tree of Friendship)*. Representatives of more than 140 countries have made graftings on the tree. In its dense crown you can see Japanese tangerines, Italian lemons, American grapefruit—altogether more than 45 citrus varieties.

В на́шем го́роде **мно́го** краси́вых па́рк**ов**, музе́**ев**, пляж**е́й**, библиоте́к и площад**е́й**.

◇ **15.2** Genitive case **15.3** Animate accusative: plural

3. Со́чи—го́род-куро́рт.

A. You and your Russian friend are trying to decide where to go on vacation. You are looking at a travel brochure, which includes some statistics about the city of Sochi. Answer your friend's questions.

1. Что тако́е Со́чи?
2. Ско́лько в Со́чи жи́телей?
3. Э́то большо́й го́род? Ско́лько квадра́тных киломе́тров?
4. Ско́лько тури́стов ка́ждый год приезжа́ет *(arrive)* в Со́чи?
5. Ско́лько киломе́тров занима́ют пля́жи?
6. Ско́лько в Со́чи куро́ртных учрежде́ний и гости́ниц?
7. Ско́лько там санато́риев?
8. Ско́лько в Со́чи рестора́нов и кафе́?
9. А теа́тров и клу́бов ско́лько?
10. Ско́лько там музе́ев?
11. Ско́лько в Со́чи со́лнечных дней в году́?
12. Како́й там кли́мат?
13. Кака́я в Со́чи сре́дняя температу́ра во́здуха в а́вгусте?
14. А сре́дняя температу́ра воды́?
15. Ско́лько ме́сяцев дли́тся купа́льный сезо́н?
16. В Со́чи мо́жно занима́ться альпини́змом?

Со́чи

- ♦ крупне́йший в Росси́и куро́рт
- ♦ 300 ты́сяч жи́телей
- ♦ пло́щадь 3500 квадра́тных киломе́тров
- ♦ 3 миллио́на тури́стов в год
- ♦ пля́жей 145 киломе́тров
- ♦ 230 куро́ртных учрежде́ний и гости́ниц
- ♦ 50 санато́риев
- ♦ 500 рестора́нов и кафе́
- ♦ 5 ле́тних теа́тров
- ♦ 2 музе́я
- ♦ 150 клу́бов и домо́в культу́ры
- ♦ 240 со́лнечных дней в году́
- ♦ субтропи́ческий кли́мат
- ♦ сре́дняя температу́ра во́здуха (а́вгуст) 23°C
- ♦ сре́дняя температу́ра морско́й воды́ (а́вгуст) 26°C
- ♦ купа́льный сезо́н —6 ме́сяцев
- ♦ центр го́рного тури́зма

Russians love to include statistics in their descriptions of tourist sights. Tour guides often give foreigners such detailed information as how many beds are in hospitals and how many rooms in buildings.

B. Е́сли бы вы пое́хали в Со́чи в о́тпуск, что бы вы там де́лали?

4. Каки́е там гости́ницы?

A. Skim through the hotel section of the Sochi travel brochure and answer the questions in English. The descriptions will not give the same information about each hotel.

Which hotel would you choose, if you

1. needed to reserve rooms for a group of high school students
2. wanted to have dinner at your hotel in the evenings
3. wanted a view of both the Caucasus Mountains and the Black Sea
4. liked a garden atmosphere
5. wanted a view as far out to the Black Sea as possible

◆ В четырнадцатиэтажной гостинице «Жемчужина» тысяча номеров, многочисленные службы сервиса, много ресторанов, кафетерий, коктейль-баров, благоустроенный пляж, плавательный бассейн. По комфорту «Жемчужина» стоит на уровне лучших мировых стандартов.

◆ Гостиница «Приморская»—одна из популярных на Сочинском курорте. Её окружают магнолии, пальмы, розы и другие виды цветов. Морской воздух перемешан здесь с ароматом цветов.

◆ Гостиница «Кубань»—это целый гостиничный городок. Здесь недорогие номера, рассчитанные на молодёжь.

◆ Гостиница «Чайка»—новая комфортабельная гостиница, расположена в центре города. Из окон девятиэтажного здания открывается великолепный вид на Кавказские горы и набережную реки Сочи. В гостинице 400 уютных номеров.

◆ Гостиница «Кавказ» расположена в самом центре города-курорта. Из окон гостиницы открывается живописный вид на Чёрное море и великолепные Кавказские горы. В пятиэтажном здании гостиницы 150 уютных номеров.

B. You and your friend finally decided to spend your vacation in Sochi. You are now trying to select the most suitable hotel for you. Look at the hotel descriptions again and answer your friend's questions.

1. Ско́лько в гости́нице «Жемчу́жина» номеро́в?
2. Ско́лько этаже́й *(floors)* в «Жемчу́жине»?
3. В «Жемчу́жине» есть рестора́н?
4. «Жемчу́жина» нахо́дится на берегу́ мо́ря?
5. Я не люблю́ пла́вать в мо́ре. В «Жемчу́жине» есть бассе́йн?
6. «Примо́рская»—э́то хоро́шая гости́ница?
7. «Куба́нь»—э́то дорога́я гости́ница?
8. Гости́ница «Ча́йка» нахо́дится на берегу́ мо́ря?
9. Ско́лько в «Ча́йке» этаже́й?
10. «Ча́йка»—э́то больша́я гости́ница?
11. Ско́лько в гости́нице «Кавка́з» этаже́й?
12. «Кавка́з»—э́то больша́я гости́ница?

Когда́ вы пое́дете в Москву́?				
	(1)	2, 3, 4	5, 6, ...	
Я пое́ду **че́рез**	день неде́лю ме́сяц год	дня (две) неде́ли ме́сяца го́да	дней неде́ль ме́сяцев лет	по́лго́да
Я пое́ду	в э́том году́. в сле́дующем году́. в нача́ле в середи́не ноября́. в конце́			

◇ **15.4** Time expressions: че́рез

На како́й срок			на 5 дней.
На ско́лько вре́мени	вы пое́дете?	Я пое́ду	на всё ле́то. на по́лго́да.

◇ **15.4** Time expressions: **на**

The preposition **из** *(from)* requires the genitive case; hence the phrase **из-за грани́цы** *(from abroad*; literally, *from behind the border)*.

Когда́	ты **вернёшься** вы **вернётесь**	из Москвы́?	Я **верну́сь** че́рез 5 дней.
Ни́на уже́ **верну́лась**	**и́з-за** грани́цы? из Пари́жа?		Ещё нет. Она́ вернётся в конце́ января́.

верну́ться

я верну́сь	мы вернёмся
ты вернёшься	вы вернётесь
он/она́ вернётся	они́ верну́тся

5. Они́ уже́ верну́лись и́з-за грани́цы?

Working with a partner, find out which of the people listed have already returned from abroad.

S1: Алексе́й уже́ верну́лся из Калифо́рнии?
S2: Да, он верну́лся 3 дня наза́д./Нет, ещё не верну́лся.
S1:   А когда́ он вернётся?
S2:   Он вернётся че́рез 7 дней.

кто	отку́да	верну́лся/верну́лась	вернётся
Лари́са	Пари́ж	2 дня наза́д	
Серге́й	Ло́ндон		че́рез 4 дня
Алла	Оде́сса	5 дней наза́д	
Ни́на	Берли́н		че́рез 6 дней
Воло́дя	Нью-Йо́рк		в конце́ сентября́

6. Кто куда́ пое́дет?

Use the chart to have a discussion with a partner.

S1: Куда́ пое́дет Игорь?
S2: Он пое́дет в Ирку́тск.
S1: На ско́лько вре́мени?
S2: На семь дней.
S1: Когда́ он пое́дет?
S2: В сре́ду, трина́дцатого января́.
S1: А когда́ он вернётся из Ирку́тска?
S2: В сре́ду, двадца́того января́.

S1: Как ты ду́маешь, что он бу́дет там де́лать?

S2: Я ду́маю, что он бу́дет...

кто	куда́	когда́ пое́дет	когда́ вернётся
1. Игорь	Ирку́тск	ср. 13.01	ср. 20.01
2. Лари́са	Ло́ндон	пн. 25.02	чт. 28.02
3. Дми́трий	Рим	вт. 02.04	пт. 05.04
4. Ле́на	Вашингто́н	пн. 22.06	вс. 28.06
5. Ива́н	Акапу́лько	вт. 22.08	пн. 29.08

7. Диало́ги.

It is the end of the spring semester. Your friend wants to know what you are planning to do in the summer. First practice reading the dialogue as written, then change it any way you want to.

S1: Ты куда́-нибу́дь[1] пое́дешь ле́том?   [1]somewhere

S2: Да, я пое́ду в Крым.

S1: Когда́ ты пое́дешь?

S2: Че́рез 2 неде́ли.

S1: На ско́лько вре́мени?

S2: На ме́сяц.

S1: Когда́ ты вернёшься?

S2: В конце́ ию́ня.

S1: Что ты там бу́дешь де́лать?

S2: Бу́ду лежа́ть на пля́же, загора́ть, купа́ться в мо́ре, по вечера́м ходи́ть в рестора́ны ...

S1: А достопримеча́тельности ты не бу́дешь смотре́ть?

S2: Коне́чно бу́ду, но не ка́ждый день.

S1: Ну что ж,[2] счастли́вого пути́![3]   [2]Oh, well! / [3]Have a nice trip!

S2: Спаси́бо.

The adjective счастли́вого is pronounced [щасли́вава].

8. Check your skills.

How would you

1. ask Larisa if her parents have already returned from abroad
2. say that Lena returned from Vladivostok 5 days ago
3. say that your brother will return from St. Petersburg in 3 weeks
4. say that you are going to the south for the whole summer
5. ask Sergei if his sister will go to Moscow this year or next year

Packing the Suitcase

		нýжен	па́спорт.
Что **вам нýжно**?	**Мне**	нужна́	креди́тная ка́рточка.
		нýжно	пальто́.
		нужны́	джи́нсы.

◇ **15.5** The short adjective нýжен

чемода́н	ка́рта	бри́тва	шóрты	кроссóвки
па́спорт	фотоаппара́т	сóлнечные очки́	джи́нсы	костю́м
ви́за	космéтика	зóнт(ик)	руба́шка	пла́тье
билéт	колгóтки	аспири́н	футбóлка, ма́йка	ю́бка
дéньги	зубна́я щётка зубна́я па́ста	буди́льник	носки́	блу́зка
креди́тная ка́рточка	фен	брю́ки	тýфли	купа́льник пла́вки

Most European countries, including Russia, use 220-volt electricity, whereas 110-volts is used in the United States. If you are planning to take electrical equipment with you, you will also need a конвéртер (*converter*).

9.   Что вам нýжно?

A.   Что вам нýжно, éсли вы идёте/éдете

1. на юг
2. на рабóту
3. в теа́тр
4. в кинó
5. на родéо
6. на стадиóн смотрéть хоккéйный матч
7. в Росси́ю зимóй
8. на Чёрное мóре лéтом

B.   Assuming that the people in activity 6 are Russian, what do you think they need to take with them if they go to the places listed? State the quantity of items when appropriate and add more items as needed.

S1: Игорю ну́жен чемода́н?

S2: Коне́чно. Я ду́маю, что ему́ ну́жно 2 чемода́на.

IMPORTANT VERBS				
*взять	*положи́ть	*откры́ть	*закры́ть	*забы́ть
возьму́	положу́	откро́ю	закро́ю	забу́ду
возьмёшь	поло́жишь	откро́ешь	закро́ешь	забу́дешь
возьму́т	поло́жат	откро́ют	закро́ют	забу́дут
возьми́/те	положи́/те	откро́й/те	закро́й/те	(не) забу́дь/те

Воло́дя **взял** чемода́н из **шка́фа**.

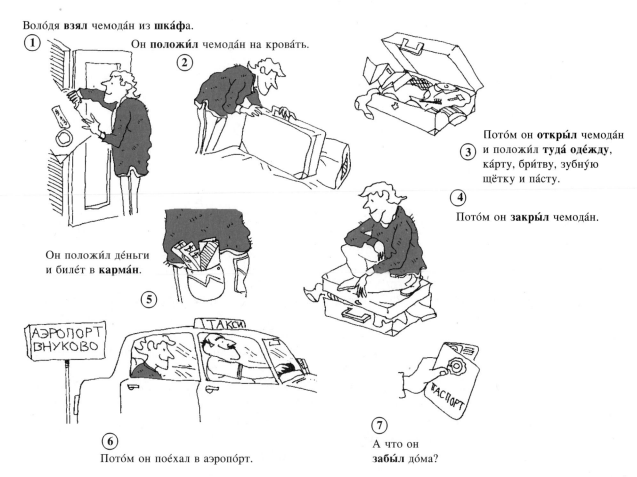

① Он **положи́л** чемода́н на крова́ть.

③ Пото́м он **откры́л** чемода́н и положи́л **туда́ оде́жду**, ка́рту, бри́тву, зубну́ю щётку и па́сту.

④ Пото́м он **закры́л** чемода́н.

Он положи́л де́ньги и биле́т в **карма́н**.

⑤

⑥ Пото́м он пое́хал в аэропо́рт.

⑦ А что он **забы́л** до́ма?

🔊 10. Не забу́дь твой па́спорт!!

Your classmate assumes the role of Volodya as shown. Give commands so that your classmate will perform tasks similar to those of Volodya. Then reverse roles.

Model: Возьми́ чемода́н из шка́фа, ...

11. Сапоги́ возьмёшь?

You and your friend are getting ready to go to the beach for the weekend. Both of you should write a list of items to take with you. Then call your friend and compare the lists. For some items, one may be enough.

S1: Ты возьмёшь джи́нсы?

S2: Да, возьму́.

S1: А сапоги́?

S2: Нет, сапоги́ мне не нужны́.

S1: А фотоаппара́т возьмёшь?

S2: Нет, не возьму́. Твой фотоаппара́т лу́чше. Ты возьми́ фотоаппара́т, ла́дно?

S1: Хорошо́. И не забу́дь...

S2: Не волну́йся! (*Don't worry!*)

Discussing Modes of Transportation and Travel Routes

TRANSPORTATION IN RUSSIA

Because of vast distances between cities, air travel is a popular and cheap means of transportation. Поезда́ (*trains*) offer an intriguing way to see Russian life from the inside. While traveling, you eat and sleep on the train, cramped in small compartments with your fellow travelers. Each car in the train has а проводни́к or проводни́ца (*conductor*), who serves you tea from a samovar and cookies for a small fee. You can eat in the restaurant car or you can buy food from farmers who sell their produce at train stations.

You can also travel in Russia by renting a car or by taking your own, but beware—maps are sometimes inaccurate, and gas and service stations are far apart.

City transportation can best be described as crowded. You will be amazed at how many people can fit on an авто́бус. The метро́ (*subway*) is a fast way to travel in bigger cities, such as Moscow and St. Petersburg. Subway stations in these two cities are lavishly decorated: they look more like art museums than subway stations. In addition to the subway, there are трамва́и (*streetcars*), which run on tracks and are powered by overhead wires, and тролле́йбусы, which look like regular buses but use electricity from overhead wires.

На чём вы е́дете?	**На** самолёте.
	На маши́не.
	На метро́.

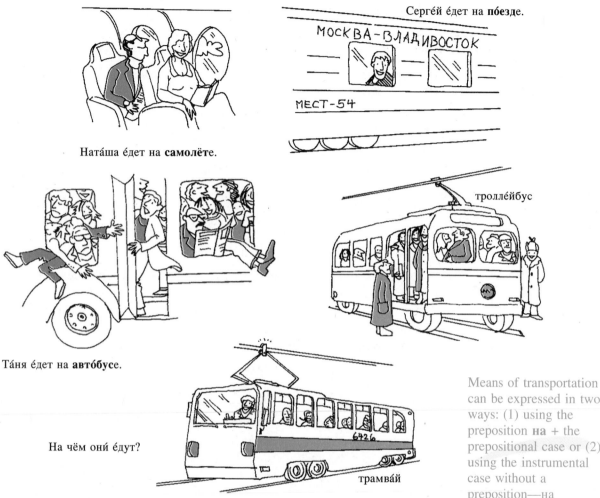

Серге́й е́дет на **по́езде**.

Ната́ша е́дет на **самолёте**.

троллéйбус

Та́ня е́дет на **авто́бус**е.

На чём они́ е́дут?

трамва́й

Means of transportation can be expressed in two ways: (1) using the preposition **на** + the prepositional case or (2) using the instrumental case without a preposition—на самолёте/самолётом; на по́езде/по́ездом, etc. The instrumental case is introduced in Lesson 16.

- Како́й вид тра́нспорта са́мый популя́рный в США?
- На чём вы мо́жете е́здить, е́сли вы **бои́тесь лета́ть**?
- Каки́е ви́ды тра́нспорта есть в ва́шем го́роде? Там есть метро́?

MOSCOW AIRPORTS AND RAILWAY STATIONS

There are two airports in Moscow: Шереме́тьево is the international airport and Вну́ково is mostly for domestic flights.

Railway stations are named after the main destination or direction of the outgoing traffic. Thus, trains from the Ки́евский вокза́л in Moscow go to Kiev and other southwestern destinations, and from Ленингра́дский вокза́л to St. Petersburg. Other train stations in Moscow are Белору́сский, Яросла́вский, Каза́нский, Ку́рский, and Па́велецкий.

12. На по́езде и́ли на самолёте?

You are looking for the best way to travel from Moscow to Kiev. Refer to the following charts.

A. What do the titles of the last two columns mean?

Москва–Киев		
аэропорт	время отбытия	время прибытия
Шереметьево	09.40	10.20
Внуково	12.45	13.05
Шереметьево	17.55	18.30
Шереметьево	18.30	19.10
Внуково	22.50	23.10

Москва–Киев		
вокзал	время отбытия	время прибытия
Киевский	10.45	00.35
Киевский	20.15	08.50
Киевский	21.20	09.00
Киевский	21.56	10.48
Киевский	01.50	16.56

B. Answer the questions based on the charts.

1. Сколько полётов (*flights*) от Москвы до Киева ежедневно (*daily*)? С какого аэропорта?

2. Сколько поездов ежедневно в Киев? С какого вокзала?

3. Если вы хотите быть в Киеве рано утром, на какой поезд вы купили бы билет?

4. Если вы **не** хотите спать на поезде, на какой поезд вы купили бы билет?

5. Если ваш самолёт из Нью-Йорка прилетает в Москву в 17.30, на какой рейс (*flight*) в Киев вы успели бы (*could you catch*)?

	Куда?	Откуда?
поехать	в Москву	
уехать	в Москву	из Москвы
приехать	в Москву	из Москвы

◇ **15.6** Verbs of motion with prefixes: Introduction

Сергей **при**ехал в Москву. **Откуда** он приехал?   Наташа **у**ехала **из** Москвы.

13. Лари́са—бизнесме́нка.

A. Larisa is a businesswoman who travels a lot. Last week she visited business partners in several European countries. Discuss her schedule.

S1: Когда́ (како́го числа́ и во ско́лько) она́ уе́хала из Москвы́?

S2: Она́ уе́хала из Москвы́ в понеде́льник, тридца́того ма́рта, в де́вять три́дцать утра́.

S1: Во ско́лько она́ прие́хала в Будапе́шт?

S2: Она́ прие́хала в Будапе́шт в де́сять часо́в утра́.

Март/Апрель

30 пн. Москва—Будапешт 9.30—10.00	**2 чт.** Берлин—Прага 17.05—18.00
31 вт. Будапешт—Вена 10.10—11.05	**3 пт.** Прага—Варшава 11.15—12.45
1 ср. Вена—Берлин 15.30—17.15	**4 сб.** Варшава—Таллинн 10.50—17.15
	5 вс. Таллинн—Москва 17.50—21.55

B. Make a continuous story about Larisa's week.

Model: В понеде́льник, тридца́того ма́рта, в де́вять три́дцать утра́ она́ уе́хала из Москвы́ и прие́хала в Будапе́шт в де́сять часо́в...

C. Tallinn and Moscow are two hours ahead of the other cities in the schedule.

1. Which flights would be long enough for a two-hour movie?

2. How long is the Warsaw–Tallinn flight?

14. Check your skills.

Leave a message for your friend in Moscow saying that you will arrive

1. at Sheremetyevo Airport on June 15 at 2:25 P.M., flight (рейс) 1122 from New York

2. at Kiev Station on August 21 at 6:50 P.M., train number 583

Arriving at the Hotel

HOTELS

Several international hotel chains now operate hotels in Russia. Although such hotels often meet the needs of the most demanding business travelers, they do not have the feel of an authentic Russian hotel. Typical Russian hotels have an attendant (дежу́рная) on each floor. Her task is to monitor hotel guests, keep the keys, and perform small services. From the дежу́рная you can buy a bottle of mineral water, sometimes even a cup of tea from her самова́р. Do not expect to find soft drink machines or ice dispensers in hotels; Russians, like most Europeans, do not fill their glasses with ice.

Отку́да вы? is one of the questions you will most likely be asked when visiting Russia.

Отку́да вы?	Я из Аме́рики.

15. Отку́да э́ти тури́сты?

Judging by their names, where do you think these tourists might be from?

1. Jennifer York	Япо́ния
2. Jean-Pierre Dupont	Шве́ция
3. Inga Svensson	Фра́нция
4. Giorgio Mastroianni	По́льша
5. Katarzyna Grzegorczyk	Ита́лия
6. Yoko Kawasaki	Герма́ния
7. Johanna Schwartz	Ме́ксика
8. Juan Ramirez	Англия

Hotel rooms are usually called но́мер, not ко́мната.

На како́м **этаже́** нахо́дится мой **но́мер**?	На второ́м этаже́.

16. На како́м этаже́?

A. You have been told that the hotel has a dry cleaner's, a hairdresser's and a service bureau. Look at the sign and try to decide which Russian word refers to which service. On which floors are they located?

B. Practice asking and answering questions about the location of services.

S1: На како́м этаже́ нахо́дится бар?

S2: Ба́ры нахо́дятся на тре́тьем, шесто́м и двена́дцатом этажа́х.

```
┌─────────────────────────────────────┐
│ ГОСТИНИЦА                            │
│ «ЖЕМЧУЖИНА»                          │
│                          этаж        │
│ бар                      3, 6, 12    │
│ ночной клуб              1           │
│ ресторан                 1, 2, 5, 12 │
│ парикмахерская           2           │
│ банк                     2           │
│ буфет                    4, 8        │
│ бюро обслуживания        1           │
│ магазин «Сувениры»       2           │
│ почта-телеграф           1           │
│ химчистка                3           │
└─────────────────────────────────────┘
```

17. Диало́ги.

Read the dialogue and answer the questions that follow.

Дже́нифер:	До́брый день. У меня́ зака́з[1] на и́мя Йорк. На четы́ре дня.
Администра́тор:	Мину́точку... Да, зака́з есть... Из США... Вы хоти́те но́мер на двои́х?
Дже́нифер:	Нет, на одного́.
Администра́тор:	У нас, к сожале́нию, одноме́стных нет. Вы же заказа́ли двухме́стный но́мер.
Дже́нифер:	Да, я зна́ю, но мой друг переду́мал[2] и не пое́хал.
Администра́тор:	Так. Вы хоти́те взять двухме́стный? Это бу́дет подоро́же.
Дже́нифер:	Ну, ла́дно. Дава́йте двухме́стный тогда́.
Администра́тор:	Запо́лните[3] вот э́тот бланк. И вам ну́жно отда́ть свой па́спорт.
Дже́нифер:	Пожа́луйста.
Администра́тор:	Вот ваш ключ.[4] Но́мер 378, на тре́тьем этаже́. Лифт там, напра́во.
Дже́нифер:	Спаси́бо. А-а, я почти́ забы́ла. Где мне мо́жно взять напрока́т[5] маши́ну?
Администра́тор:	В бюро́ обслу́живания, на второ́м этаже́.
Дже́нифер:	Спаси́бо большо́е.

[1]reservation

[2]changed his mind

[3]fill out

[4]key

[5]взять напрока́т: rent

1. Ско́лько дней Дже́нифер бу́дет в гости́нице?
2. Почему́ она́ хоте́ла но́мер на одного́, а не на двои́х?
3. Она́ заказа́ла одноме́стный и́ли двухме́стный но́мер?
4. Она́ бу́дет жить в три́ста во́семьдесят седьмо́м но́мере?
5. На како́м этаже́ нахо́дится её но́мер?

6. Что она́ хо́чет де́лать в бюро́ обслу́живания?

7. Как вы ду́маете, ско́лько ей лет? Кто она́ по профе́ссии?

8. Как вы ду́маете, что она́ бу́дет де́лать в Москве́?

18. В гости́нице.

You are checking in at your hotel. (Your room is already reserved.) Your teacher plays the role of the администра́тор. How would you

1. offer a polite greeting
2. give your first and last name
3. say that you are from the United States
4. hand in your passport politely
5. ask on what floor your room is
6. ask if there are restaurants in the hotel
7. ask where you can buy ballet tickets
8. find out where the closest metro station is
9. ask if your room has a telephone and a TV
10. ask how you can make local calls from your room

Making Requests

IMPORTANT COMMANDS:	
дай/те	молчи́/те *be quiet*
купи́/те	включи́/те *turn on* (the TV, radio, etc.)
смотри́/те	вы́ключи/те *turn off* (the TV, radio, etc.)
слу́шай/те	встань/те *stand up*
покажи́/те	сади́сь, сади́тесь *sit down*
помоги́/те	подожди́/те *wait*
скажи́/те	поверни́/те (нале́во, наза́д) *turn (left, back)*
говори́/те	останови́сь, останови́тесь *stop*
откро́й/те, закро́й/те	не волну́йся, не волну́йтесь *don't worry*
возьми́/те	не бо́йся, не бо́йтесь *don't be afraid*
положи́/те	

◇ 15.7 Imperative

Other useful vocabulary

Бы́стро! Быстре́е! *Fast! Faster!*

Ме́дленнее! *Slower!*

Стоп! *Stop!*

Осторо́жно! *Careful! Watch out!*

Ти́хо! Ти́ше! *Quiet! Quieter!*

Гро́мко! Гро́мче! *Loudly! Louder!*

Дура́к! Ду́ра! *Fool!*

19. В такси́.

A. You need to run some errands in Moscow. Your taxi driver turns out to be a pretty bad driver and does not seem to know the city well, either. Give the driver directions as follows.

1. Turn left here.
2. Fast!
3. Watch out!
4. Slow down.
5. Stop here.
6. Wait here. I will be back in 5 minutes.
7. Slower, please.
8. Turn off the radio.
9. Turn right.
10. Watch out!
11. Turn back.
12. Stop here.

B. Your classmate assumes the role of the taxi driver. Give him or her directions of your choice.

---

*C*HAPTER
REVIEW

A. *You should now be able to...*
1. *say what kind of vacation activities you prefer, like, and dislike*
2. *describe what you would do and where you would go if you had money*
3. *give the dates of your travel using the following: in how many days/ weeks/months/years; beginning/middle/end of month*
4. *say for how long you are going and when you will return from your destination*
5. *list what you need to pack in your suitcase and direct other people in packing*
6. *state your mode of transportation*
7. *say that you left a place, arrived at a place, and set off to go to a destination using appropriate verbs of motion and time expressions*
8. *state where you are from*
9. *say on what floor certain establishments are located*
10. *ask for the location of establishments*
11. *make several commands and warnings regarding traffic in a city*

B. Roleplay I. *The teacher gives a ticket to each student. The tickets display a destination and dates for travel. Find out from all your classmates where they are going and try to find the one who is going to stay in the same city at the same time as you. Arrange to meet each other somewhere and to do something together.*

C. Roleplay II. *You have won a prize of $10,000 and you want to use it on a trip abroad for two. Pick your traveling partner and discuss all the details of your trip, such as where to go, when, for how long, what to take with you, and what you will do there.* After the trip: *Talk to other students in the class and compare your vacations, including the weather.*

Extra _____

Anton Pavlovich Chekhov (1860–1904) is mostly known as an author of plays and short stories. His stories are based on human behavior, mood, and atmosphere, rather than on action and plot. They are often humorous, but with a serious undertone. ''The Winning Ticket,'' one of Chekhov's best-known stories, tells the tale of a husband and wife whose quiet and comfortable life is upset by the prospect of winning the lottery. Both spouses have their own individual dreams, which are overshadowed by growing jealousy and hatred.

Read the story keeping the questions that follow in mind. Remember that it is not necessary to know every word in order to understand the gist of the text.

Выигрышный билет
The Winning Ticket

Иван Дмитрич, человек средний, после ужина сел на диван и стал читать газету.

—Посмотри, нет ли там таблицы тиражей[1]? —сказала его жена, убирая со стола.

—Да, есть. Какой номер?

—Серия 9499, билет 26.

—Так-с... Посмотрим-с... 9499 и 26.

—Маша, 9499 есть! —сказал он.

—9499? —спросила она.

—Да, да... Серьёзно есть!

—А номер билета?

—Ах, да! Ещё номер билета. Постой.[2] Всё-таки[3] номер нашей серии есть.

Иван Дмитрич улыбался[4] широко, как ребёнок. Жена тоже улыбалась.

—Наша серия есть, —сказал Иван Дмитрич. Выигриш 75 000. Это не деньги, а капитал! Послушай, а что если мы в самом деле[5] выиграли? Ведь это новая жизнь! Билет твой, но если бы он был моим, то я, конечно, купил бы за 25 тысяч имение,[6] 10 тысяч на путешествия... Остальные 40 тысяч в банк под проценты...

—Да, имение —это хорошо, —сказала жена.

—Я, знаешь, Маша, за границу поехал бы, —сказал он.

И он стал думать о том, что хорошо бы поехать глубокой осенью за границу, куда-нибудь в Южную Францию, Италию... Индию.

—Я тоже бы за границу поехала, —сказала жена. Ну, посмотри номер билета!

—Постой. Погоди!...

Он ходил по комнате и продолжал думать: Путешествовать приятно одному. А что если в самом деле жена поедет за границу? Она будет жаловаться,[7] что у неё разболелась голова,[8] что ушло много денег... Зачем ей за границу ехать? Что она там понимает?

Footnotes:
[1] the lottery results
[2] Wait! / [3] at least
[4] smiled
[5] in fact
[6] estate
[7] complain / [8] head hurt

И он первый раз в жизни обратил внимание[9] на то, что его жена
постарела, пропахла[10] кухней, а сам он ещё молод, здоров, хоть
женись во второй раз.

[9]paid attention
[10]smelled of

И он уже не с улыбкой,[11] а с ненавистью[12] смотрел на жену. Она
тоже посмотрела на него и тоже с ненавистью. У неё были свои
мечты,[13] свои планы; и она отлично понимала, о чём мечтает её
муж.

[11]smile / [12]hatred

[13]dreams

Муж заглянул на четвёртую страницу газеты и сказал: —Серия
9499, билет 46! Но не 26!

Ивану Дмитричу и его жене стало казаться,[14] что их комнаты
темны, малы и низки, что вечера длинны и скучны...

[14]began to feel

По А. Чехову

Answer the questions in English.

1. At what time of day did the conversation take place?
2. What were the husband and wife doing?
3. What was the series number and ticket number on their lottery ticket?
4. Which number did the husband look up first?
5. How much was the jackpot?
6. Who bought the ticket?
7. What would the husband do with the money?
8. Where would he travel?
9. What time of the year would he travel?
10. Why did the husband prefer traveling alone?
11. How did he rate himself compared with his wife?
12. Did they actually win?
13. How did the news affect their mood?

Word Building

-пут-   *travel*

путёвка   *travel voucher.* Usually given by an employer; very common in
Soviet days. Many employees received a free путёвка to Black Sea resorts.

путеше́ствовать   *to travel*

спу́тник   *traveling companion* (also used in the Russian space program)

путь   *road, travel, trip*

Счастли́вого пути́!   *Have a nice trip!*

путеводи́тель   *guidebook* (for travelers)

-лет-   *fly*

лета́ть, лете́ть   *to fly*

самолёт from сам (*self*) and лёт: "self-flyer," i.e., *airplane*

лётчик   the "one who flies," i.e., *pilot*

полёт   *flight*

вертолёт from верте́ть *(to turn)* and лёт: "turn-flier," i.e. *helicopter.*
   Note: the corresponding English word comes from the Greek words **he-
   liko** *(spiral)* and **pteron** *(wing).*

лету́чая мышь   "flying mouse," i.e., *bat*

ГРАММАТИКА

15.1 CONDITIONAL MOOD

You have already learned to use the conditional mood to express a wish or suggestion.

> **Я хотел бы** пригласить вас в ресторан.
> *I **would like** to invite you to a restaurant.*
> Что ты **предложил бы** мне купить маме?
> *What **would** you **suggest** that I buy my mother?*

The main use of the conditional mood is to denote an *action that may take place under a certain condition,* either implied or expressed.

A. Main Clause. The conditional is formed with the *particle* **бы** and the *past tense* of the verb. Note, however, that the past tense form *does not imply a past activity*; it implies a *condition*. The particle **бы** can either precede or follow the verb.

> Игорь пошёл **бы** в кино. *Igor would go to the movies.*
> Лена купила **бы** дачу. *Lena would buy a dacha.*
> Мы **бы** лежали на пляже. *We would lie on the beach.*

B. *If* Clause. The same construction with the particle **бы** is used in the *if* clause. The particle **бы** immediately follows **если.**

> **Если бы** ты занимался больше, ты **бы** знал больше.
> *If you studied more, you would know more.*

Many *if* clauses require the use of the verb **быть** *(to be).* Pay attention to the *agreement* between the subject and the verb.

> Если бы у меня был **сын,**... *If I had a son,...*
> Если бы у меня была **дочь,**... *If I had a daughter,...*
> Если бы у меня было **время,**... *If I had time,...*
> Если бы у меня были **деньги,**... *If I had money,...*

Упражнения

◇ **1.** Translate the following into Russian. The key vocabulary is given in parentheses.

  1. If I had money, I would go to Canada. (поехать/Канада)
  2. If I had a dog, I would go for a walk. (пойти/гулять)
  3. What would you do if you had money?
  4. If I had time, I would read more. (*Note:* время is neuter.)
  5. If the tickets were cheaper, we would go to the theater. (дешевле/пойти)

6. If I lived in Paris, I would go to the museum every day. (жить/ ходи́ть/музéй/кáждый день)

7. What would they say if we gave them presents? (сказáть/подари́ть/ подáрки)

8. If I lived in the mountains, I would often ski. (в горáх/катáться на лы́жах)

9. If these books weren't so expensive, I would buy them.

10. If my friends didn't live so far away, I would invite them to my house (to me). (далекó/пригласи́ть/ко мнé)

2. Change the following into conditional sentences according to the model. Some variations are possible.

Model: У меня́ нет дéнег. Я не куплю́ маши́ну.

Но éсли бы у меня́ бы́ли дéньги, я купи́л/а бы маши́ну.

1. У Игоря нет врéмени. Он не пойдёт в кинó. Но...

2. Сáша никогдá не занимáется. Он получáет плохи́е отмéтки. Но...

3. Я не живу́ во Фрáнции. Я не говорю́ по-францу́зски. Но...

4. У нас нет врéмени. Мы не пойдём на стадиóн. Но...

5. У Натáши нет дéнег. Она не ку́пит нóвый телеви́зор. Но...

6. У меня́ нет маши́ны. Я не поéду зá город. Но...

7. У нас нет дéнег. Мы не поéдем за грани́цу. Но...

8. Мы не живём в горáх. Мы не занимáемся альпини́змом. Но...

9. Сегóдня плохáя погóда. Я не поéду на пляж. Но...

10. Водá в мóре холóдная. Я не могу́ купáться. Но... (past tense of мочь: мог/лá)

15.2   GENITIVE CASE

Use of the Genitive Case

You have so far learned the *singular* of the genitive case. The uses described here apply to both singular and plural.

A.   To denote possession, belonging to something, or connection between two things.

Это маши́на мои́х роди́тел**ей**.	*This is my parents' car.*
Это институ́т иностра́нн**ых** язык**óв**.	*This is the institute **of** foreign languages.*

B.   To denote part of a whole or of a substance.

óкна мо**егó** дóм**а**	*the windows **of** my house*
буты́лка молок**á**	*a bottle **of** milk*

C. As a partitive. The English language adds the words *some* or *any*.

Дай мне хле́ба!	*Give me **some** bread!*
Вы купи́ли молока́?	*Did you buy **any** milk?*

D. To express nonexistence, or absence, with нет, не́ было, or не бу́дет.

Почему́ у вас **нет** иностра́нных журна́лов?	*Why don't you have foreign journals?*
У меня́ никогда́ **не́ было** де́нег и, наве́рно, никогда́ **не бу́дет.**	*I have never had money, and probably never will.*
Этих де́вушек **не́ было** на уро́ке вчера́.	*These girls were not in class yesterday.*

E. With words of quantity. For example:

ско́лько	*how much, how many*
не́сколько	*some, a few* (with plural nouns only)
мно́го/бо́льше	*a lot, many/more*
немно́го	*some, a little*
ма́ло/ме́ньше	*few, little/less*
нема́ло	*quite a few*
килогра́мм/литр	*kilogram/liter*

Ско́лько здесь студе́нтов?	*How many students are here?*
В кла́ссе бы́ло то́лько **не́сколько** де́вушек.	*There were only a few girls in the class.*
У меня́ **мно́го/ма́ло** ру́сских книг.	*I have a lot of/few Russian books.*
Я купи́ла **килогра́мм** апельси́нов.	*I bought a kilogram of oranges.*

F. With numerals other than 1.

2, 3, 4 + gen. sg.	два журна́л**а** / три сестр**ы́**
5, 6, ... + gen. pl.	пять журна́л**ов** /семь бра́т**ьев**

G. With the comparative degree.

Брат ста́рше сестр**ы́**.

H. With some prepositions.

у	*by*	по́сле	*after*
для	*for*	без	*without*
из	*from*		

У э́тих студе́нтов ско́ро бу́дет экза́мен.	*These students will have an exam soon.*
Я ничего́ не хочу́ де́лать **для э́тих** люд**е́й**.	*I do not want to do anything for these people.*
Воло́дя прие́хал **из Ло́ндона**.	*Volodya arrived from London.*
По́сле экза́менов я пое́ду домо́й.	*After the exams I will go home.*
Что ты бу́дешь де́лать **без свои́х** друз**е́й**?	*What will you do without your friends?*

Endings for the Genitive Plural of Nouns

NOMINATIVE SG.			GENITIVE PL.	
Masc.				
hard stem	рестора́н	-ø	рестора́н**ов**	} -ов
end-stressed **ц**	оте́ц		отцо́**в**	
stem-stressed **ц**	ме́сяц		ме́сяц**ев**	} -ев
soft stem	музе́й	-й	музе́**ев**	
	слова́рь	-ь	словар**е́й**	}
four *s* sounds	мяч		мяч**е́й**	
(**ч, щ, ш, ж**)	това́рищ		това́рищ**ей**	} -ей
	каранда́ш		карандаш**е́й**	
	нож		нож**е́й**	}
Fem.				
hard stem	шко́ла	-а	шко́л	-ø
soft stem	неде́ля	-я	неде́ль	-ь
	ло́шадь	-ь	лошад**е́й**	-ей
Neuter				
hard stem	сло́во	-о	слов	-ø
soft stem	учи́лище	-е	учи́лищ	

SIMPLIFIED RULE FOR THE GENITIVE PLURAL OF NOUNS	
M	-ов/-ев/-ей
F	-ø/ей
N	-ø

Note 1: Nouns ending in **-ия** and **-ие** have the ending -**ий** in the genitive plural.

лаборато́рия	лаборато́р**ий**	*laboratory*
зда́ние	зда́н**ий**	*building*

Note 2: Some nouns drop the vowel -**e** or -**o** before all oblique case endings (not only the genitive).

от**е́**ц	+ ов	отцо́в	*father*
д**е**нь	+ ей	дн**ей**	*day*
городо́к	+ ов	городк**о́в**	*small city*

Fleeting vowels

As you already know, the genitive plural of feminine and neuter nouns is formed by dropping the last vowel. If the stem of these nouns ends in two consonants, the vowel -о- or -е- is usually inserted between the two consonants in the genitive plural forms.

1. Insert the vowel -о- if one of the consonants is a **к** and the other a consonant *other than* **ж, ч, ш, щ, й,** or **ь.**

су́мк-а	су́мок	*purse, bag*
ша́пк-а	ша́пок	*cap*
блу́зк-а	блу́зок	*blouse*

2. Insert the vowel -е- if one of the consonants is a **к** and the other one is **ж, ч, ш, щ, й,** or **ь.**

ло́жк-а	ло́жек	*spoon*
ру́чк-а	ру́чек	*pen*
ко́шк-а	ко́шек	*cat*

or if neither of the consonants is a **к.**

пе́сн-я	пе́сен	*song*
письм-о́	пи́сем	*letter*
сестр-а́	сестёр	*sister*
де́ньг-и	де́нег	*money*

3. In some cases no vowel is added.

ка́рта	карт	*map*
ме́сто	мест	*place*
фи́рма	фирм	*firm, company*
лека́рство	лека́рств	*medicine*

Some exceptional endings

	nom. sg.	nom. pl.	gen. pl.	
masculine	брат	бра́тья	бра́тьев	*brother*
	друг	друзья́	друзе́й	*friend*
	ребёнок	де́ти	дете́й	*child*
	сосе́д	сосе́ди	сосе́дей	*neighbor*
	сын	сыновья́	сынове́й	*son*
	муж	мужья́	муже́й	*husband*
neuter	мо́ре	моря́	море́й	*sea*
	де́рево	дере́вья	дере́вьев	*tree*

Note: The word **лю́ди** (*people*) has two genitive plural forms. The form **челове́к** is used with all *numerals* 5 and above and with the word (**не́)сколько.** The form **люде́й** is used with the words **мно́го** and **ма́ло.**

де́сять челове́к
ско́лько челове́к
мно́го **люде́й**

Упражне́ние

◇ **3.** Write the words in parentheses in the genitive plural form and underline the main word that calls for the use of the genitive case.

1. В на́шей шко́ле бо́льше _____ (учи́тельница), чем _____ (учи́тель).

2. Ско́лько _____ (студе́нт) в э́том университе́те?

3. На у́лицах Москвы́ ме́ньше _____ (маши́на) и бо́льше _____ (авто́бус), чем на у́лицах Нью-Йо́рка.

4. Почему́ на уро́ке не́ было _____ (студе́нтка)?

5. В Санкт-Петербу́рге о́чень мно́го _____ (теа́тр, музе́й и рестора́н).

6. В америка́нских города́х обы́чно нет _____ (трамва́й).

7. Финля́ндия—э́то страна́ ты́сяч _____ (о́зеро).

8. Ско́лько _____ (ме́сяц) вы бы́ли в Ки́еве?

9. Ма́ме ску́чно без _____ (де́ти).

10. У О́ли о́чень мно́го _____ (друг).

Genitive Plural of Adjectives and Possessive and Demonstrative Pronouns

Examine the following sentences.

Мне ску́чно без мои́х друзе́й. *I am bored without my friends.*

У на́ших роди́телей три ко́шки. *Our parents have three cats.*

У э́тих но́вых студе́нтов ещё *These new students don't have*
нет уче́бников. *textbooks yet.*

SIMPLIFIED RULE FOR THE GENITIVE PLURAL OF ADJECTIVES	
M, F, N	-ых/их*

*Spelling Rule 1 is applied.

GENITIVE PLURAL OF POSSESSIVE AND DEMONSTRATIVE PRONOUNS
Pl.
мои́х/твои́х/свои́х
на́ших/ва́ших
э́тих/тех

Упражне́ние

◇ **4.** Write the words in parentheses in the genitive plural form. Then underline the main word that calls for the use of the genitive case.

1. В на́шем го́роде мно́го _____ (хоро́ший но́вый рестора́н).

Грамматика Уро́к 15

2. В Сиби́ри нахо́дятся бо́льше _____ (дли́нная река́), чем в евро-
пе́йской Росси́и.

3. В э́том университе́те есть не́сколько _____ (хоро́шая библи-
оте́ка), пять _____ (но́вое общежи́тие) и мно́го _____ (инте-
ре́сное ме́сто) для _____ (наш студе́нт).

4. В како́м го́роде бо́льше _____ (высо́кое зда́ние): в Санкт-Пе-
тербу́рге и́ли в Чика́го?

5. Нью-Йорк—интере́сный го́род. Там мно́го _____ (совреме́н-
ный теа́тр и хоро́шая вы́ставка) и, са́мое гла́вное, о́чень мно́го
_____ (интере́сный челове́к).

6. У _____ (ру́сский студе́нт) обы́чно нет _____ (своя́ маши́-
на).

7. В на́шем университе́те не́сколько _____ (но́вый препо-
дава́тель и профе́ссор).

8. В го́роде Со́чи мно́го _____ (прекра́сный пляж и парк), пять
_____ (ле́тний теа́тр) и не́сколько _____ (интере́сный муз-
е́й).

9. Ка́ждый год в Со́чи приезжа́ют ты́сячи _____ (иностра́нный
тури́ст).

10. В Со́чи 240 _____ (со́лнечный день) в году́.

Adjective agreement with numerals

You have already learned that after the numerals 2, 3, and 4 the *noun* is in the *genitive singular,* and after the numerals 5 and above it is in the *genitive plural.* Adjectives, regardless of number, are in the *genitive plural* form.

Adjectives agreeing with a *feminine* noun can also be in the *nominative* plural after the numerals 2, 3, and 4. For example; 4 ма́лень**кие** ко́шки.

3 но́в**ых** журна́л**а**	*3 new magazines*	(adj: gen. pl.; noun: gen. sg.)
4 ма́леньк**их** ко́шк**и**	*4 small cats*	
5 но́в**ых** журна́л**ов**	*5 new magazines*	(adj. and noun: gen. pl.)
6 больш**и́х** соба́к	*6 big dogs*	
but: 21 (два́дцать одна́) но́вая шко́ла	*21 new schools*	(adj. and noun: nom. sg.)

SIMPLIFIED RULE FOR ADJECTIVE AND NOUN AGREEMENT WITH NUMERALS		
	adjectives	**nouns**
1	nom. sg.	nom. sg.
2, 3, 4	gen. pl.	gen. sg.
5, 6, 7, ...	gen. pl.	gen. pl.

Грамма́тика Уро́к 15

Упражне́ние

◇ **5.** Supply the words in parentheses in the correct form.

1. У Ма́рка 3 _____ (чёрная ко́шка) и 6 _____ (бе́лая ко́шка).
2. В на́шем го́роде 2 _____ (госуда́рственный университе́т) и 5 _____ (ча́стный университе́т).
3. У Джо́на 3 _____ (ста́рая маши́на), 4 _____ (но́вый телеви́зор) и 2 _____ (дорого́й компью́тер).
4. В э́том го́роде 7 _____ (большо́й парк), 3 _____ (но́вый стадио́н), 2 _____ (интере́сный музе́й) и 4 _____ (хоро́шая библиоте́ка).
5. Ра́ньше у Лари́сы бы́ло 9 _____ (ко́шка) и 4 _____ (соба́ка), а тепе́рь у неё то́лько 2 _____ (ма́ленькая ко́шка) и 1 _____ (ста́рая соба́ка).

15.3 ANIMATE ACCUSATIVE: PLURAL

You have already learned that *singular animate masculines* have a special form in the accusative case (the case of the direct object), identical to the genitive case singular. You have also learned that feminine nouns have one form for both animate and inanimate nouns as direct objects.

Masc.	inanimate	Ле́на лю́бит **спорт**.	(acc. identical to nom.)
	animate	Ле́на лю́бит Ма́рк**а**.	(acc. identical to gen.)
Fem.	inanimate	Марк лю́бит му́зык**у**.	(acc. ending in -у)
	animate	Марк лю́бит Ле́н**у**.	(acc. ending in -у)

In the plural, *both masculine and feminine animate* objects have forms identical to the genitive plural.

Masc.	inanimate	Ле́на лю́бит **ша́хматы**.	(acc. identical to nom. pl.)
	animate	Ле́на лю́бит сво**и́х** друз**е́й**. Ни́на зна́ет мо**и́х** ро́дственник**ов**. Я люблю́ принима́ть гост**е́й**.	(acc. identical to gen. pl.)
Fem.	inanimate	Марк лю́бит кни́**ги**.	(acc. identical to nom. pl.)
	animate	Марк лю́бит э́т**их** де́вуш**ек**. Я люблю́ **соба́к, ко́шек** и **лошаде́й**.	(acc. identical to gen. pl.)

Упражнéние

◇ **6.** Translate into Russian. Some vocabulary help is given in parentheses.

    1. Do you like dogs?

    2. Not much. I prefer horses. (бóльше люби́ть/лóшадь)

    3. Do you know my parents?

    4. Did you invite my friends and neighbors? (пригласи́ть)

    5. Do you like to receive visitors? (принима́ть/гость)

    6. I do not know these women. (жéнщина)

    7. Olga says that she does not understand men. (мужчи́на)

    8. I did not invite these people.

    9. I do not like very small children.

   10. Did you already meet these new Russian (female) students? (встрé-тить)

15.4 TIME EXPRESSIONS: ЧÉРЕЗ AND НА

The preposition **чéрез** + accusative refers to the time in the future when something will be done. When numerals other than 1 are required, the noun that follows is in the genitive singular or plural.

Я поéду в Одéссу **чéрез** недéлю / мéсяц / год.	(acc.)

*I am going to Odessa **in** a week / month / year.*

Мы поéдем в Сóчи **чéрез 3** недéли / мéсяца / гóда.	(gen. sg.)
Ви́ктор поéдет в Пари́ж **чéрез 5** недéль / мéсяцев / лет.	(gen. pl.)

The time expression **на** + accusative answers the question *For how long?* Whereas the expression with **чéрез** refers to the future only, **на** + accusative can refer to both *future and past*. Numerals other than 1 follow the same rule as with the preposition **чéрез**.

Я поéду в Одéссу **на** недéлю.	*I am going to Odessa **for** a week.*
Лéтом я éздила в Крым **на** 4 недéли.	*Last summer I went to the Crimea **for** 4 weeks.*

15.5 THE SHORT ADJECTIVE НУ́ЖЕН

When you *need something* (or somebody) you use the short adjective **ну́жен** (**нужна́, ну́жно, нужны́**). The *thing needed is the subject* of the sentence, and the short adjective agrees with it in gender. The *person who needs* the item is in the *dative* case.

	Мне	**ну́жен**	слова́рь.	*I need a dictionary.*
Literally:	*For me*	*is needed*	*a dictionary.*	

Ему́	нужна́	ка́рта.	*He needs a map.*
Серге́ю	ну́жно	но́вое **пальто́**.	*Sergei needs a new coat.*
Ма́ше	нужны́	но́вые **джи́нсы**.	*Masha needs new jeans.*

Questions: **Что** тебе́ **ну́жно**? *What do you need?* (**что** is neuter)

Кто тебе́ **ну́жен**? *Whom do you need?* (**кто** is always masculine)

When the sentence includes quantifiers (numerals, **ско́лько, мно́го**, etc.), the *neuter* form **ну́жно** is used.

Мне ну́жно **два** чемода́на.	*I need two suitcases.*
Ско́лько креди́тных ка́рточек тебе́ ну́жно?	*How many credit cards do you need?*
Нам ну́жно **мно́го** де́нег.	*We need a lot of money.*

Упражне́ние

◇ **7.** How would you say the following in Russian?

1. What does he need?
2. I need a new suitcase.
3. Do we need sunglasses?
4. I don't need a credit card.
5. He doesn't need a hair dryer.

6. Do you need a razor?
7. Do you need shorts?
8. He doesn't need this book.
9. How much money do you need?
10. I need two blouses.

15.6 VERBS OF MOTION WITH PREFIXES: INTRODUCTION

The verbs **идти́** and **е́хать** can be used with or without prefixes. In this lesson you will learn to use them with three prefixes, all of which have a specific meaning. When a prefix is added to **идти́** and **е́хать** they become *perfective aspect* verbs.

Note: When prefixes are added to the verb **идти́**, some spelling changes occur.

*пойти́	*уйти́	*прийти́
я пойду́	я уйду́	я приду́
ты пойдёшь	ты уйдёшь	ты придёшь
он/она́ пойдёт	он/она́ уйдёт	он/она́ придёт
мы пойдём	мы уйдём	мы придём
вы пойдёте	вы уйдёте	вы придёте
они́ пойду́т	они́ уйду́т	они́ приду́т

A. **по-** means *to set off, to leave for* (with the destination mentioned).

Я **по**éду в Москву́ ле́том.	*I will go to Moscow in the summer.*
Зáвтра мы **пой**дём в зоопáрк.	*We will go to the zoo tomorrow.*
Сáша **по**éхал в Эстóнию.	*Sasha went to Estonia. (He is still there.)*
Пáпа **по**шёл в магазѝн.	*Father went to the store. (He has not returned.)*

B. **у-** means *to go away from a place, to leave, to depart.* Whereas the prefix **по-** emphasizes the new destination, the prefix **у-** emphasizes the place away from which you are going (**из** + gen.), either expressed or implied. Less frequently, the destination where a person is going (**в** + acc.) is also expressed.

Я **у**éду чéрез недéлю.	*I am leaving in a week.*
Мы **у**éхали **из** Парѝжа в концé ноября́.	*We left Paris at the end of November.*
Ольга **у**éхала в Новосибѝрск.	*Olga went away to Novosibirsk.*

C. **при-** indicates *to arrive.* You can arrive *to* (**в** + acc.) or *from* (**из** + gen.) a place. The corresponding question words are **куда́** *(where to)* and **отку́да** *(where from).*

Куда́ прие́хали тури́сты?	Они́ **при**е́хали в Москву́.
Where did the tourists arrive?	*They arrived in Moscow.*
Отку́да вы прие́хали?	Мы **при**е́хали из Москвы́.
Where did you come from?	*We arrived from Moscow.*
Ма́ма **при**шла́ домо́й в во́семь.	
Mom came home at eight.	

Упражнéние

◇ **8.** Translate the sentences into Russian.

A. Use **прие́хать, уе́хать,** or **поéхать.**

1. Where did you come from?
2. I came for two weeks.
3. I'm leaving tomorrow.
4. My brother went to Italy for a week.
5. When are you leaving?
6. When are you coming to see me? (When will you come to me? ко мне)
7. I'll come in two months.
8. Sasha left yesterday.
9. Why did he leave?
10. I'm going to Moscow in 6 months.

B. Use **прийти́**, **уйти́**, or **пойти́.**

1. Do you want to go to a restaurant?
2. Where did Sasha go?
3. Larisa arrived.
4. Larisa went to the store.
5. I'm not going anywhere tomorrow.
6. Who came (arrived)?
7. Nobody came!
8. I'll come tomorrow.
9. Where is Sasha?—He left.
10. Why did he leave?

15.7 IMPERATIVE

To make a *request* or a *command* you use the *imperative* form of the verb. In English, the imperative does not differ from the present tense form.

present tense	imperative
I **read** a lot of books.	**Read** a book!
I **go** to school.	**Go** to school!

You have already learned a few imperative forms: **Здра́вствуй/те! Извини́-/те! Купи́/те! Да́й/те!** and so on. The imperative is formed from the *third person plural* by replacing the ending with **й**, **и**, or **ь**.

A. Add **-й** when the stem ends in a vowel. Reattach the particle **-ся/сь** to reflexive verbs.

third person pl.	informal	formal and plural
чита́|ют	чита́й	чита́йте
слу́ша|ют	слу́шай	слу́шайте
откро́|ют	откро́й	откро́йте
занима́|ются	занима́йся	занима́йтесь (-сь after a vowel)

B. Add **-и́** when the stem ends in a consonant. Reattach the particle **-ся/сь** to reflexive verbs.

third person pl.	informal	formal and plural
смо́тр|ят	смотри́	смотри́те
возьм|у́т	возьми́	возьми́те
ска́ж|ут	скажи́	скажи́те
сп|ят	спи	спи́те
ид|у́т	иди́	иди́те
сад|я́тся	сади́сь	сади́тесь

Грамматика Урóк 15

C. Add **-ь** when the stem ends in a consonant and when the *first* person singular is not stressed on the ending. There are relatively few verbs in this category.

third person pl.	informal	formal and plural
забýд|ут (я забýду)	забýдь	забýдьте

Note: The same rules regarding the use of cases that apply to other verb forms apply to imperatives as well.

Покажи́те **мне** кни́гу.   *Show me the book.*
          dat.   acc.

Положи́ руба́шк**у** в чемода́н.   *Put the shirt in the suitcase.*
          acc.   acc.

Упражне́ние

◇ **9.** Supply the verbs in parentheses in the imperative form. Use the informal address, unless a formal form is indicated by the use of the name and patronymic.

1. Áнна, _____ (смотре́ть)!
2. Ива́н, _____ (слу́шать)!
3. Ната́лья Ива́новна, _____ (говори́ть) ме́дленнее, пожа́луйста!
4. И́горь Андре́евич, _____ (купи́ть) мне биле́т, пожа́луйста!
5. Ле́на, _____ (закры́ть) дверь!
6. Са́ша, _____ (взять) твой фотоаппара́т!
7. В ко́мнате жа́рко. _____ (откры́ть) окно́!
8. _____ (положи́ть) э́ти джи́нсы в чемода́н!
9. _____ (писа́ть) мне!
10. _____ (позвони́ть) мне за́втра!

Vocabulary

Note: The core vocabulary is bold-faced.

Nouns

Travel-related nouns

авто́бус	*bus*
аэропо́рт	*airport*
биле́т	*ticket*

ви́за	*visa (travel document)*
вокза́л	*railway station*
грани́ца	*border*
за грани́цей	*abroad*
за грани́цу	*(to) abroad*
из-за грани́цы	*from abroad*

де́ньги	*money*
gen. pl. де́нег	
достопримеча́тельность *f.*	*tourist sight*
креди́тная ка́рточка	*credit card*
но́мер *nom. pl.* номера́	*hotel room*
о́тдых	*rest, vacation*
па́спорт	*passport*
по́езд	*train*
пое́здка	*trip*
проводни́к, проводни́ца	*train conductor*
самолёт	*airplane*
ста́нция	*metro station*
трамва́й	*streetcar*
тролле́йбус	*trolleybus*
чемода́н	*suitcase*

In the suitcase

аспири́н	*aspirin*
блу́зка	*blouse*
бри́тва	*razor*
брю́ки	*pants*
буди́льник	*alarm clock*
зо́нт(ик)	*umbrella*
ка́рта	*map*
колго́тки	*panty hose*
косме́тика	*cosmetics*
костю́м	*suit*
кроссо́вки	*athletic shoes*
купа́льник	*swimsuit*
носки́	*socks*
очки́	*glasses*
со́лнечные очки́	*sunglasses*
па́ста	*paste*
зубна́я па́ста	*toothpaste*
пла́вки	*men's swimsuit*
пла́тье	*dress*
руба́шка	*(men's) shirt*
трусы́, тру́сики	*men's/women's underwear*
ту́фли	*shoes*
фен	*hair dryer*
щётка	*brush*
зубна́я щётка	*toothbrush*
ю́бка	*skirt*

Time-related nouns and expressions

в сле́дующем году́	*next year*
коне́ц	*end*
в конце́	*at the end*
нача́ло	*beginning*
в нача́ле	*at the beginning*
середи́на	*middle*
в середи́не	*in the middle*
по вечера́м	*in the evenings*
по́лго́да	*half a year*
срок	*period of time*
на како́й срок	*for how long*

Other nouns

альпини́зм	*mountain climbing*
бе́рег (на берегу́)	*coast*
дура́к *f.* ду́ра	*fool*
заня́тие	*activity*
карма́н	*pocket*
ключ	*key*
куро́рт	*resort*
пала́тка	*tent*
похо́д	*hiking*
сад (в саду́)	*garden*
шкаф (в шкафу́)	*closet*
эта́ж	*floor, level, story*

Adjectives

акти́вный	*active*
да́льний	*far*
двухме́стный	*double (room)*
культу́рный	*cultural*
ну́жен, нужна́, ну́жно, нужны́	*needed*
ме́стный	*local*
одноме́стный	*single (room)*
пасси́вный	*passive*
ра́зный	*various*
сле́дующий	*next*
сре́дний	*middle, central*
счастли́вый	*happy*
Счастли́вого пути́!	*Have a nice trip!*

Adverbs

бы́стро	*fast*
гро́мко, гро́мче	*loudly, louder*
ежедне́вно	*every day*
ме́дленно	*slowly*
осторо́жно	*carefully*
отку́да	*where from*
ти́хо, ти́ше	*quietly, quieter*
туда́	*(to) there*

Prepositions

из + *gen.*	*from*
че́рез + *acc.*	*in* (in time expressions)
на + *acc.*	*for* (a period of time)

Verbs

боя́ться (II) боюсь, бои́шься, боя́тся	*to be afraid*
***взять (I)** возьму́, возьмёшь, возьму́т	*to take*
возвраща́ться (I) ***верну́ться (I)** верну́сь, вернёшься, верну́тся	*to return*
забыва́ть (I) ***забы́ть (I)** забу́ду, забу́дешь, забу́дут	*to forget*
загора́ть (I)	*to sunbathe*
закрыва́ть (I) ***закры́ть (I)** закро́ю, закро́ешь, закро́ют	*to shut*
занима́ться (I) альпини́змом	*to climb mountains*
купа́ться (I)	*to swim, to bathe (play)*
лета́ть (I)	*to fly*
отдыха́ть (I)	*to rest*

открыва́ть (I) ***откры́ть (I)** откро́ю, откро́ешь, откро́ют	*to open*
***пое́хать (I)** пое́ду, пое́дешь, пое́дут	*to go, to leave (by vehicle)*
***положи́ть (II)** положу́, поло́жишь, поло́жат	*to put*
предпочита́ть (I)	*to prefer*
***прие́хать (I)** прие́ду, прие́дешь, прие́дут	*to arrive*
путеше́ствовать (I) путеше́ствую, путеше́ствуешь, путеше́ствуют	*to travel*
***уе́хать (I)** уе́ду, уе́дешь, уе́дут	*to go away (by vehicle)*

Imperatives only

включи́/те	*turn on (the light, an appliance)*
не волну́йся, не волну́йтесь	*don't worry*
встань/те	*stand up*
вы́ключи/те	*turn off (the light, an appliance)*
молчи́/те	*be quiet*
остано́вись, останови́тесь	*stop*
поверни́, поверни́те	*turn*
(подо)жди́/те	*wait*
сади́сь, сади́тесь	*have a seat*

Other

е́сли *conj.*	*if*
ну, что ж *interj.*	*oh, well*
стоп *interj.*	*stop*

Уро́к 16
(Шестна́дцатый уро́к)

Где мы бу́дем обе́дать?

В буфе́те.

Же́нщина: Вам что?

Андре́й: Пирожо́к с капу́стой.

Же́нщина: С капу́стой нет. Есть с мя́сом.

Андре́й: Хорошо́, с мя́сом тогда́. И стака́н ча́я.

Же́нщина: Вы хоти́те чай с лимо́ном?

Андре́й: С удово́льствием.

THEMES	CULTURE	STRUCTURES
• **Talking about food**	• **Typical Russian ingredients**	• **Instrumental case of nouns, adjectives, and possessive, demonstrative, and personal pronouns**
• **Table manners and setting the table**	• **Recipes for salads**	• **Substantivized adjectives**
• **Deciding where to eat and drink**	• **How food is served**	• **Short adjectives**
• **Making reservations**	• **Entertaining visitors**	
• **Ordering food**	• **Using utensils**	
	• **Where to get a soft drink or snack**	
	• **Typical Russian dishes**	
	• **At the restaurant**	
	• **Toasting**	

Talking about Food

TYPICAL RUSSIAN FOOD ITEMS

- Кефи́р is a beverage of fermented cow's milk. It is often served at breakfast—with a dash of sugar.
- Смета́на is sour cream—an essential ingredient and a decoration of many Russian foods, including borscht soup and beef Stroganoff.
- Творо́г is a kind of cottage cheese used primarily in dessert pies.

- Пря́ники are Russian gingerbread cookies. Пече́нье is any other type of cookie.
- А пиро́г is a filled pie or pastry. Fillings can include rice with meat, fish, or cabbage. Dessert pies are filled with fruit or berries. А пирожо́к is the same as a пиро́г but smaller in size.
- Ватру́шка is a flat sweet bread with a filling of творо́г.

молочные проду́кты

кефи́р
творо́г
смета́на
сли́вки

мясны́е проду́кты

бара́нина
говя́дина
фарш
соси́ски
свини́на

хлеб
бу́лочка
пря́ник
пиро́жное

пиро́г
пирожо́к

о́вощи
лук
помидо́р
чесно́к
пе́рец
огуре́ц

арбу́з
гру́ша
пе́сик
ананас

фру́кты

мали́на
я́годы
клубни́ка
черни́ка

припра́вы
ке́тчуп
пе́рец
майоне́з
горчи́ца
соль

са́хар
рис
макаро́ны

- Каки́е проду́кты пита́ния **поле́зны** для здоро́вья? Каки́е проду́кты неполе́зны?
- Что мо́жно есть, е́сли вы на дие́те? А что нельзя́?
- А что мо́жно есть, е́сли вы вегетариа́нец/вегетариа́нка?
- Что вам нра́вится? А что не нра́вится?
- Вы лю́бите мя́со? Е́сли да, како́е мя́со вы лю́бите бо́льше: свини́ну и́ли говя́дину?
- Вы лю́бите я́годы? Каки́е?
- Вам нра́вится икра́? Кра́сная и́ли чёрная?
- Вы еди́те грибы́?
- Каки́е о́вощи и фру́кты вы лю́бите? Каки́е не лю́бите?

1. Ингредие́нты.

Your friend Igor wants to know the basic ingredients of the following typical American food items.

1. hamburger
2. pizza
3. cole slaw
4. omelette
5. hot dog

2. Интервью́.

Interview a classmate about his or her attitude toward the items listed. Report the results to the class.

1. various milk products
2. red and white meats
3. cold cuts
4. bread
5. vegetables, fruit, and berries
6. rice, macaroni, and potatoes

Реце́пты.

A. The following recipes are for typical Russian salads. Translate the lists of ingredients into English. Which salad would you like to eat?

вари́ть   *to cook*

горо́шек   *pea*

сельдере́й   *celery*

сельдь f.   *herring*

свёкла   *beet*

у́ксус   *vinegar*

вы́мочить   *to soak*

Сала́т «Русский»

300 г отварного картофеля, 100 г вареной моркови, 200 г зеленого горошка, 100 г свежих грибов, 100 г соленых огурцов, 200 г ветчины или вареной колбасы, 1 яблоко, 1 корень сельдерея, 100 г майонеза, соль.

Картофель, морковь, огурцы, ветчину, яблоко и сельдерей нарезать кубиками, грибы отварить, мелко порубить, все смешать с зеленым горошком, посолить, заправить майонезом, украсить цветком из моркови.

B. What are some verbs that might be used in the instructions for making a salad with vegetables? Underline the Russian verbs in the recipes and try to guess their meaning from the context. Note that all the verbs are given in the infinitive.

Винегрет с сельдью

1 сельдь, 2-3 картофелины, 1 свекла, 1 морковь, 2-3 соленых огурца, 1 сваренное вкрутую яйцо, 150 г майонеза, уксус, (по вкусу), соль, листья зеленого салата.

Сельдь вымочить, отделить от костей и кожи, нарезать кусочками, картофель, свеклу и морковь отварить, охладить, нарезать кубиками, огурцы мелко нарезать, все перемешать, заправить майонезом и уксусом, посолить, украсить кусочками сельди, листьями зеленого салата и цветком из яйца.

Table Manners and Setting the Table

HOW FOOD IS SERVED

Most Russian families eat a leisurely four-course sit-down meal together every day. The table is usually set in advance, and the food is brought to the table in serving or cooking dishes. Rather than the members of the family helping themselves, the person responsible for cooking places (положи́ть) the food on everybody's plates.

HOME ENTERTAINMENT

Entertaining at home is casual and spontaneous. Friends and neighbors often drop in uninvited. If visitors happen to arrive at dinnertime, they are expected to join the family for the meal. Foreign visitors are treated with special hospitality. The hosts eagerly place food on their visitors' plates and do not easily take no for an answer. They watch over every bite the visitors eat, prompt them with Е́шьте! Е́шьте! or Ку́шайте! *(Eat, please!)*, and insist on giving second helpings the minute the plate is empty.

Home entertainment usually means sitting around the table for the entire evening. Western cocktail parties are virtually unknown in Russia. Drinking is a serious and indispensable part of social life, and Russians may be offended if their visitors do not drink with them. Once a bottle of vodka or wine is opened, nobody is expected to leave until the bottle is empty. Traditional Russian vodka bottles could not even be recapped.

Other cultural hints for the visitor: Do not bring an even number of flowers, do not shake hands over the threshold (both are bad luck), and *do* take off your coat, hat, and shoes when you come in.

А как в Аме́рике?

How do the customs explained here differ from U. S. customs? Use the questions provided as a starting point for your discussion.

1. Где вы за́втракаете/обе́даете/у́жинаете? На ку́хне и́ли в гости́ной? За столо́м? Бы́стро и́ли ме́дленно? Если бы́стро, то почему́?

2. Вы смо́трите телеви́зор, когда́ вы за́втракаете/обе́даете/у́жинаете?

3. Когда́ к вам прихо́дят го́сти, вы сиди́те за столо́м весь ве́чер?

Ку́шайте!

4. Чего́ у них нет?

A waiter at the restaurant «Ча́йка» was very careless in setting the table. Working with a partner, discuss what is missing from each place setting.

S1: Чего́ у Серге́я нет?   S1: Что ему́ ну́жно?

S2: У него́ нет ножа́.   S2: Ему́ ну́жен нож.

5. Что из чего́ пьют?

A. What do Russians drink coffee from? Look at the list provided and answer the questions.

Model: Из чего́ ру́сские пьют ко́фе?
Ко́фе они́ пьют из ча́шки и́ли из стака́на.

что	из чего́
1. ко́фе	ча́шка, стака́н
2. чай	стака́н, ча́шка
3. молоко́, сок, вода́	стака́н
4. во́дка, конья́к	рю́мка
5. вино́	бока́л
6. пи́во	кру́жка

Russians do not drink iced tea. Tea in Russia implies hot tea only.

Russians do not normally use disposable cups. They also do not drink directly from bottles or cans.

В. А как в Аме́рике?

1. Из чего́ америка́нцы пьют ко́фе: из ча́шки и́ли кру́жки?
2. А горя́чий *(hot)* чай? Из ча́шки, кру́жки и́ли стака́на?
3. Холо́дный чай?
4. Пи́во?
5. Пе́пси-ко́лу?

6. Что на́до купи́ть для вечери́нки?

You and your Russian friend are planning a dinner party for 20 people—American style. Make a shopping list of the things you need to buy, including drinks and utensils. Remember to mention the quantity for each item. Keep the cost of your party moderate. Then compare your list with those of your classmates. Whose list sounds the best? Who got the most for the money?

Чем вы еди́те мя́со?	Ножо́м и ви́лкой.
А моро́женое?	Ло́жкой.
А пи́ццу?	Рука́ми.

◇ **16.1** Instrumental case: Introduction and nouns

Каки́м ножо́м?	Больши́м ножо́м.
Како́й ло́жкой?	Ма́ленькой ло́жкой.
Каки́ми рука́ми?	Гря́зными рука́ми.

◇ **16.1** Instrumental case: Adjectives, and possessive and demonstrative pronouns; Without prepositions

Ма́ша ест пи́ццу ножо́м и ви́лкой, а Ли́нда—гря́зными рука́ми.

USING UTENSILS

Russians, like other Europeans, eat few things with their hands. According to etiquette, chicken with bones and crayfish may be eaten with hands. A cold, open-faced sandwich may be eaten with hands, whereas a warm sandwich may not. Hence, pizza and sometimes even hamburgers are eaten with a fork and knife. While eating dinner, the fork is held facing down in the left hand and the knife in the right hand. If you are served meat, you usually cut one piece at a time, and keep your fork and knife in the same hands throughout the meal. When the meal is finished, the fork and knife are placed on the plate, crossed. Desserts, such as pies, pastries, and cakes, are usually eaten with a small spoon, rather than a fork.

Что чем едя́т?

What utensils would Americans and Russians use to eat the foods listed? Define the size of the spoon when appropriate. You may also need па́лочки (chopsticks).

Чем едя́т пи́ццу в Аме́рике? А в Росси́и?
В како́й руке́ бу́дет ви́лка? А нож?

1. суп
2. бутербро́д
3. ры́бу
4. кита́йские блю́да
5. апельси́н
6. спаге́тти
7. ку́рицу
8. моро́женое
9. пиро́жное
10. га́мбургер

8. Интервью́.

Interview a classmate. Find out how he or she prefers to eat and drink the items in activities 5 and 7.

1. Из чего́ ты пьёшь ...?
2. Како́й руко́й ты ...?
3. Чем ты ешь...?

Deciding Where to Eat and Drink

Я (о́чень) хочу́	есть.
	пить.

Hunger and thirst are usually expressed in Russian with the verb хоте́ть + the infinitive. For hunger, you can also say: я го́лоден/голодна́ (*I am hungry*). There is no corresponding adjective for *thirsty*.

WHERE TO GET A SOFT DRINK

Getting something to drink in Russia is not as simple as it is in the United States. There are no drive-ins, and the Western-style fast-food establishments often have long lines. Few places serve drinks in disposable cups with lids and straws. Although larger cities do have some street vendors who sell soft drinks (Pepsi, Fanta, etc.) in cans, there are several ways to quench your thirst Russian style. First, you can go to sidewalk cafes or hotel bars, where you will be served a drink in a regular glass. Second, you can buy газиро́ванная вода́, a fizzy lemonade-type drink, from vending machines. This drink does not come in cans, however. Instead, you rinse a glass in the water spray attached to the machine, insert a coin in the machine, and fill the glass. When you are done, you put the glass back in its place. The third way to drink Russian style is to buy квас, slightly sweetened home-style beer, from a street vendor.

Здесь продаю́т квас.

Газиро́ванная вода́.

WHERE TO GET A SNACK

Bars and buffets are often located in hotels. Bars usually serve drinks only, whereas buffets have a selection of pastries and sandwiches with coffee or tea. Typical Russian food establishments outside hotels include а заку́сочная, which sells snacks much like а буфе́т. In addition, there are a number of small, specialized establishments: а блин- ная sells Russian pancakes, called блины́, and а шашлы́чная sells шашлыки́ (*shish kebabs*). А кафе́ is similar to a restaurant, but may have a slightly more limited menu. Many cafes have live music. They are popular places for teenagers and young adults.

Ме́сто	Что они́ продаю́т?
бар	сок, лимона́д, ко́фе, алкого́льные напи́тки (*drinks*)
пивна́я	пи́во
заку́сочная	заку́ски: пирожки́, соси́ски
кафе́	за́втрак, обе́д, у́жин
бли́нная	блины́
буфе́т	пирожки́, бутербро́ды, ко́фе, чай
шашлы́чная	шашлыки́

◇ **16.2** Substantivized adjectives

9. Что они́ продаю́т?

Answer the questions.

1. Что обы́чно продаю́т в заку́сочной?
2. А в пивно́й/бли́нной/шашлы́чной?
3. Что продаю́т в рестора́не «Макдо́налдс»?
4. А в рестора́не «Пи́цца-Хат»?
5. Ско́лько в ва́шем университе́те столо́вых?
6. Вы ча́сто обе́даете в студе́нческой столо́вой?
7. Как по-ва́шему, где **ко́рмят** лу́чше: в ва́шей студе́нческой столо́вой и́ли в рестора́не «Макдо́налдс»?
8. Како́й ваш люби́мый рестора́н?
9. В америка́нских рестора́нах обы́чно игра́ет орке́стр?
10. Ско́лько раз в неде́лю и́ли в ме́сяц вы обе́даете и́ли у́жинаете в рестора́не?
11. Каку́ю ку́хню вы бо́льше лю́бите: италья́нскую, кита́йскую и́ли мексика́нскую?
12. В ва́шем го́роде есть ру́сский рестора́н?

The verb корми́ть (literally, *to feed*) is often used to denote the quality of food at a place. В э́том рестора́не хорошо́/пло́хо ко́рмят. (*The food is good/bad at this restaurant. Literally; They feed well/badly at this restaurant.*)

С кем?	С мои́м дру́гом Ива́ном.	**со мной**
	С И́горем.	**с тобо́й**
	С мое́й сестро́й Ле́ной.	**с ним**
	С Ма́шей.	**с ней**
	С Та́ней.	**с на́ми**
	С мои́ми друзья́ми.	**с ва́ми**
	С э́тими де́вушками.	**с ни́ми**
		ни с кем

◇ **16.1** Instrumental case: Adjectives and possessive and demonstrative pronouns

16.3 Instrumental case of personal pronouns

10. **Кто с кем куда́ пошёл?**

Discuss the chart with a partner.

S1: С кем пошёл Пе́тя в музе́й?
S2: Он пошёл в музе́й **со** свое́й сестро́й Аллой.

кто	с кем	куда́
1. Пе́тя	сестра́ Алла	в музе́й
2. Ни́на	америка́нская подру́га Сюза́нна	на бале́т
3. Воло́дя	америка́нский друг Джон	на конце́рт
4. Андре́й	де́вушка Та́ня	в кино́
5. Ма́ша	знако́мый[1] Ди́ма	в теа́тр
6. Оля	брат Ко́стя	в рестора́н «Ара́гви»
7. Игорь	лу́чший друг Серге́й	на стадио́н
8. Лари́са	друг Дени́с	в ночно́й клуб «Хулига́н»

[1]acquaintance

Ты хо́чешь (вы хоти́те) Ты хоте́л бы (вы хоте́ли бы)	пойти́ в рестора́н **со мной**?	С удово́льствием.
Дава́й/те пойдём в на́шу студе́нческую столо́вую!		

11. **Диало́ги.**

A. Practice conversations according to the model: you suggest an expensive place to eat, your friend would rather go to a cheaper place.

S1: Я о́чень хочу́ есть. Дава́й пойдём в рестора́н!
S2: В како́й рестора́н?
S1: Мо́жет быть в «Ара́гви»?
S2: Там сли́шком до́рого. У меня́ нет де́нег. Дава́й лу́чше пойдём в на́шу студе́нческую столо́вую.
S1: Ну, ла́дно. Дава́й.

B. Call and invite a friend out for an evening snack. Negotiate a suitable place, taking into account the price and quality of the food. Also agree on the time and where to meet.

C. Invite Larisa somewhere with you and your

1. friend Sergei and his girlfriend Nina
2. aunt, uncle, and parents
3. sister Natasha and her friend Sasha

Making Reservations

Этот рестора́н **откры́т**?	Нет, он уже́ **закры́т**.
Этот **сто́лик свобо́ден**?	Нет, он **за́нят**.
Это ме́сто **свобо́дно**?	Нет, оно́ **за́нято**.

◇ **16.4** Short adjectives

Этот рестора́н уже́ закры́т.

— Это ме́сто свобо́дно?
— Да, свобо́дно. **Сади́тесь**, пожа́луйста.

📖 **Как заказа́ть сто́лик в рестора́не?**

Метрдоте́ль:	Алло́! Рестора́н «Садко́».
Кристи́на:	Здра́вствуйте! Я хоте́ла бы заказа́ть сто́лик на пять челове́к сего́дня на ве́чер.
Метрдоте́ль:	Пожа́луйста. На кото́рый час?

Кристи́на:	7 часо́в.
Метрдоте́ль:	Как ва́ша фами́лия?
Кристи́на:	Бра́ун.
Метрдоте́ль:	Спаси́бо. Зака́з при́нят.[1]
Кристи́на:	Очень хорошо́. Спаси́бо. До свида́ния.
Метрдоте́ль:	Всего́ хоро́шего.

[1] taken

Ве́чером

Кристи́на:	До́брый ве́чер! У нас сто́лик зака́зан на фами́лию Бра́ун. Нас че́тверо, но придёт ещё оди́н челове́к.
Метрдоте́ль:	Проходи́те, пожа́луйста.

Отве́тьте на вопро́сы.

1. Ско́лько госте́й пригласи́ла Кристи́на Бра́ун?
2. На како́й день она́ заказа́ла сто́лик?
3. Как вы ду́маете, почему́ она́ заказа́ла сто́лик зара́нее?
4. Как вы ду́маете, почему́ их бы́ло то́лько че́тверо, а не пя́теро?

Ско́лько вас? Ско́лько челове́к?	Нас	дво́е. тро́е. че́тверо. пя́теро.
Проходи́те, пожа́луйста!		

Дво́е, тро́е, че́тверо, and пя́теро are collective numbers. In this lesson, they are used to answer the question Ско́лько вас? *(How many people are in your group?)*

— К сожале́нию, мест нет. На́до подожда́ть мину́т 15.

— У вас есть **свобо́дные места́**?

РЕСТОРАН

12. Игровы́е ситуа́ции.

A. Call a restaurant and reserve a table for your party. Your teacher will play the part of the maître d'.

B. Your group is trying to get into a restaurant. The doorman says it is full. Do not take no for an answer. Find out how long you have to wait and also explain where you are from. (It might help.)

If more people were to be seated at the table shown here, they would probably have to sit at the corners. According to an old Russian superstition, unmarried women and girls should not sit at the corners; otherwise they will never get married.

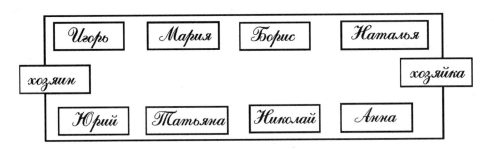

Хозя́йка сиди́т в конце́ стола́.
Мари́я сиди́т **ме́жду** Игорем и Бори́**сом**.
Юрий сиди́т **ря́дом с** Татья́ной.

13. Кто с кем ря́дом сиди́т?

A. Discuss the seating order in the picture above. Who is sitting next to or between whom?

B. You and your Russian friend are hosting a semiformal dinner party for 10 people. Decide whom to invite and what the seating order should be and why. Sketch the seating order on paper or on the chalkboard.

Model: Дава́й приглаcи́м Игоря и...
Я бу́ду сиде́ть здесь. Игорь бу́дет сиде́ть ря́дом со мно́й, потому́ что он мне о́чень нра́вится...

Ordering Food

Чай		С лимо́ном, но **без са́хара**.
Бутербро́д	**с чем?**	С колба́со́й.
Пиро́г		С мя́сом.
Ко́фе		Со сли́вками/без сли́вок.

Бутербро́д «Америка́нский»

Бутербро́д «Ру́сский»

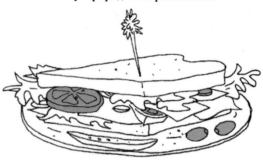

Это бутербро́д **с колбасо́й**.

А с чем э́тот бутербро́д?

Russian sandwiches are open-faced; they do not have another piece of bread on top to hold together a tower of toppings. Traditionally, the topping consists of one item only: either cheese, salami, or ham, in addition to butter.

 **14. Бутербро́д с чем?**

A. Each of the people listed ordered a sandwich, pastry, and tea. Discuss with a partner who ordered what.

S1: Что заказа́л Воло́дя?

S2: Он заказа́л бутербро́д с сы́ром, пиро́г с творого́м и чай с са́харом, без лимо́на.

кто	бутербро́д с чем	пиро́г с чем	чай с чем/без чего́
1. Воло́дя	сыр	творо́г	са́хар/лимо́н
2. Ни́на	мя́со	рис	лимо́н/са́хар
3. Ле́на	ветчина́	капу́ста	молоко́ и са́хар
4. Ви́ктор	икра́	мя́со	мёд/лимо́н
5. Алексе́й	колбаса́	я́блоки	варе́нье
6. Боб	огурцы́	варе́нье	лёд (со льдо́м)/са́хар
7. Ли́нда	помидо́ры	пе́рсики	лимо́н и са́хар/лёд (без льда)

B. Answer the questions.

1. С чем вы пьёте чай и́ли ко́фе?
2. Како́й ко́фе вам бо́льше нра́вится: со сли́вками и́ли без сли́вок?
3. Ру́сские пьют чай иногда́ с мёдом и́ли с варе́ньем. Вам нра́вится тако́й чай?
4. Вы лю́бите холо́дный чай? С чем?
5. А с чем пьют чай в Англии?

🗣 **15.** **В буфéте.**

Order yourself a snack and a drink from the menu, using the dialogue as a model.

Жéнщина: Вам что?
Волóдя: Бутербрóд с сы́ром, пожáлуйста, и двойнóй кóфе.
Жéнщина: С молокóм?
Волóдя: Да, с молокóм, но без сáхара.
Жéнщина: Что ещё?
Волóдя: Бóльше ничегó.

БУФЕТ «ТРОЙКА»

Бутерброд с мясом   *Сок* апельсиновый
с колбасой   томатный
с икрой   *Кофе* чёрный
Пирожок с капустой   двойной
с рисом и яйцом   с молоком
Мороженое
Пирожное   *Чай* с лимоном
с мёдом

16. **Что вы хотúте на зáвтрак?**

A. Here are some suggestions for a hearty Russian breakfast. Which would you choose?

1. бутербрóд с ветчинóй, мáслом и сы́ром; кефúр с печéньем; я́блоко
2. овощнóй салáт со сметáной; кóфе со слúвками; заварнóе пирóжное
3. яúчница с колбасóй; чай с бýлочкой и джéмом; фруктóвый салáт
4. картóфельное пюрé с котлéтой; кóфе с молокóм; пирожкú с творогóм
5. грéчневая[1] кáша с молокóм; чай с мёдом; я́блочный пирóг
6. овся́ная[2] кáша с мáслом; творóг со сметáной и сáхаром; фрýкты

[1]buckwheat

[2]oats

B. How do the suggestions in A differ from the breakfast you usually eat?

хлóпья (pl.) *cereal* (кукурýзные *corn*; овся́ные *oat*)
бýблик *bagel*
пóнчик *doughnut*

TYPICAL RUSSIAN DISHES

The taste in Russian foods is based more on the natural flavor of ingredients than on added spices. The most popular condiments include salt, pepper, mustard, horseradish, and the herbs dill and parsley.

Hors d'oeuvres. Блины́ are Russian pancakes made with yeast. Кулебя́ка is an oblong pie stuffed with meat or fish and rice. The top of the pie is usually braided or decorated with pieces of pastry. Пельме́ни are Russian ravioli.

Soups. Щи is soup made with fresh cabbage or sauerkraut. It is often served with смета́на. Борщ is probably the most famous Russian soup. The main ingredients are red beets and fresh cabbage. It is also served with смета́на. Рассо́льник is a soup with pickled cucumbers. It can be made with meat, kidneys, and so on. Соля́нка is soup made with fish or meat, mushrooms, onions, potatoes, and so on.

Main dishes. Беф-стро́ганов is a dish with cubed meat simmered in смета́на. Котле́ты по-ки́евски *(chicken Kiev)* are butter-filled chicken breasts. Голубцы́ are cabbage rolls stuffed with meat or vegetables and rice. Шашлы́к по-кавка́зски is a shish kebab with marinated meat (often lamb). It is a Georgian specialty. Осетри́на *(sturgeon)* and суда́к *(pike perch)* are typical seafood.

Desserts. Кисе́ль is a jellylike dessert made of cooked berries or fruit creamed with potato starch. Компо́т is a dessert (sometimes a drink) with fruit cooked in water.

Ресторан «Зимний сад»

закуски		**рыбные блюда**	
селёдка	___	осетрина по-московски	___
икра чёрная/красная	___	судак с гарниром	___
салат из помидоров	___		
салат из огурцов	___	**десерт**	
салат «Столичный»	___	мороженое сливочное	___
мясное ассорти	___	пломбир «Сюрприз»	___
рыбное ассорти	___	кисель	___
блины с икрой		компот	___
со сметаной	___		
кулебяка	___		
пельмены	___	**напитки**	
		минеральная вода	___
первые блюда (супы)		лимонад	___
щи	___	Пепси-кола	___
борщ украинский	___	пиво	___
рассольник	___	вино красное	___
солянка	___	белое	___
бульон с пирожком	___	шампанское сухое	___
		полусладкое	___
вторые блюда		водка «Столичная»	___
мясные		коньяк армянский	___
беф-строганов	___	кофе	___
котлеты по-киевски	___	чай	___
бифштекс с луком	___		
голубцы	___		
шашлык по-кавказски	___		
шницель	___		

Зал работает с 13.00 до 23.00 ч.
Перерыв с 16.00 до 18.00 ч.
В вечернее время играет оркестр русских народных инструментов.

Note that пе́рвое (пе́рвые блю́да) refers to soups, not appetizers. You will often hear the question Пе́рвое бу́дете есть? *(Do you want soup?)*

17. Что ей заказáть?

Using the menu shown on the previous page, order a full meal and a drink for your 16-year-old cousin who

Vodka and cognac are sold in portions of 100 grams per person, which is approximately 4 fluid ounces.

1. does not eat fish in any form
2. does not like beef
3. is allergic to milk products
4. likes vegetables, except for beets
5. does not drink anything fizzy or sweetened

Addressing...	
the waitress	**Дéвушка!** (Официáнтка!)
the waiter	**Молодóй человéк!** (Официáнт!)
Asking for...	
items	**Принесúте**, пожáлуйста, меню!/... ещё одúн салáт.
recommendations	Какúе у вас **фúрменные блю́да**?
	Что вы **рекомендýете**?
Saying that you want to order	**Мóжно заказáть?**
	Я хотéл(а) бы заказáть.
Ordering food	**Мне, пожáлуйста, однý** пóрцию чёрной икры́.
	чёрную икрý.
	соля́нку.
	котлéты по-кúевски.
	На десéрт слúвочное морóженое.
Ordering drinks	Мне, пожáлуйста, буты́лку минерáльной воды́.
	буты́лку рýсского пúва.
	крáсного (сухóго/слáдкого) винá.
	100 грамм вóдки.
	коньякá.
Asking for the check	**(Мóжно) счёт**, пожáлуйста.

AT THE RESTAURANT

Food is brought to the table in serving dishes. The dishes are passed around, or, if the group is small, the host(ess) places food on everybody's plates. Women can expect to be waited on by the men in the group—conduct that may take Western women by surprise. Men may butter their bread, cut their meat, put food on their plates, and sometimes even offer to feed women.

Do not start eating until everybody else is ready. A meal is often officially begun with the wish Прия́тного аппетúта!

Many Russian restaurants have live music. Russians love to dance and do so not only with members of their own group but with strangers as well. Women do not normally ask men to dance. Instead, you often see women dancing together.

Wishing *bon appétit*	Прия́тного аппети́та!
Asking to pass items	Переда́йте, пожа́луйста, икру́.
Commenting on food	Очень вку́сно! Ры́ба о́чень вку́сная! Как вку́сно!

As in other wishes, the genitive case is used. (cf., Жела́ю тебе́ всего́ хоро́шего!).

18. Check your skills.

How would you do the following?

1. Ask for a new fork.

2. Order another bottle of Pepsi.

3. Ask somebody to pass you the butter.

4. Order yourself a complete meal, including drinks.

(Дава́й/те вы́пьем)	за нас/за тебя́! за здоро́вье! за сча́стье! за успе́хи! за дру́жбу и мир! за на́шу встре́чу! за на́ше знако́мство! за любо́вь!

TOASTING

Toasting is serious in Russia, more like a short speech than a simple "cheers." Depending on the eloquence of the speaker, the toast can last from one to ten minutes (and most Russians are born orators). The speech itself is usually very poetic, emotional, and exaggerated. During the toast, people are standing and holding up their glasses in the expectation of the final sentence, after which they all take a sip from their glasses. In some instances, everyone is expected to drink до дна́ (literally; *to the bottom*), especially if toasting with vodka. The hosts normally propose the first toast, followed by each member of the party in the order of his or her importance. With each toast, glasses are clinked with each guest and eye contact is made.

Russians always eat while drinking. After a toast, they take a bite of bread, a pickle, or whatever else is available.

За здоро́вье!

19. **Тóсты.**

Read the two toasts and answer the questions.

1. What is the occasion of the first toast?
2. Who are the people listening to the first toast?
3. What is the occasion of the second toast?
4. Which occasion is probably more formal?

Дороги́е мои́ друзья́! Я хочу́ подня́ть бока́л за то, что́бы Но́вый год был лу́чше ста́рого, что́бы он был бо́лее счастли́вым, краси́вым и ра́достным, и что́бы все мы доби́лись больши́х успе́хов в жи́зни. С Но́вым го́дом, с но́вым сча́стьем!

Предлага́ю подня́ть тост за нача́ло сотрудни́чества ме́жду на́шими фи́рмами. До дна! Ва́ше здоро́вье, да́мы и господа́!

Диало́ги

Серге́й:	Де́вушка, мо́жно меню́, пожа́луйста?
Официа́нтка:	Вот меню́. Что вы хоти́те заказа́ть?
Серге́й:	Мину́тку... Что у вас есть? Ры́ба есть?
Официа́нтка:	Да, ры́ба есть.
Серге́й:	Что вы рекоменду́ете?
Официа́нтка:	Осетри́ну по-моско́вски. Она́ о́чень вку́сная.
Серге́й:	Хорошо́, тогда́ оди́н сала́т из помидо́ров, сала́т «Столи́чный»—две по́рции, и на второ́е две по́рции осетри́ны по-моско́вски.
Официа́нтка:	Пе́рвое бу́дете есть?
Серге́й:	Ни́на, ты пе́рвое бу́дешь есть?
Ни́на:	Нет, не бу́ду.
Серге́й:	Я то́же не бу́ду.
Официа́нтка:	А десе́рт бу́дете?
Серге́й:	Да, пломби́р «Сюрпри́з».
Официа́нтка:	Пломби́ра сего́дня нет. Есть сли́вочное моро́женое. Хоти́те?
Серге́й:	Хорошо́. Две по́рции моро́женого.
Официа́нтка:	А что вы бу́дете пить?
Серге́й:	Буты́лку сухо́го бе́лого вина́ и 200 грамм во́дки.
Официа́нтка:	Это всё?
Серге́й:	Да, спаси́бо.

Попо́зже

Серге́й:	Прия́тного аппети́та!
Ни́на:	Спаси́бо... М-м-м!!! Очень вку́сно!
Серге́й:	Да, о́чень. Ну, дава́й вы́пьем за на́шу встре́чу!
Ни́на:	За нас!

Ещё по́зже

Серге́й:	Де́вушка, принеси́те, пожа́луйста, ещё 100 грамм во́дки. И счёт, пожа́луйста.
Официа́нтка:	Хорошо́. Сейча́с!

Отве́тьте на вопро́сы.

1. Как вы ду́маете, кто пригласи́л кого́ в рестора́н: Серге́й Ни́ну и́ли Ни́на Серге́я?
2. Что они́ е́ли из заку́сок?
3. Что они́ взя́ли на пе́рвое и на второ́е?
4. Что они́ е́ли на десе́рт?
5. Что они́ пи́ли? Ско́лько?
6. Как им понра́вилась пи́ща (food)?
7. Как вы ду́маете, они́ давно́ знако́мы? Почему́?

CHAPTER REVIEW

A. You should now be able to...

1. *list, categorize, and express your opinion about the ingredients of various foods*
2. *explain what utensils are used for eating different foods*
3. *say that you are hungry or thirsty*
4. *suggest a place to eat and make invitations*
5. *say with whom you go to a place or do something*
6. *reserve a table at a restaurant and get in*
7. *arrange a seating order for a dinner*
8. *order a complete meal including drinks for yourself and a whole group*
9. *ask for items to be passed at the table*
10. *comment on food quality*
11. *propose a toast*

B. Roleplay. *Form groups of three or four students. Each group will be celebrating an occasion of its choice. The members agree in advance on what day and at what time to celebrate. One student calls a restaurant and reserves a table for the group and then calls everybody to give details.*

Day of the event: *Meet outside the restaurant, say that you have a reservation (one student is late), and go in.*

At the restaurant: *ask for the menu, find out what they have, ask for recommendations; order complete meals; wish* bon appetit *and comment on the food; propose a toast; invite your friend to dance; order some more food or drink; ask for items to be passed; ask for the check.*

Extra

📖 Долгожи́тель

This is a story about a man who wants to live to be a hundred years old. He intends to follow every diet plan that he reads about in various journal articles. Find out what happens to him. *Note:* You do not have to understand each word in order to follow the story. Just keep reading.

[1]healthy

В после́днем но́мере журна́ла «Бу́дем здоро́вы»[1] напеча́тали большу́ю статью́ «Долголе́тие».

Прочита́л и по́нял, что я до́лго не проживу́. Я ем всё и о́чень люблю́ хлеб. А хлеб есть—опа́сно[2] для здоро́вья,[3] потому́ что в нём мно́го тяжёлых веще́ств. А е́сли ешь тяжёлые вещества́, то у тебя́ бу́дет боле́ть се́рдце.[4] И я реши́л не есть хлеб.

[2]dangerous / [3]health

[4]heart

—Что с тобо́й?—спроси́ла меня́ жена́, когда́ уви́дела, что я ем борщ без хле́ба.

—Мо́жет, заболе́л?[5] Ты о́чень похуде́л.[6]

[5]got sick / [6]lost weight

— Нет, я здоро́в. И ты, е́сли хо́чешь до́лго жить, не ешь хлеб.

Че́рез неде́лю выступа́л по ра́дио знамени́тый профе́ссор. Он сказа́л: «Ва́ше здоро́вье—в ва́ших рука́х.» По́сле его́ выступле́ния я по́нял, что нельзя́ есть мно́го ма́сла, от него́ быва́ет холестери́н в крови́. Я на́чал бо́льше есть мя́са и яиц. Но э́то была́ моя́ оши́бка.[7]

[7]mistake

В вече́рней газе́те напеча́тали статью́ «Мя́со—друг и́ли враг[8]?» Статья́ откры́ла мне глаза́.[9] И я реши́л не есть мя́со и я́йца. Ещё че́рез неде́лю я бро́сил[10] пить кефи́р. «Кефи́р о́чень опа́сен для здоро́вья»,—сказа́л мне сосе́д.

[8]enemy

[9]eyes

[10]quit

Я на́чал есть то́лько помидо́ры и огурцы́ без со́ли, потому́ что соль— э́то яд.[11] Так писа́ли в одно́м иностра́нном журна́ле. В столо́вой на рабо́те я брал на обе́д то́лько капу́сту.

[11]poison

—Возьми́те стака́н ко́фе и́ли ча́ю,—сказа́ла мне одна́жды официа́нтка.

—Е́сли у вас нет де́нег, то бери́те беспла́тно.[12] Вы о́чень похуде́ли.

[12]free

—Но на́до ду́мать о здоро́вье, а ко́фе и чай с са́харом пить опа́сно для здоро́вья.

А че́рез неде́лю я по́нял, что могу́ прожи́ть 100 лет, е́сли сде́лаю ещё оди́н после́дний шаг.[13] В статье́ «Го́лод[14]—не тётя, а родно́й оте́ц» оди́н о́чень молодо́й, но уже́ знамени́тый в на́шем го́роде врач написа́л, что челове́к до́лжен голода́ть,[15] е́сли хо́чет быть здоро́вым и си́льным челове́ком. Тепе́рь я не ел да́же люби́мые помидо́ры, огурцы́, капу́сту. Меня́ ждала́ до́лгая и счастли́вая жизнь.

[13]step / [14]hunger

[15]fast

Когда́ медсёстры принесли́ меня́ к врачу́, он посмотре́л на меня́ и сказа́л: «Ещё оди́н долгожи́тель.» В больни́це я лежа́л 10 дней. Когда́ я пришёл к врачу́, что́бы сказа́ть «До свида́ния», он сказа́л: «Е́шьте всё, не бо́йтесь.[16] Вот и бу́дете здоро́вы.»

[16]be afraid

Ура́! Я до́ма. Но́чью у меня́ заболе́л живо́т.[17] Мы взя́ли такси́ и пое́хали с жено́й в больни́цу. Врач посмотре́л на мой живо́т и спроси́л: «Что вы е́ли?»

[17]stomach

—На обе́д сала́т из помидо́ров и огурцо́в, борщ, бифште́кс, хлеб, кефи́р, моро́женое и ко́фе. На у́жин бульо́н, шашлы́к, колбасу́, суп, я́блоки и апельси́ны и ещё чай с са́харом и с пиро́жным,...

—Нельзя́ так мно́го есть, на́до ду́мать о здоро́вье. Осо́бенно не сове́тую есть хлеб и мя́со.

(По материа́лам журна́ла «Спу́тник»)

Answer the questions in English.

1. What food item was described in the first journal article?
2. After listening to the radio program, what did the man stop eating? What did he eat instead?
3. Why did he later stop eating those items as well? What milk product did he reject as being dangerous? What did he start eating instead?
4. Why did the waitress in the cafeteria offer him coffee for free?
5. What was described as the last step in order to live long?
6. Where was the poor man taken? What was the doctor's advice after he was treated?
7. Did he follow the doctor's advice? What was the problem?
8. Did the doctor's final advice offer any real help to the problem?

Word Building

The instrumental case has many uses, some of which you have learned in previous lessons.

For time expressions:

ýтр**ом**, дн**ём**, вéчер**ом**, нóч**ью**

зим**óй**, весн**óй**, лéт**ом**, óсен**ью**

To express the manner in which something is done:

верх**óм** *on horseback*	грýпп**ой** *as a group*
пешк**óм** *by foot*	пóезд**ом** *by train*
шёпот**ом** *whispering*	самолёт**ом** *by plane*
хóр**ом** *as a chorus, all together*	

With the verb **поздравля́ть** (often omitted) and the preposition **с** to express wishes:

С дн**ём** рождéния! *Happy Birthday!*

С Нóв**ым** гóд**ом**! *Happy New Year!*

In several other expressions:

каки́**м** óбраз**ом** *in what way*

гла́вн**ым** óбраз**ом** *mainly*

бóльш**ей** ча́ст**ью** *for the most part*

одни́**м** слóв**ом** *in a word*

други́**ми** слова́**ми** *in other words*

тем лýчше/хýже *all the better/so much the worse*

тем бóлее *all the more, especially*

тем не мéнее *nevertheless*

16.1 INSTRUMENTAL CASE OF NOUNS, ADJECTIVES, AND PRONOUNS

Introduction

The instrumental case is used in several ways.

A. **Without a preposition, to express the *instrument* for doing something, the means by which an action is accomplished.**

Чем ты пи́шешь?	***What*** *are you writing* ***with****?*
Я пишу́ карандаш**о́м**.	*I am writing* ***with a pencil.***
Я ем суп ло́жк**ой**.	*I eat soup* ***with a spoon.***

B. **With some prepositions. For example:**

с (со)   *with*
ря́дом с   *side by side, next to*
за   *behind, at* (to express location)
ме́жду   *between*

С **кем** ты ходи́ла в кино́?	*With whom did you go to the movies?*
Я ходи́ла в кино́ **с** Игор**ем** и Ната́ш**ей**.	*I went to the movies with Igor and Natasha.*
В кино́ я сиде́ла **ря́дом с** Ната́ш**ей**.	*At the movies I sat next to Natasha.*
Ли́за сиди́т **за** стол**о́м** и занима́ется.	*Lisa is sitting at the table studying.*
Ты бу́дешь сиде́ть **ме́жду** Игор**ем** и Ли́з**ой**.	*You will be sitting between Igor and Lisa.*

C. **With certain verbs with or without a preposition.**

*по/знако́миться с   to get acquainted with
*за/интересова́ться   to be interested in

В Москве́ мы **познако́мились с** интере́с**ными** людь**ми́**.
We got acquainted with interesting people in Moscow.
Я **интересу́юсь** ру́сским язык**о́м**.
I am interested in the Russian language.

Noun endings

THE INSTRUMENTAL CASE OF NOUNS							
Nominative			**Instrumental Singular**			**Instrumental Plural**	
masc.							
рома́н	Ива́н	-ø	рома́ном	Ива́ном	**-ом**	рома́нами	**-ами**
музе́й	Серге́й	-й	музе́ем	Серге́ем	**-ем**	музе́ями	**-ями**
слова́рь	Игорь	-ь	словарём	Игорем	**-ем**	словаря́ми	**-ями**
fem.							
маши́на	Алла	-а	маши́**ной**	Алл**ой**	**-ой**	маши́нами	**-ами**
тётя	Та́ня	-я	тёт**ей**	Та́н**ей**	**-ей**	тётями	**-ями**
пло́щадь		-ь	пло́щад**ью**		**-ью**	площадя́ми	**-ями**
neuter							
письмо́		-о	письмо́м		**-ом**	пи́сьмами	**-ами**
зда́ние		-е	зда́нием		**-ем**	зда́ниями	**-ями**

SIMPLIFIED RULE FOR THE INSTRUMENTAL OF NOUNS	
M, N	-ом/ем*
F	-ой/ей*
Pl	-ами/ями

QUESTION WORDS (INTERROGATIVE PRONOUNS)		
Nom.	кто	что
Instr.	кем	чем

*Spelling Rule 3 is applied.

Note: Spelling Rule 3 is applied to both noun (all genders) and adjective endings.

Spelling Rule 3:	After **ж, ч, ш, щ,** and **ц,** write **o** in stressed singular endings, and **e** in unstressed singular endings.

нож	*knife*	ножо́м
каранда́ш	*pencil*	карандашо́м
муж	*husband*	му́жем
госпожа́	*Mrs.*	госпожо́й
Серёжа		Серёжей
Са́ша		Са́шей
учи́тельница	*teacher*	учи́тельницей
яйцо́	*egg*	яйцо́м

Nouns that are end-stressed, such as нож and каранда́ш, will be noted in the glossary.

The following nouns have the instrumental plural ending **-ьми** instead of **-ями.**

nom. sg.	nom. pl.	instr. pl.
ло́шадь	ло́шади	лошадьми́
ребёнок	де́ти	детьми́
челове́к	лю́ди	людьми́

The following nouns have irregular plural forms.

nom. sg.	nom. pl.	instr. pl.
брат	бра́тья	бра́тьями
друг	друзья́	друзья́ми
муж	мужья́	мужья́ми
сосе́д	сосе́ди	сосе́дями
сын	сыновья́	сыновья́ми
стул	сту́лья	сту́льями
лист	ли́стья	ли́стьями

Упражне́ние

◇ **1.** Answer the question using the word in parentheses.

Model: С кем Ко́ля был в кино́? (Серге́й)   **Он был в кино́ с Серге́ем.**

1. С кем Ле́на говори́т по телефо́ну? (Ива́н)
2. Ря́дом с кем сиди́т Ли́за? (Игорь)
3. С кем Лари́са ходи́ла в кино́? (Серге́й, Алексе́й, Ди́ма, Со́ня и Ле́на)
4. С кем вы бы́ли на стадио́не? (Са́ша, Ко́стя и Юра)
5. С кем вы е́здили на да́чу? (Воло́дя, Лари́са, Серёжа, Ми́ша, Ли́за, Ка́тя и Пе́тя)
6. С кем Джон и Марк познако́мились в Москве́? (Ни́на, Та́ня, Ма́ша, Ира, Ната́ша и Оля)

Endings for adjectives and possessive and demonstrative pronouns

Examine the following sentences.

Оля была́ в кино́ с мои́м ста́ршим бра́том.
Olya was at the movies with my older brother.
Я ходи́ла на вы́ставку **со** свое́й хоро́шей подру́гой Ната́шей.
I went to the exhibit with my good friend Natasha.
Ле́на гуля́ла в па́рке **со** свое́й большо́й соба́кой Ла́йкой.
Lena walked in the park with her big dog Laika.

SIMPLIFIED RULE FOR THE INSTRUMENTAL OF ADJECTIVES	
M, N	**-ым/им**[1]
F	**-ой/ей**[2]
Pl	**-ыми/ими**[1]

[1]Spelling Rule 1 is applied.
[2]Spelling Rule 3 is applied.

INSTRUMENTAL OF POSSESSIVE AND DEMONSTRATIVE PRONOUNS			
Masc.	**Fem.**	**Neuter**	**Pl.**
мои́м/твои́м	мое́й/твое́й	мои́м/твои́м	мои́ми/твои́ми
на́шим/ва́шим	на́шей/ва́шей	на́шим/ва́шим	на́шими/ва́шими
э́тим/тем	э́той/той	э́тим/тем	э́тими/те́ми

Note 1: **Свой** is declined like **мой**.

Note 2: The preposition **с** becomes **со** before the pronoun **свой**: со свои́м, со свое́й, со свои́ми.

Note 3: The pronouns **его́, её**, and **их** are not declined.

Note 4: Remember that masculine nouns ending in -**a** are declined as feminines. Their modifiers, however, are in the masculine form.

Упражне́ния

◇ **2.** Finish the sentences with the words in parentheses in the *singular* form of the instrumental case.

   1. Америка́нский профе́ссор познако́мился с _____ _____ (изве́стный ру́сский писа́тель).

   2. Англи́йские арти́сты познако́мились с _____ _____ (хоро́ший америка́нский компози́тор).

   3. Иностра́нные арти́сты познако́мились с _____ _____ (изве́стная ру́сская балери́на).

   4. Сюза́нна познако́милась с _____ (э́та хоро́шая ру́сская арти́стка).

   5. Юра познако́мился с _____ (моя́ мла́дшая сестра́ Ма́ша).

   6. Андре́й был в кино́ с _____ (твой мла́дший брат Серёжа).

7. Ива́н Петро́вич е́здил за́ город с _____ (на́ша ба́бушка).

8. Ли́за и Ми́тя уже́ познако́мились с _____ _____ (ваш де́душка)?

9. Я была́ на стадио́не с _____ (мой лу́чший друг Са́ша).

10. Серге́й пошёл в кино́ с _____ (на́ша сестра́ Ната́ша).

11. Вы уже́ познако́мились с _____ (э́та но́вая учи́тельница)?

12. Они́ уже́ познако́мились с _____ (э́тот молодо́й челове́к)?

13. Анна пошла́ в библиоте́ку с _____ (мой брат Серге́й).

14. Алла всегда́ бе́гает со _____ (своя́ больша́я соба́ка).

15. Ни́на приходи́ла к нам с _____ (свой но́вый муж Алексе́й).

3. Finish the sentences with the words in parentheses in the *plural* form of the instrumental case.

1. Профе́ссор Смит познако́мился с _____ (ру́сские фи́зики).

2. Я была́ на конце́рте с _____ (мои́ лу́чшие друзья́).

3. Твои́ роди́тели уже́ познако́мились с _____ _____ (э́ти но́вые лю́ди)?

4. Ру́сские преподава́тели познако́мились с _____ _____ (на́ши но́вые преподава́тели).

5. Я гуля́ла в па́рке с _____ (мои́ де́ти).

6. Америка́нские балери́ны познако́мились с _____ _____ (изве́стные ру́сские балери́ны)

7. Вы уже́ познако́мились с _____ (э́ти но́вые ру́сские студе́нты)?

8. Мы стоя́ли у гости́ницы со _____ (свои́ больши́е чемода́ны).

Use of the instrumental case without a preposition

The English language uses the preposition *with* to denote both an instrument and parallel action. The Russian language, however, uses *no* preposition to denote an instrument. Compare the two sentences on the following page.

Я	ем	суп	ло́жкой.	(instrument, *no* preposition)
I	*am eating*	*soup*	**with** *a spoon.*	(by means of a spoon)

Я	ем	суп	с до́чкой.	(parallel action, preposition **c** used)
I	*am eating*	*soup*	**with** *my daughter.*	

Упражне́ние

◇ **4.** Translate the sentences into Russian. Remember that you *do not* need a preposition in these sentences.

каранда́ш	*pencil*	ле́вый	*left*
рука́	*hand, arm*	пра́вый	*right*
ру́чка	*pen*		

1. I write with (my) right hand.
2. Which hand do you write with?
3. I eat ice cream with a small spoon.
4. Do you eat pizza with (your) dirty hands or with a fork and knife?
5. I do not like to eat pizza with (my) hands.
6. We eat meat with a knife and a fork.
7. Do you eat cake with a fork or a spoon?
8. Students write with a black or blue pen.
9. The teacher writes with a red pen.
10. Do you like to write with a pencil?

16.2 SUBSTANTIVIZED ADJECTIVES

You have already seen several substantivized adjectives, such as **моро́женое** *(ice cream)*, **ва́нная** *(bathroom)*, and **дежу́рная** *(person on duty)*. The following words are introduced in this lesson.

бли́нная	*pancake house*
заку́сочная	*snack bar*
пивна́я	*beer bar, pub*
столо́вая	*dining room, cafeteria*
шашлы́чная	*shish kebab house*

Remember that these words are declined as *adjectives.*

где (в + *prep.*)	куда́ (в + *acc.*)
в столо́в**ой**	в столо́в**ую**
in the cafeteria	*to the cafeteria*

Упражне́ние

◇ **5.** How would you say the following?

  1. Let's go to the cafeteria.
  2. We went to a pancake house yesterday.
  3. We had supper in the snack bar.
  4. Would you like to go to the shish kebab house with me?
  5. I don't like to eat dinner in the student cafeteria.

16.3 INSTRUMENTAL CASE OF PERSONAL PRONOUNS

Review the following sentences.

  Моя́ соба́ка лю́бит бе́гать. Я бе́гаю **с ней** ка́ждое у́тро.
  My dog likes to run. I run with her every morning.
  Ты хо́чешь пойти́ в теа́тр **со мно́й?**
  Do you want to go to the theater with me.
  С кем ты ходи́л в кино́? **Ни с кем.**
  With whom did you go to the movies? With nobody.

INSTRUMENTAL CASE OF PERSONAL PRONOUNS							
Nom.	я	ты	он	она́	оно́	мы	вы	они́
Instr.	мной	тобо́й	им	ей	им	на́ми	ва́ми	и́ми

  Note: The preposition **с** becomes **со** before the form **мной**: **со мной** (*with me*). When preceded by prepositions, the third-person forms add the consonant **н.**

  им   с **н**им
  ей   с **н**ей
  и́ми   с **н**и́ми

Упражне́ние

◇ **6.** Finish the sentences with the words in parentheses.

  1. И́горь бу́дет сиде́ть ря́дом с _____ (ты).
  2. Ты не хо́чешь пойти́ в кино́ с _____ (я)?
  3. Я никуда́ не пойду́ с _____ (он).
  4. Ты хо́чешь пойти́ гуля́ть с _____ (мы)?
  5. И́ра и Ле́на бы́ли с _____ (вы) в теа́тре?
  6. Вы уже́ познако́мились с _____ (они́)?
  7. Почему́ ты не хо́чешь сиде́ть ря́дом с _____ (она́)?

16.4 SHORT ADJECTIVES

You have already learned some short adjectives, such as **до́рого, дёшево,** and **ну́жен.** Short adjectives are formed from the corresponding long adjectives. If the stem ends in two consonants, a fleeting vowel **о/е** is added to the masculine form. Refer to grammar section 15.2 for the rule about fleeting vowels.

Long adjective	Short adjective			
	masc.	**fem.**	**neuter**	**pl.**
за́нят-ый	за́нят	занята́	за́нято	за́няты
краси́в-ый	краси́в	краси́ва	краси́во	краси́вы
откры́т-ый	откры́т	откры́та	откры́то	откры́ты
хоро́ш-ий	хоро́ш	хороша́	хорошо́	хороши́
свобо́дн-ый	свобо́ден	свобо́дна	свобо́дно	свобо́дны
лёгк-ий	лёгок	легка́	легко́	легки́

Two adjectives have an exceptional short form.

больша́о́й   **вели́к/велика́/велико́/велики́**
ма́ленький   **мал/мала́/мало́/малы́**

Short forms of adjectives are *not declined.* They are used *only as predicates,* as follows.

A. To denote a temporary condition.

	Это ме́сто свобо́дно?	*Is this place vacant?*
	Я го́лоден.	*I am hungry.* (right now)
compare:	Он всегда́ голо́дный.	*He is always hungry.*

B. To denote a relative value.

Эта ю́бка мне мала́.   *This skirt is too small for me.*
Джи́нсы ему́ велики́.   *The jeans are too big for him.*

C. With the words так and как.

Го́ры там так краси́вы.   *The mountains are so beautiful there.*

D. When the subject of the sentence is э́то or всё.

Это пло́хо.
Всё хорошо́.

Упражне́ние

◇ **7.** **How would you say the following?**

1. Is this place vacant?
2. No, it's occupied.
3. Are you free tonight, Larisa?
4. No, I'm busy tonight.
5. Professor Vodkin is busy.

6. The cafeteria is already closed.
7. Why is the window open?
8. Liza and Lena, are you free tonight?
9. All places are occupied.
10. Is this table free?

Vocabulary _____

Note: The core vocabulary is bold-faced.

Nouns

Food items

анана́с	*pineapple*
арбу́з	*watermelon*
бара́нина	*lamb*
блины́	*Russian pancakes*
бу́лка, бу́лочка	*loaf, bun*
бутербро́д	*sandwich*
варе́нье	*jam, jelly*
ватру́шка	*Russian cheese pastry*
га́мбургер	*hamburger*
говя́дина	*beef*
горчи́ца	*mustard*
гру́ша	*pear*
квас	*Russian homemade beer*
ке́тчуп	*ketchup*
кефи́р	*buttermilk*
клубни́ка	*strawberry*
конья́к	*cognac*
лёд (со льдо́м; без льда́)	*ice*
лимо́н	*lemon*
лук	*onion*
майоне́з	*mayonnaise*
макаро́ны	*macaroni*
мали́на	*raspberry*
мёд	*honey*
мука́	*flour*
напи́ток *pl.* напи́тки	*drink*

огуре́ц *pl.* **огурцы́**	*cucumber*
пе́рец	*pepper*
пе́рсик	*peach*
пече́нье	*cookie*
пиро́г, пирожо́к	*pie, pastry*
пиро́жное	*pastry*
пи́цца	*pizza*
помидо́р	*tomato*
припра́вы	*spices, condiments*
пря́ник	*gingerbread cookie*
рис	*rice*
са́хар	*sugar*
свини́на	*pork*
сли́вки *pl. only*	*cream*
соль *f.*	*salt*
соси́ски	*sausage links*
творо́г	*Russian cottage cheese*
фарш	*ground beef*
черни́ка	*blueberry*
чесно́к	*garlic*
шашлы́к	*shish kebab*

At the restaurant

блю́до	*dish*
блю́дце	*saucer*
бока́л	*wineglass*
ви́лка	*fork*
десе́рт	dessert
зака́з	*order*
заку́ска	*snack, appetizer*

кру́жка	*mug*	гря́зный	*dirty*
ло́жка	*spoon*	двойно́й	*double*
супова́я ~	*soupspoon*	**закры́т** *short adj.*	*closed*
ча́йная ~	*teaspoon*	**за́нят, занята́,**	*occupied, busy*
меню́	*menu*	**за́нято, за́няты**	
метрдоте́ль	*maître d'*	*short adj.*	
нож	*knife*	**откры́т** *short adj.*	*open*
по́рция	*portion*	поле́зный	*good (for health)*
рю́мка	*shot glass*	**свобо́ден,**	*free, vacant*
таре́лка	*plate*	**свобо́дна, свобо́дно,**	
салфе́тка	*napkin*	**свобо́дны** *short adj.*	
ска́терть *f.*	*tablecloth*	сла́дкий	*sweet*
стака́н	*glass*	**сухо́й**	*dry*
сто́лик	*table*	тома́тный	*tomato*
счёт	*check*	фи́рменный ~ ое блю́до	*house special*
ча́шка	*cup*		

Places to eat

заку́сочная	*snack bar*
бли́нная	*pancake house*
буфе́т	*buffet*
столо́вая	*dining hall, cafeteria*
шашлы́чная	*shish-kebab house*

Other nouns

аппети́т	*appetite*
вечери́нка	*party*
встре́ча	*meeting*
дие́та	*diet*
дру́жба	*friendship*
здоро́вье	*health*
знако́мство	*acquaintance*
ингредие́нт	*ingredient*
пита́ние	*nutrition*
проду́кты	*produce*
реце́пт	*recipe*
рука́	*hand*
хозя́ин, хозя́йка	*host, hostess*

Adjectives

вку́сный	*delicious*
газиро́ванный	*carbonated*
~ ая вода́	*Russian soft drink*
го́лоден, голодна́,	*hungry*
голодны́ *short adj.*	
горя́чий	*hot*
	(temperature of food)

Adverbs

зара́нее	*in advance*
(по)по́зже	*later*

Pronouns

мной *instr.*	*me*
тобо́й *instr.*	*you*
(н)им *instr.*	*him*
(н)ей *instr.*	*her*
на́ми *instr.*	*us*
ва́ми *instr.*	*you*
(н)и́ми *instr.*	*them*

Prepositions

без + *gen.*	*without*
для + *gen.*	*for*
за + *acc.*	here; *to, for*
ря́дом с + *instr.*	*next to*
ме́жду + *instr.*	*between*
с + *instr.*	*with*

Verbs

*****подо/жда́ть** (I)	*to wait*
жду, ждёшь, ждут	
зака́зыва|ть (I)	*to order*
*****заказа́ть** (I)	
закажу́, зака́жешь,	
зака́жут	
корм|и́ть (II)	*to feed*
кормлю́, ко́рмишь, ко́рмят	

Phrases

Прия́тного аппети́та!	*Bon appetit!*
Мо́жно вас?	*May I?* (invitation to dance)
Переда́йте, пожа́луйста,...	*Please, pass...*
Принеси́те, пожа́луйста,...	*Please bring me ...*
Проходи́те.	*Come in.*

Other

нельзя́		*may not*
дво́е	*collect. num.*	*two*
тро́е	*collect. num.*	*three*
че́тверо	*collect. num.*	*four*
пя́теро	*collect. num.*	*five*

Уро́к 17
(Семна́дцатый уро́к)

Каки́е у вас пла́ны на бу́дущее?

Это ма́льчик и́ли де́вочка?

Андре́й: Кого́ я ви́жу!!

Анна: Ме́льников! Андре́й! Это ты!?

Андре́й: Да, давно́ не ви́делись. Что у тебя́ но́вого?

Анна: Я за́муж вы́шла.

Андре́й: За́муж!? За кого́?

Анна: За Серге́я. Мы с ним на одно́м ку́рсе учи́лись. А э́то моя́ до́чка Ле́на. А каки́е у тебя́ но́вости? Жени́лся?

Андре́й: Нет, ещё нет. У меня́ всё по-ста́рому.

THEMES

- **Talking about your plans and interests**
- **Discussing love and marriage**
- **Discussing family plans**

CULTURE

- **Typical professions**
- **Wedding ceremonies and traditions**
- **Naming a child**

STRUCTURES

- **Use of the instrumental case with стать, быть, рабо́тать, интересова́ться, занима́ться, счита́ть, каза́ться and the short adjective дово́лен**
- **The verb поступа́ть/поступи́ть**
- **хоте́ть + что́бы**
- **The reciprocal pronoun друг дру́га**
- **Verbs жени́ться and вы́йти за́муж**
- **Feminine nouns ending in a soft sign**

Talking about Your Plans and Interests

Бу́дущее (*future*) is a neuter substantivized adjective: моё бу́дущее, в бу́дущем.

Каки́е у вас	пла́ны на **бу́дущее**? **мечты́**?		
Кем вы хоти́те	**стать**? быть?	Я хочу́	стать врачо́м. быть медсестро́й.
Кем	ты **ста́нешь**? вы **ста́нете**?	Я ста́ну учёным.	
Кем вы бу́дете (рабо́тать)?		Я бу́ду (рабо́тать) медсестро́й.	

◇ **17.1** Use of the instrumental case: with the verbs стать, быть, and рабо́тать

О чём он **мечта́ет**?

А тепе́рь он хо́чет стать **и́ли** космона́втом **и́ли** лётчиком. Он ещё не **реши́л**.

Когда́ Са́ша был ма́леньким, он хоте́л стать пожа́рником.

Когда́ вы бы́ли ма́леньким/ма́ленькой, кем вы хоте́ли стать?

миллионе́ром

хиру́ргом

певцо́м/певи́цей

разве́дчиком

милиционе́ром/ полице́йским

вое́нным/солда́том

кинорежиссёром

- Кем обы́чно хотя́т быть ма́ленькие де́ти?
- Как вы ду́маете, каки́е профе́ссии прести́жные?

1. Кем они́ хоте́ли стать? Кто ещё не реши́л?

Working with a partner, ask questions based on the chart.

S1: Кем хоте́л стать Ми́тя ра́ньше?
S2: Он хоте́л стать знамени́тым футболи́стом.
S1: А тепе́рь кем он хо́чет стать?
S2: Он хо́чет стать преподава́телем физкульту́ры (*physical education*).

кто	ра́ньше	тепе́рь
1. Ми́тя	знамени́тый футболи́ст	преподава́тель физкульту́ры
2. Жа́нна	певи́ца	учи́тель му́зыки
3. Ната́ша	разве́дчик	диплома́т
4. Ко́стя	изве́стный рок-музыка́нт	хиру́рг
5. Лари́са	космона́вт	учёный
6. Ни́на	изве́стная актри́са	?

Чем	ты интересу́ешься? вы интересу́етесь?	Я интересу́юсь	ру́сским языко́м. класси́ческой литерату́рой. междунаро́дными отноше́ниями.

17.1 Use of the instrumental case: with the verb интересова́ться

2. Чем они́ интересу́ются? Кем они́ бу́дут?

These students were asked to fill out a career-interest questionnaire. Based on their interests, what kinds of choices might they have?

S1: Чем интересу́ется Ната́ша?
S2: Она́ интересу́ется бале́том.
S1: Как ты ду́маешь, кем она́ бу́дет/ста́нет?
S2: Я ду́маю, что она́ бу́дет/ста́нет балери́ной.

и́мя	интере́сы	и́мя	интере́сы
1. Ната́ша	бале́т	**7.** Са́ша	иску́сство
2. Лари́са	иностра́нные языки́	**8.** Ле́на	иностра́нная рок-му́зыка
3. Серге́й	спорт, осо́бенно футбо́л	**9.** Оля	междунаро́дные отноше́ния
4. Та́ня	медици́на	**10.** На́дя	совреме́нная архитекту́ра
5. Воло́дя	класси́ческая му́зыка	**11.** Ко́стя	соба́ки и ко́шки
6. Ви́ктор	ста́рые маши́ны		

| Чем | ты занима́ешься?
вы занима́етесь? | Я занима́юсь | лы́жным спо́ртом.
класси́ческой му́зыкой.
фигу́рным ката́нием. |

◇ **17.1** Use of the instrumental case: with the verb занима́ться

Бори́с занима́ется **культури́змом**.

А каки́м ви́дом спо́рта они́ занима́ются?

фехтова́ние

ре́стлинг, борьба́

бег

ходьба́

шта́нга

- Каки́ми из э́тих ви́дов спо́рта вы занима́етесь?
  фигу́рное ката́ние
  ша́хматы
  пла́вание
  аэро́бика
  культури́зм

3. Опро́с. Ты занима́ешься спо́ртом?

This survey was taken by correspondents of the newspaper «Аргуме́нты и фа́кты».

A. For each interviewee, find answers to the following questions.

1. Как их зову́т?
2. Ско́лько им лет?
3. Кем они́ рабо́тают сейча́с?
4. Они́ занима́ются спо́ртом? Каки́м?

ОПРОС
Ты занимаешься спортом? *Со спортом мы впервые сталкиваемся в школе. Это уроки физкультуры. Для одних—самые любимые, для других—наоборот.* **Миша, 26 лет, студент:** —Занимаюсь ли я спортом? Нет, мне в армии хватало. **Лена, 24 года, солистка рок-группы «Маркиза»:** —Я занимаюсь рестлингом. Чисто для себя. До этого были лыжи и спортивная ходьба. А дочь мечтает получить пояс по тхэквондо.

Сергей, 25 лет, безработный:
—Только шахматами. Во-первых —это удовольствие, во-вторых —мой заработок, ведь я играю на каждом коммерческом турнире.
Андрей, 20 лет, студент:
—Я бы хотел заняться бегом. Несколько раз пробовал. Но не могу себя заставить. Был бы напарник...
Ольга, 21 год, студентка:
—Я мастер спорта по фехтованию. Ты даже не знаешь, как это здорово.

B. Look at the text again and answer the questions in English.

1. Where did Misha get enough exposure to sports?
2. Lena's daughter has an ambitious goal in sports. What is it?
3. Sergei mentions two reasons for involvement in sports. What is the first reason? Where does he play? What does he probably get for winning? What is the second reason?
4. Has Andrei tried the sport he mentioned? What would he like to have?
5. How good is Olga at her favorite sport?

Что вы будете делать...	
после окончания университета?	Я буду работать учителем русского языка.
когда вы **окончите** университет?	**Я поступлю** в аспирантуру.

> **17.2** The verb поступать/*поступить

- **Через сколько** лет (или семестров) вы окончите университет?
- Вы уже решили, что вы хотите делать после окончания университета?

After you graduate can be expressed in two ways: (1) with the preposition **после** *(after)* and the noun **окончание** *(end)* in the genitive case, or (2) with the verb **окончить**: ...когда (or **после того, как**) вы **окончите** университет.

▶ **4. Диалог.**

A. Read the dialogue and answer the questions.

Линда: На каком факультете ты учишься?

Сергей: На историческом.

Линда: Трудно было поступить?

Сергей: Нет, довольно легко.

Линда: А ты уже решил, что ты будешь делать после окончания университета?

Сергей: Нет, ещё не решил. Я думаю поступать в аспирантуру.

Ли́нда: А как ты ду́маешь, кем ты бу́дешь рабо́-
тать по́сле аспиранту́ры?

Серге́й: То́чно не зна́ю. Мо́жет быть препо-
дава́телем исто́рии.

Ли́нда: А сейча́с ты рабо́таешь?

Серге́й: Да, рабо́таю. Официа́нтом.

Ли́нда: Ка́ждый день?

Серге́й: Нет, то́лько по пя́тницам и суббо́там.

1. Что де́лал Серге́й по́сле оконча́ния сре́дней шко́лы?

2. А каки́е у него́ пла́ны на бу́дущее?

3. Где он берёт *(takes)* де́ньги на жизнь?

B. Read the dialogue with a partner and modify it to find out what his or her plans are.

5. Каки́е у них пла́ны на бу́дущее?

Working with a partner, answer the following questions and then ask similar questions about the other teenagers.

1. Ско́лько лет Оле?

2. Что она́ де́лает сейча́с?

3. Она́ уже́ око́нчила шко́лу? Ско́лько ей ещё оста́лось *(remains)* учи́ться?

4. Каки́е у неё пла́ны на бу́дущее?

5. Чем она́ интересу́ется?

6. Как ты ду́маешь, кем она́ бу́дет рабо́тать че́рез де́сять лет?

7. Кем рабо́тают её роди́тели?

и́мя:	Оля
во́зраст:	16
что де́лает:	то́лько что *(just)* око́нчила 9-ый класс
пла́ны:	медици́нский институ́т
интере́сы:	помо́чь лю́дям, осо́бенно ма́леньким де́тям
роди́тели:	оте́ц—кинорежиссёр, мать—журнали́ст

и́мя:	Игорь
во́зраст:	18 (ско́ро)
что де́лает:	око́нчил ПТУ
пла́ны:	рабо́тать на заво́де
интере́сы:	нет осо́бых интере́сов
роди́тели:	оте́ц—строи́тель, мать—учи́тельница

имя:	Вадим
возраст:	18
что делает:	окончил спецшколу с английским языком обучения
планы:	филфак Московского университета
интересы:	английский язык
родители:	отец—психиатр, мать—экономист

имя:	Елена
возраст:	16
что делает:	окончила 8-ой класс
планы:	педагогический институт
интересы:	работать с маленькими детьми
родители:	оба инженеры

> Я хочу получить **высшее образование**.
> Я хочу **поступить** в консерваторию.
>
> ---
>
> Мои родители хотят, **чтобы** я поступил в медицинский институт.
> я стал врачом.

◇ **17.3** Conjunction чтобы

Высшее образование (literally, *highest education*) refers to university-level education, as opposed to средняя школа or среднее образование.

> Мои родители **довольны** моим решением.

◇ **17.1** Use of the instrumental case: with (не)доволен

Лена хочет заниматься спортом, а её родители хотят, **чтобы** она занима**лась** музыкой.

🎭 **6. Роди́тели недово́льны и́ми.**

These parents are not satisfied with the future plans of their children. Discuss their respective wishes according to the model.

S1: Что хо́чет де́лать Зи́на?
S2: Она́ хо́чет стать худо́жником.
S1: А почему́ роди́тели недово́льны ей?
S2: Они́ хотя́т, что́бы она́ поступи́ла в медици́нский институ́т.

кто	де́ти хотя́т	роди́тели хотя́т
1. Зи́на	стать худо́жником	поступи́ть в медици́нский институ́т
2. Ни́на	занима́ться фигу́рным ката́нием	интересова́ться матема́тикой
3. Ди́ма	учи́ться в ПТУ	получи́ть вы́сшее образова́ние
4. Воло́дя	поступи́ть в театра́льный институ́т	учи́ться в университе́те
5. Серге́й	игра́ть в футбо́л	стать музыка́нтом (роя́ль)
6. Лари́са	занима́ться ре́стлингом	занима́ться му́зыкой (скри́пка)
7. Вади́м	рабо́тать в Голливу́де актёром	око́нчить университе́т

📖 **Диало́г**

Sergei is talking to his career counselor.

Анна Андре́евна:	Серге́й, каки́е у тебя́ пла́ны на бу́дущее? Кем ты хо́чешь стать?
Серге́й:	Я ещё не реши́л. Мои́ роди́тели хотя́т, что́бы я поступи́л в медици́нский институ́т.
Анна Андре́евна:	Что́бы стать врачо́м?
Серге́й:	Да. Они́ хотя́т, что́бы я получи́л вы́сшее образова́ние. А я сам не о́чень интересу́юсь профе́ссией врача́.
Анна Андре́евна:	А чем ты интересу́ешься?
Серге́й:	Я интересу́юсь иску́сством.
Анна Андре́евна:	Ты хо́чешь стать худо́жником?
Серге́й:	И да, и нет. Я хочу́ занима́ться иску́сством, но не **счита́ю**[1] его́ о́чень хоро́шей профе́ссией.
Анна Андре́евна:	А архитекту́рой ты интересу́ешься?
Серге́й:	Да, о́чень. Это почти́ как иску́сство.
Анна Андре́евна:	Тогда́ мо́жет быть ста́нешь архите́ктором?
Серге́й:	Г-м-м. На́до поду́мать об э́том... Эта профе́ссия, действи́тельно,[2] **ка́жется**[3] интере́сной.

[1] consider

[2] in fact, really / [3] seems

Ответьте на вопросы.

1. Какие планы у родителей для Сергея?
2. А как к этому относится Сергей? (*What does Sergei thing about this?*)
3. Чем интересуется Сергей?
4. Почему Сергей не хочет стать художником?
5. Что предложила Сергею Анна Андреевна?
6. А как отреагировал (*reacted*) Сергей?

◇ **17.1** Use of the instrumental case: with the verbs считать and казаться

7. Roleplay.

Pretend to be a career counselor for unmotivated high school students. Try to find out what their interests are and what they might like to do after they finish high school. Then report the results of your counseling session to the class.

Discussing Love and Marriage

Оля и Андрей познакомились в пятом классе.
Они **дружили друг с другом** много лет.
После окончания школы они **поженились**.
Это **ранний брак**. Оле было тогда 17, а Андрею 18 лет.

Через два года Оля **разлюбила** Андрея. Андрей полюбил Ларису. Оля и Андрей **развелись**. Андрей **женился на** Ларисе.

◇ **17.4** Verbs *полюбить, *разлюбить, and *развестись

17.5 The reciprocal pronoun друг друга

жениться на ком	выйти замуж за кого
Андрей хочет **жениться на** Оле.	Ольга хочет **выйти замуж за** Андрея.
Андрей **женился на** Оле.	Ольга **вышла замуж за** Андрея.
Андрей и Ольга **поженились**.	

◇ **17.6** Verbs жениться and выйти замуж

8. Сложные отношения. *Complicated relationships.*

A. Discuss the relationships of the people shown. Use the following questions as a starting point.

1. Кто любит Сергея?
2. Кого любит Сергей?
3. Кто женился? На ком?
4. Кто вышел замуж? За кого?

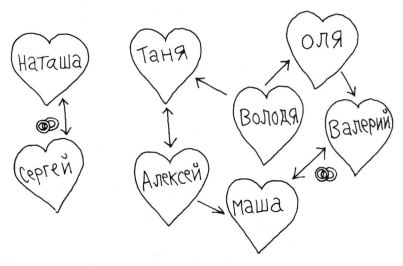

B. How do you think the situation will be different in 10 years? Which couples stopped loving each other? Who got divorced? Whom did they marry?

Наташа разлюбила Сергея?
Сергей разлюбил Наташу?
Сергей и Наташа развелись?
Кого полюбила Наташа?
Наташа вышла замуж? За кого?

wedding vocabulary:

свадьба *wedding*
церковь: обвенчаться в церкви *to get married in a church*
загс: расписаться в загсе *to get married in the registry office*
Дворец бракосочетаний *wedding palace*
жених *groom*
невеста *bride*
свидетель *witness*
обменяться кольцами *to exchange rings*
молодожёны *newlyweds*
целовать(ся) *to kiss*

WEDDING CEREMONIES

The wedding ceremony can be performed in one of three places. The simplest ceremony takes place in the civil registry office загс (Отдел записи актов гражданского состояния) and is comparable to a ceremony before a judge. People can also marry in a wedding palace (Дворец бракосочетаний), where the ceremony is similar but the setting is slightly more festive. The ceremony is often performed by a woman, who gives the young couple advice and asks them to live harmoniously and to respect each other and their parents. The ceremony ends with the exchange of rings and a kiss, as in many other countries. Religious ceremonies are growing in popularity. A wedding at a Russian Orthodox church is a long, elaborate ritual, involving a procession, singing, wedding crowns, candles, and much more.

Many features typical of an American wedding do not exist in Russia. There are no bridesmaids or best men. Instead, there are two unmarried witnesses (свидетель), one from the bride's and the other from the groom's side. The father of the bride does not give her away: the couple enters the room together. Although the attire of the bride and groom is similar to what is worn in other countries, there is no dress code for other members of the wedding party.

After the ceremony the bride and groom climb into a black «Чайка» or other vehicle decorated with colorful ribbons and rings. A teddy bear or doll is tied to the front of the car for good luck (and fertility). Moscow newlyweds often visit the Tomb of the Unknown Soldier located next to the Kremlin wall in the Alexander Garden. The wedding ends with a lavish dinner at a restaurant.

Это жених, невеста и свидетели.

- Вам бо́льше нра́вятся больши́е и́ли ма́ленькие сва́дьбы?
- Если вы жена́ты/за́мужем, кака́я у вас была́ сва́дьба? Где? Ско́лько госте́й бы́ло?
- Если вы не жена́ты/за́мужем, каку́ю сва́дьбу вы хоте́ли бы? Где? Ско́лько госте́й?
- Ру́сские но́сят ко́льца на пра́вой руке́. На како́й руке́ америка́нцы но́сят ко́льца?
- Кто получа́ет кольцо́ на америка́нской сва́дьбе: жени́х, неве́ста и́ли о́ба (both)?
- Молодожёны целу́ются по́сле церемо́нии?

Сва́дьба

Расска́зывает Ната́ша:

Два ме́сяца наза́д моя́ подру́га Ольга вы́шла за́муж. Её му́жа зову́т Са́ша, он о́чень хоро́ший па́рень.[1]

Я была́ свиде́телем у них на сва́дьбе. Регистра́ция состоя́лась[2] в городско́м Дворце́ бракосочета́ний. Всё бы́ло о́чень краси́во. Внача́ле все го́сти и роди́тели вошли́[3] в большо́й зал, где вско́ре заигра́л торже́ственный[4] сва́дебный марш. Пото́м две́ри откры́лись и вошли́ жени́х и неве́ста. Представи́тель[5] за́гса поприве́тствовала[6] Ольгу и Са́шу и начала́ церемо́нию бракосочета́ния. Она́ говори́ла о взаи́мной[7] любви́, роди́тельском до́лге[8] и пре́данности[9] друг дру́гу. А зате́м она́ спроси́ла жениха́ и неве́сту, согла́сны[10] ли они́ быть му́жем и жено́й. Они́ отве́тили: «Да», а пото́м обменя́лись ко́льцами и поцелова́лись. Все го́сти поздра́вили молодожёнов, и все вме́сте пое́хали в рестора́н «Седьмо́е не́бо», что́бы отпра́здновать[11] там э́то ра́достное[12] собы́тие.[13] За пра́здничным столо́м все поздравля́ли молоду́ю па́ру и крича́ли:[14] «Го́рько! Го́рько!»

[1]guy (coll.)
[2]took place
[3]entered
[4]festive
[5]representative / [6]greeted
[7]mutual
[8]duty / [9]faithfulness
[10]agree

[11]celebrate / [12]happy [13]event / [14]yelled

Го́рько is a traditional wedding cheer to encourage the newlyweds to kiss. Literally, го́рько means *bitter*. It can be understood as *"life is bitter"* or *"the wine is bitter,"* and the young couple is expected to kiss in order to make life or wine sweet.

Отве́тьте на вопро́сы.

1. Чья э́то была́ сва́дьба?
2. За кого́ она́ вы́шла за́муж?
3. Где они́ зарегистри́ровали брак?
4. Кто был свиде́телем?
5. Кака́я му́зыка там была́?
6. О чём говори́ла представи́тель за́гса?
7. Что де́лали жени́х и неве́ста по́сле того́, как они́ сказа́ли «да»?
8. Что де́лали го́сти по́сле регистра́ции?
9. Куда́ они́ пое́хали пото́м?
10. Что де́лали молодожёны, когда́ го́сти крича́ли «го́рько»?

Discussing Family Plans

NAMING A CHILD

Russians do not have baby showers for the unborn child. In fact, making preparations or selecting names in advance is considered bad luck. When the child is born, the hospital prepares a document stating the date of birth.

Several months may pass before the child is given an official name. At that point, the hospital document is taken to the civil registry office, загс, which, in addition to marriages, registers births and deaths, to be exchanged for an official birth certificate (свидетельство о рождении).

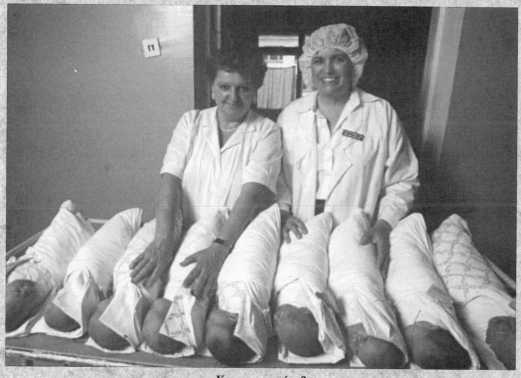

Как их назвать?

Вы хотите **иметь** детей?	Да, я хочу иметь Нет, не хочу.	одного ребёнка. двоих/троих/четверых детей.
У вас есть дети?	Да, есть. У меня есть Нет, у меня нет детей.	один ребёнок. двое/трое/четверо детей.

Collective numerals are in the animate accusative form after the verb иметь (to have) and in the nominative case in the construction у меня есть. All collective numerals, including 2, 3, and 4, are followed by the genitive *plural* (here; детей).

Ната́ша **ждёт ребёнка**.
У неё ско́ро бу́дет ребёнок.

The verb **называ́ть**/
*назва́ть means *to
name somebody*. The
name itself stays in the
nominative or
instrumental case form:
Они́ назва́ли ма́льчика
Дени́с(ом).

У Ната́ши и Игоря роди́лся ребёнок. Они́ **назва́ли**
ребёнк**а** Алекса́ндр. А как бу́дет его́ о́тчество?

- Вам нра́вятся больши́е и́ли ма́ленькие семьй?
- Каки́е имена́ вам нра́вятся?
- Каки́е мужски́е и же́нские имена́ сейча́с **мо́дные**?
- Как вы назва́ли бы ва́шего сы́на/ва́шу дочь?

9. Ско́лько у них дете́й?

Answer the following questions. Then ask similar questions about the other families.

1. Ско́лько у Ивано́вых дете́й?
2. Это ма́льчики и́ли де́вочки?
3. Как они́ назва́ли дете́й?
4. А как бу́дет их о́тчество и фами́лия?

семья́	Ивано́вы	Петро́вы	Медве́девы
роди́тели	Ири́на и Леони́д	Ни́на и Серге́й	Анна и Никола́й
де́ти	Ольга Алекса́ндр	Мари́на	Вале́рий Валенти́н Валенти́на

10. Рожде́ние, жизнь и смерть.

Working with a partner, answer the questions based on Elena's family chart.

1. Когда́ роди́лся де́душка/родила́сь ба́бушка?
2. На ско́лько лет де́душка ста́рше ба́бушки?
3. Кто око́нчил шко́лу ра́ньше: ба́бушка и́ли де́душка? На ско́лько лет ра́ньше? В како́м году́ э́то бы́ло?
4. Что де́лала ба́бушка в 1940-ом году́?
5. Ско́лько дете́й у них роди́лось?
6. Как они́ назва́ли пе́рвого ребёнка?
7. На ско́лько лет по́зже роди́лся второ́й ребёнок?
8. Как они́ назва́ли второ́го ребёнка?
9. Кем рабо́тала ба́бушка? Где?
10. А де́душка кем рабо́тал?
11. Кто у́мер ра́ньше: ба́бушка и́ли де́душка? На ско́лько лет ра́ньше?
12. Ско́лько лет бы́ло де́душке, когда́ он у́мер? А ба́бушке?
13. Как бу́дет о́тчество Алекса́ндра?
14. В како́м году́ роди́лся Алекса́ндр?
15. Что он де́лал по́сле оконча́ния шко́лы?
16. Как вы ду́маете, в како́м институ́те он учи́лся?
17. Что де́лал Алекса́ндр в 1967-ом году́?
18. Ско́лько дете́й у них роди́лось? В како́м году́?
19. Кем рабо́тал Алекса́ндр по́сле оконча́ния институ́та? Где?
20. Как вы ду́маете, кем рабо́тала его́ жена́?

кто	моя́ ба́бушка	мой де́душка	мой оте́ц
и́мя-о́тчество	Анна Ива́новна	Ива́н Никола́евич	Алекса́ндр
рожде́ние	1922	1920	1943
оконча́ние шко́лы	1937	1935	1960
университе́т	—	—	1961–1967
брак	1940	1940	1967 (Ната́лья Влади́мировна)
де́ти	Лари́са (р. 1941) Алекса́ндр (р. 1943)		Влади́мир (р. 1968) Татья́на (р. 1971) Еле́на (р. 1978) ◀ Это я.
рабо́та	ткачи́ха (*weaver*)/ фа́брика	меха́ник/ электроста́нция	врач/больни́ца
смерть	1993	1970	—

◇ **17.7** Feminine nouns ending in a soft sign

11. **С ми́лым и в шалаше́ рай.** *With your loved one, there is a paradise even in a shack.*

Comment on this Russian proverb (С ми́лым...). Then comment on the statements that follow. If you do not agree, explain why not.

To denote agreement or disagreement, you say: Я (не) согла́сен/ согла́сна.

Вы согла́сны?

1. Жени́ться/выходи́ть за́муж лу́чше по́здно, чем никогда́.
2. Же́нщинам лу́чше выходи́ть за́муж в во́зрасте 22–24 лет, а мужчи́нам в во́зрасте 26–28 лет.
3. Лу́чше жить вме́сте до бра́ка.
4. Ка́ждая же́нщина должна́[1] име́ть дете́й.
5. Де́тям лу́чше, е́сли мать не рабо́тает.
6. Воспи́тывать[2] дете́й—э́то же́нская рабо́та.
7. Муж до́лжен помога́ть жене́ на ку́хне.
8. Лу́чше развести́сь, чем жить с нелюби́мым челове́ком.
9. Развести́сь сего́дня—сли́шком легко́.
10. Ссо́ры[3] обы́чно быва́ют из-за де́нег.

[1]must

[2]raise

[3]quarrels

Исто́рия на́шей любви́

Расска́зывает Лари́са:

Мы встре́тились в студе́нческой столо́вой. Я была́ тогда́ на второ́м ку́рсе. Мы полюби́ли друг дру́га с пе́рвого взгля́да.[1] А че́рез ме́сяц уже́ пожени́лись. У нас была́ больша́я и краси́вая сва́дьба. Че́рез год у нас роди́лся сын. Я не око́нчила университе́т. Пото́м постепе́нно[2] мы разлюби́ли друг дру́га. Мы с му́жем о́чень ча́сто ссо́рились[3] и че́рез год развели́сь. Сейча́с я воспи́тываю сы́на одна́. Я, как и мно́гие други́е же́нщины, мать-одино́чка.

[1]sight

[2]little by little
[3]quarreled

Расска́зывает Ири́на Льво́вна:

Мы познако́мились в деся́том кла́ссе. Ему́ бы́ло 17 лет, а мне 16. Я не могу́ сказа́ть, что мы влюби́лись[4] с пе́рвого взгля́да. Скоре́е,[5] на́ша любо́вь росла́[6] постепе́нно. И, са́мое гла́вное, он был мои́м са́мым лу́чшим дру́гом. По́сле шко́лы мы о́ба поступи́ли в университе́т. Мы реши́ли так: лу́чше око́нчить университе́т, а пото́м пожени́ться. Мы так и сде́лали. По́сле оконча́ния университе́та мы зарегистри́ровали свой брак. У нас роди́лось дво́е дете́й. Прошло́[7] уже́ 20 лет, де́ти на́ши вы́росли,[8] а я всё ещё счита́ю му́жа мои́м лу́чшим дру́гом. Ско́ро мы, наве́рное,[9] ста́нем ба́бушкой и де́душкой.

[4]fell in love / [5]rather
[6]grew

[7]went by
[8]grew up
[9]probably

Ответьте на вопросы.

1. Кто вышел замуж раньше: Лариса или Ирина? На сколько лет раньше?

2. Кто дружил с будущим мужем дольше *(longer)* до брака: Лариса или Ирина?

3. Как вы думаете, почему Лариса с мужем разлюбили друг друга?

4. Что сделали Лариса и её муж после того, как они разлюбили друг друга?

5. Сколько детей у Ларисы? А у Ирины?

6. Ирина ещё любит своего мужа?

7. Кто старше: Лариса или Ирина? Почему вы так думаете?

CHAPTER REVIEW

A. **You should now be able to...**

1. *ask and answer questions about what you want to be(come)*
2. *explain how your plans have changed since childhood*
3. *state what you are interested in and involved in*
4. *describe what you will do after you graduate*
5. *say how your parents' wishes differ from yours*
6. *explain what people are (dis)satisfied with*
7. *say how long people have been friends before marriage*
8. *say who fell in love, fell out of love, got married, or got divorced*
9. *describe what kind of weddings you like*
10. *describe your plans for starting a family*
11. *say that somebody is expecting a child*
12. *announce the birth and name of a child*

B. **Если это не секрет...** *Interview a classmate, asking the following questions in Russian. Do not attempt to translate them literally, however. Add any other questions necessary. Take short notes and prepare a written report as homework.*

1. *When you were little, what did you want to be?*
2. *Are you working now? As what?*
3. *What are you interested in?*
4. *Are you involved in any sports?*
5. *How about music?*
6. *Did you apply to other universities?*
7. *Have you already decided what you want to be?*
8. *When will you graduate?*

9. *What do you want to do after you graduate?*
10. *How did your parents react to your choice of career?*
11. *Do you want to get married? When?*
12. *Do your parents want you to get married?*
13. *What kind of weddings do you like?*
14. *Do you like children?*
15. *Do you want to have children? How many?*
16. *If you had a son, what would you name him? How about a daughter?*

C. **Давнό не вúделись!** *You meet your high school friend after 20 years. Compare your lives since then. What have you been doing? Are you married? Do you have children? What is your profession? Also discuss some rumors that you have heard about other people in your class.*

Extra _____

Дáма с собáчкой

Read the beginning of a story by Anton Chekhov, *The Lady with the Dog.*

[1]appeared / [2]face

Говорúли, что на нáбережной появúлось[1] нόвое лицό:[2] дáма с собáчкой. Дмúтрий Дмúтрич Гýров, прожúвший в Ялте ужé две недéли, стал интересовáться нόвыми лúцами. Однáжды он увúдел, как по нáбережной прошлá молодáя дáма, невысόкого рόста[3] блондúнка, в берéте; за нéю бежáл бéлый шпиц.

[3]height

И потόм он встречáл её в городскόм садý по нéскольку раз в день. Онá гуляла однá, в том же берéте, с бéлым шпúцем; никтό не знал, кто онá, и называли её прόсто так: дáма с собáчкой.

«Если онá здесь без мýжа и без знакόмых,—соображáл Гýров,—то бýло бы не лúшнее[4] познакόмиться с ней.»

[4]here: would not be bad

Емý нé было ещё сорокá, но у негό былá ужé дочь двенáдцати лет и два сýна гимназúста. Егό женúли рáно, когдá он был ещё студéнтом вторόго кýрса, и тепéрь женá казáлась в полторá[5] рáза стáрше егό. Онá мнόго читáла, называла мýжа не Дмúтрием, а Димúтрием, а он считáл её ýзкой, боялся её и не любúл бывáть дόма.

[5]one and a half

[6]once

И вот однáжды,[6] под вéчер, он обéдал в садý, а дáма в берéте подходúла не спешá, чтόбы занять сосéдний стол. Её выражéние,[7] похόдка,[8] плáтье, причёска[9] говорúли емý, что онá из порядочного[10] όбщества,[11] зáмужем, в Ялте в пéрвый раз и однá, что ей скýчно здесь...

[7]expression / [8]gait

[9]hairdo / [10]respectable /
   [11]society

Отрýвок из рассказа А. П. Чéхова «Дáма с собáчкой»

Answer the questions in English.

1. How long had Dmitri Gurov been at Yalta?
2. What did the newcomer look like?
3. What kind of dog did she have?
4. Where did Gurov see the lady and how often?
5. What was her name?
6. Was she with someone?
7. How old was Dmitri Gurov?
8. How many children did he have?
9. When had he married his wife?
10. What was his wife like?
11. What could Dmitri Gurov tell by the lady's appearance and behavior?

Word Building

Marriage vocabulary

The phrase **замужем** is formed from the preposition **за** *(behind)* and the instrumental case form of **муж** *(husband)*. Thus, married women are *behind* their husbands. And if a woman wants to get married, she goes behind the husband (**выйти замуж**). Men, on the other hand, are *"wived"* (**женат**), and when they marry they *"get wived"* (**жениться**).

The noun **брак** *(marriage)* has an interesting second meaning, *defective goods, spoilage, wreck.* So if the marriage, in fact, becomes defective, some people may opt *to lead each other apart,* **развестись,** from the prefix **раз** *(apart),* **вести** *(to lead),* and the reflexive **-сь/ся** *(each other).*

Roots

-жен- *woman*
жена *wife*
женщина *woman*
женат *married* (of a man)
жених *bridegroom*
женский *women's*
женственный *feminine (in appearance or behavior)*

-муж- *man*
муж *husband*
мужчина *man*
замужем *married* (of a woman)
мужик *peasant*
мужской *men's*
мужественный *masculine, manly, brave*

ГРАММАТИКА

17.1 USE OF THE INSTRUMENTAL CASE

In Lesson 16 you learned to use the instrumental case as follows.

A. Without a preposition, to denote an instrument, a means for doing something.

Я ем ло́жкой.

B. With the prepositions с, ря́дом с, за, and ме́жду.

Я познако́милась **с** интере́с**ным** молоды́**м** челове́**ком**.

In this lesson, you will learn several other uses of the instrumental case.

C. With the verbs стать (*to become somebody/something*) and быть (*to be somebody/something*).

Я хочу́ стать медсестро́й.	*I want to become a nurse.*
Я хочу́ быть медсестро́й.	*I want to be a nurse.*
Я ско́ро ста́ну врачо́м.	*I will soon become a physician.*
Я ско́ро бу́ду врачо́м.	*I will soon be a doctor.*
Кем ты хо́чешь стать?	*What do you want to become?*
Кем ты хо́чешь быть?	*What do you want to be?*

*Стать is a perfective aspect verb, conjugated as follows:

я ста́ну
ты ста́нешь
они́ ста́нут

In sentences with the verb **быть,** the predicate is in either the nominative or the instrumental case as shown in the chart.

infinitive	Я хочу́ **быть** врачо́м.	instrumental
present tense	Серге́й—врач.	nominative (implied verb **быть**)
future	Я бу́ду врачо́м.	instrumental
past tense	Его́ ма́ма **была́** ру́сская.	nominative (permanent condition)
	Во вре́мя войны́ она́ **была́** медсестро́й.	instrumental (nonpermanent condition)

D. With the verb рабо́тать (*to work as somebody*).

Кем ты рабо́таешь?   Я рабо́таю официа́нт**ом**.
What are you working as?   *I work **as a waiter**.*

You can ask about a person's profession in two ways, as the following examples show. The first construction implies a nonpermanent condition. Note also that the English language uses the pronoun *what*, whereas the Russian language uses the pronoun *who*.

Кем вы рабо́таете?   ***What** are you working as?*
or: **Кто** вы по профе́ссии?   ***What** is your profession?*

Упражне́ния

◇ **1.** Finish the sentences by putting the words in parentheses in the instrumental case.

1. Оля хо́чет стать (певи́ца).
2. Ко́стя хо́чет быть (изве́стный рок-музыка́нт).
3. Ле́на бу́дет (знамени́тый писа́тель).
4. Серге́й рабо́тает (инжене́р) на заво́де.
5. Воло́дя не хо́чет быть (вое́нный).
6. Джон ра́ньше хоте́л стать (полице́йский).
7. Когда́ Ива́н был (ма́ленький), он хоте́л стать (космона́вт).
8. Когда́ Лари́са была́ (ма́ленькая), она́ хоте́ла стать (учёный).
9. Ма́ма рабо́тала (продавщи́ца) в магази́не.
10. Ната́ша рабо́тает (междунаро́дный корреспонде́нт) в журна́ле «Огонёк».

2. Translate the following sentences into Russian.

1. What do you want to be?
2. What does your sister want to become?
3. Nina will be an actress.
4. Lena will become a veterinarian.
5. In the summer Misha worked as a waiter.
6. What are you working as now?
7. Larisa wants to be a teacher.
8. When Sasha was little, he wanted to become a firefighter.
9. When I was little I wanted to be a nurse, but now I want to become a doctor.
10. Sergei, when you were little, what did you want to become?

E. **With the verb интересlовáться** (*to be interested in somebody/ something*). Notice the change in the present tense stem from -ова- to -у-.

я интересýюсь
ты интересýешься
онú интересýются

Я интересýюсь спóрт**ом.**	*I am interested in sports.*
Чем ты интересýешься?	*What are you interested in?*
Когдá я был мáленьким, я интересовáлся гимнáстик**ой.**	*When I was little, I was interested in gymnastics.*

F. **With the verb занимáться** (*to be occupied with or involved in something, to study*).

Я занимáюсь рýсским язык**óм.**
I am doing my Russian homework.   (actively involved)
I study Russian.

but: Я изучáю рýсский язы́к.   (in general, but not
I study Russian.   necessarily now)

Note 1: Note the difference between the verbs **интересовáться** and **занимáться**.

Я интересýюсь спóртом.   (I'm interested, but not involved)
Я занимáюсь спóртом.   (I play football, tennis, etc.)

Note 2: The question **Чем ты занимáешься?** can mean several things.

Чем ты занимáешься?   *What are you doing right now?*
What are your hobbies?
What kind of sports are you involved in?

Упражнéния

◇ **3.** **What are these people interested in?**   Write complete sentences with the given words.

1. вы/америкáнская рок-мýзыка/?
2. Анна/э́тот молодóй человéк
3. я/инострáнная литератýра
4. Лéна и Лúза/совремéнное искýсство
5. мой брат/шáхматы
6. ты/плáвание/?
7. Сергéй/междунарóдные отношéния
8. мы/фигýрное катáние

9. я/профе́ссия ветерина́ра

10. вы/исто́рия/?

4. Translate the following sentences into Russian. Use the verbs **интере-со́ваться** or **занима́ться**, as appropriate.

1. What are you interested in?
2. I'm interested in classical music.
3. Who is Lena interested in?
4. She is interested in this new student.
5. Are you involved in sports?
6. What kind of hobbies do you have?
7. My hobbies are swimming, tennis, and volleyball.
8. Does your brother do bodybuilding?
9. Igor does fencing and wrestling.
10. I jog.

G. **With the short adjective дово́лен/дово́льна/дово́льно/дово́льны** *(satisfied, pleased)* **and its opposite недово́лен.**

Note: Unlike the English, there is *no* preposition *with* in the Russian sentence.

Мои́ роди́тели дово́льны **мной**.	*My parents are pleased **with** me.*
Ка́тя недово́льна тво**е́й** рабо́т**ой**.	*Katya is not satisfied **with** your work.*

Упражне́ние

5. How would you say the following in Russian?

1. I'm not pleased with him.
2. Is Anna Pavlovna satisfied with my work?
3. Are your parents pleased with you?
4. The professor is not satisfied with these students.
5. My parents are not satisfied with my decision (реше́ние).

H. **With the verb счита́ть** *(to consider).*

Я счита́ю Игор**я** интере́сн**ым** (челове́к**ом**). acc. instr.	*I consider Igor (an) interesting (person).*
Я счита́ю Ле́н**у** мо**е́й** лу́чш**ей** подру́г**ой**. acc. instr.	*I consider Lena my best friend.*

Упражнение

◇ **6.** Rewrite the following sentences using **считáть**.

Model: По-мóему, Игорь интерéсный человéк.
Я считáю Игоря интерéсным человéком.

1. По-мóему, он такóй скýчный человéк.
2. Игорь дýмает, что Тáня красúвая дéвушка.
3. Как по-твóему, твой профéссор интерéсный человéк?
4. По-мóему, э́тот молодóй человéк óчень хорóший артúст.
5. Оля и Лéна дýмают, что Натáлья Бессмéртнова сáмая хорóшая балерúна в мúре.

I. **With the verb казáться** *(to seem).* This verb is used only in the third person singular (кáжется) and plural (кáжутся) and in the past tense.

Япóнский язы́к кáжется **мне** трýдн**ым** (язык**óм**).
                          dat.   instr.
The Japanese language seems difficult to me.

Твои́ предложéния кáжутся **мне** интерéсн**ыми**.
                                  dat.   instr.
Your suggestions seem interesting to me.

Бáбушка казáлась **емý** стáр**ой**.
                          dat.   instr.
Grandmother seemed old to him.

Note: The verb казáться can also be used without the instrumental case.

Мне кáжется, **что** япóнский язы́к интерéсный.
 dat.
*It seems **to me that** the Japanese language is interesting.*

Упражнение

◇ **7.** Rewrite the sentences using the verb **казáться (кáжется)**.

Model: Я дýмаю, что нáша квартúра мáленькая.
Нáша квартúра кáжется мне мáленькой.

1. Он дýмает, что Ларúса талáнтливая артúстка.
2. По-мóему, Чéхов хорóший писáтель.
3. Я дýмаю, что китáйский язы́к óчень трýдный.
4. Онá дýмает, что Ивáн Петрóвич стáрый.
5. Они́ дýмают, что поéздка во Фрáнцию слúшком дорогáя.

17.2 THE VERB ПОСТУПАТЬ/*ПОСТУПИТЬ

Remember that the imperfective aspect denotes action without implying result, whereas the perfective aspect implies that the action had or will have an intended result. Examine the following sentences and pay close attention to the English translation.

поступа́ть *to apply*

*поступи́ть *to get accepted, to get in, to enroll*

Я бу́ду **поступа́ть** в медици́нский институ́т. (I will be taking
I will apply to medical school. entrance exams.)

Ты **поступа́л** в медици́нский институ́т?
Did you apply to medical school?

Ты **поступи́л** в медици́нский институ́т? (Did they accept
Did you get accepted to medical school? you?)

Я хочу́ **поступи́ть** в медици́нский институ́т. (I want to get
I want to go to medical school accepted.)

Если я **поступлю́**, мне **на́до бу́дет** о́чень
мно́го занима́ться.
If I get accepted, I will have to study a lot.

Упражне́ние

◇ **8.** Supply the correct form of the verb **поступа́ть/поступи́ть.**

1. Что ты бу́дешь де́лать, е́сли ты не _____ в аспиранту́ру?
   Не зна́ю. Бу́ду рабо́тать, мо́жет быть.

2. Америка́нские шко́льники ча́сто _____ в ра́зные университе́ты, когда́ они́ ещё у́чатся в двена́дцатом кла́ссе.

3. В конце́ апре́ля они́ уже́ зна́ют, в каки́е университе́ты они́

   _____.

4. Лу́чше _____ во мно́гие университе́ты, так как вы не зна́ете, в каки́е университе́ты вы _____. Ко́нкурс (*competition*) о́чень большо́й.

5. В каки́е америка́нские университе́ты тру́дно _____?

6. Ли́нда сказа́ла, что е́сли она́ _____ в Га́рвардский университе́т, она́ бу́дет о́чень сча́стлива (*happy*).

17.3 THE CONJUNCTION ЧТОБЫ

You have already learned to use the verb **хоте́ть** to express what a person wants to do.

Я хочу́ поступи́ть в консервато́рию.
I want to enroll in the conservatory.

To express what a person wants *somebody else* to do, the conjunction **что́бы** *(that)* with the *past tense* of the verb is used.

Мои́ роди́тели хотя́т, **что́бы я** поступи́л в университе́т.	(refers to another person)
My parents want *me to enroll* in *a university.*	

literally: *My parents want that I should enroll in a university.*

Мы не хоти́м, что́бы **вы** бы́ли здесь.	(refers to another person)
We do not want you to be here.	

Note 1: Remember that as with other clauses with **бы, что́бы** requires the *past tense* of the verb.

Note 2: Pay close attention to translations from English into Russian. In English you can use the object forms of personal pronouns. In Russian, however, you have to use two separate clauses, both of which have a *subject in the nominative case.*

*I want **him** to read.*	Я	хочу́, что́бы	**он**	чита́л.
	subject	verb	subject	verb
*My parents want **me** to study.*	Мои́ роди́тели	хотя́т, что́бы	**я**	занима́лся.
	subject	verb	subject	verb

Упражне́ние

◇ **9.** Translate the sentences into Russian. Remember to use the past tense of verbs.

1. Mother wants you to go to the store.
2. I want you to go to the movies with me.
3. I do not want my sister to become an actress.
4. I want my son to finish school.
5. My sister wants me to be involved in sports.
6. My parents want me to become a doctor.
7. Parents want children to get a college education.
8. Our teacher wants us to study more.
9. I do not want you to buy a new car.
10. We want you to go to graduate school. (say: to enroll in a graduate program)

17.4 VERBS *ПОЛЮБИ́ТЬ, *РАЗЛЮБИ́ТЬ, AND *РАЗВЕСТИ́СЬ

When added to the verb **люби́ть**, the prefix **по-** denotes the beginning of an action and the prefix **раз-** cancellation of an action. Thus, the verbs *полюбить and *разлюбить can best be translated as *to fall in love* and *to fall out of love*, respectively. Both verbs govern the *accusative* case.

Маша полюбила Марка.   Денис разлюбил Нину.
Masha fell in love with Mark.   *Denis fell out of love with Nina.*

The verb **разводиться/*развестись с** + instrumental *(to get divorced)* is needed mostly in the perfective aspect form. The past tense forms of the verb **развестись** are as follows.

развёлся
развелась
развелись

Когда Игорю было 28 лет, он **развёлся с** женой.
Игорь и Лена **развелись**.

Упражнение

◇ **10.** Write complete sentences with the words given.

Model: Алексей/18/полюбить/Оля   **Когда Алексею было 18 лет, он полюбил Олю.**

1. Денис/14/полюбить/Таня
2. Андрей/24/развестись/Лариса
3. Наташа/32/разлюбить/Володя
4. Ольга/35/развестись/Виктор
5. Маша/21/разлюбить/Игорь/и через год/развестись/он

17.5 RECIPROCAL PRONOUN ДРУГ ДРУГА

The reciprocal pronoun **друг друга** *(each other)* is declined like the noun **друг**. Only the second word is declined, however. The pronoun does not have a nominative case form. When a preposition is needed, it falls between the two words.

	Without preposition	**With preposition**	
nom.	——		
acc.	друг друга	друг на друга	*at each other*
gen.	друг друга	друг без друга	*without each other*
prep.	*	друг о друге	*about each other*
dat.	друг другу	друг к другу	*to(ward) each other*
instr.	друг другом	друг с другом	*with each other*

* The prepositional case is not used without a preposition.

Ли́за и Ми́тя полюби́ли **друг дру́га.**	*Lisa and Mitya fell in love with each other.*
Они́ не мо́гут жить **друг без дру́га.**	*They cannot live without each other.*
Они́ всегда́ помога́ют **друг дру́гу.**	*They always help each other.*

Упражне́ние

◇ **11.** Supply the missing words.

1. Эти ма́льчики ча́сто ссо́рятся (*fight*) _____ (*with each other*).

2. Де́вочки говоря́т _____ (*to each other*) секре́ты.

3. На́стя и Ко́ля ча́сто помога́ют _____ (*each other*).

4. Ни́на и Воло́дя разлюби́ли _____ (*each other*).

5. Мы всегда́ покупа́ем _____ (*each other*) пода́рки.

6. Мы не мо́жем жить_____ (*without each other*).

7. Ле́на и Ли́за мно́го зна́ют _____ (*about each other*).

8. Алла и Серге́й поздравля́ли _____ (*each other*) с Но́вым го́дом.

9. Джон и Воло́дя давно́ зна́ют _____ (*each other*).

10. Они́ ча́сто пи́шут пи́сьма _____ (*to each other*).

17.6 VERBS ЖЕНИ́ТЬСЯ AND *ВЫ́ЙТИ ЗА́МУЖ

You have already learned to express the current marital status of people. For masculines, you use the short adjective **жена́т/жена́ты** and for feminines, the phrase **за́мужем**.

Ко́ля, **ты** жена́т?	Нет, я хо́лост (*single*).
Анто́н Па́влович, **вы** жена́ты?	Да, я жена́т. (Notice the formal form, identical to the plural)
Ле́на, **ты** за́мужем?	Нет, я не за́мужем.
Анна Па́вловна, **вы** за́мужем?	Да, я за́мужем.

The corresponding *verb* referring to masculines is **жени́ться на** + *prepositional*. The same verb is both imperfective and perfective.

В про́шлом году́ Серге́й жени́лся.	*Sergei got married last year.*
За́втра я женю́сь.	*I will get married tomorrow.*
Са́ша жени́лся **на Ни́не.**	*Sasha married Nina.*

For feminines, the verbal phrase **выходи́ть/вы́йти за́муж за** + *accusative* is used.

Note: The past tense forms of **выйти** are **вышла, вышли**.

Лена вышла замуж 2 года назад.   *Lena got married 2 years ago.*

Таня выйдет замуж летом.   *Tanya will get married in the summer.*

Оля вышла замуж **за Игоря**.   *Olya married Igor.*

Лиза хочет выйти замуж **за Сашу**.   *Lisa wants to marry Sasha.*

В каком возрасте женщинам лучше **выходить** замуж?   (in general; hence the imperfective aspect)
What is the best age for women to get married?

When you want to say that *a couple* got married, you use the verb **пожениться*.

Саша и Лена поженились.   *Sasha and Lena got married.*

Упражнения

◇ **12.** Write two sentences for each item according to the model.

  Model: Виктор/Ольга   **Виктор женился на Ольге.**
            Ольга вышла замуж за Виктора.

  1. Игорь/Таня
  2. Сергей/Оля
  3. Миша/Лена
  4. Денис/Лиза
  5. Саша/Наташа

13. Translate the following sentences into Russian. You will need both the verbs and the expressions for current marital status.

  1. My sister is married.
  2. She got married 2 weeks ago.
  3. She married Nina's brother.
  4. Lena has been married for a long time.
  5. My older brother is married.
  6. Katya and Yura got married last year.
  7. My best friend Mark married a Russian woman.
  8. Natasha says that she does not want to get married.
  9. All her friends (female) are already married.
  10. Aleksei Alekseevich, have you been married for a long time?

17.7 FEMININE NOUNS ENDING IN A SOFT SIGN

You have already learned several feminine nouns that end in a soft sign.

дверь	*door*	óсень	*autumn*
кровáть	*bed*	плóщадь	*square*
лóшадь	*horse*	соль	*salt*
ночь	*night*		

The following nouns are introduced in this lesson.

жизнь	*life*	смерть	*death*
любóвь	*love*		

The complete declension of feminine nouns ending in a soft sign is given in the following chart. You can see that the singular instrumental case has the ending **-ью**, (нóчью, óсенью). The accusative and nominative are identical, and all other singular case forms end in **-и**. The plural is identical to that of masculine nouns ending in a soft sign.

	Singular		Plural
nom.	плóщадь	любóвь	плóщади
acc.	плóщадь	любóвь	плóщади
gen.	плóщади	**любви́**	площадéй
prep.	плóщади	**любви́**	площадя́х
dat.	плóщади	**любви́**	площадя́м
instr.	плóщадью	любóвью	площадя́ми

Note: The noun **любóвь** *(love)* drops the fleeting vowel **-о-** in the genitive, dative, and prepositional forms. The plural forms are not used.

Упражнéние

◇ **14.** Supply the missing words in the correct form.

1. В э́том сýпе сли́шком мнóго _____ (соль).
2. Ты ничегó не знáешь о _____ (любóвь).
3. Пóсле _____ (смерть) отцá сын уéхал в Москвý.
4. Какúе здáния нахóдятся на _____ (Крáсная плóщадь)?
5. На э́той фéрме нет _____ (лóшади).
6. В Москвé я купúл мнóго интерéсных _____ (вéщь).
7. Вчерá я весь день лежáл в _____ (кровáть).
8. Что ты знáешь о _____ (жизнь) э́того худóжника?
9. С днём рождéния, Натáша!—С _____ (любóвь), И́горь.
10. Почемý ты интересýешься _____ (жизнь) э́той балери́ны?

Vocabulary

Note: The core vocabulary is bold-faced.

Nouns

Family life

брак	*marriage*
дворе́ц	*palace*
Дворе́ц бракосочета́ний	*marriage palace*
де́вочка	*(little) girl*
жени́х	*bridegroom*
загс (Отде́л за́писи	*civil registry office*
а́ктов гражда́нского	
состоя́ния)	
и́мя *pl.* **имена́**	*name, first name*
кольцо́ *pl.* **ко́льца**	*ring*
любо́вь *f. gen.* любви́	*love*
ма́льчик	*(little) boy*
молодожёны	*newlyweds*
неве́ста	*bride*
ребёнок *gen.* **ребёнка**	*child*
pl. **де́ти**	
рожде́ние	*birth*
сва́дьба	*wedding*
свиде́тель *m.*	*witness*
смерть *f.*	*death*
церемо́ния	*ceremony*
це́рковь *f.* (в це́ркви)	*church*

School

образова́ние	*education*
обуче́ние	*schooling, teaching*
оконча́ние	*finishing*
план	*plan*
спецшко́ла	*special school*
филфа́к	*department*
(= филологи́ческий	*of languages*
факульте́т)	*and literatures*

Professions

вое́нный	*soldier*
диплома́т	*diplomat*
кинорежиссёр	*movie director*
лётчик	*pilot*
милиционе́р	*police officer (Russian)*
певе́ц, певи́ца	*singer*
пожа́рник	*firefighter*

полице́йский	*police officer*
психиа́тр	*psychiatrist*
разве́дчик	*intelligence officer*
рок-музыка́нт	*rock musician*
солда́т	*soldier*
хиру́рг	*surgeon*

Sports

бег	*running*
борьба́	*wrestling*
культури́зм	*bodybuilding*
ре́стлинг	*wrestling*
фехтова́ние	*fencing*
физкульту́ра	*physical education*
ходьба́	*walking*
шта́нга	*weight lifting*

Other nouns

бу́дущее	*the future*
во́зраст	*age*
интере́с	*interest*
мечта́	*dream*
миллионе́р	*millionnaire*
но́вость *f.*	*news*
опро́с	*survey*
отноше́ние	*relation(ship)*
реше́ние	*decision*
ссо́ра	*quarrel*

Adjectives

вы́сший	*highest* (here: *college* *level*)
дово́лен,	*satisfied with*
дово́льна, дово́льны	
+ *instr.*	
до́лжен, должна́, должны́	*must, obligated*
знамени́тый	*famous, well-known*
легко́	*(it's) easy*
лы́жный	*ski(ing)*
междунаро́дный	*international*
мо́дный	*fashionable*
осо́бый	*special*
прести́жный	*prestigious*
ра́нний	*early*

сло́жный	complicated
согла́сен, согла́сна, согла́сны с + instr.	in agreement with

Adverbs

действи́тельно	in fact, really
дово́льно	fairly, rather
ско́ро	soon
то́лько что	just
то́чно	exactly

Pronouns

друг дру́га	each other
о́ба m., n. о́бе f.	both
сам, сама́, са́ми	myself, yourself, etc.

Prepositions

до + gen.	before
по́сле + gen.	after

Conjunctions

что́бы	that, so that, in order to
и́ли ... и́ли	either ... or

Verbs

ви́деть (II) ви́жу, ви́дишь, ви́дят	to see
ви́деться	to see each other
воспи́тыва|ть (I)	to educate, to raise
выходи́ть за́муж (II)	to get married
*вы́йти за́муж (I) за + acc. вы́йду, вы́йдешь, вы́йдут; past вы́шла за́муж	(of a woman)
дружи́ть (II) с + instr. дружу́, дру́жишь, дру́жат	to be friends with
ждать (I) + gen. жду, ждёшь, ждут	to wait, to expect
жени́ться (II) на + prep. женю́сь, же́нишься, же́нятся	to get married (of a man)

занима́ть|ся (I) + instr.	to study, to be occupied with
име́ть (I)	to own, to have
интерес|ова́|ться (I) + instr. интересу́юсь, интересу́ешься, интересу́ются	to be interested in
каза́ться + dat. + instr. ка́жется, ка́жутся	to seem, to appear (to somebody, something)
мечта́|ть (I) о + prep	to dream
называ́ть (I)	to name
*назва́ть (I) назову́, назовёшь, назову́т	
носи́ть (II) ношу́, но́сишь, но́сят	to carry, to wear
*око́нчить (II) око́нчу, око́нчишь, око́нчат	to finish, to conclude
*поду́ма|ть (I)	to think (for a little while)
*пожени́ться	to marry (each othe
*полюб|и́ть (II) + acc.	to fall in love with
поступа́|ть (I)	to apply
*поступи́ть (II) поступлю́, посту́пишь, посту́пят	to enroll, to enter (a university, school)
*по/цел|ова́ть (I) целу́ю, целу́ешь, целу́ют	to kiss
*по/цел|ова́ться (I)	to kiss each other
*развести́сь с + instr. развёлся, развела́сь, развели́сь	to get divorced
*разлюб|и́ть (II) + acc.	to fall out of love with
реша́|ть (I)	to decide, to solve
*реши́ть (II) решу́, реши́шь, реша́т	
*стать (I) + inst. ста́ну, ста́нешь, ста́нут	to become
счита́|ть (I) + acc. + instr.	to consider (somebody something)

Уро́к 18
(Восемна́дцатый уро́к)

Как вы себя́ чу́вствуете?

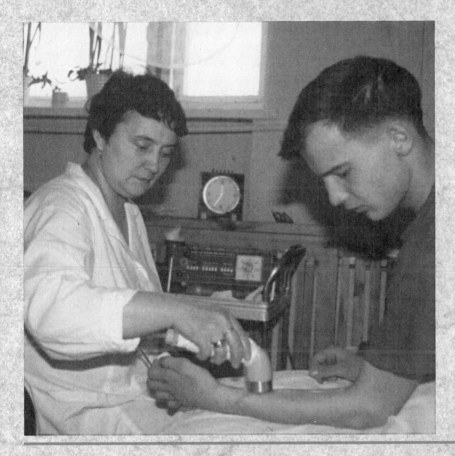

У него́ боли́т рука́.

Врач: На что вы жа́луетесь?

Серёжа: У меня́ боли́т го́рло. Я ничего́ не могу́ есть.

Врач: Посмо́трим. Откро́йте рот. Скажи́те «а-а-а».

Серёжа: А-а-а.

Врач: У вас, ка́жется, анги́на. Я вы́пишу вам реце́пт. Принима́йте э́ти табле́тки 4 ра́за в день.

Серёжа: Спаси́бо, до́ктор. До свида́ния.

Врач: До свида́ния. Поправля́йтесь.

THEMES

- Describing your physical appearance
- Complaining about your health
- Making health recommendations
- Expressing feelings and empathy
- Going to the doctor

CULTURE

- Official health care
- Folk medicine
- The Russian bathhouse—ба́ня

STRUCTURES

- The reflexive pronoun себя́
- Impersonal constructions хо́чется and спи́тся

Describing Your Physical Appearance

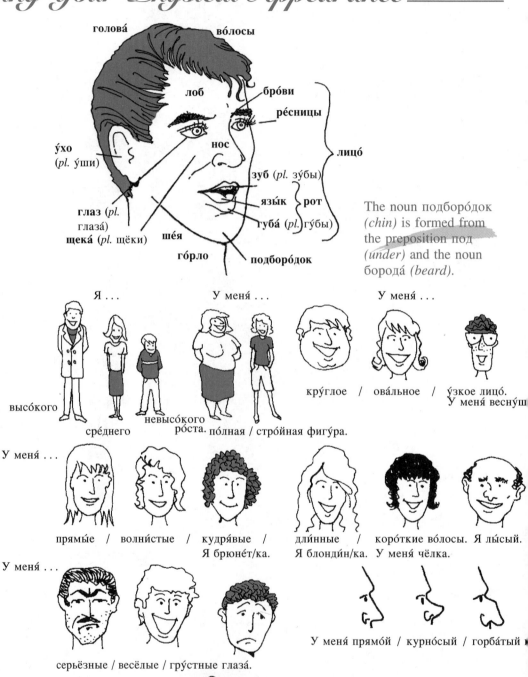

голова́

во́лосы

лоб

бро́ви

ре́сницы

у́хо
(*pl.* у́ши)

нос

лицо́

зуб (*pl.* зу́бы)

язы́к } рот

глаз (*pl.*
глаза́)

губа́ (*pl.* гу́бы)

щека́ (*pl.* щёки)

ше́я

го́рло

подборо́док

The noun подборо́док *(chin)* is formed from the preposition под *(under)* and the noun борода́ *(beard).*

Я . . .

У меня́ . . .

У меня́ . . .

высо́кого

сре́днего

невысо́кого
ро́ста.

по́лная / стро́йная фигу́ра.

кру́глое / ова́льное / у́зкое лицо́.
У меня́ весну́ш

У меня́ . . .

прямы́е / волни́стые / кудря́вые /
Я брюне́т/ка.

дли́нные / коро́ткие во́лосы. Я лы́сый.
Я блонди́н/ка. У меня́ чёлка.

У меня́ . . .

серьёзные / весёлые / гру́стные глаза́.

У меня́ прямо́й / курно́сый / горба́тый

У меня́ усы́ / борода́ / бакенба́рды.

Я ношу́ очки́.

Како́го цве́та во́лосы?	Како́го цве́та глаза́?
све́тлые	голубы́е
тёмные	зелёные
чёрные	ка́рие *brown*
кашта́новые *chestnut colored*	се́рые
седы́е *gray*	
ру́сые *dark blond*	
ры́жие *red*	

1. Кто э́то?

Describe a classmate or a famous person to a partner. He or she will try to guess whom you are describing.

На кого́	ты **похо́ж/а**? вы **похо́жи**?	Я похо́ж/а	**на** ма́му (мать). **на** па́пу (отца́).

Я **тако́й же** высо́кий, **как** мой оте́ц.
У меня́ **таки́е же** све́тлые во́лосы, **как** у ма́мы.

• На кого́ вы похо́жи? Как?

2. На кого́ они́ похо́жи?

Working with a partner, discuss whom these people resemble and how.

S1: На кого́ Оля похо́жа?
S2: Она́ похо́жа на ма́му. У неё така́я же стро́йная фигу́ра, как у ма́мы.

кто	на кого́ похо́ж	чем похо́ж
1. Оля	ма́ма	стро́йная фигу́ра
2. Са́ша	па́па	тёмные бро́ви
3. Ната́ша	па́па	больши́е, ка́рие глаза́
4. Серёжа	па́па	кудря́вые, све́тлые во́лосы
5. Ви́ктор	ма́ма	дли́нные, тёмные ре́сницы
6. Анна	ма́ма	волни́стые, ры́жие во́лосы
7. Ни́на	ма́ма	у́зкое лицо́
8. Андре́й	оте́ц	большо́й, горба́тый нос
9. Ле́на	ма́ма	краси́вые гу́бы
10. Лари́са	па́па	высо́кий лоб

The Russian language does not differentiate between an arm and a hand (рука́) or a leg and a foot (нога́), except for medical purposes.

In addition to the standard vocabulary, certain words that normally refer to the body parts of animals are sometimes used to refer to people. Some of these are derogatory, others are humorous terms of endearment. Of the derogatory words can be mentioned мо́рда *(animal's face)*. Another is брю́хо *(animal's belly)*, which refers to a large belly in humans. Ла́па *(paw)* can be understood as sweet talk, as in дай ла́пу *(give me your hand)*. Small children's body parts (and those of adults in humorous talk) are often in the diminutive: но́жка, ру́чка, по́пка.

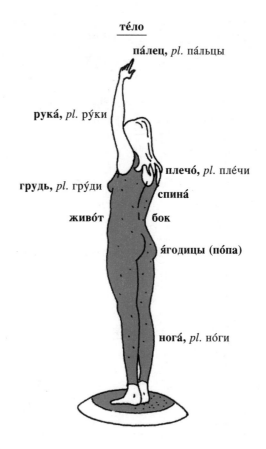

Other vocabulary

ко́жа   *skin*
кость (f.)   *bone*
кровь (f.)   *blood*
лёгкие   *lungs*
мозг   *brain*
нерв   *nerve*
се́рдце [се́рце]   *heart*
слеза́ (pl. слёзы)   *tear*

3. Челове́к и здоро́вье.

Look at the table of contents of a Russian high school health book.

1. On which page could you find information about the spinal cord? the skin? the circulatory system? the heart?

2. If пи́ща is *food* and варе́ние is *cooking*, what do you think the title «Пищеваре́ние» means in this context?

3. Blood consists of three main elements: plasma, white cells, or leukocytes, and red cells. What is the Russian term for *red cells*?

4. If раз is *times* (counting) and мно́го is *many*, what does размноже́ние mean as a biological term?

Complaining about Your Health _____

Вы больны́?	Да, я бо́лен / больна́.
Что у тебя́ / у вас боли́т?	У меня́ **боли́т** го́рло.
Что с тобо́й? / с ва́ми?	У меня́ **боля́т** глаза́.

The question Что с тобо́й/ва́ми? always implies that the person asking either knows or sees that there is something wrong with you.

Почему́ вас не́ было на заня́тии вчера́?	У меня́	боле́л живо́т. / боле́ла голова́. / боле́ло се́рдце. / боле́ли у́ши.

4. Что у них боли́т?

A. Explain what is wrong with these people.

  S1: Что боли́т у Та́ни?
  S2: У неё боли́т спина́.

B. Working with a partner, practice conversations according to the model.

  S1: Таня́ больна́?   S1: Что с ней?
  S2: Да, она́ больна́.   S2: У неё боли́т спина́.

C. The students listed missed class yesterday. What was wrong with them?

  S1: Почему́ Ле́ны не́ было на заня́тии вчера́?
  S2: У неё боле́ли у́ши.

кто	что боле́ло	кто	что боле́ло
1. Дени́с	го́рло	**4.** Ни́на	се́рдце
2. Ви́ктор	пра́вое у́хо	**5.** Серёжа	живо́т
3. Аня	голова́		

Чу́вствуешь is pronounced [чу́ствуешь]. The question can also be understood as a neutral greeting, in which case you are not expected to give the details of your health.

Как	ты **себя́ чу́вствуешь**? вы **себя́ чу́вствуете**?	Я **чу́вствую себя́**	пло́хо. ху́же/лу́чше. норма́льно. хорошо́.

◇ **18.1** The reflexive pronoun себя́

Что с ва́ми? Что случи́лось?	Ничего́ **стра́шного**. Я то́лько **простуди́лся**. Я **заболе́л**.

Что с ва́ми?

У меня́ на́сморк.

У меня́ ка́шель.

У меня́ (высо́кая) температу́ра.

Меня́ тошни́т.

Я о́чень уста́л/а.

Мне не хо́чется есть.

Мне не спи́тся.

The current state of being tired is expressed with the past tense of the verb *уста́ть: Алёша уста́л (*Alyosha is tired*); Ле́на уста́ла (*Lena is tired*); мы уста́ли (*we are tired*).

18.2 Impersonal constructions хо́чется and спи́тся

Other illnesses

аппендици́т *appendicitis*	а́стма *asthma*	ревмати́зм *rheumatism*
аллерги́я *allergy*	бессо́нница *insomnia*	стресс *stress*
анги́на *strep throat*	грипп *flu*	

Ты **ещё** бо́лен/больна́?	Нет, я **уже́** здоро́в/а.
Ты **уже́** здоро́в/а?	Нет, я **ещё** бо́лен / больна́.

5. Он уже́ здоро́в?

Working with a partner, have conversations according to the model. If the person is already well, ask what *was* wrong.

S1: Ни́на уже́ здоро́ва?

S2: Нет, она́ ещё больна́. /Да, она́ уже́ здоро́ва.

S1: Что с ней?/Что с ней бы́ло?

S2: Ничего́ стра́шного. У неё анги́на./У неё была́ анги́на.

Кто	Здоро́в/а	Бо́лен/больна́	Что случи́лось
Ни́на		√	анги́на
Алексе́й	√		грипп
Аня		√	просту́да
Ми́ша	√		глаза́
Ле́на	√		на́сморк, ка́шель
Серге́й	√		уши́
Ната́ша		√	спина́

6. Больные и диагнозы.

Working with a partner, match the diagnoses with the correct patients. Read the diagnoses first.

Model: Мне ка́жется, что у Ива́на Ива́новича...

Диа́гнозы
грипп
стресс
ревмати́зм
аппендици́т
анги́на
похме́лье   *hangover*
влюблён, влюблена́, влюблены́ (short adj.)   *in love*
бере́менна, бере́менны (short adj.)   *pregnant*

1. Ива́н Ива́нович: До́ктор, я о́чень пло́хо себя́ чу́вствую. У меня́ си́льно боли́т голова́. Меня́ тошни́т.

2. Алла Серге́евна: У меня́ си́льно боли́т пра́вая сторона́ живота́. И высо́кая температу́ра.

3. Са́ша: У меня́ всё боли́т: го́рло, глаза́, у́ши и да́же ру́ки и но́ги. У меня́ есть ка́шель, на́сморк и о́чень высо́кая температу́ра.

4. Лари́са: Но́чью я не могу́ спать. Я всё время ду́маю о свое́й рабо́те.

5. Ни́на: После́дние две неде́ли я себя́ о́чень пло́хо чу́вствую по утра́м.

6. Ба́бушка: У меня́ всё время боля́т но́ги, ру́ки и па́льцы.

7. Оля: У меня́ мно́го рабо́ты, а я ничего́ не хочу́ де́лать. Я не хочу́ есть и всё время ду́маю о моём дру́ге Серге́е.

8. Воло́дя: Я ничего́ не могу́ есть, потому́ что у меня́ си́льно боли́т го́рло. И температу́ра есть.

Алексе́й пло́хо **ви́дит**. У него́ плохо́е **зре́ние**. Он **близору́кий**. Ему́ нужны́ очки́ и́ли **конта́ктные ли́нзы**.

Де́душка о́чень пло́хо **слы́шит**. Ему́ ну́жен **слухово́й аппара́т**.

У Оли а́стма. Ей тру́дно **дыша́ть**. Ей ну́жно **лека́рство**.

ничего́ не ви́дит	**слепо́й**
ничего́ не слы́шит	**глухо́й**
не говори́т	**немо́й**

- Како́е у вас зре́ние?
- Вы **но́сите** очки́ и́ли конта́ктные ли́нзы? (Я [не] **ношу́**...)
- Вам на́до носи́ть очки́, когда́ вы **во́дите** маши́ну?
- Вы хорошо́ слы́шите?
- У вас а́стма и́ли аллерги́я?

The words не́мец and неме́цкий *(German)* originated from the misunderstanding that Germans were mute, since they did not speak a language that Russians could understand.

7. Челове́к и здоро́вье.

On which page can you find information about

1. the structure of the eye
2. mouth-to-mouth resuscitation
3. illnesses of the respiratory system
4. prevention of hearing loss

8. Рекла́мы.

Which doctor would you call if

1. you thought you needed a face-lift
2. your grandmother needed dentures
3. you were having vision problems
4. your child had an ear infection
5. you were expecting a baby
6. you needed help for your insomnia

Иглоукалывание **Д-р Лин Вонг** Лечение артрита, астмы, аллергии, бессонницы, импотенции, снятие всех болей, привычки к курению. Принимаем некоторые виды страховок. Тел. 606-55-83.	**Педиатрия и аллергология** **Доктор В. Климов** Хронические: кащель, насморк, слезотечение и ущные инфекции. Бронхиальная астма, аллергические заболевания кожи. Тесты на аллергены. Иммунотерапия. Тел. 223-45-45.	**Зубной врач** **Марина Гулина** Все виды зубоврачебных работ. Изготовление зубных протезов за 4 дня. Тел. 206-82-51.
Пластическая хирургия **Д-р Евгений Оселкин** Совершенно новый метод удаления локальных жировых отложений путем отсоса на бедрах, ягодицах и др. частях тела. Омоложение лица - $1700. Глаза - $1300. Нос (изменение формы) - $1600. Ущи (коррекция) - $1100. Изменение недостатков фигуры (бюст, живот). Операция утром - возвращение домой вечером. Принимаем большинство страховок. Тел. 762-83-83. Дни работы: с понедельника по пятницу.	**Глазной врач-хирург** **Борис Асимов** Лечение глазных болезней, подбор очков и контактных линз. Хирургия глаза. Тел. 223-77-71 **Акущер-гинеколог** **Д-р Татьяна Глизнецова** беременность и роды, гинекологические заболевания. Бесплодие, предупреждение беременности. Гинекологическая хирургия. Тел. 445-78-78.	

9. Хоро́шие но́вости

The following two news bulletins report on progress in the search for cures for AIDS and cancer.

A. Skim through the articles and answer the questions.

1. Does the AIDS article report on international or U.S. companies?
2. What do the companies intend to exchange?
3. What type of cancer is the second article about?
4. Does this article report on international or U.S. companies?
5. Where is further research being conducted at the present time?

B. Based on the meaning of the noun **рак**, what would the following diseases be: рак лёгких; рак ко́жи.

*Лекарство против СПИДа
Ведущие мировые фармацевтические компании создали совместную учёную комиссию по обмену информацией и научными материалами, полученными в процессе поисков лекарства против СПИДа.

*Лекарство против рака
Американские учёные отркыли новый фронт в борьбе с раком. Особенно успешно новое лекарство помогает больным раком груди. Разработкой нового метода сейчас интенсивно занимаются в ряде научных учреждений Калифорнии, Пенсильвании, Нью-Йорка и Техаса.

Making Health Recommendations

RUSSIAN HEALTH CARE

Official health care

Health care in the former Soviet Union was free to all citizens. Hospitals and clinics were seriously understaffed and underequipped, however. Private practices, in which you pay for services rendered, are slowly emerging, and many of them are staffed with Western medical personnel.

Folk medicine

Although official health care in Russia is based on modern medical technology, traditional folk medicine offers many alternative options for curing different ailments. For instance, treatment for the flu might include suction cups, mustard plasters, steam baths, and herbal teas, whereas a runny nose might be treated with a mixture of onion juice and honey. A recent discovery is мумиё, a black, tarlike extract that can be found in the caves of the Pamir Mountains. Mumio is said to cure a wide range of diseases, from hemorrhage to broken bones, to arthritis and heart diseases.

		quit smoking	**бро́сить кури́ть.**
		take your temperature	**изме́рить** температу́ру.
		take medicine, aspirin	**принима́ть лека́рство** 2–3 ра́за в день.
			приня́ть аспири́н.
		call the emergency medical service	**вы́звать ско́рую по́мощь.**
Тебе́	на́до ... ну́жно ... мо́жно... нельзя́...	send for the doctor	**вы́звать** врача́ **на́ дом.**
		go to the doctor	пойти́ к врачу́.
		go to the first-aid station, clinic, etc.	пойти́ в **медпу́нкт.**
			в поликли́нику.
			в больни́цу.
			в лаборато́рию.
			в род(и́льный) дом.
		buy medicine, vitamins, etc.	купи́ть **лека́рство.**
			витами́ны.
			аспири́н.
			снотво́рное.

Ле́на **ку́рит**. Кури́ть сигаре́ты — **вре́дно**.
Ей на́до **бро́сить** кури́ть.

- Что вам на́до де́лать, е́сли...

  вы простуди́лись? Ру́сские пьют горя́чее молоко́ с мёдом. А вы?

  у вас высо́кая температу́ра?

  вам не спи́тся?

- Как мо́жно снять (*reduce*) стресс?
- Вы ку́рите? Е́сли да, вы хоти́те бро́сить? Почему́ (нет)?
- Куре́ние вре́дно для здоро́вья. Каки́е други́е привы́чки (*habits*) вре́дны?

Ко́ля хо́чет **похуде́ть. Ему́ на́до есть поме́ньше.**

Recommendations containing comparatives can be softened by adding the prefix **по-**, e.g., **побо́льше** (*a bit more*) and **поме́ньше** (*a bit less*).

The verb **попра́виться** (*to gain weight*) literally means *to get better*. Russians have traditionally equated fuller figures with strength and healthiness and considered skinny people sickly. Slender children used to be fattened with смета́на.

А Ли́за хо́чет **попра́виться. Ей на́до есть побо́льше.**

10. Каки́е у вас рекоменда́ции?

Give recommendations to the following people.

1. Лари́са ку́рит 3 па́чки сигаре́т в день.
2. Серге́й хо́чет попра́виться.
3. Ната́ша хо́чет похуде́ть.
4. Алла не хо́чет принима́ть снотво́рное ка́ждый ве́чер.
5. У де́душки в крови́ о́чень мно́го холестери́на.
6. Ма́ме ка́жется, что у неё стресс.
7. У Ни́ны всегда́ боля́т глаза́, когда́ она́ чита́ет.
8. Ле́на всегда́ о́чень устаёт.
9. У Алексе́я уже́ неде́лю высо́кая температу́ра.
10. Андре́й ка́ждую суббо́ту хо́дит в бар.

11. Режи́м пита́ния шко́льника.

The following nutritional recommendations come from a Russian high school health book. Find answers to the questions on the opposite page.

THE RUSSIAN BATHHOUSE—БА́НЯ

The tradition of bathhouses goes back over a thousand years. Bathhouses in rural areas were used for many purposes, from weekly baths to childbirth. Although the bathhouse has now lost much of its original use (and some people consider it backward), it is still popular as a social establishment: important business and political decisions are often made in the ба́ня.

The ба́ня is heated by wood-burning or electric stoves topped with natural rocks to a temperature of 75 to 100° C. Water is thrown onto the stove to produce steam. There are usually three wide shelves of varying heights for bathers to sit or lie on. In order to relax and increase blood circulation, bathers sometimes beat themselves or each other with a bundle of birch twigs (ве́ник).

No clothing is worn in a ба́ня. According to Russian folklore, traditional bathhouses were inhabited by an evil spirit ба́нный, who cast a spell on anybody who wore clothing into the bathhouse.

Ру́сская ба́ня.

1. Which food group(s) should breakfast comprise?
2. At what time should the following meals be served? What should they consist of?
   midmorning snack
   · dinner
   supper
3. In the last paragraph, the text mentions several things that should not be allowed at all. Find as many as you can.
4. How do these recommendations differ from the corresponding U.S. recommendations?

Школьнику необходимо перед началом занятий съесть мясное, творожное или молочное блюдо.

Второй завтрак (после 3-го урока, примерно в 11 ч) должен состоять из чая или кофе с бутербродом или булочкой.

Обедать нужно в 3–4 ч дома или в школьной столовой. Обед должен быть горячим: суп, мясное или рыбное блюдо с гарниром, а на сладкое компот, фрукты, или сок. На ужин школьник должен получать молочное или овощное блюдо за 2 ч до сна.

Недопустимо, чтобы дети ели мало и наспех утром или вообще уходили в школу без завтрака. Нельзя есть всухомятку, на ходу, читая книгу или сидя перед телевизором.

Expressing Feelings and Empathy

The verb **расстро́иться** can be translated as *to become upset*. The corresponding (temporary) state of being is **расстро́ен/а.**

У Алёши сего́дня плохо́е **настрое́ние.**   Ма́ма **расстро́илась.**

pitying	Мне жаль вас/тебя́.
	Всё быва́ет.
understanding	Я вас/тебя́ понима́ю.
encouraging	Всё бу́дет хорошо́.
asking someone to calm down	Успоко́йтесь/успоко́йся.
not to worry	Не волну́йтесь/волну́йся.
	Не беспоко́йтесь/беспоко́йся.
not to lose hope	Не па́дай/те ду́хом.
to get hold of himself or herself	Возьми́/те себя́ в ру́ки.
not to blame himself or herself	Вы не винова́ты. / Ты не винова́т/а.
to get well	Поправля́йтесь/поправля́йся.

12. Очень жаль!

How would you offer emotional support to the following people?

1. Larisa's final exams are approaching and she is very nervous. She thinks she will not have enough time to study and will therefore fail the exams.

2. Volodya has missed a lot of school lately. You hear that his mother has been seriously ill (but you know she'll probably be all right).

3. Dmitri's roommate was suddenly taken to the hospital. He had been complaining about stomach pain all week, but Dmitri had brushed it off as nonsense. Now he feels guilty.

4. Natasha has been sick for the whole week. Now she is worried about catching up with her schoolwork. You understand her because the same thing happened to you.

13. **Диало́ги.**

Read the dialogues and answer the questions that follow. Then have similar conversations with a partner.

1. Са́ша: Алло́!

   Пе́тя: Са́ша? Это Пе́тя говори́т. Как жизнь?

   Са́ша: Так себе́.[1]   [1] so-so

   Пе́тя: Слу́шай, ты хо́чешь пойти́ на стадио́н сего́дня ве́чером? Там игра́ют «Спарта́к» и «Дина́мо».

   Са́ша: Я не могу́. Я о́чень пло́хо себя́ чу́вствую. У меня́ боли́т го́рло и температу́ра есть.

   Пе́тя: Ты к врачу́ ходи́л?

   Са́ша: Ну что ты, я про́сто простуди́лся. За́втра я, наве́рно, бу́ду уже́ здоро́в.

   Пе́тя: Ты лека́рство принима́л?

   Са́ша: Да, я принима́л аспири́н.

   Пе́тя: Ну, хорошо́. Поправля́йся. И пей мно́го ча́я с мёдом. Я позвоню́ тебе́ за́втра.

   Са́ша: Хорошо́. Пока́.

1. Почему́ Са́ша не смог пойти́ на стадио́н?
2. Что порекомендова́л ему́ Пе́тя?

2. Ле́на: Почему́ тебя́ не́ было на заня́тии вчера́?

   Ни́на: Я ... пло́хо себя́ чу́вствовала. Голова́ боле́ла.

   Ле́на: Ты простуди́лась?

   Ни́на: Нет. Про́сто о́чень хоте́лось спать. Я весь день спала́.

   Ле́на: Тебе́ на́до бо́льше занима́ться спо́ртом.

   Ни́на: Мо́жет быть. Но э́то так ску́чно. Ох, я так уста́ла!

   Ле́на: Кака́я ты лени́вая![1] Возьми́ себя́ в ру́ки! За́втра   [1] lazy
   бу́дем вме́сте бе́гать, ла́дно?

   Ни́на: Ла́дно, дава́й попро́буем.

1. Почему́ Ни́ны не́ было на заня́тии вчера́?
2. Как вы ду́маете, почему́ Ни́на так уста́ла?
3. Что бы вы порекомендова́ли Ни́не?

14. Игровы́е ситуа́ции.

1. Call your instructor saying that you are sick and cannot come to class. Be polite.

2. Call your instructor and explain what is wrong with your roommate.

Going to the Doctor

15. В поликли́нике.

Read the dialogue. Then have similar conversations with a partner.

Серге́й: Скажи́те, пожа́луйста, где принима́ет до́ктор Виноку́ров?

Медсестра́: Пря́мо, кабине́т но́мер 10.

Серге́й: Спаси́бо.

В кабине́те врача́

Врач: На что вы жа́луетесь?

Серге́й: У меня́ боли́т го́рло.

Врач: Посмо́трим. Откро́йте рот. Скажи́те «а-а-а».

Серге́й: А-а-а.

Врач: Г-м-м. Раздева́йтесь... Дыши́те глубоко́. Я послу́шаю ва́ши лёгкие и се́рдце. Г-м-м. Температу́ра есть?

Серге́й: Я не зна́ю. У меня́ до́ма нет термо́метра.

Врач: Тогда́ на́до изме́рить температу́ру... Г-м-м. Три́дцать де́вять и шесть. У вас анги́на... Вот вам реце́пт. Принима́йте э́ти табле́тки 4 ра́за в день.

Серге́й: Спаси́бо. А где апте́ка?

Врач: За угло́м.[1] На у́лице Левита́на.

Sergei's temperature, 39.6°C, is approximately 102°F.

[1] around the corner

16. До́ктор, у меня́ стресс.

Working with a partner, assume the roles of the doctor and Larisa and continue the dialogue.

Врач: Что вас беспоко́ит?

Лари́са: Я не зна́ю. Ка́жется, стресс.

Врач: Вы мно́го рабо́таете?

Лари́са: Я студе́нт пя́того ку́рса.

Врач: Ах, вот как. Вы ра́но встаёте?

Лари́са: Часо́в в шесть.

Врач: А когда́ ложи́тесь спать?

Лари́са: В двена́дцать и́ли ещё по́зже.

Врач: Вы хорошо́ спи́те?

Лари́са: Нет, обы́чно я лежу́ всю ночь и ду́маю о мое́й рабо́те.

Врач: Пита́ние у вас регуля́рное?

Лари́са: Я бы не сказа́ла. Я обы́чно не за́втракаю и пью о́чень мно́го ко́фе.

*C*HAPTER REVIEW

A. *You should now be able to...*

1. *name the main parts of a human body*
2. *describe your physical appearance, including your height and figure; shape of face and nose; length, type, and color of hair; color of eyes*
3. *say whom you resemble*
4. *explain in what way you look like your parents*
5. *say that you are sick or well*
6. *inquire about a person's health*
7. *state what is wrong with a person, including fatigue*
8. *say what hurts*
9. *say how well a person can see or hear*
10. *give health recommendations by saying what a person must, need, may, and may not do regarding quitting a habit, sending for a doctor, calling for emergency medical help, going to a medical facility, and taking a medicine*
11. *say to what extent a person should do something*
12. *say that you want to lose or gain weight*
13. *express your feelings by saying what kind of mood you are in or that you are upset*
14. *offer empathy by pitying and understanding; asking a person not to worry or to blame himself or herself; asking a person to calm down; asking a person to get well*

B. *Roleplay.*

I. *Your mother calls to check on how you are doing. Tell her that you are sick (complain a lot). She offers you her best Doctor Mom advice.*

II. *Your non-Russian-speaking roommate got sick. Call the doctor and ex-*

plain what is wrong. Get the time for an appointment and then take him or her to the doctor. When you get to the clinic, ask where the doctor's office is, fill out all the necessary paperwork, and act as an interpreter in the examining room. Then go to the pharmacist's to buy the medicine. (The patient should complain a lot, and the doctor should ask a lot of detailed questions.)

Word Building

Roots

бол- *ill, hurt, pain, ache*

боле́ть *to hurt*

    У меня́ боли́т голова́.

боле́ть *to be sick*

    Де́ти ча́сто боле́ют.

    also, *to be the fan of*

    Ми́тя боле́ет за «Дина́мо».

*заболе́ть *to get sick*

    Ната́ша заболе́ла.

больно́й *sick, sickly* (a more or less permanent condition)

    Эта же́нщина больна́я.

    also, *patient*

    В больни́це бы́ло мно́го больны́х.

бо́лен, больна́, больны́ *sick* (temporary condition)

Бо́льно!!! *It hurts!!!*

боле́знь *illness*

заболева́ние *illness*

больни́ца *hospital*

боль *pain, ache*

    лека́рство от головно́й бо́ли *headache medicine*

боле́льщик *fan*

здоро́в-, здрав- *health*

здоро́вый *healthy* (permanent condition)

здоро́в, здоро́ва, здоро́вы *healthy, well*

здоро́вье *health*

    На здоро́вье! *Bless you!* (said to a person who sneezes)

    За (ва́ше) здоро́вье! *Cheers!* (a toast)

Здра́вствуй/те! *Hello!*

*по/здоро́ваться *to greet, to shake hands*

поздравля́ть, *поздра́вить *to congratulate*

18.1   THE REFLEXIVE PRONOUN СЕБЯ

The pronoun **себя** *(-self)*, like the possessive pronoun **свой** *(one's own)*, refers to the subject of the sentence and therefore does not have a nominative.

Он лю́бит то́лько **себя́**.	*He likes only himself.*
Я купи́ла **себе́** цветы́.	*I bought myself flowers.*
(Ты) возьми́ меня́ с **собо́й**.	*Take me with you.*
Ви́ктор говори́т то́лько о **себе́**.	*Victor talks only about himself.*

When the verb **чу́вствовать** *(to feel)* is used to inquire about a person's health, the pronoun **себя́** is needed. The corresponding English translation does not have the pronoun *-self.*

Как ты **себя́** чу́вствуешь?   *How do you feel?*

nom.	—
acc.	себя́
gen.	себя́
prep.	(о) себе́
dat.	себе́
instr.	собо́й

Упражне́ние

◇ **1.**   Supply the correct form of the pronoun **себя́**.

1. Мой брат купи́л _____ но́вую маши́ну.
2. Что ты возьмёшь с _____ на юг?
3. Серёжа лю́бит то́лько _____.
4. Не говори́ так мно́го о _____.
5. Ле́на ка́ждый ве́чер сиди́т у _____ до́ма.

18.2   IMPERSONAL CONSTRUCTIONS ХОЧЕТСЯ AND СПИТСЯ

You have already learned to express need and want with the verb **хоте́ть**. The impersonal construction with **хо́чется/хоте́лось** is similar in meaning, but also implies what a person *feels like* doing. The verb **хо́чется/хоте́лось** has one form only in each tense. The person who feels like doing something is in the *dative* case.

Ему́ не хо́чется есть.	*He does not feel like eating.*
Мне о́чень хоте́лось спать.	*I really felt like sleeping.*
	I felt very sleepy.

The verb **спи́тся/спало́сь** (from спать) denotes the ability to fall asleep.

Ребёнку не спи́тся.   *The child cannot fall asleep.*

Упражне́ние

◇ **2.** Rewrite the sentences using the construction **хо́чется/хоте́лось**.

1. Я не хочу́ занима́ться.
2. Ма́ша не хоте́ла идти́ в кино́.
3. Лари́са не хо́чет убира́ть кварти́ру.
4. Ты хо́чешь игра́ть в ша́хматы.
5. Мы не хоти́м гуля́ть.

Vocabulary

Note: The core vocabulary is bold-faced.

Nouns

Ailments

аллерги́я	*allergy*
анги́на	*strep throat*
аппендици́т	*appendicitis*
а́стма	*asthma*
бессо́нница	*insomnia*
грипп	*flu*
ка́шель *m.*	*cough*
на́сморк	*runny nose*
похме́лье	*hangover*
рак	*cancer*
ревмати́зм	*rheumatism*
СПИД (синдро́м	*AIDS*
приобретённого	
иммунодефици́та)	
стресс	*stress*

Human body

баканба́рды	*sideburns*
блонди́н/ка	*blond*
бок	*side*
борода́	*beard*

бровь *f.*	*eyebrow*
брюне́т/ка	*brunet*
весну́шка	*freckle*
во́лосы	*hair*
глаз *pl.* **глаза́**	*eye*
голова́	*head*
го́рло	*throat*
грудь *f.*	*breast, chest*
губа́ *pl.* гу́бы	*lip*
живо́т	*stomach*
зуб	*tooth*
ко́жа	*skin*
кость *f.*	*bone*
кровь *f.*	*blood*
лёгкие [лёхкие]	*lungs*
лицо́ *pl.* **ли́ца**	*face*
лоб (на лбу́)	*forehead*
мозг	*brain*
нерв	*nerve*
нога́ *pl.* **но́ги**	*foot, leg*
нос	*nose*
па́лец *pl.* па́льцы	*finger, toe*
плечо́ *pl.* пле́чи	*shoulder*
подборо́док	*chin*

по́па *coll.*	*buttocks*
ре́сницы	*eyelashes*
рост	*height, growth*
рот (во рту́)	*mouth*
рука́ *pl.* **ру́ки**	*hand*
се́рдце [се́рце]	*heart*
слеза́ *pl.* слёзы	*tear*
спина́	*back*
те́ло	*body*
усы́	*mustache*
у́хо *pl.* **у́ши**	*ear*
фигу́ра	*figure*
цвет *pl.* **цвета́**	*color*
чёлка	*bangs*
ше́я	*neck*
щека́ *pl.* щёки	*cheek*
я́годицы	*buttocks*
язы́к	*tongue*

Other nouns

аппара́т	*gadget*
слухово́й аппара́т	*hearing aid*
аспири́н	*aspirin*
больно́й *subst. adj.*	*patient*
витами́н	*vitamin*
диа́гноз	*diagnosis*
здоро́вье	*health*
зре́ние	*vision*
кабине́т	*office*
куре́ние	*smoking*
лека́рство	*medicine*
ли́нза	*lens*
конта́ктные ли́нзы	*contact lenses*
медпу́нкт	*doctor's office (at a hotel, workplace, etc.)*
настрое́ние	*mood, disposition*
пита́ние	*nutrition*
поликли́ника	*clinic*
по́мощь *f.*	*help*
ско́рая по́мощь	*ambulance, emergency medical service*
привы́чка	*habit*
режи́м	*schedule*
реце́пт	*prescription*
род(и́льный) дом	*maternity ward*
сигаре́та	*cigarette*
снотво́рное	*sleeping pill*

табле́тка	*pill*
термо́метр	*thermometer*
у́гол (в/на углу́)	*corner*
холестери́н	*cholesterol*

Adjectives

бере́менна, бере́менны	*pregnant*
близору́кий	*nearsighted*
бо́лен, больна́, больны́	*sick*
весёлый	*cheerful*
винова́т, винова́та, винова́ты	*guilty*
влюблён, влюблена́, влюблены́	*in love*
волни́стый	*wavy (of hair)*
вре́дный	*harmful*
глухо́й	*deaf*
горба́тый	*aquiline, eagle's (of a nose)*
гру́стный	*sad*
здоро́в, здоро́ва, здоро́вы	*well (not sick)*
ка́рий, -яя, -ее, -ие	*brown (of eyes)*
кашта́новый	*chestnut colored*
кру́глый	*round*
кудря́вый	*curly*
курно́сый	*pug(-nosed)*
лени́вый	*lazy*
лы́сый	*bald*
немо́й	*mute*
ова́льный	*oval*
по́лный	*full*
похо́ж, похо́жа, похо́жи на + *acc.*	*similar, resembling*
прямо́й	*straight*
регуля́рный	*regular*
ру́сый	*dark blond*
ры́жий	*red (of hair)*
седо́й	*gray (of hair)*
серьёзный	*serious*
ско́рый	*fast*
слепо́й	*blind*
стра́шный	*awful, horrible, scary*
стро́йный	*slim*
тако́й же	*same kind*
у́зкий	*narrow*

Grammar Reference

INDEFINITE PRONOUNS AND ADVERBS				
кто́-то	кто́-нибудь	some-/anybody	никто́	nobody
что́-то	что́-нибудь	some-/anything	ничто́	nothing
како́й-то	како́й-нибудь	some/any kind	никако́й	no kind
че́й-то	че́й-нибудь	some-/anybody's	ниче́й	nobody's
где́-то	где́-нибудь	some-/anywhere	нигде́	nowhere
куда́-то	куда́-нибудь	(to) some-/anywhere	никуда́	(to) nowhere
ка́к-то	ка́к-нибудь	some-/anyhow	ника́к	in no way
когда́-то	когда́-нибудь	ever	никогда́	never

То- ending pronouns and adverbs are usually used in answers and in affirmative sentences, **нибудь-** endings in questions and requests.

PREPOSITIONS AND THEIR CASES					
	acc.	gen.	prep.	dat.	instr.
без without		X			
благодаря́ thanks to				X	
в in, at/into, to[1]	X		X		
вме́сто instead of		X			
вне outside		X			
внутри́ inside		X			
вокру́г around		X			
для for		X			
до to, until		X			
за behind[1]	X				X
из from (cf. в)[1]		X			
из-за from behind[1]		X			
к to, toward				X	
кро́ме except		X			
ме́жду between					X
на on, at/onto, to[1]	X		X		
над above					X
о about			X		
о́коло near		X			
от from[1]		X			
пе́ред in front of					X
по along, on				X	
под below[1]	X				X
по́сле after		X			
посреди́ in the middle of		X			
про́тив against		X			
ра́ди for the sake of		X			
ря́дом с next to					X

	acc.	gen.	prep.	dat.	instr.
c from (cf. на)[1]		X			
c with					X
согла́сно according to				X	
y by		X			
че́рез across, in[2]	X				

[1]See also Location and Direction chart.

[2]In time expressions.

LOCATION AND DIRECTION		
at a place	**to a place**	**from a place**
где where (at)	куда́ where to	отку́да where from
здесь here	сюда́ to here	отсю́да from here
там there	туда́ to there	отту́да from there
до́ма at home	домо́й to home	и́з дому from home
в + prep. in в Москве́	**в + acc.** (in)to в Москву́	**из + gen.** from (in) из Москвы́
на + prep. on на рабо́те	**на + acc.** (on)to на рабо́ту	**с + gen.** from (on) с рабо́ты
у + gen. at у Игоря	**к + dat.** to(ward) к Игорю	**от + gen.** from от Игоря
за + instr. behind за столо́м	**за + acc.** (to) behind за стол	**из-за + gen.** from behind из-за стола́
под + instr. under под столо́м	**под + acc.** (to) under под стол	**из-под + gen.** from under из-под стола́

NUMBERS

	Cardinal	Ordinal
0	ноль, нуль *m.*	
1	оди́н, одна́, одно́	пе́рвый
2	два, две	второ́й
3	три	тре́тий, -ья, -ье, -ьи
4	четы́ре	четвёртый
5	пять	пя́тый
6	шесть	шесто́й
7	семь	седьмо́й
8	во́семь	восьмо́й
9	де́вять	девя́тый
10	де́сять	деся́тый
11	оди́ннадцать	оди́ннадцатый
12	двена́дцать	двена́дцатый
13	трина́дцать	трина́дцатый
14	четы́рнадцать	четы́рнадцатый
15	пятна́дцать	пятна́дцатый
16	шестна́дцать	шестна́дцатый
17	семна́дцать	семна́дцатый
18	восемна́дцать	восемна́дцатый
19	девятна́дцать	девятна́дцатый
20	два́дцать	двадца́тый
21	два́дцать оди́н	два́дцать пе́рвый
30	три́дцать	тридца́тый
40	со́рок	сороково́й
50	пятьдеся́т	пятидеся́тый
60	шестьдеся́т	шестидеся́тый
70	се́мьдесят	семидеся́тый
80	во́семьдесят	восьмидеся́тый
90	девяно́сто	девяно́стый
100	сто	со́тый
200	две́сти	двухсо́тый
300	три́ста	трёхсо́тый
400	четы́реста	четырёхсо́тый
500	пятьсо́т	пятисо́тый
600	шестьсо́т	шестисо́тый
700	семьсо́т	семисо́тый
800	восемьсо́т	восьмисо́тый
900	девятьсо́т	девятисо́тый
1000	ты́сяча	ты́сячный
2000	две ты́сячи	двухты́сячный
3000	три ты́сячи	трёхты́сячный
5000	пять ты́сяч	пятиты́сячный
1,000,000	миллио́н	миллио́нный

TIME EXPRESSIONS

When? Когда́?

century	в XX-ом ве́ке in the 20th century	в + prep.
decade	в 50-ых года́х in the 50s	в + prep.
year	в 1997-ом году́ in 1997 в э́том году́ this year в сле́дующем году́ next year в про́шлом году́ last year	в + prep. в + prep. в + prep. в + prep.
month	в январе́ in January в э́том ме́сяце this month в сле́дующем ме́сяце next month в про́шлом ме́сяце last month	в + prep. в + prep. в + prep. в + prep.
week	на э́той неде́ле this week на сле́дующей неде́ле next week на про́шлой неде́ле last week	на + prep. на + prep. на + prep.
day	сего́дня today за́втра tomorrow послеза́втра the day after tomorrow вчера́ yesterday позавчера́ the day before yesterday в э́тот день on this day в сле́дующий день on the next day	— — — — — в + acc. в + acc.
dates with days/ month/years	пе́рвого января́ 1997-го го́да on January 1997 в январе́ 1997-го го́да in January 1997	gen. в + prep./gen.
day of the week	в суббо́ту on Saturday в суббо́ту у́тром on Saturday morning	в + acc. в + acc.
time of day	у́тром in the morning сего́дня ве́чером tonight вчера́ ве́чером last night за́втра у́тром tomorrow morning	instr. instr. instr. instr.
season	ле́том in the summer про́шлым ле́том last summer	instr. instr.
clock time	в два часа́ at two o'clock	в + acc.

How often? Как часто?		
	по вечера́м in the evenings	по + dat.
	ка́ждую суббо́ту every Saturday	acc.
	три ра́за в неде́лю three times a week	в + acc.
	три часа́ в день three hours a day	в + acc.

How long? Как до́лго?		
	всю неде́лю all week	acc.
	неде́лю (for) a week	acc.
	два го́да (for) two years	acc.

In what time (in the future)? Че́рез како́е вре́мя?		
	че́рез неде́лю in a week	че́рез + acc.
	че́рез два го́да in two years	че́рез + acc.

How long ago? Ско́лько вре́мени наза́д?		
	неде́лю наза́д a week ago	acc. + наза́д

(With)in what period of time (will an activity be completed)? За како́е вре́мя?		
	за неде́лю in a week	за + acc.

Before what? До чего́? After what? По́сле чего́?		
	до обе́да before dinner	до + gen.
	по́сле обе́да after dinner	по́сле + gen.

Verb Conjugations

Note: This list contains more aspect pairs than were introduced in the lessons. The case used is given by means of question words (кого́, куда́, etc.), as is done in most dictionaries.

бе́га|ть (I)	to run, 9
беспоко́|ить (II) кого́/что беспоко́ю, беспоко́ишь, беспоко́ят; *imp.* не беспоко́йся, не беспоко́йтесь	to worry, to disturb, 18
боле́|ть (I)	to be sick, 18
боле́ть (II) **боли́т, боля́т**	to hurt, 18
боя́|ться (II) кого́/чего́ бою́сь, бои́шься, боя́тся	to be afraid, 15
брать (I) кого́/что беру́, берёшь, беру́т *****взять (I) **возьму́, возьмёшь, возьму́т**	to take, 15
бро́сить (II) кого́/что **бро́шу, бро́сишь, бро́сят**	to throw, to quit, 18
быва́|ть (I)	to be frequently, 10, 14
быть (I) **бу́ду, бу́дешь, бу́дут**	to be, 9, 11
*****верну́ться (I)*See* возвраща́ться	to return, 15
*****взять (I)*See* брать	to take, 15
ви́деть (II) кого́/что **ви́жу, ви́дишь, ви́дят**	to see, 12, 18
ви́деться	to see each other, 17
висе́|ть (II) виси́т, вися́т	to hang, 4

включа|ть (I) кого/что
*включ|и́ть (II)
включу́, включи́шь, включа́т; *imp.*
включи́/те
    to turn on *(the light, an appliance)*, 15

води́ть (II) кого/что
вожу́, во́дишь, во́дят
    to drive, 18

возвраща́|ться (I) отку́да, куда́
*верну́ться (I)
верну́сь, вернёшься, верну́тся
    to return, 15

волн|ова́|ться (I) о ком/чём
волну́юсь, волну́ешься, волну́ются;
imp. **не волну́йся, не волну́йтесь**
    to worry, 15

воспи́тыва|ть (I)
    to educate, to raise, 17

вста|ва́ть (I)
встаю́, встаёшь, встаю́т
*встать (I)
вста́ну, вста́нешь, вста́нут; *imp.*
встань/те
    to get up, 7, 15

встреча́|ть (I) кого/что
встре́тить (II)
встре́чу, встре́тишь, встре́тят
    to meet, 12

встреча́|ться (I) с кем
*встре́титься (II)
встре́тимся, встре́титесь, встре́тятся
imp. дава́й встре́тимся
    to meet, 12

    let's meet, 12

выбира́|ть (I) кого/что
*вы́брать (I)
вы́беру, вы́берешь, вы́берут
    to choose, to pick, 13

вы́глядеть (II) как, кем/чем
вы́гляжу, вы́глядишь, вы́глядят
    to look like, 18

вызыва́|ть (I) кого/что
*вы́звать (I)
вы́зову, вы́зовешь, вы́зовут
    to call *(a doctor, an ambulance)*, 18

выключа́|ть (I) кого/что
*вы́ключ|ить (II)
вы́ключу, вы́ключишь, вы́ключат;
imp. **вы́ключи/те**
    to turn off *(the light, an appliance)*, 15

выходи́ть за́муж (II) за кого
выхожу́, выхо́дишь, выхо́дят
*вы́йти за́муж (I)
вы́йду, вы́йдешь, вы́йдут; *past* вы́шел,
вы́шла, вы́шли
    to get married *(of a woman)*, 17

гла́дить (II) кого́/что гла́жу, гла́дишь, гла́дят *вы́гладить	to iron, 12
говор|и́ть (II) кому́, о ком/чём говорю́, говори́шь, говоря́т	to speak, 2
гото́в|ить (II) кого́/что гото́влю, гото́вишь, гото́вят *пригото́вить	to prepare, 7, 12
гуля́|ть (I)	to be out playing, walking, strolling, 7
да|ва́ть (I) что, кому́ даю́, даёшь, даю́т; *imp.* дава́й/те *дать *irreg.* дам, дашь, даст, дади́м, дади́те, даду́т; *imp.* да́й/те	to give, 13
дар|и́ть (II) что, кому́ дарю́, да́ришь, да́рят *подари́ть	to give as a present, 13
де́ла|ть (I) что *сде́лать	to do, 7, 12
друж|и́ть (II) с кем дружу́, дру́жишь, дру́жат	to be friends with, 17
ду́ма|ть (I) о ком/чём	to think, 2, 3
дыш|а́ть (II) дышу́, ды́шишь, ды́шат	to breathe, 18
е́здить (II) куда́, на чём е́зжу, е́здишь, е́здят	to make round-trips by vehicle, 9, 12.5
есть *irreg.* кого́/что ем, ешь, ест, еди́м, еди́те, едя́т; *past* ел, е́ла, е́ли *съесть	to eat, 9, 11, 11.1
есть *predicative*	there is, there are, 3
е́хать (I) куда́, на чём е́ду, е́дешь, е́дят	to be going by vehicle, 12.5
жа́л|ова|ться (I) на что жа́луюсь, жа́луешься, жа́луются	to complain, 18
ждать (I) кого́/что (кого́/чего́) жду, ждёшь, ждут *подожда́ть; *imp.* (подо)жди́/те	to wait, to expect, 15, 17
*/жен|и́ться (II) на ком женю́сь, же́нишься, же́нятся	to get married (*of a man*), 17

жить (I) где   to live, 4
   живу́, живёшь, живу́т

*заболе́|ть (I) чем   to get sick, 18

забыва́|ть (I) кого́/что   to forget, 15
   *забы́|ть (I)
   забу́ду, забу́дешь, забу́дут

за́втрака|ть (I)   to eat breakfast, 7, 12
   *поза́втракать

загора́|ть (I)   to sunbathe, 15

зака́зыва|ть (I) кого́/что   to order, 16
   *заказа́|ть (I)
   закажу́, зака́жешь, зака́жут

закрыва́|ть (I) кого́/что   to shut, 15
   *закры́|ть (I)
   закро́ю, закро́ешь, закро́ют; *imp.*
   закро́й/те

занима́|ться (I) чем   to study, to do homework, 7; to be
   занима́юсь, занима́ешься,   occupied with, 17
   занима́ются

звать (I) кого́/что   to call, 1, 4.3
   зову́, зовёшь, **зову́т**

звон|и́ть (II) кому́   to call on the telephone, 12
   звоню́, звони́шь, звоня́т
   *позвони́ть

зна|ть (I)   to know, 3

игра́|ть (I) кого́/что   to play, 8
   ~ на чём   to play an instrument, 8
   ~ во что   to play a game, 8

идти́ (I) куда́   to go, to be going on foot, 7
   иду́, идёшь, иду́т

измеря́|ть (I) кого́/что   to measure, 18
   *изме́р|ить (II)
   изме́рю, изме́ришь, изме́рят

изуча́|ть (I) кого́/что   to study a subject, 10

име́|ть (I) кого́/что   to own, to have, 17

интерес|ова́|ться (I) кем/чем   to be interested in, 17
   интересу́юсь, интересу́ешься,
   интересу́ются
   *заинтересова́ться

каза́ться (I) кому́, кем/чем   to seem, to appear, 17, 17.1
   ка́жется, ка́жутся

ката́|ться (I) на чём	to roll, to ride, 9
ката́юсь, ката́ешься, ката́ются	
класть (I) кого́/что, куда́	to put, 15
кладу́, кладёшь, кладу́т	
*****положи́ть (II)**	
положу́, поло́жишь, поло́жат	
конча́|ться (I)	to end, 12
конча́ется, конча́ются	
корм|и́ть (II) кого́	to feed, 16
кормлю́, ко́рмишь, ко́рмят	
купа́|ться (I) где	to swim, to bathe, 15
купи́ть *See* **покупа́ть**	to buy, 9, 12
кури́ть (II) что	to smoke, 18
курю́, ку́ришь, ку́рят	
лежа́ть (II) где	to lie, 7
лежу́, лежи́шь, лежа́т	
лета́|ть (I)	to fly, 15
лови́ть (II) кого́/что	to chase, to try to catch, 9
ловлю́, ло́вишь, ло́вят	
*****пойма́ть (I)**	to catch
пойму́, поймёшь, пойму́т	
ложи́ться (II) куда́	to lie down, 7
ложу́сь, ложи́шься, ложа́тся	
*****лечь**	
ля́гу, ля́жешь, ля́гут; *past* **лёг, легла́,**	
легли́	
люб|и́ть (II) кого́/что	to like, to love, 8
люблю́, лю́бишь, лю́бят	
мечта́|ть (I) о ком/чём	to dream, 17
молча́ть (II)	to be quiet, 15
молчу́, молчи́шь, молча́т; *imp.*	
молчи́/те	
мочь (I)	to be able to, 12
могу́, мо́жешь, мо́жет, мо́жем,	
мо́жете, мо́гут; *past* **мог, могла́,**	
могли́	
*****смочь**	
мыть (I) кого́/что	to wash, 7, 12
мо́ю, мо́ешь, мо́ют	
*****помы́ть**	

надева́ть (I) что ***наде́ть** **наде́ну, наде́нешь, наде́нут**	to put on *(clothes)*, 14
называ́ть (I) кого́/что ***назва́ть (I)** назову́, назовёшь, назову́т	to name, 17
называ́ться (I) **называ́ется, называ́ются**	to be called, 4
находи́ться (II) где нахожу́сь, нахо́дишься, нахо́дятся **нахо́дится, нахо́дятся**	to be located, 4
начина́ть (I) что ***нача́ть** начну́, начнёшь, начну́т; *past* **на́чал, начала́, на́чали**	to begin (to do something), 12
начина́ться (I) **начина́ется, начина́ются**	to begin, 12
носи́ть (II) кого́/что **ношу́, но́сишь, но́сят**	to carry, to wear, 17
нра́виться (II) кому́ нра́влюсь, нра́вишься, **нра́вится, нра́вятся** ***понра́виться**	to like, to please, 13, 13.6
обе́да|ть (I) ***пообе́дать**	to eat dinner, 7, 12
одева́ться (I) одева́юсь, одева́ешься, одева́ются	to get dressed, 7
ока́нчива|ть (I) что ***око́нч|ить (II)** **око́нчу, око́нчишь, око́нчат**	to finish, to conclude, 17
остана́влива|ться (I) *останови́ться (II) остановлю́сь, остано́вишься, остано́вятся; *imp.* останови́сь, останови́тесь	to stop, 15
отдыха́|ть (I) *отдохну́ть (I) отдохну́, отдохнёшь, отдохну́т	to rest, 12
открыва́|ть (I) что ***откры́ть (I)** **откро́ю, откро́ешь, откро́ют**	to open, 15

передава́ть (I) что, кому́   to convey, to pass, 12
  передаю́, передаёшь, передаю́т
  *переда́ть *irreg.*
  переда́м, переда́шь, переда́ст,
  передади́м, передади́те, передаду́т;
  imp. **переда́й/те**

петь (I) что   to sing, 12
  пою́, поёшь, пою́т

писа́ть (I) что, кому́   to write, 10, 12
  пишу́, пи́шешь, пи́шут
  *написа́ть

пить (I) что   to drink, 9, 11
  пью, пьёшь, пьют
  *вы́пить

пла́ва|ть (I) где   to swim, 9

*поверну́ть   to turn, 15
  imp. поверни́/те

*подожда́ть (I) *See* ждать   to wait, 16

*поду́ма|ть (I)   to think (for a while), 13

*пое́хать (I) куда́   to go, to set off by vehicle, 12, 12.5
  пое́ду, пое́дешь, пое́дут

*пожени́ться (II)   to marry (each other), 17
  поже́нимся, поже́нитесь, поже́нятся

*позва́ть (I) кого́/что   to call, to ask, 12
  позову́, позовёшь, позову́т; *imp.*
  позови́/те

*пойти́ (I) куда́   to go, to set off on foot, 12, 12.5
  пойду́, пойдёшь, пойду́т; *past* **пошёл,**
  пошла́, пошли́

покупа́|ть (I) кого́/что, кому́   to buy, 11, 13
  *купи́ть (II)
  куплю́, ку́пишь, ку́пят; *imp.* **купи́/те**

*положи́ть (II) *See* класть   to put, 15

*полюби́ть (II) кого́   to fall in love with, 17

получа́|ть (I) что, от кого́   to get, 13
  *получи́ть (II)
  получу́, полу́чишь, полу́чат

помога́|ть (I) кому́   to help, to aid, 13
  *помо́чь (I) помогу́, помо́жешь,
  помо́гут; *past* **помо́г, помогла́,**
  помогли́; *imp.* **помоги́/те**

понима́|ть (I) кого́/что	to understand, 2
поправля́|ться (I)	to get well, to gain weight, 18
*попра́виться (II)	
попра́влюсь, попра́вишься,	
попра́вятся	
поступа́|ть (I) куда́	to apply, 17
*поступи́ть (II)	to enroll, to enter *(a school)*, 10, 17
поступлю́, посту́пишь, посту́пят	
*похуде́ть *See* худе́ть	to lose weight, 18
предлага́|ть (I) что, кому́	to suggest, 13
*предлож|и́ть (II)	
предложу́, предло́жишь, предло́жат	
предпочита́|ть (I) кого́/что	to prefer, 15
препода|ва́ть (I) кого́/что	to teach, 10
преподаю́, преподаёшь, преподаю́т	
приглаша́|ть (I) кого́, куда́	to invite, 12, 13
*пригласи́ть (II)	
приглашу́, пригласи́шь, приглася́т	
приезжа́|ть (I)	to arrive by vehicle, 15, 15.6
*прие́хать (I)	
прие́ду, прие́дешь, прие́дут; *past*	
прие́хал, прие́хала, прие́хали	
принима́|ть (I) кого́/что	to take *(a shower, etc.)*, 7, 18
*приня́ть (I)	
приму́, при́мешь, при́мут;	
past при́нял, приняла́, при́няли	
приходи́ть (II) куда́	to arrive on foot, 12, 15.6
прихожу́, прихо́дишь, прихо́дят; *imp.*	
приходи́/те	
*прийти́ (I)	
приду́, придёшь, приду́т; *past* пришёл,	
пришла́, пришли́	
проводи́ть (II) кого́/что	to spend *(time)*, 9
провожу́, прово́дишь, прово́дят	
*провести́ (I)	
проведу́, проведёшь, проведу́т; *past*	
провёл, провела́, провели́	
прода|ва́ть (I) кого́/что, кому́	to sell, to be selling, 11
прода́ю, продаёшь, продаю́т	
*прода́ть *irreg.*	to sell
прода́м, прода́шь, прода́ст, продади́м,	
продади́те, продаду́т	

простужа́|ться (I)	to catch a cold, 18
*простуди́ться (II)	
простужу́сь, просту́дишься,	
просту́дятся	
просыпа́|ться (I)	to wake up, 12
*просну́ться (I)	
просну́сь, проснёшься, просну́тся	
путеше́ств|ова|ть (I)	to travel, 15
путеше́ствую, путеше́ствуешь,	
путеше́ствуют	
рабо́та|ть (I)	to work, 6
разводи́ться (II) с кем	to get divorced, 17
развожу́сь, разво́дишься, разво́дятся	
*развести́сь	
разведу́сь, разведёшься, разведу́тся;	
past развёлся, развела́сь, развели́сь	
разгова́рива|ть (I)	to talk, to chat, 14
раздева́|ться (I)	to get undressed, 7
раздева́юсь, раздева́ешься,	
раздева́ются	
*разде́ться	
разде́нусь, разде́нешься, разде́нутся	
*разлюб|и́ть (II) кого́	to fall out of love with, 17
разлюблю́, разлю́бишь, разлю́бят	
расстра́ива|ться (I)	to become upset, 18
*расстро́иться	
расстро́юсь, расстро́ишься,	
расстро́ятся	
реша́|ть (I) что	to decide, to solve, 17
*реши́ть (II)	
решу́, реши́шь, реша́т	
рожда́|ться (I)	to be born, 13
*роди́ться	
роди́лся, родила́сь, родили́сь	
сади́ться (II) во/на что	to have a seat, 15
сажу́сь, сади́шься, садя́тся; *imp.*	
сади́сь, сади́тесь	
*сесть	
ся́ду, ся́дешь, ся́дут; *imp.* ся́дь/те	
свети́ть (II)	to shine, 14
свечу́, све́тишь, **све́тит**, све́тят	

сиде́ть (II) где сижу́, сиди́шь, сидя́т	to sit, 7
слу́ша|ть (I) кого́/что *послу́шать	to listen, 7
слы́ш|ать (II) кого́/что слы́шу, слы́шишь, слы́шат	to hear, 13, 18

смотр|е́ть (II) (на) кого́/что
   смотрю́, смо́тришь, смо́трят
   *посмотре́ть
	to watch, to look, 7, 12

снима́|ть (I) что
   *снять (I)
   сниму́, сни́мешь, сни́мут
	to rent, 10; to take off *(clothes)*, 14

собира́|ть (I)	to collect, 9

сове́т|ова|ть (I) кому́
   сове́тую, сове́туешь, сове́туют
   *посове́товать
	to give advice, to advise, 13

сп|ать (II) сплю, спишь, спят	to sleep, 7

станови́ться (II) кем/чем
   становлю́сь, стано́вишься, стано́вятся
   *стать (I)
   ста́ну, ста́нешь, ста́нут
	to become, 17

стира́|ть (I) что *вы́стирать	to do laundry, 7, 12
сто́|ить (I) что сто́ит, сто́ят	to cost, 11
сто|я́ть (II) стою́, стои́шь, стоя́т	to stand, 4, 7
счита́|ть (I) кого́/что кем/чем	to consider (somebody something), 17
танц|ева́|ть (I) танцу́ю, танцу́ешь, танцу́ют	to dance, 12

убира́|ть (I) что
   *убра́ть (I)
   уберу́, уберёшь, уберу́т
	to clean, 7, 12

уезжа́|ть (I) куда́
   *уе́хать (I)
   уе́ду, уе́дешь, уе́дут
	to go away by vehicle, 15, 15.6

у́жина|ть (I) *поу́жинать	to eat supper, 7, 12
*узна́|ть (I)	to find out, 12

уме́|ть (I)   to be able, to know how, 9

умира́|ть (I)   to die, to pass away, 13
   *умере́ть (I)
   умру́, умрёшь, умру́т; *past* **у́мер,**
   умерла́, у́мерли

уста|ва́ть (I)   to get tired, 18
   устаю́, устаёшь, устаю́т
   *уста́ть (I)   to be tired, 18
   уста́ну, уста́нешь, уста́нут; *past* **уста́л,**
   уста́ла, уста́ли

учи́ться (I) где, как   to study, 6
   учу́сь, у́чишься, у́чатся

ход|и́ть (II) куда́   to go (on foot), 7
   хожу́, хо́дишь, хо́дят

хоте́ть *irreg.* что (кого́/чего́)   to want, 12
   хочу́, хо́чешь, хо́чет, хоти́м, хоти́те,
   хотя́т

худе́|ть (I)   to lose weight, 18
   *похуде́ть

цел|ова́|ть(ся) (I)   to kiss (each other), 17
   целу́ю, целу́ешь, целу́ют
   *поцелова́ть(ся)

чита́|ть (I)   to read, 7, 12
   *прочита́ть

чу́вствовать себя́ (I) как   to feel, 18
   чу́вствую, чу́вствуешь, чу́вствуют
   *почу́вствовать

Russian–English Glossary

Note: The number indicates the chapter where the word first occurs. If the word is listed as core vocabulary later in the book, both chapter references are given. Grammar references are also listed. Conjugation of verbs is in the preceding section.

А

а	and, but, 1
А у тебя?	And (with) you? 1
а́вгуст	August, 13
авто́бус	bus, 15
а́дрес *pl.* **-а́**	address, 6
Азия	Asia, 5
актёр	actor, 1
акти́вный	active, 15
актри́са	actress, 1
аллерги́я	allergy, 18
альпини́зм	mountain climbing, 15
Аме́рика	America, 5
америка́нец	American *(m.)*, 2
америка́нка	American *(f.)*, 2
америка́нский	American, 1
анана́с	pineapple, 16
анги́на	strep throat, 18
англи́йский	English, 1
апельси́н	orange *(fruit)*, 11
апельси́новый	orange *(fruit)*, 11
аппара́т	gadget, 18
слухово́й ~	hearing aid, 18
аппендици́т	appendicitis, 18
аппети́т	appetite, 16
апре́ль *m.*	April, 13
апте́ка	drugstore, 4
ара́бский	Arabic, 10
арбу́з	watermelon, 16
арти́ст/ка	artist, 1
архите́ктор	architect, 6
аспира́нт/ка	graduate student, 10
аспиранту́ра	graduate studies, 10
аспири́н	aspirin, 15, 18
а́стма	asthma, 18
астрона́вт	astronaut, 1
астроно́мия	astronomy, 10
ах! *interj.*	oh! 12
аэро́бика	aerobics, 8
аэропо́рт	airport, 15

Б

ба́бушка	grandmother, 2
бадминто́н	badminton, 8
бакенба́рды	sideburns, 18
балала́йка	balalaika, 8

балери́на	ballerina, 1
бале́т	ballet, 8
балко́н	balcony, 4
бана́н	banana, 11
банк	bank, 4
ба́нка	can, jar, 11
бар	bar, 6
бараба́н	drums, 8
бара́нина	lamb, 16
бас	bass, 8
баскетбо́л	basketball, 8
баскетболи́ст/ка	basketball player, 1
баскетбо́льный	basketball, 8
бег	running, 17
бе́га|ть (I)	to run, 9
без + *gen.*	without, 16
безрабо́тный	unemployed, 6
бейсбо́л	baseball, 8
бейсболи́ст/ка	baseball player, 8
бейсбо́льный	baseball, 8
~ые ка́рточки	baseball cards, 9
бе́лый	white, 3
бе́рег (на берегу́)	coast, 5, 15
берёза	birch, 14
бере́менна, бере́менны	pregnant, 18
беспоко́|ить (I)	to worry, to disturb, 18
бессо́нница	insomnia, 18
библиоте́ка	library, 4
библиоте́карь *m.*	librarian, 6
бизнесме́н	businessman, 6
биле́т	ticket, 12
биологи́ческий	biological, 10
биоло́гия	biology, 10
бли́зко	near, 4
близору́кий	nearsighted, 18
бли́нная *subst. adj.*	pancake house, 16
блины́	Russian pancakes, 16
блонди́н/ка	blond, 18
блу́зка	blouse, 15
блю́до	dish, 16
блю́дце	saucer, 16
бок	side, 18
бока́л	wineglass, 16
бокс	boxing, 8
бо́лен, больна́, больны́	sick, 18
боле́ть (II), боли́т, боля́т	to hurt, 18
боле́|ть (I)	to be sick, 18
больни́ца	hospital, 4
больно́й *subst. adj.*	patient, 18
бо́льше	bigger, more, 5
бо́льше всего́	most of all, 13
большо́й	big, large, 3
борода́	beard, 18
борьба́	wrestling, 17
боя́ться (II)	to be afraid, 15
брак	marriage, 17
брасле́т	bracelet, 13
брат	brother, 2
бриллиа́нт	diamond, 13
бри́тва	razor, 15
бровь *f.*	eyebrow, 18
бро́сить (II)	to throw, to quit, 18
брю́ки	pants, 15
брюне́т/ка	brunet
буди́льник	alarm clock, 15
бу́дущее *subst. adj.*	the future, 17
бу́дущий	future, 10
бу́лка, бу́лочка	loaf, bun, 16
бу́лочная *subst. adj.*	bakery, 11
бутербро́д	sandwich, 16
буты́лка	bottle, 11
буфе́т	buffet, 16
буха́нка	loaf, 11
бухга́лтер	bookkeeper, 6
быва́|ть (I)	to be frequently, 10, 14
бы́стро	fast, 7

быть (I)	to be (I will be, etc.), 9

В

в + *acc.*	to, into, 7, 7.7
в + *prep.*	in, at, 4
в про́шлом году́	last year, 9
в сле́дующем году́	next year, 15
вам *dat. of* вы	to you, for you (*pl.*), 13
ва́ми *instr. of* вы	you (*pl.*), 16
ва́нная *subst. adj.*	bathroom, 4
ва́режки *pl.*	mittens, 14
варе́нье	jam, jelly, 16
вас *acc. of* вы	you (*pl.*), 1
ватру́шка	Russian cheese pastry, 16
ваш, ва́ша, ва́ше, ва́ши	your (*pl.*), 2, 3
велосипе́д	bicycle, 3
***верну́ться (I)**	to return
весёлый, ве́село	happy, cheerful, fun loving, 14
Мне ве́село	I am having fun, 14
весе́нний	spring, vernal, 10
весна́	spring, 9
весно́й	in the spring, 9
весну́шка	freckle, 18
весь, вся, всё, все	all, 12
весь день	all day, 12
ве́тер *gen. sg.* ве́тра	wind, 14
ветерина́р	veterinarian, 6
ветчина́	ham, 11
ве́чер	evening, 1
вечери́нка	party, 16
ве́чером	in the evening, 6
***взять (I)**	to take, 15
вид	kind, 8
~ спо́рта	kind of sport, 8
видеока́мера	camcorder, 3

видеомагнитофо́н	VCR, 3
ви́деть (II)	to see, 12, 18
ви́деться	to see each other, 17
ви́за	visa (*travel document*), 15
ви́лка	fork, 16
винд-сёрфинг	windsurfing, 8
ви́нный	wine, 11
вино́	wine, 11
винова́т, -а, -ы	guilty, 18
виногра́д *coll.*	grapes, 11
виси́т, вися́т	is/are hanging, 4
витами́н	vitamin, 18
включи́/те *imp.*	turn on (*the light, an appliance*), 15
вку́сный	delicious, 16
вла́жность *f.*	humidity
вла́жный, вла́жно	humid, 14
влюблён, влюблена́, влюблены́	in love, 18
вме́сте	together, 7
внук	grandson, 2
вну́чка	granddaughter, 2
Во ско́лько?	At what time? 7, 7.3
вода́	water, 11
води́ть (II)	to drive, 18
во́дка	vodka, 9
вое́нный	soldier, 17
возвраща́/ться (I)	to return, 15
во́здух	air, 14
во́зраст	age, 17
Возьми́/те себя́ в ру́ки!	Get a grip on yourself! 18
Войстину воскре́с!	*response to "Happy Easter"* (Truly is risen!), 13
война́	war, 3
вокза́л (на)	railway station, 15
волейбо́л	volleyball, 8

волейболи́ст/ка — volleyball player, 8

волни́стый — wavy (*of hair*), 18

волну́йся — don't worry, 15
не волну́йся, не волну́йтесь *imp.*

во́лосы — hair, 18

вообще́ — in general, generally, 13

воскресе́нье — Sunday, 6

воспи́тывать (I) — to educate, to raise, 17

восто́к — east, 5

Восьмо́е ма́рта — International Women's Day (March 8), 13

восьмо́й — eighth, 10

вот как — I see, 12

врач — physician, 6

вре́дный — harmful, 18

вре́мя *n. (gen. sg.* вре́мени; *pl.* времена́) — time, 7, 7.1

~ го́да — season, 9

свобо́дное ~ — free time, leisure time, 9, 9.1

всегда́ — always, 7

Всего́ хоро́шего! [vsivó kharósheve] — All the best! 1

встава́ть (I) — to get up, 7

встань/те *imp.* — stand up, 15

*встать — to stand up, 15

*встре́титься (II) — to meet, 12
дава́й встре́тимся — let's meet, 12

встре́ча — meeting, 16

всю жизнь — all one's life, 5

вся *See* весь — all, whole
вся семья́ — the whole family, 7

вто́рник — Tuesday, 6

второ́й — second, 10

вход — entrance, 12

вчера́ — yesterday, 9

вы — you (*pl.*), 2

выбира́ть (I) — to choose, to pick, 13

вы́бор — selection, choice, 13

*вы́брать (I) — to choose, to pick, 13

вы́глядеть (II) — to look like, 18

*вы́звать (I) — to call, 18

вызыва́ть (I) — to call, 18

*вы́йти за́муж (I) — to get married (*about a woman*), 17.6

вы́ключи/те *imp.* — turn off (*the light, an appliance*), 15

высо́кий, высоко́ — high, tall, 5, 14

*вы́стирать — to wash (clothes), *12*

вы́сший — highest (*here,* college level), 17

выходи́ть за́муж (II) — to get married (*about a woman*), 17

вычисли́тельная те́хника — computer science, 10

вы́ше *comp. of* высо́кий — higher, taller, 5, 14

вы́шла за́муж *See* вы́йти за́муж — got married (about a woman)

Г

газе́та — newspaper, 3

газиро́ванный — carbonated
~ая вода́ — Russian soft drink, 16

галере́я — gallery, 12
Третьяко́вская ~ — Tretyakov Art Gallery, 12

га́лстук — necktie, 13

га́мбургер — hamburger, 16

гара́ж (-é) — garage, 4

гармо́шка — accordion, 8

гастроно́м — delicatessen, 11

где — where, 4

геологи́ческий — geological, 10

гимна́стика — gymnastics, 8

гита́ра — guitar, 8

гитари́ст/ка — guitarist, 8

гла́вный — main, 12

гла́дить (II)	to iron, 12
глаз *pl.* глаза́	eye, 18
глу́бже	deeper, 5
глубо́кий	deep, 5
глухо́й	deaf, 18
гобо́й	oboe, 8
говор|и́ть (II)	to speak, 2
говя́дина	beef, 16
год, го́да, лет	year, years, 5
голова́	head, 18
го́лоден, голодна́, голодны́ *short adj.*	hungry
голубо́й	light blue, 3
гольф	golf, 8
гора́ *pl.* го́ры	mountain, 5
горба́тый	aquiline, eagle's (*of a nose*), 18
го́рло	throat, 18
го́род *pl.* города́	city, 4, 5
горчи́ца	mustard, 16
горя́чий	hot (*temperature of food*), 16
господи́н	Mr. 1
госпожа́	Ms. 1
гости́ная *subst. adj.*	living room, 4
гости́ница	hotel, 4
гость *m.*	guest, 13
быть в гостя́х	to be visiting, 13
ходи́ть в го́сти	to go for a visit, 13
госуда́рственный	state, public, 6
гото́в|ить (II)	to prepare (*dinner, etc.*), 7, 12
гра́дус	degree, 14
грамм	gram, 11
грани́ца	border, 15
за грани́цей	abroad, 15
за грани́цу	(to) abroad, 15
из-за грани́цы	from abroad, 15
гре́ческий	Greek, 10

гриб	mushroom, 9
грипп	flu, 18
гроза́ *pl.* гро́зы	thunderstorm, 14
гро́мко, гро́мче	loudly, louder, 15
грудь *f.*	breast, chest, 18
грузи́нский	Georgian (*in the former USSR*), 11
грузови́к	truck (*here*, a toy truck), 13
гру́стный	sad, 18
гру́ша	pear, 16
гря́зный	dirty, 16
губа́ *pl.* гу́бы	lip, 18
гуля́|ть (I)	to be out playing, walking, strolling, 7

Д

да	yes, 1
дава́й	let's
~ пойдём/ пое́дем	let's go, 12
~ посмо́трим	let's watch, 12
да|ва́ть (I)	to give, 13
давно́	for a long time, 5
да́же	even, 18
дай/те *imp.*	give, 11
далеко́	far, 4
да́льний	far, 15
дар|и́ть (II)	to give as a present, 13, 13.3
*дать	to give, 13, 13.3
да́ча	dacha, summerhouse, 4
двена́дцатый	twelfth, 10
дверь *f.*	door, 4
дво́е *coll. number*	two, 16
дво́йка	number two, grade D, 10
двойно́й	double, 16
дворе́ц	palace, 17
Дворе́ц бракосочета́ний	marriage palace, 17

двухме́стный	double (room), 15
де́вочка	(little) girl, 17
де́вушка	girl, young woman, girlfriend, 3
девя́тый	ninth, 10
де́душка	grandfather, 2
дежу́рный, дежу́рная *subst. adj.*	person on duty, 10
действи́тельно	in fact, really, 17
дека́брь (-é)	December, 13
де́ла|ть (I)	to do, 7, 12
день	day, 1, 6
~ рожде́ния	birthday, 13
де́ньги *pl. only* (gen. де́нег)	money, 11, 15
де́рево *pl.* дере́вья	tree, 14
десе́рт	dessert, 16
деся́тый	tenth, 10
детекти́вы *pl.*	detective novels, 8
де́ти *pl. of* ребёнок	children, 2, 3
деше́вле *comp. of* дешёвый	cheaper, 11, 11.5
дёшево *short adj.*	cheap, 10, 11, 11.5
дешёвый	cheap, 3
джаз	jazz, 8
джем	jam
джи́нсы	jeans, 12
диа́гноз	diagnosis, 18
дива́н	sofa, 4
дие́та	diet, 16
дипло́м	diploma, 10
диплома́т	diplomat, 17
дипло́мный	diploma, 10
~ая рабо́та	thesis, 10
дире́ктор	director, 6
длинне́е	longer, 5
дли́нный	long, 5
для + *gen.*	for, 16
днём	in the afternoon, 6

до + *gen.*	before, 17
До свида́ния!	Good-bye! 1
Добро́ пожа́ловать!	Welcome! 13
До́брое у́тро!	Good morning! 1
До́брый ве́чер!	Good evening! 1
До́брый день!	Good day! Hello! 1
дово́лен, дово́льна, дово́льны + *instr.*	satisfied with, 17, 17.1G
дово́льно *adv.*	fairly, rather, 14, 17
договори́лись	it's a deal, 12
дождь *m.* (*pl.* дожди́)	rain, 14
докла́д	oral presentation, 10
до́ктор	doctor (*in titles*), 1
до́лжен, должна́, должны́ *short adj.*	must, (be) obligated, 17
до́ллар	dollar, 11
дом *pl.* дома́	house, 4
до́ма	at home, 2, 6
домо́й	(to) home, 7
домохозя́йка	housewife, 6
до́рого *short adj.*	expensive, 10, 11, 11.5
дорого́й	expensive, 3
доро́же *comp. of* дорого́й	more expensive, 11, 11.5
достопримеча́тель- ность *f.*	tourist sight, 15
доце́нт	docent, assistant professor, 10
дочь	daughter, 2
друг	friend (*m.*), 2
друг дру́га	each other, 17, 17.5
дру́жба	friendship, 16
дружи́|ть (I)	to be friends with, 17
дуб	oak, 14
ду́ма|ть (I)	to think, 2, 3
дура́к, *f.* ду́ра	fool, 15
духи́ *pl. only*	perfume, 13
душ	shower, 7

дыш|а́ть (II)	to breathe, 18
дя́дя	uncle, 2

Е

его́ *acc. of* он [yivó]	him, 1
его́	his, 2
единица	number one, grade F, 10
её *acc. of* она́ [yiyó]	her, 1
её *poss.*	her, 2
ежедне́вно	every day, 15
е́здить	to go, to make round-trips by vehicle, 9, 12.5
~ верхо́м	to ride on horseback, 9
ей *dat. of* она́	to her, for her, 13
ел, е́ла, е́ли *past tense of* есть	ate
ель *f.*	fir, 14
ему́ *dat. of* он	to him, for him, 13
е́сли *conj.*	if, 14
есть	there is, there are, 3
есть	to eat, 9, 11, 11.1
е́хать (I)	to be going by vehicle, 12.5
ещё	still, 2, 12
ещё не	not yet, 3, 12

Ж

жа́л|оваться (I)	to complain, 18
жаль + *dat.* + *acc.*: мне жаль тебя́	I feel sorry for you, 18
жа́ркий, жа́рко	hot, 14
жа́рче *comp. of* жа́ркий	hotter, 14
ждать (I)	to wait, to expect, 17
жди/те *imp.*	wait, 15
жела́|ть (I)	to wish
Жела́ю тебе́/вам уда́чи!	I wish you luck! 10
жёлтый	yellow, 3

жена́	wife, 2
жена́т	married (*of a man*), 3, 6
жени́ться (II)	to get married (*about a man*), 17, 17.6
жени́х	bridegroom, 17
же́нский	women's, female, 6
же́нщина	woman, 6
живо́т	stomach, 18
жизнь *f.*	life, 5
жить (I)	to live, 4
журна́л	magazine, 3
журнали́ст	journalist, 6

З

за + *acc.*	to, for, 16
За здоро́вье!	To your health! 16
за + *acc.*	in, within (*a period of time*), 12
за два часа́	in two hours, 12
за́ город	out of town, 12
*****заболе́|ть (I)**	to get sick, 18
забыва́|ть (I)	to forget, 15
*****забы́ть (I)**	to forget, 15
заво́д (на)	factory, plant, 6
за́втра	tomorrow, 11
за́втрак	breakfast, 7
за́втрака|ть (I)	to eat breakfast, 7
загора́|ть (I)	to sunbathe, 15
загс (отде́л за́писи а́ктов гражда́нского состоя́ния)	civil registry office, 17
зака́з	order, 16
*****заказа́ть (I)**	to order, 16
зака́зыва|ть (I)	to order, 16
закрыва́|ть (I)	to shut, 15
закры́т, -а, -ы *short adj.*	closed, 16
*****закры́ть (I)**	to shut, 15
заку́ска	snack, appetizer, 16

закýсочная	snack bar, 16
зáмужем	married (*of a woman*), 3, 6
не зáмужем	single (*of a woman*)
занимáть|ся (I)	to study, to do homework, 7, 10.3; to be occupied with, 17, 17.1F
занимáться альпинúзмом	to climb mountains, 15
зáнят, занятá, зáнято, зáняты *short adj.*	occupied, busy, 16
занятие (на)	class, 7; session, lesson, 10; activity, 15
зáпад	west, 5
зарáнее	in advance, 16
зачёт	credit, 10
зачётный экзáмен	final, comprehensive exam, 10
звать, зовýт	to call, 4.3
звездá *pl.* звёзды	star, 14
звон|úть (II)	to call on the telephone, 12
здáние	building, 4
здесь	here, 4
здорóв, -а, -ы *short adj.*	well (not sick), 18
здорóвье	health, 16
Здрáвствуй/те!	Hello! 1
зелёный	green, 3
земля́	land, ground, 14
зимá	winter, 9
зúмний	winter, 10
зимóй	in the winter, 9
знакóмство	acquaintance, 16
знаменúтый	famous, well-known, 17
зна|ть (I)	to know, 3
значкú *sg.* значóк	pins, 9
зовýт *from* звать	they call, 4.3

Как вас зовýт? Как тебя́ зовýт?	What is your name? 1
золотóй	gold(en), 13
зóнт(ик)	umbrella, 15
зоопáрк	zoo, 14
зрéние	vision, 18
зуб	tooth, 18
зубнóй врач	dentist, 6

И

и	and, 2
и...и	both...and, 6
игрá|ть (I)	to play, 8
~ на + *prep.*	to play an instrument, 8, 8.6
~ в + *acc.*	to play a game, 8, 8.5
игрýшка	toy, 13
идтú (I)	to go, to be going (on foot), 7, 7.7
из + *gen.*	from, 15
извéстный	famous, 1
извинú/те	excuse me, 4
изделия	
кондúтерские ~	confectionery, 11
ювелúрные ~	jewelry, 13
*измéрить (II)	to measure, 18
изучá|ть (I)	to study (*a subject*), 10, 10.3
икóна	icon, 4
икрá	caviar, 9
úли	or, 1
úли...úли	either ...or, 17
им *dat. of* онú	for them, 13
úменно	exactly, 13
имéть (I)	to own, to have, 17
úмя *n.* (*pl.* именá)	name, first name, 6, 17
ингредиéнт	ingredient, 16
индúйский	Indian, from India, 12
инженéр	engineer, 6
иногдá	sometimes, 6, 7

иностра́нный	foreign, 10	каранда́ш *pl.* -и́	pencil, 16.1
институ́т	institute, 6	карата́ *indecl.*	karate, 8
инструме́нт	instrument, 8	ка́рий, -яя, -ее, -ие	brown (*of eyes*), 18
интере́с	interest, 17	карма́н	pocket, 15
интере́снее	more interesting, 5	ка́рта	map, 15
интере́сный	interesting, 3	карти́на	painting, 4
интересова́ться (I)	to be interested in, 17, 17.1E	карто́фель *m., coll.*	potatoes, 11
		Каспи́йское мо́ре	Caspian Sea, 5
иску́сство	art, 8	ка́сса	cash register, 11
испа́нский	Spanish, 3	ката́ться(I)	to roll, to ride, 9
истори́ческий	historical, 10	~ на ка́тере	to ride in a motorboat, 9
исто́рия	history, 10		
италья́нский	Italian, 3	~ на конька́х	to ice-skate, 9
их *acc. of* они́	them, 1	~ на ло́дке	to ride in a rowboat, 9
их	their, 2		
ию́ль *m.*	July, 13	~ на лы́жах	to ski, 9
ию́нь *m.*	June, 13	~ на ро́ликах	to roller-skate, 9
		~ на во́дных лы́жах	to water-ski, 9

К

к + *dat.*	to, towards, 13, 13.7	ка́тер	motorboat, 9
к сожале́нию	unfortunately, 12	като́к (на катке́)	skating rink, 12
К чёрту!	Go to hell! 10	кафе́ *indecl.*	café, 4
кабине́т	office, 18	ка́федра	discipline, department, 10
Кавка́з	Caucasus, 5		
Кавка́зские го́ры	Caucasus Mountains, 5	ка́шель *m.*	cough, 18
ка́ждый	every, 7	кашта́новый	chestnut colored, 18
~ день	every day, 6	кварти́ра	apartment, 4
каза́ться (I), ка́жется, ка́жутся	to seem, to appear, 17, 17.1I	квас	Russian homemade beer, 16
как	how, 1	ке́тчуп	ketchup, 16
Как дела́?	How are things? How are you? 1	кефи́р	buttermilk, 16
		килогра́мм	kilogram, 11
како́й	what, what kind, 3	кинорежиссёр	movie director, 17
кана́дец *pl.* кана́дцы	Canadian (*m.*), 2	кинотеа́тр	cinema, 4
		кита́йский	Chinese, 3
кана́дка	Canadian (*f.*), 2	кларне́т	clarinet, 8
кана́дский	Canadian, 1, 3	класс	grade (*year level*), 10
кани́кулы *pl.*	school holidays, 10	класси́ческий	classical, 8
капу́ста	cabbage, 11	кли́мат	climate, 14
		клуб	club, 12

клубни́ка	strawberry, 16	кость *f.*	bone, 18
ключ	key, 15	**костю́м**	suit, 15
клю́шка (хокке́йная)	(hockey) stick, 13	Кото́рый час?	What time is it? 7
кни́га	book, 3	**ко́фе** *indecl.*	coffee, 11
кни́жн|ый	book, 4	**ко́шка**	cat, 3
~ая по́лка	bookshelf, 4	**краси́вее**	more beautiful, 5
~ый шкаф	bookcase, 4	**краси́вый**	beautiful, 2
ковёр *pl.* ковры́	rug, 4	**кра́сный**	red, 3
ко́жа	skin, 18	**креди́тная ка́рточка**	credit card, 15
ко́ка-ко́ла	Coca-Cola, 11		
колбаса́	sausage, 11	кре́сло	armchair, 4
колго́тки	panty hose, 15	**крова́ть** *f.*	bed, 4
кольцо́ *pl.* **ко́льца**	ring, 13	**кровь** *f.*	blood, 18
кома́нда	team, 8	**кроссо́вки**	athletic shoes, 15
ко́мната	room, 4	**кру́глый**	round, 18
компози́тор	composer, 1	кру́жка	mug, 16
компью́тер	computer, 3	Крым	Crimea, 5
кому́ *dat. of* кто	to whom, for whom, 13	**кто**	who, 1
коне́ц	end, 15	**кто тако́й, кто така́я**	who, 1
в конце́	at the end, 15		
коне́чно	of course, 2, 8	ку́бики	building blocks, 13
консервато́рия	conservatory (musical training), 10	**куда́**	(to) where, 7
		кудря́вый	curly, 18
контине́нт	continent, 5	**ку́кла**	doll, 9, 13
контро́льная рабо́та	quiz, 10	культури́зм	bodybuilding, 8
		культу́рный	cultural, 15
конце́рт (на)	concert, 7, 12	**купа́льник**	swimsuit, 15
конча́ться	to end, 12	**купа́|ться (I)**	to swim, to bathe (*play*), 15
конья́к	cognac, 16		
коре́йский	Korean, 10	*****купи́ть (II), купи́/те**	to buy, 9, 11.2, 12
коридо́р	corridor, 4		
кори́чневый	brown, 3	куре́ние	smoking
кормл|и́ть (II)	to feed, 16	**кури́ть (II)**	to smoke, 18
коро́бка	box, 11	**ку́рица**	chicken, 11
коро́ткий, ко́ротко	short, 5, 14	курно́сый	pug(-nosed), 18
		куро́рт	resort, 15
коро́че *comp. of* коро́ткий	shorter, 14	**курс**	year level at a university, 10
косме́тика	cosmetics, 15	**ку́ртка**	jacket, 14
		кусо́к	piece, 11
космона́вт	cosmonaut, 1	куст	bush, 14

ку́хня	kitchen, 4

Л

лабора́нт	laboratory technician, 6
лаборато́рия	laboratory, 6
ла́дно	all right, 12
ла́мпа	lamp, 4
ле́вый	left, 16.1
лёгкие [лёхкие]	lungs, 18
легко́	(it's) easy, 17
лёд (со льдом; без льда)	ice, 16
Ледови́тый океа́н	Arctic Ocean, 5
лежа́ть (II)	to lie, 4, 7
лека́рство	medicine, 18
ле́кция (на)	lecture, 7, 10
лени́вый	lazy, 18
лес (в лесу́)	forest, 9
лет	years, 5
лета́|ть (I)	to fly, 15
ле́тний, -яя, -ее, -ие *soft adj.*	summer, 10; -year-old, 13
5-ле́тний ма́льчик	5-year-old boy, 13
ле́то	summer, 9
ле́том	in the summer, 9
лётчик	pilot, 17
лимо́н	lemon, 16
лимона́д	lemonade, 11
ли́нза	lens, 18
конта́ктные ли́нзы	contact lenses, 18
лист *pl.* ли́стья	leaf, 14
литерату́ра	literature, 8
литр	liter, 11
лицо́ *pl.* **ли́ца**	face, 18
ли́шний, -яя, -ее, -ие *soft adj.*	extra, 12
лоб (на лбу́)	forehead, 18
лови́ть (I)	to catch
~ ры́бу	to fish, 9
ло́дка	boat, 9
ложи́ться (II)	to lie down, 7
ло́жка	spoon, 16
ча́йная ~	teaspoon, 16
супова́я ~	soupspoon, 16
ло́шадь *f.*	horse, 3
лук	onion, 16
луна́	moon, 14
лу́чше	better, 5
лы́жный	ski(ing), 17
лы́сый	bald, 18
люби́мый	favorite, 8
люб|и́ть (II)	to like, to love, 8
любо́вь *f. (gen.* любви́)	love, 17

М

магази́н	store, 4
магнитофо́н	tape recorder, 3
май	May, 13
ма́йка	sleeveless T-shirt, 14
майоне́з	mayonnaise, 16
макаро́ны	macaroni, 16
ма́ленький	little, small, 3
мали́на	raspberry, 16
ма́ло	little, 11
ма́льчик	(little) boy, 17
ма́ма	mother, mom, 2
март	March, 13
ма́сло	butter, oil, 11
матема́тик	mathematician, 6
матема́тика	mathematics, 10
математи́ческий	mathematic, 10
материали́ст	materialist, 3
матрёшка	Russian nesting doll, 9
матч	game (*sports event*), 12
мать *f.*	mother, 2
маши́на	car, 3
мёд	honey, 16

медбра́т	nurse, 6	**мно́го**	a lot, 11
медици́нский	medical, 6	**мной** *instr. of* я	me, 16
ме́дленно	slowly, 7, 15	**мо́дный**	fashionable, 13
медпу́нкт	doctor's office (*at a hotel, workplace, etc.*), 18	**мо́жет быть**	maybe, perhaps, 3
		мо́жно	one can/may, it is possible, 9, 9.4
медсестра́	nurse, 6	Мо́жно вас?	May I? (*invitation to dance*), 16
ме́жду + *instr.*	between, 16		
междунаро́дный	international, 13, 17	мозг	brain, 18
Междунаро́дный же́нский день	International Women's Day, 13	**мой, моя́, моё, мои**	my, 2, 3
		молодожёны	newlyweds, 17
мексика́нский	Mexican, 3	**молодо́й**	young, 2
ме́неджер	manager, 6	**моло́же** *comp. of* молодо́й	younger, 13
ме́ньше *comp. of* ма́ло	smaller 5; less, 11		
		молоко́	milk, 11
меню́ *indecl.*	menu, 16	моло́чный	milk, 11
меня́ *acc. of* я	me, 1	**молчи́/те** *imp.*	be quiet, 15
ме́стный	local	**мо́ре** *pl.* моря́	sea, 5
ме́сто *pl.* места́	place, 6	морко́вь *f., coll.*	carrot, 11
ме́сяц	month, 7	моро́женое *subst. adj.*	ice cream, 11
метрдоте́ль	maître d', 16		
метро́ *indecl.*	subway, 4	моро́з	frost, 14
меха́ник	mechanic, 6	**Москва́**	Moscow, 5
мехово́й	fur, 9	моско́вский	Moscow, 7
мечта́	dream, 17	мотоци́кл	motorcycle, 3
мечта́|ть (I) о + *prep.*	to dream, 17	**мочь (I)**	to be able to, 12
		муж	husband, 2
милиционе́р	police officer (Russian), 17	мужчи́на	man, 4
		музе́й	museum, 4
миллионе́р	millionaire, 13	**му́зыка**	music, 7
минера́льный	mineral, 11	музыка́льный	musical, 6
ми́нус	minus, below zero, 14	мука́	flour, 16
мину́та	minute, 12	**мы**	we, 2
мину́т(оч)ка *dim.*	minute, 12	мыть (I)	to wash, 7, 12
Мину́т(оч)ку!	Just a minute! 12	мясно́й	meat, 11
мир	peace, 3; world, 5	**мя́со**	meat, 11
ми́шка	teddy bear, 13	мяч	ball, 13
мла́дший	younger, 3, 13		
мне *dat. of* я	to me, for me, 13		
мне на́до	I have to, 12		

Н

на + *acc.*	(on)to, 7, 7.7; for (a period of time), 15
на + *prep.*	on, at, in, 4
надева́|ть (I)	to put on (clothes), 14
*****наде́ть (I)**	to put on (clothes), 14
на́до *adv.*	must, need, 7, 11
наза́д	ago, 9, 9.7
*****назва́ть (I)**	to name, 17
называ́ется, называ́ются	is/are called, 4, 4.3
называ́|ть (I)	to name, 17
наконе́ц	finally, 7
нале́во	to the left, 4
нам *dat. of* мы	to us, for us, 13
на́ми *instr.*	us, 16
намно́го *adv.*	by far, much, 14, 14.2
*****написа́ть**	to write, 12
напи́ток *pl.* **напи́тки**	drink, beverage, 11
напра́во	to the right, 4
наро́дный	folk , 8
нас *acc. of* мы	us, 1
на́сморк	runny nose, 18
настоя́щий	real, 9
настрое́ние	mood, disposition, 18
нахо́дится, нахо́дятся	is/are located, 4, 4.3
нача́ло	beginning, 15
в нача́ле	at the beginning, 15
*****нача́ть**	to begin (to do something), 12
начина́ться	to begin, 12
наш, на́ша, на́ше, на́ши	our, 2, 3
не	no (*negative within sentence*), 1
не беспоко́йся, не беспоко́йтесь	don't worry, 18

не волну́йся, не волну́йтесь	don't worry, 15
не́ за что	you are welcome, don't mention it, 12
Не па́дай/те ду́хом	Do not lose hope! 18
не́бо	sky, 14
неве́ста	bride, 17
неде́ля	week, 6
(н)ей *instr. of* она́	her, 16
нельзя́ + *dat.*	must not, may not, 16
неме́цкий	German, 3
немно́го	a little, 2
немо́й	mute, 18
непло́хо	not badly, 1
неплохо́й	not bad, 1
нерв	nerve, 18
нет	no, 1
Ни пу́ха ни пера́!	Good luck! 10
нигде́	nowhere, 6
ни́же *comp. of* **ни́зкий**	lower, 5, 14
ни́зкий, ни́зко	low, 5, 14
ника́к	no way, 12
никогда́	never, 7
никуда́	(to) nowhere, 7
(н)им *instr. of* он	him, 16
(н)и́ми *instr. of* они́	them, 16
ничего́	nothing, 6
но́вость *f.*	news, 17
но́вый	new, 3
нога́ *pl.* **но́ги**	foot, leg, 18
нож *pl.* **ножи́**	knife, 16
но́мер *pl.* **номера́**	hotel room, 15
норма́льно	okay, 7
нос	nose, 18
носи́ть (II)	to carry, to wear, 17, 18
носки́	socks, 15
ночно́й	night, 12

ночь *f.*	night, 1
но́чью	at night, 6
ноя́брь (-é)	November, 13
нра́виться (II)	to like, to please, 13, 13.6
Ну, что ж! *interj.*	Oh, well! 15
Ну что́ ты!	Oh, come on! 2
ну́жен, нужна́, ну́жно, нужны́ *short adj.*	needed, 15
нуль *m.*	zero, 14

О

о + *prep.*	about, 5, 5.1
о́ба *m., n.* о́бе *f.*	both, 17
обе́д	dinner, 7
обе́даǀ**ть (I)**	to eat dinner, 7, 12
о́блако *pl.* **облака́**	cloud, 14
о́блачный, о́блачно	cloudy, 14
образова́ние	education, 17
обуче́ние	schooling, teaching, 17
общежи́тие	dormitory, 4
обы́чно	usually, 6, 7
ова́льный	oval, 18
о́вощи	vegetables, 11
огуре́ц *pl.* **огурцы́**	cucumber, 16
одева́ǀться (I)	to get dressed, 7
оде́жда	clothing, 13
оди́ннадцатый	eleventh, 10
одноме́стный	single (room), 15
о́зеро *pl.* **озёра**	lake, 5
океа́н	ocean, 5
окно́ *pl.* **о́кна**	window, 4
оконча́ние	finishing, 17
***око́нчить (II)**	to finish, to conclude, 17
октя́брь (-é)	October, 13
он	he, 2; it, 4
она́	she, 2; it 4
они́	they, 2, 4
оно́	it
о́пера	opera, 8
опро́с	survey, 17
ора́нжевый	orange (*color*), 3
оригина́льный	creative, 13
орке́стр	orchestra, 8
осе́нний	fall, autumnal, 10
о́сень *f.*	fall, autumn, 9
о́сенью	in the fall, 9
осо́бенно	especially, 8
осо́бый	special, 17
остано́вись, останови́тесь *imp.*	stop, 15
осторо́жно	carefully, 15
о́стров *pl.* **острова́**	island, 5
от + *gen.*	from, 13
отде́л	department, 11
о́тдых	rest, vacation, 15
отдыха́ǀ**ть (I)**	to rest, 12
оте́ц *pl.* **отцы́**	father, 2
открыва́ǀть (I)	to open, 15
откры́т *short adj.*	open, 16
***откры́ть (I)**	to open, 15
отку́да	where from, 15
отме́тка	grade (*numeric*), 10
отноше́ние	relation(ship), 17
о́тчество	patronymic, 6
официа́нт/ка	waiter/waitress, 6
о́чень	very, 1
Очень прия́тно!	Nice to meet you! 1
очки́	glasses, 15
со́лнечные очки́	sunglasses, 15

П

паке́т	carton, 11
пала́тка	tent, 15
па́лец *pl.* **па́льцы**	finger, toe, 18
пальто́ *indecl.*	overcoat, 14
па́па	father, dad, 2

парк	park, 4
парусный	sail, 9
~ая лодка	sailboat, 9
па́смурно	overcast, 14
па́спорт	passport, 15
пасси́вный	passive, 15
па́ста	paste, 15
зубна́я па́ста	toothpaste, 15
па́сха	Easter, 13
па́чка	package, 11
певе́ц, певи́ца	singer, 17
педагоги́ческий	pedagogical, teachers', 10
пе́нсия	pension, retirement, 6
на пе́нсии	on pension, retired, 6
Пе́рвое ма́я	May Day, 13
пе́рвый	first, 10
перево́дчик	translator, 6
Переда́йте, пожа́луйста...	Please, pass ..., 16
*переда́ть	to convey, to pass, 12
переда́ча	TV or radio broadcast, 12
пе́рец	pepper, 16
пе́рсик	peach
перча́тки *pl.*	gloves, 14
пе́сня	song, 8
петь (I)	to sing, 12
пече́нье	cookie, 16
пиани́ст/ка	pianist, 1
пи́во	beer, 11
пинг-понг	table tennis, 8
пиро́г, пирожо́к	pie, pastry, 16
пиро́жное	pastry, 16
писа́тель *m.*	writer, 1
писа́ть (I)	to write, 10
пи́сьменный	writing, 4; written, 10
~ стол	desk, 4
письмо́	letter, 3
пита́ние	nutrition, 16

пить (I)	to drink, 9, 11, 11.1
пи́цца	pizza, 16
пла́вание	swimming, 8
пла́ва/ть (I)	to swim, 9
пла́вки	men's swimwear, 15
плака́т	poster, 4
план	plan, 17
пла́тье	dress, 15
плащ	raincoat, 14
плечо́ *pl.* пле́чи	shoulder, 18
пло́хо, непло́хо	badly, 1; not badly, 2
плохо́й	bad, 1
пло́щадь *f.*	square, 4
плюс	plus, above zero, 14
пляж	beach, 14
по вечера́м	in the evenings, 15
по-англи́йски	in English, 2
поверни́, поверни́те *imp.*	turn, 15
пого́да	weather, 14
*подари́ть (II)	to give as a present, 13, 13.3
пода́рок *pl.* пода́рки	gift, present, 13
подборо́док	chin, 18
*подожда́ть (I)	to wait, 16
(подо)жди́/те *imp.*	wait, 15
подру́га	friend (*f.*), 2
*поду́ма/ть (I)	to think (for a while), 13
по́езд	train, 15
пое́здка	trip, 15
*пое́хать (I)	to go, to leave (by vehicle), 12
пожа́луйста	please, you're welcome, 4
пожа́рник	firefighter, 17
*пожени́ться (II)	to marry (each other), 17
*поза́втракать (I)	to eat breakfast, 12

*позвони́ть (II)	to call on the telephone, 12
по́здно	late, 7
по́зже	later, 7
*позови́/те *imp.*	call, 12
по-испа́нски	in Spanish, 2
*пойти́ (I)	to go, to leave (on foot), 12
Пока́!	Good-bye! See you later! 1
по-кита́йски	in Chinese, 2
покупа́ть (I)	to buy, 12, 13
пол	floor, 4; half, 11
по́лго́да	half a year, 15
по́лки́ло	half a kilo, 11
по́л-ли́тра	half a liter, 11
по́ле	field, 14
поле́зный	good (for health), 16
поликли́ника	health clinic, 6
политехни́ческий	polytechnical, 10
полице́йский	police officer, 17
по́лка	shelf, 4
по́лный	full, 18
положе́ние	status, 6
*положи́ть (II)	to put, 15
полуо́стров *pl.* полуострова́	peninsula, 5
получа́ть (I)	to get, 13
*получи́ть (II)	to get, 13
полчаса́	half an hour, 12
по́льский	Polish, 10
*полюби́ть (II)	to fall in love with, 17, 17.4
помидо́р	tomato, 16
помога́ть (I)	to help, to aid, 13
по-мо́ему	in my opinion, 3
*помо́чь (I)	to help, to aid, 13
по́мощь *f.*	help, 18
ско́рая по́мощь	ambulance, emergency medical service, 18

*помы́ть	to wash, 12
понеде́льник	Monday, 6
по-неме́цки	in German, 2
понима́ть (I)	to understand, 2
понра́виться	to like, to please, 13, 13.6
поня́тно	understood, clear, 14
*пообе́дать	to eat dinner, 12
по́па *colloq.*	buttocks, 18
(по)по́зже	later, 16
*попра́виться (II)	to get well, to gain weight, 18
поправля́ться (I)	to get well, 18
популя́рный	popular, 8
португа́льский	Portuguese, 10
по-ру́сски	in Russian, 2
по́рция	portion, 16
по́сле + *gen.*	after, 12
после́дний, -яя, -ее, -ие *soft adj.*	last, 13
*посмотре́ть	to watch, to look, 12
*посове́товать	to give advice, to advise, 13
поступа́ть (I)	to apply, 17, 17.2
*поступи́ть (II)	to enroll, to enter , to get in (a school), 10, 17, 17.2
посу́да	dish(es), 7
потоло́к	ceiling, 4
пото́м	then, 4
потому́ что	because, 10
*поу́жинать	to eat supper, 12
по-францу́зски	in French, 2
похме́лье	hangover, 18
похо́д	hiking, 15
похо́ж, похо́жа, похо́жи на + *acc.*	similar, resembling, 18
*похуде́ть	to lose weight
*поцел ова́ть(ся) (I)	to kiss (each other), 17
почему́	why, 7, 10

по́чта	post office, 4
почто́вые ма́рки *pl.*	stamps, 9
почти́	almost, 14
*почу́вствовать себя́	to feel, 18
пошёл, пошла́, пошли́ *past tense of* **пойти́**	went, left, 12
поэ́зия	poetry, 8
поэ́т	poet
по-япо́нски	in Japanese, 2
пра́вда	truth, 3
пра́вый	right, 16.1
пра́здник	celebration, holiday, 13
предлага́|ть (I)	to suggest, 13
предложе́ние	suggestion, 13
*предлож|и́ть (II)	to suggest, 13
предме́т	subject (*at school*), 10
предпочита́ть (I)	to prefer, 15
президе́нт	president, 1
прекра́сно	wonderful, 7
прекра́сный	wonderful, 14
преподава́тель *m.*	teacher (*college level*), 2
препода|ва́ть (I)	to teach, 10
прести́жный	prestigious, 6
Приве́т!	Hi! 1
привы́чка	habit
*пригласи́ть (II)	to invite, 12
приглаша́|ть (I)	to invite, 12
приглаше́ние	invitation, 12
*прие́хать (I)	to arrive, 15
*прийти́ (I)	to arrive (on foot), 12
Принеси́те, пожа́луйста...	bring me...., 16
принима́|ть (I)	to take, 7, 18
~ душ	to take a shower, 7
~ аспири́н	to take aspirin, 18
при́нтер	printer, 3
*приня́ть (I)	to take, 12, 18
приправы	spices, condiments, 16
приро́да	nature, 14
приходи́ть (II)	to arrive, 13
пришёл, пришла́, пришли́ *past tense of* прийти́	arrived (on foot), 12
Прия́тного аппети́та!	Bon appetit! 16
пробле́ма	problem, 13
проводи́ть (II)	to spend (time), 9
проводни́к, проводни́ца	train conductor, 15
прогно́з	forecast, 14
програ́мма	program, 12
программи́ст	programmer, 6
прода|ва́ть (I)	to sell, to be selling, 11, 11.2
продаве́ц *pl.* **продавцы́**	salesman, 6
продавщи́ца	saleswoman, 6
про́дан, -а, -ы *short adj.*	sold-out, 12
продово́льственный магази́н	grocery store, 11
проду́кты	produce, 11, 16
про́пуск	ID card, 10
*просну́ться	to wake up, 12
проспе́кт	avenue, 4
про́сто	simply, 18
*простуди́ться (II)	to catch a cold, 18
профе́ссия	profession, 6
по профе́ссии	by profession, 6
профе́ссор *pl.* профессора́	professor, 1
прохла́дный, прохла́дно	cool, 14
Проходи́/те *imp.*	Come in, 16
*прочита́ть	to read, 12
пря́мо	straight ahead, 4
прямо́й	straight, 18

пря́ник — gingerbread cookie, 16

психиа́тр — psychiatrist, 17

психоло́гия — psychology, 10

пти́ца — bird, 14

ПТУ(профессиона́льно-техни́ческое учи́лище) — vocational-technical high school, 10

путеше́ств|ова|ть (I) — to travel, 15

пье́са — play, 12

пятёрка — number five, grade A

пя́теро *coll. number* — five, 16

пя́тница — Friday, 6

пя́тый — fifth, 10

Р

рабо́та (на) — job, work, 6

рабо́та|ть (I) — to work, 6

ра́дио *indecl.* — radio, 3

раз, ра́за — time (*counting*), 7

ра́зве — I wonder (if), 14

разведён, разведена́ — divorced, 6

разве́дчик — intelligence officer, 17

развёлся, развела́сь *past tense of* развести́сь — got divorced, 17

*развести́сь — to get divorced, 17, 17.4

разгова́рива|ть (I) — to talk, to chat, 14

раздева́ться (I) — to get undressed, 7

*разлюб|и́ть (II) — to fall out of love with, 17, 17.4

ра́зный — different, various, 9, 15

рак — cancer, 18

раке́тка — racket, 13

те́ннисная ~ — tennis racket, 13

ра́нний *soft adj.* — early, 17

ра́но — early, 7

ра́ньше — before, earlier, 7

распоря́док дня — daily schedule, 7

*расстро́иться, расстро́ился — to become upset, 18

ребёнок *gen.* ребёнка (*pl.* де́ти) — child, 17

ревмати́зм — rheumatism, 18

регуля́рный — regular, 18

ре́дко — seldom, 7

режи́м — schedule, 18

река́ *pl.* **ре́ки** — river, 5

рекла́ма — advertisement, 6

религио́зный — religious, 13

ре́сницы — eyelashes, 18

респу́блика — republic, 5

ре́стлинг — wrestling, 17

рестора́н — restaurant, 4

реце́пт — recipe, 16; prescription, 18

реша́ть (I) — to decide, to solve, 17

реше́ние — decision, 17

*реш|и́ть (II) — to decide, to solve, 17

рис — rice, 16

род(и́льный) дом — maternity ward, 18

*роди́ться — to be born, 13, 13.9

родно́й — native, 10

ро́дственник — relative, 13

рожде́ние — birth, 17

день рожде́ния — birthday, 13

Рождество́ — Christmas, 13

ро́зовый — pink, 3

рок-гру́ппа — rock group, 8

рок-му́зыка — rock music, 8

рок-музыка́нт — rock musician, 17

рома́н — novel, 3

Росси́я — Russia, 5

рост — height, growth, 18

рот (во рту́) — mouth , 18

роя́ль *m.* — grand piano, 8

руба́шка — (men's) shirt, 12

рубль *m.* — ruble, 11

рука́ *pl.* ру́ки	hand, 16, 18
ру́сская	Russian (f.), 2
ру́сский	Russian, 1; a Russian (*m.*), 2
ру́сый	dark blond, 18
ру́чка	pen, 16.1
ры́ба	fish, 9, 11
ры́бный	fish, 11
ры́жий	red (*of hair*), 18
ры́нок (на ры́нке)	farmers' market, 11
рю́мка	shot glass, 16
ря́дом	close by, 4
ря́дом с + *instr.*	next to, 16

С

с + *instr.*	with, 16
С днём рожде́ния!	Happy Birthday! 13
С новорождённым!	On your new baby! 13
С новосе́льем!	On your new house! 13
С Но́вым го́дом!	Happy New Year! 13
С пра́здником!	Happy holiday! 13
С пра́здником Восьмо́го ма́рта!	Happy Women's Day! 13
С Рождество́м!	Merry Christmas! 13
с удово́льствием	with pleasure, 12
сад (в саду́)	garden, 4, 15
сади́сь, сади́тесь *imp.*	have a seat, 15
саксофо́н	saxophone, 8
сала́т	salad, lettuce, 11
салфе́тка	napkin, 16
сам, сама́, са́ми	myself, yourself, *etc.*, 17
самова́р	samovar, 9
самолёт	airplane, 13

са́мый	the most, 5
Санкт-Петербу́рг	St. Petersburg, 5
сапоги́	boots, 14
са́хар	sugar, 16
сва́дьба	wedding, 17
све́тит	is shining, 14
све́тлый, светло́	light, 14
свиде́тель *m.*	witness, 17
свини́на	pork, 16
сви́тер	sweater, 13
свобо́ден, свобо́дна, -ы *short adj.*	free, vacant, 16
свобо́дно	fluently, 2
свобо́дный	free, 9
свой *poss. pron.*	one's own, 13, 13.2
*сде́лать	to do, 12
се́вер (на)	north, 5
сего́дня	today, 6
седо́й	gray (*of hair*), 18
седьмо́й	seventh, 10
сейча́с	now, 7
секрета́рь *m.*	secretary, 6
семе́стр	semester, 10
семина́р	seminar, 10
семья́	family, 2
сентя́брь (-é)	September, 13
се́рдце [се́рце]	heart, 18
сере́бряный	silver, 13
середи́на	middle, 15
в середи́не	in the middle, 15
серёжка	earring, 13
се́рый	gray, 3
серьёзный	serious, 18
сестра́ *pl.* сёстры	sister, 2
се́тка	shopping bag (*net*), 11
Сиби́рь *f.*	Siberia, 5
сигаре́та	cigarette, 18
сиде́ть (II)	to sit, 7

си́льный, си́льно	strong, 14
симпати́чный	nice, 2
си́ний, -яя, -ее	blue, 3
скажи́/те *imp.*	say, tell, 4
ска́терть *f.*	tablecloth, 16
ско́лько	how much, how many, 5, 11
Ско́лько сейча́с вре́мени?	What time is it? 7
ско́ро	soon, 13
ско́рый	fast, 18
скрипа́ч/ка	violinist, 8
скри́пка	violin, 8
ску́чный, ску́чно	boring, dull, 3, 14
сла́бый, сла́бо	weak, 14
сла́дкий	sweet, 16
сле́дующий	next, 15
слеза́ *pl.* слёзы	tear, 18
слепо́й	blind, 18
сли́вки *pl. only*	cream, 16
сли́шком	too (much), 11
слова́рь *m.*	dictionary, 3
сло́жный	complicated, 17
слу́ша|ть (I)	to listen, 7
слы́шать (II)	to hear, 13, 18
смерть *f.*	death, 17
смета́на	sour cream, 11
смотр|е́ть (II)	to watch, to look, 7, 12
снача́ла	at first, 7
снег (в снегу́)	snow, 14
снима́|ть (I)	to rent, 10; to take off (clothes), 14
снотво́рное	sleeping pill, 18
***снять**	to take off (clothes), 14
со мно́й	with me, 12
соба́ка	dog, 3
собира́|ть (I)	to collect, 9
сове́т|ова|ть (I)	to give advice, to advise, 13
совреме́нный	modern, 8
согла́сен, согла́сна, -ы с + *instr.*	in agreement with, 17
сок	juice, 11
солда́т	soldier, 17
со́лнечный, со́лнечно	sunny, 14
со́лнце [со́нце]	sun, 14
соль *f.*	salt, 16
соси́ски	sausage links, 16
сосна́	pine, 14
сочине́ние	paper, essay, 10
спа́льня	bedroom, 4
спаси́бо	thank you, 1
сп|ать (II)	to sleep, 7
специа́льность *f.*	specialty, major, 10
спецшко́ла	special school, 17
СПИД (синдро́м приобретённого иммунодефици́та)	AIDS, 18
спина́	back, 18
спи́тся	
мне не спи́тся	I can't sleep, 18, 18.2
Споко́йной но́чи!	Good night! 1
спорт	sport, 8
спортсме́н/ка	athlete, 1
среда́	Wednesday, 6
сре́дний *soft adj.*	middle, central, 10
срок	period of time, 15
на како́й срок	for how long, 15
ссо́ра	quarrel, 17
стадио́н (на)	stadium, 4
стака́н	glass, 16
ста́нция (на)	subway station, 15
старе́е	older, 5
ста́рше *comp. of* ста́рый	older, 13
ста́рший ста́рый	older, 3, 13 old, 3
***стать(I)**	to become, 17

статья́	article, 12
стена́ *pl.* сте́ны	wall, 4
стереосисте́ма	stereo system, 3
стира́|ть (I)	to do laundry, 7
стои́т, стоя́т *from* стоя́ть	is/are standing, 4
сто́ить; сто́ит, стоя́т	to cost, 11
стол	table, 4
сто́лик	table, 16
столи́ца	capital, 5
столо́вая *subst. adj.*	dining room, 4; dining hall, cafeteria, 10
стоп *interj.*	stop, 15
сто|я́ть (II)	to stand, 7
страна́ *pl.* стра́ны	country, 5
стра́шный	awful, horrible, scary, 18
стресс	stress, 18
строи́тель	construction worker, 6
стро́йка (на)	construction site, 6
стро́йный	slim, 18
студе́нт/ка	student, 1
стул *pl.* сту́лья	chair, 4
суббо́та	Saturday, 6
сувени́р	souvenir, 9
су́мка	bag, purse, 13
сухо́й, су́хо	dry, 14
су́ше *comp.*	drier, 14
Счастли́вого пути́!	Have a nice trip! 15
счастли́вый	happy, 15
сча́стье [ща́стье]	happiness, 3
счёт	check, 16
счита́|ть (I)	to consider (somebody something), 17, 17.1H
США	U.S.A., 5
сын *pl.* сыновья́	son, 2
сыр	cheese, 11

Т

табле́тка	pill, 18
тако́й, так	so, such, 14, 14.6
тако́й же	same kind, 18
там	there, 4
танц|ева́|ть (I)	to dance, 12
танцо́р	dancer, 1
таре́лка	plate, 16
твой, твоя́, твоё, твои́	your (*sg.*), 2, 3
творо́г *gen. sg.* -а́	Russian cottage cheese, 16
теа́тр	theater, 4
театра́льный	theater, 12
тебе́ *dat. of* ты	to you, for you (*sg.*), 13
тебя́ *acc. of* ты	you (*sg.*), 1
телеви́зор	television, 3
по телеви́зору	on television, 7
телефо́н	telephone, 3
по телефо́ну	on the telephone, 7
те́ло	body, 18
тёмный, темно́	dark, 14
температу́ра	temperature, 14
те́ннис	tennis, 8
тенниси́ст/ка	tennis player, 1
тёплый, тепло́	warm, 14
термо́метр	thermometer, 18
тётя	aunt, 2
те́хникум	technical college, 10
типи́чно	typically, 6
Ти́хий океа́н	Pacific Ocean, 5
ти́хо	quietly, 10, 15
ти́ше *comp. of* ти́хо	quieter, 10, 15
тобо́й *instr. of* ты	you, 16
това́ры	goods
спорти́вные това́ры	sporting goods, 13
тогда́	in that case, 12
то́же	also, 1
то́лько	only, 2
то́лько что	just, 17
тома́тный	tomato, 16

то́нна	ton, 11
торт	cake, 11
тот, та, то, те	that/those, 4
то́чно	exactly, 12
тошни́т + *acc.*	
меня́ тошни́т	I feel sick to my stomach, 18
трава́	grass, 14
трамва́й	streetcar, 15
тре́тий, тре́тья, тре́тье	third, 10
Третьяко́вская галере́я	Tretyakov Art Gallery, 12
тро́е *coll. number*	three, 16
тро́йка	group of three (horses); number three, grade C, 10
тролле́йбус	trolleybus, 15
тромбо́н	trombone, 8
труба́	trumpet, 8
тру́дный	difficult, 10
трусы́, тру́сики	men's/women's underwear, 15
туале́т	toilet, 4
туда́	(to) there, 15
тури́ст/ка	tourist, 1
ту́фли	shoes, 15
ты	you (*sg.*), 2

У

у + *gen.*	by, at, 12
у меня́ есть	I have, 3
убира́ть (I)	to clean, 7
*убра́ть (I)	to clean, 12
у́гол (в/на углу́)	corner, 18
*уе́хать (I)	to go away (by vehicle), 15
уже́	already, 6
уже не́	not any more, 6
у́жин	supper, 7

у́жинать (I)	to eat supper, 7
у́зкий	narrow, 18
*узна́ть (I)	to find out, 12
украи́нский	Ukrainian, 10
у́лица	street, 4
*умере́ть (I), у́мер, умерла́	to die, 13, 13.9
уме́ть (I)	to be able, to know how, 9, 9.3
умира́ть (I)	to die, to pass away, 13
универма́г	department store, 4
универса́м	supermarket, 11
университе́т	university, 4
Ура́л	Urals, 5
Ура́льские го́ры	Ural Mountains, 5
успоко́йся, успоко́йтесь *imp.*	calm down, 18
уста́вать (I)	to get tired, 18
*уста́ть; уста́л, уста́ла, уста́ли	to be tired, 18
у́стный	oral, 10
усы́	mustache, 18
у́тром	in the morning, 6
у́хо *pl.* **у́ши**	ear, 18
учени́к *pl.* -и́, учени́ца	schoolboy/girl, 10
учёный *pl.* учёные	scientist, 6
учи́лище	vocational college, 10
учи́тель *pl.* **учителя́**	teacher (*in elementary school*), 6
учи́тельница	teacher, 6
учи́ться (I)	to study, 6, 6.3, 10.3

Ф

фа́брика (на)	factory (light industry), 6
факульте́т	college (department), 10
фами́лия	last name, 6
фанта́стика	science fiction, 8
Фаренге́йт	Fahrenheit, 14

по Фаренге́йту	on the Fahrenheit scale, 14
фарш	ground beef, 16
февра́ль (-é)	February, 13
фен	hair dryer, 15
фе́рма (на)	farm, 6
фе́рмер	farmer, 6
фехтова́ние	fencing, 17
фигу́ра	figure, 18
фигури́ст/ка	figure skater, 8
фи́зик	physicist, 6
фи́зика	physics, 10
физи́ческий	physical, 10
физкульту́ра	physical education, 17
филологи́ческий	philological (of languages and literature), 10
филфа́к (= филологи́ческий факульте́т)	department of languages and literatures, 17
фиоле́товый	purple, 3
фи́рма	company, 6
фи́рменное блю́до	house special, 16
фле́йта	flute, 8
флейти́ст/ка	flutist, 8
фотоаппара́т	camera, 3
фотогра́фия	photograph, 2
францу́зский	French, 3
фрукт	fruit, 11
фрукто́вый	fruit, 11
футбо́л	soccer, 8
америка́нский ~	football, 8
футболи́ст/ка	soccer player, 1
футбо́лка	T-shirt, 14
футбо́льный	football, 8

Х

хи́мик	chemist, 6
хими́ческий	chemical, 10
хи́мия	chemistry, 10
хиру́рг	surgeon, 17
хлеб	bread, 11
ход|и́ть (II)	to go, 7, 7.9
ходьба́	walking, 17
хозя́ин	host, 13, 16
хозя́йка	hostess, 13, 16
хоккеи́ст/ка	ice-hockey player, 1
хокке́й	hockey, 8
хокке́йный	hockey, 8
холестери́н	cholesterol, 18
холоди́льник	refrigerator, 11
холо́дный, хо́лодно	cold, 14
хо́лост	single (*of a man*), 6
хоро́ший	good, 1
хорошо́, нехорошо́	well, not well, 1, 2
хоте́ть	to want, 12
хо́чется	
мне хо́чется есть	I want to eat, I am hungry, 18
Христо́с воскре́с!	Happy Easter! (*literally*, Christ is risen!), 13
худе́|ть(I)	to lose weight, 18
худо́жник	artist, painter, 8

Ц

цвет *pl.* цвета́	color, 18
цветы́ *sg.* цвето́к	flowers, 13, 14
цел|ова́|ть(ся) (I)	to kiss (each other), 17
Це́льсий	Celsius, 14
по Це́льсию	on the Celsius scale, 14
цент	cent, 11
цепо́чка	chain, pendant, 13
церемо́ния	ceremony, 17
це́рковь *f.* (в це́ркви)	church, 4

Ч

чай	tea, 11
час, часа́, часо́в	hour, 6
ча́стный	private, 6
ча́сто	often, 7
часы́ *pl. only*	watch, 7, 13
ча́шка	cup, 16
чей, чья, чьё, чьи	whose, 3
чёлка	bangs, 18
челове́к	person, 11
молодо́й челове́к	young man, 11
чем	than, 5
чемода́н	suitcase, 15
че́рез + *acc.*	in (*in time expressions*), 15
черни́ка	blueberry, 16
Чёрное мо́ре	Black Sea, 5
чёрный	black, 3
чесно́к	garlic, 16
четве́рг	Thursday, 6
четвёрка	number four, grade B, 10
че́тверо *coll. number*	four, 16
четвёртый	fourth, 10
че́шский	Czech, 10
число́	date, number, 13
чита́|ть (I)	to read, 7
что	what, that, 3
Что с тобо́й?	What is wrong with you? 18
Что случи́лось?	What happened? 18
что тако́е	what is, 3
что́бы	that, so that, in order to, 17
что́-нибудь	something, 12
чу́вствовать себя́ (I)	to feel, 18

Ш

шампа́нское *subst. adj.*	champagne, 11
ша́пка	cap, 9, 14
шарф	scarf, 13
шахмати́ст/ка	chess player, 1
ша́хматы *pl.*	chess, 8
шашлы́к	shish kebab, 16
шашлы́чная	shish-kebab house, 16
швейца́рский	Swiss, 11
шесто́й	sixth, 10
ше́я	neck, 18
шкаф (в шкафу́)	closet, 4, 15
шко́ла	school (*elementary and secondary*), 4
шко́льник, шко́льница	schoolboy/girl, 10
шокола́д	chocolate, 11
шо́рты	shorts, 14
шта́нга	weight lifting, 17
штат	state, 5
шу́мно	noisy, 10

Щ

щека́ *pl.* щёки	cheek, 18
щётка	brush, 15
зубна́я щётка	toothbrush, 15

Э

экза́мен	exam, 10
экономи́ст	economist, 6
экономи́ческий	economic, business, 10
эстра́дный	live, stage, 8
эта́ж (на)	floor, level, story, 15
э́то	this is, 1
э́тот, э́та, э́то, э́ти	this/these, 4

Ю

ю́бка	skirt, 15

юг (на)	south, 5		**язы́к**	language, tongue, 10
юриди́ческий	law, legal, 10		**яйцо́** *pl.* **я́йца**	egg, 11
юри́ст	lawyer, 6		**янва́рь** (-é)	January, 13
			янта́рь *m.*	amber, 13
Я			**япо́нский**	Japanese, 3
я	I, 2		я́ркий, я́рко	bright, 14
я́блоко *pl.* **я́блоки**	apple, 11		я́рче *сотр.*	brighter, 14
я́года	berry, 9		я́сный, я́сно	clear, 14
я́годицы	buttocks, 18			

English–Russian Glossary

··

Note: Complete verb conjugations are given in a separate section.

A

a little	**немно́го**, 2
about	**о** + *prep.*, 5, 5.1
abroad	**за грани́цей**, 15
(to) abroad	**за грани́цу**, 15
from abroad	**из-за грани́цы**, 15
accordion	гармо́шка, 8
acquaintance	знако́мство, 16
active	акти́вный, 15
activity	заня́тие, 15
actor, actress	**актёр, актри́са**, 1
address	**а́дрес**, 6
advance: in advance	зара́нее 16
advertisement	рекла́ма, 6
advise	*по/сове́т|ова|ть (I) + *dat.*, 13
aerobics	аэро́бика, 8
after	**по́сле** + *gen.*, 12
afternoon	
in the afternoon	**днём**, 6
age	**во́зраст**, 17
ago	**наза́д**, 9
agreement	
in agreement with	**согла́сен, согла́сна, -ы** с + *instr.*, 17

AIDS	СПИД (синдро́м приобретённого иммунодефици́та), 18
air	во́здух, 14
airplane	**самолёт**, 13
airport	**аэропо́рт**, 15
alarm clock	буди́льник, 15
all	весь, вся, всё, все, 12
all day	**весь день**, 12
all one's life	**всю жизнь**, 5
all right	**ла́дно**, 12
All the best!	**Всего́ хоро́шего!** 1
allergy	**аллерги́я**, 18
almost	почти́, 14
already	**уже́**, 6
also	**то́же**, 1
always	**всегда́**, 7
amber	янта́рь *m.*, 13
ambulance	**ско́рая по́мощь**, 18
America	**Аме́рика**, 5
American	**америка́нский**, 1
	(*f.*) **америка́нка**, 2
	(*m.*) **америка́нец**, 2
and (parallel)	**и**, 2, 2.5
and, but (contrast)	**а**, 1

apartment кварти́ра, 4

appendicitis аппендици́т, 18

appetite аппети́т, 16

apple я́блоко *pl.* я́блоки, 11

apply поступа́|ть (I), 17

April апре́ль, 13

aquiline, eagle's (of a nose) горба́тый, 18

Arabic ара́бский, 10

architect архите́ктор, 6

Arctic Ocean Ледови́тый океа́н, 5

armchair кре́сло, 4

arrive

   on foot приходи́ть (II), *прийти́ (I), 15.6

   by vehicle *прие́хать (I), 15

art иску́сство, 8

article статья́, 12

artist

   (performing) арти́ст/ка, 1

   painter худо́жник, 8

Asia Азия, 5

aspirin аспири́н, 15

asthma а́стма, 18

astronaut астрона́вт, 1

astronomy астроно́мия, 10

at в + *prep.*, 4; на + *prep.*, 4, 4.4

   at first снача́ла 7

   at home до́ма 2

   At what time? Во ско́лько? 7

athlete спортсме́н/ка, 1

athletic shoes кроссо́вки, 15

August а́вгуст, 13

aunt тётя, 2

autumn о́сень *f.*, 9

avenue проспе́кт, 4

awful, horrible, scary стра́шный, 18

B

baby новорождённый, 13

   On your new baby! С новорождённым! 13

back спина́, 18

bad плохо́й, 1

   badly пло́хо, 2

badminton бадминто́н, 8

bag, purse су́мка, 13

bakery бу́лочная *subst. adj.*, 11

balalaika балала́йка, 8

balcony балко́н, 4

bald лы́сый, 18

ball мяч, 13

ballerina балери́на, 1

ballet бале́т, 8

banana бана́н, 11

bangs чёлка, 18

bank банк, 4

bar бар, 6

baseball бейсбо́л, бейсбо́льный, 8

   ~ cards бейсбо́льные ка́рточки, 9

   ~ player бейсболи́ст/ка, 8

basketball баскетбо́л, баскетбо́льный, 8

   ~ player баскетболи́ст/ка, 1

bass бас, 8

bathroom (bath/ shower) ва́нная *subst. adj.*, 4

   toilet туале́т

be быть (I), 11

be (frequently) быва́|ть (I), 10

be able мочь (I), 12

be able, know how уме́|ть (I), 9

be afraid боя́ться (II), 15

be born *роди́ться, 13

be friends with	дружи́ть (II) с + *instr.*, 17	bird	**пти́ца**, 14
be interested in	**интерес|ова́|ться (I)** + *instr.*, 17	birth	**рожде́ние**, 17
		birthday	**день рожде́ния**, 13
be out playing, walking, strolling	**гуля́|ть (I)**, 7	black	**чёрный**, 3
		Black Sea	Чёрное мо́ре, 5
be quiet	**молчи́/те**, 15	blind	слепо́й, 18
be sick	боле́|ть (I), 18	blond	блонди́н/ка, 18
be tired	*уста́ть, 18	blood	**кровь** *f.*, 18
I am tired	я уста́л, 18	blouse	**блу́зка**, 15
beach	**пляж**, 14	blue	**си́ний, -яя, -ее**, 3
beard	борода́, 18	blueberry	черни́ка, 16
beautiful	**краси́вый**, 2	boat	ло́дка, 9
because	**потому́ что**, 10	motorboat	ка́тер, 9
become	*ста́ть, 17	sailboat	па́русная ло́дка, 9
become upset	*расстро́иться, 18	body	те́ло, 18
bed	**крова́ть** *f.*, 4	bodybuilding	культури́зм, 8
bedroom	**спа́льня**, 4	Bon appetit!	**Прия́тного аппети́та!** 16
beef	говя́дина, 16		
ground beef	фарш, 16	bone	кость *f.*, 18
beer	**пи́во**, 11	book	**кни́га**, 3; кни́жн|ый, 4
homemade Russian beer	квас, 16		
		bookcase	~ый шкаф, 4
before	**до** + *gen.*, 17	bookshelf	~ая по́лка, 4
before, earlier	**ра́ньше**, 9	bookkeeper	бухга́лтер, 6
begin	**начина́ться**, 12	boots	**сапоги́**, 14
begin (to do something)	*нача́ть, 12	border	грани́ца, 15
		boring, dull	**ску́чный**, 3; ску́чно, 14
beginning	нача́ло, 15		
at the beginning	в нача́ле, 15	both	о́ба *m., n.*, о́бе *f.*, 17
berry	я́года, 9	both...and	**и...и**, 6
better	**лу́чше**, 5	bottle	**буты́лка**, 11
between	**ме́жду** + *instr.*, 16	box	коро́бка, 11
beverage	напи́ток, 11	boxing	бокс, 8
bicycle	**велосипе́д**, 3	boy (little)	**ма́льчик**, 17
big, large	**большо́й**, 3	bracelet	брасле́т, 13
bigger, more	**бо́льше**, 5	brain	мозг, 18
biological	биологи́ческий, 10	bread	**хлеб**, 11
biology	**биоло́гия**, 10	breakfast	**за́втрак**, 7
birch	берёза, 14	breast, chest	**грудь** *f.*, 18
		breathe	**дыша́ть (II)**, 18

bride	неве́ста, 17	Calm down!	Успоко́йся, успоко́йтесь! 18
bridegroom	жени́х, 17	camcorder	видеока́мера, 3
bright	я́ркий; *сотр.* я́рче, 14	camera	фотоаппара́т, 3
bring me	принеси́те, пожа́луйста, 16	can	ба́нка, 11
brother	брат *pl.* бра́тья, 2	can, may	мо́жно, 9
brown	кори́чневый, 3	Canadian	кана́дский, 1
(of eyes)	ка́рий, -яя, -ее, -ие, 18	(f.)	кана́дка, 2
		(m.)	кана́дец, 2
brunet	брюне́т/ка, 18	cancer	рак, 17
brush	щётка, 15	cap	ша́пка, 9, 14
buffet	буфе́т, 16	capital	столи́ца, 5
building	зда́ние, 4	car	маши́на, 3
building blocks	ку́бики, 13	carbonated	газиро́ванный, 16
bus	авто́бус, 15	carefully	осторо́жно, 15
bush	куст, 14	carrot	морко́вь *f. coll.*, 11
business	экономи́ческий, 10	carry, wear	носи́ть (II), 17
businessman	бизнесме́н, 6	carton	паке́т, 11
butter, oil	ма́сло, 11	cash register	ка́сса, 11
buttermilk	кефи́р, 16	Caspian Sea	Каспи́йское мо́ре, 5
buttocks	я́годицы; *colloq.* по́па, 18	cat	ко́шка, 3
		catch a cold	*простуди́ться (II), 18
buy	покупа́|ть, 13; *куп|и́ть (II), 11	Caucasus Mountains	Кавка́з, Кавка́зские го́ры, 5
by, at	у + *gen.*, 3, 12	caviar	икра́, 9
by far, much	намно́го, 14	ceiling	потоло́к, 4
		celebration, holiday	пра́здник, 13
C		Celsius	Це́льсий, 14
		on the Celsius scale	по Це́льсию, 14
cabbage	капу́ста, 11		
cabinet	шкаф, 4	cent	цент, 11
café	кафе́ *indecl.*, 4	ceremony	церемо́ния, 17
cafeteria	столо́вая, 10, 16	chain, pendant	цепо́чка, 13
cake	торт, 11	chair	стул, 4
call (for somebody)	*вы́звать (I), 18	champagne	шампа́нское *subst. adj.*, 11
call on the telephone	звон|и́ть (II); *позвони́ть, 12	cheap	дешёвый, 3; дёшево *short adj.*, 11
called			деше́вле *сотр.*, 11
is/are called	называ́ется, называ́ются, 4		

check	**счёт**, 16
cheek	щека *pl.* щёки, 18
cheerful	**весёлый**, 18
cheese	**сыр**, 11
chemical	хими́ческий, 10
chemist	хи́мик, 6
chemistry	**хи́мия**, 10
chess	**ша́хматы** *pl.*, 8
~ player	**шахмати́ст/ка**, 1
chest	**грудь** *f.*, 18
chestnut colored	кашта́новый, 18
chicken	**ку́рица**, 11
child	**ребёнок** *gen.* **ребёнка** (*pl.* **де́ти**), 3, 17
chin	подборо́док, 18
Chinese	**кита́йский**, 3
in Chinese	**по-кита́йски**, 2
choice	вы́бор, 13
cholesterol	холестери́н, 18
choose, pick	выбира́ть (I), *вы́брать (I), 13
Christmas	**Рождество́**, 13
Merry Christmas!	С Рождество́м! 13
church	це́рковь *f.* (в це́ркви), 4
cigarette	**сигаре́та**, 18
cinema	**кинотеа́тр**, 4
city	**го́род** *pl.* **города́**, 4, 5
civil registry office	загс (отде́л за́писи а́ктов гражда́нского состоя́ния), 17
clarinet	кларне́т, 8
class	**заня́тие (на)**, 7
classical	**класси́ческий**, 8
clean	убира́ть (I), 7, *убра́ть (I), 12
clear	я́сный, 14
climate	кли́мат, 14
climb mountains	занима́ться альпини́змом, 15
clinic	**поликли́ника**, 6
close by	**ря́дом**, 4
closed	**закры́т, -а, -ы** *short adj.*, 16
closet	шкаф (в шкафу́), 15
clothing	оде́жда, 13
cloud	**о́блако** *pl.* **облака́**, 14
cloudy	**о́блачный, о́блачно**, 14
club	клуб, 12
coast	**бе́рег (на берегу́)**, 5, 15
coat	**пальто́** *indecl.*, 14
Coca-Cola	ко́ка-ко́ла, 11
coffee	**ко́фе** *indecl.*, 11
cognac	конья́к, 16
cold	**холо́дный, хо́лодно**, 14
collect	**собира́ть (I)**, 9
college (department)	**факульте́т**, 10
color	**цвет** *pl.* **цвета́**, 18
Come in!	Проходи́те! 16
company	**фи́рма**, 6
complain	**жа́л|ова|ться (I) на +** *acc.*, 18
complicated	сло́жный, 17
composer	**компози́тор**, 1
computer	**компью́тер**, 3
~ science	вычисли́тельная те́хника, 10
concert	**конце́рт (на)**, 7
condiments	припра́вы, 16
conductor (on trains)	проводни́к, проводни́ца, 15
confectionery	конди́терские изде́лия, 11
conservatory	консервато́рия, 10
consider (somebody something)	**счита́|ть (I) +** *acc.* **+** *instr.*, 17

construction site	стро́йка (на), 6	date, number	число́, 13
~ worker	строи́тель 6	daughter	**дочь**, 2
contact lenses	конта́ктные ли́нзы, 18	day	**день**, 6
		every day	**ка́ждый день**, 6
continent	**контине́нт**, 5	deaf	глухо́й, 18
convey, pass	*переда́ть, 12	death	**смерть** *f.*, 17
cookie	пече́нье, 16	December	**дека́брь** (-é), 13
gingerbread	~ пря́ник, 16	decide, solve	реша́ть (I), *реши́ть (II), 17
cool	**прохла́дный, прохла́дно**, 14	decision	реше́ние, 17
corner	у́гол (в/на углу́), 18	deep	**глубо́кий**, *compr.* глу́бже, 5
corridor	коридо́р, 4	degree	**гра́дус**, 14
cosmetics	косме́тика, 15	delicatessen	**гастроно́м**, 11
cosmonaut	**космона́вт**, 1	delicious	**вку́сный**, 16
cost	**сто́ить**, 11	dentist	зубно́й врач, 6
How much does...cost?	**Ско́лько сто́ит...?** 11	department	
		(at a university)	**ка́федра**, 10
cottage cheese	творо́г, 16	(at a store)	отде́л, 11
cough	**ка́шель** *m.*, 18	department of languages and literatures	филологи́ческий факульте́т (филфа́к), 10
country	**страна́** *pl.* **стра́ны**, 5		
cream	**сли́вки** *pl. only*, 16	department store	**универма́г**, 4
creative	оригина́льный, 13	desk	пи́сьменный стол, 4
credit	зачёт, 10	dessert	**десе́рт**, 16
credit card	**креди́тная ка́рточка**, 15	detective novels	**детекти́вы** *pl.*, 8
Crimea	Крым (в Крыму́), 5	diagnosis	диа́гноз, 18
cucumber	**огуре́ц**, *pl.* **огурцы́**, 16	diamond	бриллиа́нт, 13
		dictionary	**слова́рь** *m.*, 3
cultural	культу́рный, 15	die	умира́ть (I), *умере́ть (I), 13
cup	**ча́шка**, 16		
curly	кудря́вый, 18	diet	дие́та, 16
Czech	че́шский, 10	different	ра́зный, 9
		difficult	**тру́дный**, 10
D		dining hall, cafeteria	**столо́вая** *subst. adj.*, 16
dacha, summerhouse	**да́ча**, 4		
daily schedule	распоря́док дня, 7	dining room	**столо́вая** *subst. adj.*, 4
dance	**танц|ева́|ть**, 12	dinner	**обе́д**, 7
dancer	танцо́р, 1	diploma	дипло́мный, 10
dark	**тёмный, темно́**, 14	diplomat	**диплома́т**, 17
dark blond	ру́сый, 18		

director	дире́ктор, 6	
dirty	гря́зный, 16	
dish (food)	блю́до, 16	
dish(es)	посу́да, 7	
divorced	**разведён, разведена́**, 6	
do	**де́ла|ть, *сде́лать**, 7, 12	
do laundry	стира́|ть (I), *вы́стирать, 7, 12	
docent, assistant professor	доце́нт, 10	
doctor		
(in titles)	до́ктор, 1	
physician	**врач**, 6	
doctor's office (at a hotel, workplace, etc.)	медпу́нкт, 18	
dog	**соба́ка**, 3	
doll	**ку́кла**, 9, 13	
nesting doll	**матрёшка**, 9	
dollar	**до́ллар**, 11	
don't mention it	не́ за что, 12	
don't worry	**не волну́йся, не волну́йтесь**, 15	
door	**дверь** *f.*, 4	
dormitory	**общежи́тие**, 4	
double	двойно́й, 16	
double room (at a hotel)	двухме́стный но́мер, 15	
dream	мечта́, 17	
dream	мечта́|ть (I), 17	
dress	пла́тье, 15	
drink	напи́ток *pl.* напи́тки, 11	
drink	**пить (I)**, 9, 11	
drive (a car)	води́ть (II), 18	
drugstore	апте́ка, 4	
drums	бараба́н, 8	
dry	**сухо́й, су́хо**; *compr.* су́ше, 14	

E

each other	друг дру́га, 17	
ear	у́хо *pl.* у́ши, 18	
early	ра́нний *soft adj.*, 17	
early	**ра́но** *compr.* **ра́ньше**, 7	
earring	**серёжка**, 13	
east	**восто́к (на)**, 5	
Easter	**па́сха**, 13	
easy	легко́, 17	
eat	есть, 9	
~ breakfast	**за́втрака|ть, *поза́втракать**, 7, 12	
~ dinner	**обе́да|ть, *пообе́дать**, 7, 12	
~ supper	**у́жина|ть, *поу́жинать**, 7, 12	
economic	экономи́ческий, 10	
economist	экономи́ст, 6	
educate, raise	воспи́тыва|ть (I), 17	
education	**образова́ние**, 17	
egg	**яйцо́** *pl.* **я́йца**, 11	
either...or	и́ли...и́ли, 17	
end	коне́ц, 15	
at the end	**в конце́**, 15	
end	конча́ться (I), 12	
engineer	**инжене́р**, 6	
English	**англи́йский**, 1	
in English	**по-англи́йски**, 2	
enroll, to enter (a university, school)	***поступи́ть (II)**, 17	
entrance	вход, 12	
especially	**осо́бенно**, 8	
even	**да́же**, 18	
evening	**ве́чер**, 1	
in the evening	**ве́чером**, 6	
in the evenings	по вечера́м, 15	
every	**ка́ждый**, 7	

every day	**ка́ждый день**, 6; ежедне́вно, 15
exactly	**то́чно**, 12; **и́менно**, 13
exam	**экза́мен**, 10
final	~ зачётный экза́мен, 10
quiz	**контро́льная рабо́та**, 10
excuse me	**извини́/те**, 4
expensive	**дорого́й**, 3; **до́рого**, 10; *comp.* **доро́же**, 11
extra	**ли́шний**, -яя, -ее, -ие *soft adj.*, 12
eye	**глаз** *pl.* **глаза́**, 18
eyebrow	бровь *f.*, 18
eyelashes	ре́сницы, 18

F

face	**лицо́** *pl.* **ли́ца**, 18
factory (light industry)	фа́брика (на), 6
plant (heavy industry)	**заво́д (на)**, 6
Fahrenheit	Фаренге́йт, 14
on the Fahrenheit scale	**по Фаренге́йту**, 14
fairly, rather	**дово́льно**, 14
fall	**о́сень** *f.*, 9
autumnal	осе́нний, 10
in the fall	**о́сенью**, 9
fall in love	*полюб|и́ть (II)*, 17
fall out of love	*разлюб|и́ть (II)*, 17
family	**семья́**, 2
famous	изве́стный, 1
well-known	**знамени́тый**, 17
far	**далеко́**, 4
far	**да́льний** *soft adj.*, 15
farm	**фе́рма (на)**, 6

farmer	**фе́рмер**, 6
farmers' market	**ры́нок (на ры́нке)**, 11
fashionable	мо́дный, 13
fast	**бы́стро**, 7
fast	ско́рый, 18
father	**оте́ц** *pl.* **отцы́**, 2
dad	**па́па**, 2
favorite	**люби́мый**, 8
February	**февра́ль** (-é), 13
feed	корм|и́ть (II), 16
feel	**чу́вствовать себя́ (I)**, *почу́вствовать себя́, 18
fencing	фехтова́ние, 17
field	по́ле *pl.* поля́, 14
figure	фигу́ра, 18
figure skater	**фигури́ст/ка**, 8
figure skating	фигу́рное ката́ние, 8
finally	**наконе́ц**, 7
find out	*узна́|ть (I), 12
finger, toe	па́лец *pl.* па́льцы, 18
finish, conclude	*око́нчить (II)**, 17
finishing	оконча́ние, 17
fir	ель *f.*, 14
firefighter	пожа́рник, 17
first name	**и́мя** *n.* (*pl.* имена́), 6
fish	**ры́ба**, 9; ры́бный, 11
fish	лови́ть ры́бу, 9
floor	**пол (на полу́)**, 4
floor, level, story	**эта́ж (на)**, 15
flour	мука́, 16
flowers	**цветы́** (*sg.* цвето́к), 13
flu	**грипп**, 18
fluently	**свобо́дно**, 2
flute	фле́йта, 8
flutist	флейти́ст/ка, 8
fly	лета́|ть (I), 15

folk	**наро́дный**, 8	
fool	**дура́к**, *f.* **ду́ра**, 15	
foot, leg	**нога́** *pl.* **но́ги**, 18	
football	**америка́нский футбо́л**, 8	
for	для + *gen.*, 16	
for a long time	**давно́**, 5	
for a period of time	**на** + *acc.*, 15	
forecast	прогно́з, 14	
forehead	лоб (на лбу́), 18	
foreign	**иностра́нный**, 10	
forest	**лес (в лесу́)**, 9	
forget	забыва́|ть (I), *****забы́ть**, 15	
fork	**ви́лка**, 16	
freckle	весну́шка, 18	
free	**свобо́дный**, 9; **свобо́ден, свобо́дна, -ы** *short adj.*, 16	
free time, leisure time	**свобо́дное вре́мя**, 9	
French	**францу́зский**, 3	
in French	**по-францу́зски**, 2	
Friday	**пя́тница**, 6	
on Friday	в пя́тницу	
friend (*f.*)	**подру́га**, 2	
friend (*m.*)	**друг**, 2	
friendship	дру́жба, 16	
from	**из** + *gen.*, 15; **от** + *gen.*, 13	
frost	моро́з, 14	
fruit	**фрукт**, фрукто́вый, 11	
full	по́лный, 18	
fun	**ве́село**, 14	
we are having fun	**нам ве́село**, 14	
fur	меховой, 9	
future	бу́дущий, 10	

in the future	в бу́дущем	
the future	**бу́дущее** *subst. adj.*, 17	

G

gadget	аппара́т, 18	
gain weight	*****попра́виться**, 18	
gallery	галере́я, 12	
Tretyakov Art Gallery	Третьяко́вская галере́я, 12	
game (sports event)	**матч**, 12	
garage	**гара́ж**, 4	
garden	**сад (в саду́)**, 4, 15	
garlic	чесно́к, 16	
geological	геологи́ческий, 10	
Georgian (in the former USSR)	грузи́нский, 11	
German	**неме́цкий**, 3	
in German	**по-неме́цки**, 2	
get	**получа́|ть (I), *получ|и́ть (II)**, 13	
get divorced	*****развести́сь**, 17	
get dressed	одева́|ться (I), 7	
get in (a school)	поступ|и́ть (II), 10	
get married (of a man)	**жени́ться (II) на** + *prep.*, 17	
(of a woman)	выход|и́ть за́муж (II), *****вы́йти за́муж (I) за** + *acc.*, 17	
(to each other)	*****пожени́ться**, 17	
get sick	*****заболе́|ть (I)**, 18	
get tired	уста|ва́ть (I), 18	
get undressed	раздева́|ться (I), 7	
get up	вста|ва́ть, 7	
get well	поправля́|ться (I), 18	
gift, present	**пода́рок** *pl.* **пода́рки**, 13	
gingerbread cookie	пря́ник, 16	

girl, young woman, girlfriend — **де́вушка**, 3

little girl — **де́вочка**, 17

give — **да|ва́ть (I)**, 13, ***дать** *irreg.*, 11

~ as a present — **дар|и́ть (II)**, ***подари́ть**, 13

give advice, advise — **сове́т|ова|ть**, ***посове́товать**, 13

glass — **стака́н**, 16

glasses — очки́, 15

gloves — **перча́тки** *pl.*, 14

go

on foot — **идти́ (I)**, 7, 7.9

by vehicle — **е́хать (I)**, 12, 12.5

round-trip on foot — **ход|и́ть (II)**, 7, 7.9

round-trip by vehicle — **е́здить**, 9, 12.5

away by vehicle — ***уе́хать**, 15, 15.6

leave, set off (on foot) — ***пойти́**, 12

leave, set off (by vehicle) — ***пое́хать**, 12

gold(en) — золото́й, 13

golf — гольф, 8

good — **хоро́ший, -ая, -ее**, 1, 3

Good-bye! — **До свида́ния!** 1; **Пока́!** 1

Good day! Hello! — **До́брый день!** 1

Good evening! — **До́брый ве́чер!** 1

Good luck! — Ни пу́ха ни пера́! 10

Good morning! — **До́брое у́тро!** 1

Good night! — **Споко́йной но́чи!** 1

good (for health) — поле́зный, 16

grade (numeric) — отме́тка, 10

A — пятёрка, 10

B — четвёрка, 10

C — тро́йка, 10

D — дво́йка, 10

F — едини́ца, 10

(year level) — **класс**, 10

graduate student — **аспира́нт/ка**, 10

graduate studies — **аспиранту́ра**, 10

gram — **грамм**, 11

grand piano — **роя́ль** *m.*, 8

granddaughter — **вну́чка**, 2

grandfather — **де́душка**, 2

grandmother — **ба́бушка**, 2

grandson — **внук**, 2

grapes — виногра́д *coll.*, 11

grass — трава́, 14

gray — се́рый, 3

(of hair) — седо́й, 18

Greek — гре́ческий, 10

green — **зелёный**, 3

grocery store — продово́льственный магази́н, 11

guest — **гость** *m.*, 13

guilty — **винова́т, -а, -ы** *short adj.*, 18

guitar — **гита́ра**, 8

guitarist — **гитари́ст/ка**, 8

gymnastics — гимна́стика, 8

H

habit — привы́чка, 18

hair — **во́лосы**, 18

hair dryer — фен, 15

half — **пол**

a kilo — **по́лки́ло**, 11

a liter — **пол-ли́тра**, 11

an hour — **полчаса́**, 12

ham — ветчина́, 11

hamburger — **га́мбургер**, 16

hand — **рука́** *pl.* **ру́ки**, 16

hang: is/are hanging — виси́т, вися́т, 4

hangover — похме́лье, 18

happen	
What happened?	**Что случи́лось?** 18
happiness	сча́стье [ща́стье], 3
happy, cheerful	**весёлый,** 14
happy, lucky	счастли́вый, 15
Happy Birthday!	**С днём рожде́ния!** 13
Happy Easter!	Христо́с Воскре́с! 13
response to Happy Easter	Вои́стину Воскре́с! 13
Happy holiday!	**С пра́здником!** 13
Happy New Year!	**С Но́вым го́дом!** 13
Happy Women's Day!	С пра́здником Восьмо́го ма́рта! 13
harmful	**вре́дный,** 18
Have a nice trip!	Счастли́вого пути́! 15
have a seat	**сади́сь, сади́тесь,** 15
he	**он,** 2
head	**голова́,** 18
health	здоро́вье, 16
~ clinic	**поликли́ника,** 6
hear	**слы́ш|ать (II),** 13, 18
hearing aid	слухово́й аппара́т, 18
heart	**се́рдце** [се́рце], 18
height, growth	рост, 18
Hello!	**До́брый день!** 1; **Здра́вствуй/те!** 1
help	**по́мощь** *f.,* 18
help, aid	**помога́|ть, *помо́чь,** 13
her (*poss.*)	**её,** 2
here	**здесь,** 4
Hi!	**Приве́т!** 1
high, tall	**высо́кий, высоко́,** 14; *сотр.* **вы́ше,** 14
highest	вы́сший, 17
hiking	похо́д, 15
his	**его́,** 2
historical	истори́ческий, 10
history	**исто́рия,** 10
hockey	**хокке́й, хокке́йный,** 8
~ player	**хоккеи́ст/ка,** 1
~ stick	хокке́йная клю́шка, 13
holiday	**пра́здник,** 13
home	**дом,** 4
at home	**до́ма,** 6
(to) home	·домо́й, 7
honey	мёд, 16
horse	ло́шадь *f.,* 3
hospital	**больни́ца,** 4
host/ess	**хозя́ин, хозя́йка,** 13, 16
hot	**жа́ркий, жа́рко;** *сотр.* **жа́рче,** 14
(temperature of food)	**горя́чий,** 16
hotel	**гости́ница,** 4
~ room	**но́мер** *пот. pl.* номера́, 15
hour	**час, часа́, часо́в,** 6
house	дом *pl.* дома́, 4
house special	фи́рменное блю́до, 16
housewarming	новосе́лье, 13
On your new house!	С новосе́льем! 13
housewife	домохозя́йка, 6
how	**как,** 1
How are things/ you?	**Как дела́?** 1
how long	ско́лько вре́мени, 5
for how long	на какой срок, 15
how much, how many	**ско́лько,** 5
humid	вла́жный, вла́жно, 14
humidity	вла́жность *f.,* 14

hungry	го́лоден, голодна́, голодны́, 16
hurt	боле́ть (II), 18
my head hurts	у меня́ боли́т голова́, 18
husband	муж, 2

I

I	я, 2
I am tired	я уста́л/а, 12
I have	у меня́ есть, 3
I have to	мне на́до, 12
I see	вот как, 12
I wish you luck!	Жела́ю тебе́/вам уда́чи! 10
I wonder (if)	ра́зве, 14
ice	лёд (со льдом, без льда) 16
ice cream	моро́женое subst. adj., 11
ice skate	ката́|ться на конька́х (I), 9
icon	ико́на, 4
ID card	про́пуск, 10
if	е́сли, 14
in, at	в + prep., 4, 4.4
in 2 years	че́рез 2 го́да, 15
(with)in 2 hours	за 2 часа́, 12
in fact, really	действи́тельно, 17
in general, generally	вообще́, 13
in love	влюблён, влюблена́, -ы́, 18
in my opinion	по-мо́ему, 3
in that case, then	тогда́, 14
Indian, from India	инди́йский, 12
ingredient	ингредие́нт, 16
insomnia	бессо́нница, 18
institute	институ́т, 6
instrument	инструме́нт, 8
intelligence officer	разве́дчик, 17

interest	интере́с, 17
interesting	интере́сный, 3
international	междунаро́дный, 13
International Women's Day	Восьмо́е ма́рта, Междунаро́дный Же́нский день, 13
invitation	приглаше́ние, 12
invite	приглаша́|ть (I), 12, *пригласи́ть (II), 13
iron	гла́дить (II), *вы́гладить, 12
is	есть, 3
island	о́стров pl. острова́, 5
it	он, она́, оно́, 4
it's a deal	договори́лись, 12
Italian	италья́нский, 3

J

jacket	ку́ртка, 14
jam	джем, 11
jam, jelly	варе́нье, 16
January	янва́рь (-é), 13
Japanese	япо́нский, 3
in Japanese	по-япо́нски, 2
jar	ба́нка, 11
jazz	джаз, 8
jeans	джи́нсы, 12
jewelry	ювели́рные изде́лия, 13
job, work	рабо́та (на), 6
journalist	журнали́ст, 6
juice	сок, 11
July	ию́ль, 13
June	ию́нь, 13
just	то́лько что, 17
Just a minute!	Мину́т(оч)ку! 12

K

karate	карата́ *indecl.*, 8
ketchup	ке́тчуп, 16
key	ключ, 15
kilogram	**килогра́мм**, 11
kind	вид, 8
~ of sport	**вид спо́рта**, 8
kiss	*по/цел|ова́|ть (I), 17
~ each other	*по/цел|ова́|ться (I), 17
kitchen	**ку́хня**, 4
knife	**нож** *pl.* **ножи́**, 16
know	зна|ть, 3
Korean	коре́йский, 10

L

laboratory	лаборато́рия, 6
~ technician	лабора́нт, 6
lake	**о́зеро** *pl.* **озёра**, 5
lamb	бара́нина, 16
lamp	**ла́мпа**, 4
land, ground	**земля́**, 14
language	**язы́к**, 10
(of) languages and literatures	**филологи́ческий**, 10
large	**большо́й**, 3
last	после́дний, -яя, -ее, -ие *soft adj.*, 13
last name	**фами́лия**, 6
last year	**в про́шлом году́**, 9
late	по́здно, 7; *comp.* (по)по́зже, 7, 16
law, legal	юриди́ческий, 10
lawyer	**юри́ст**, 6
lazy	**лени́вый**, 18
leaf	лист *pl.* ли́стья, 14
lecture	**ле́кция** (на), 7, 10
left	ле́вый, 16.1
to the left	**нале́во**, 4

lemon	**лимо́н**, 16
lemonade	**лимона́д**, 11
less	**ме́ньше**, 11
let's	**дава́й/те**, 12
~ go	**дава́й пойдём/ пое́дем**, 12
~ watch	**дава́й посмо́трим**, 12
letter	**письмо́**, 3
lettuce	**сала́т**, 11
level, story	**эта́ж** (на), 15
librarian	**библиоте́карь** *m.*, 6
library	**библиоте́ка**, 4
lie	**лежа́ть (II)**, 7
lie down	**ложи́ться (II)**, 7
life	**жизнь** *f.*, 5
light	**све́тлый, светло́**, 14
light blue	**голубо́й**, 3
like, love	**люб|и́ть (II)**, 8
like, please	**нра́виться (II)**, *понра́виться, 13
lip	губа́ *pl.* гу́бы, 18
listen	**слу́ша|ть**, 7
liter	**литр**, 11
literature	**литерату́ра**, 8
little	**ма́ленький**, 3
a little	**немно́го**, 2
(very) little	**ма́ло**, 11
live	**жить**, 4
live, stage (of music)	**эстра́дный**, 8
living room	**гости́ная** *subst. adj.*, 4
loaf, bun	**бу́лка, бу́лочка**, 16
loaf of black bread	буха́нка чёрного хле́ба, 11
local	ме́стный, 15
located	
is/are located	**нахо́дится, нахо́дятся**, 4
long	**дли́нный**, 5

look like	вы́гляд|еть (II), 18; похо́ж на + *acc.*, 18	(of a woman)	выходи́ть за́муж (II), **вы́йти за́муж* (I) за + *acc.*, 17
What does he look like?	Как он вы́глядит?	(each other)	***пожени́ться**, 17
He looks like his father.	Он похо́ж на отца́.	materialist	материали́ст, 3
lose weight	**худе́|ть, *похуде́ть**, 18	maternity ward	род(и́льный) дом, 18
		mathematic	математи́ческий, 10
loudly	гро́мко; *сотр.* гро́мче, 15	mathematician	матема́тик, 6
love	**любо́вь** *f.* (*gen.* любви́), 17	mathematics	**матема́тика**, 10
		may	**мо́жно**, 9
love	**люб|и́ть (II)**, 8	~ not	**нельзя́**, 16
low	**ни́зкий, ни́зко**, 5, 14; *сотр.* ни́же, 5	May I? (invitation to dance)	Мо́жно вас? 16
lower	**ни́же** *сотр.*, 14	May	**май**, 13
lungs	лёгкие [лёхкие], 18	May Day	Пе́рвое ма́я, 13
		maybe, perhaps	**мо́жет быть**, 3
		mayonnaise	майоне́з, 16
M		measure	*изме́рить (II), 18
		meat	**мя́со, мясно́й**, 11
macaroni	макаро́ны, 16	mechanic	меха́ник, 6
magazine	**журна́л**, 3	medical	медици́нский, 6
main	гла́вный, 12	medicine	**лека́рство**, 18
maître d'	метрдоте́ль, 16	meet	*встре́титься (II), 12
man	**мужчи́на**, 4	let's meet	дава́й встре́тимся, 12
young man	**молодо́й челове́к**, 11	meeting	встре́ча, 16
manager	ме́неджер, 6	menu	**меню́** *indecl.*, 16
map	**ка́рта**, 5, 15	Mexican	**мексика́нский**, 3
March	**март**, 13	middle	середи́на, 15
marriage	брак, 17	in the middle	**в середи́не**, 15
marriage palace	Дворе́ц бракосочета́ний, 17	middle, central	сре́дний *soft adj.*, 10
		milk	**молоко́, моло́чный**, 11
married (of a man)	жена́т, 3, 6	millionaire	миллионе́р, 13
(of a woman)	за́мужем, 3, 6	mineral	минера́льный, 11
marry (of a man)	жени́ться (II) на + *prep.*, 17	~ water	минера́льная вода́, 11
		minus	**ми́нус**, 14

minute	мину́та, *dim.* мину́т(оч)ка, 12
mittens	ва́режки *pl.*, 14
modern	**совреме́нный**, 8
Monday	**понеде́льник**, 6
on Monday	**в понеде́льник**, 6
money	**де́ньги** *pl. only (gen.* де́нег*)*, 11
month	**ме́сяц**, 7
mood, disposition	**настрое́ние**, 18
moon	**луна́**, 14
more	**бо́льше**, 8
morning	**у́тро**, 1
in the morning	**у́тром**, 6
Moscow	**Москва́**, 5; моско́вский, 7
most of all	**бо́льше всего́**, 13
mother	**мать**, 2
mom	**ма́ма**, 2
motorboat	ка́тер, 9
motorcycle	мотоци́кл, 3
mountain	**гора́** *pl.* го́ры, 5
mountain climbing	альпини́зм, 15
mouth	**рот** (во рту́), 18
movie director	кинорежиссёр, 17
Mr.	господи́н, 1
Ms.	госпожа́, 1
much, by far	**намно́го**, 14
mug	кру́жка, 16
museum	**музе́й**, 4
mushroom	гриб, 9
music	**му́зыка**, 7
musical	музыка́льный, 6
must	**на́до**, 11
I must	**мне на́до**, 14
obligated	**до́лжен, должна́, должны́**, 17
mustache	усы́, 18
mustard	горчи́ца, 16
mute	немо́й, 18
my	**мой, моя́, моё, мои́**, 2, 3
myself, yourself, etc.	сам, сама́, са́ми, 17

N

name	называ́ть (I), *назва́ть, 17
name, first name	**и́мя** *pl.* имена́, 17
napkin	салфе́тка, 16
narrow	**у́зкий**, 18
native	**родно́й**, 10
nature	приро́да, 14
near	бли́зко, 4
nearsighted	близору́кий, 18
neck	ше́я, 18
necktie	**га́лстук**, 13
need	**ну́жен, нужна́, ну́жно, нужны́**, 15
I need money	**мне нужны́** де́ньги, 15
I need to buy	**мне на́до купи́ть**, 11
nerve	нерв, 18
never	**никогда́**, 7
new	**но́вый**, 3
newlyweds	молодожёны, 17
news	**но́вость** *f.*, 12
newspaper	**газе́та**, 3
next	сле́дующий, 15
next to	**ря́дом с** + *instr.*, 16
next year	**в сле́дующем году́**, 15
nice	**симпати́чный**, 2
Nice to meet you!	**Очень прия́тно!** 1
night	ночь, 1; ночно́й, 12
at night	**но́чью**, 6
no	**нет**, 1
negative within sentence	**не**, 1
no way	**ника́к**, 12

noisy	шу́мно, 10	open	открыва́|ть (I),
north	се́вер (на), 5		*откры́ть, 15
nose	нос, 18	open	откры́т *short adj.*, 16
not any more	уже́ не́, 6	opera	о́пера, 8
not yet	ещё не 3, 12	or	и́ли, 1
nothing	ничего́, 6	oral	у́стный, 10
novel	рома́н, 3	~ exam	у́стный экза́мен, 10
November	ноя́брь (-é), 13	~ presentation	докла́д, 10
now	сейча́с, 7	orange	
nowhere	нигде́, 6	(color)	ора́нжевый, 3
(to) nowhere	никуда́, 7	(fruit)	апельси́н, апельси́новый, 11
number	число́, 13		
nurse	медсестра́, медбра́т, 6	orchestra	орке́стр, 8
		order	зака́з, 16
nutrition	пита́ние, 16	order	зака́зыва|ть (I), *заказа́ть (I), 16

O

		our	наш, на́ша, на́ше, наши́, 2, 3
oak	дуб, 14	out of town	за́ город(ом), 12
oboe	гобо́й, 8	oval	ова́льный, 18
occupied, busy	за́нят, -á, -о, -ы *short adj.*, 16	overcast	па́смурно, 14
ocean	океа́н, 5	overcoat	пальто́ *indecl.*, 14
October	октя́брь (-é), 13	own, have	име́|ть (I), 17
of course	коне́чно, 2, 8		
office	кабине́т, 18		

P

often	ча́сто, 7	Pacific Ocean	Ти́хий океа́н, 5
oh!	ах! 12	package	па́чка, 11
Oh, come on!	Ну что́ ты! 2	painting	карти́на, 4
oh, well	ну, что ж, 15	palace	дворе́ц, 17
okay	норма́льно, 7	pancake	блин, 16
old	ста́рый, 3; *сomp.* старе́е, ста́рше, 5 older, oldest (e.g., sibling) ста́рший, 13	~ house	бли́нная, 16
		pants	брю́ки, 15
		panty hose	колго́тки, 15
		paper, essay	сочине́ние, 10
on, at	на + *prep.*, 4	park	парк, 4
one's own	свой, 13	party	вечери́нка, 16
onion	лук, 16	pass, please...	переда́йте, пожа́луйста..., 16
only	то́лько, 2	passive	пасси́вный, 15

passport	**па́спорт**, 15
paste	па́ста, 15
pastry	пиро́жное, 16
patient	**больно́й** *subst. adj.* 18
patronymic	**о́тчество**, 6
peace	мир, 3
peach	пе́рсик, 16
pear	гру́ша, 16
pedagogical	педагоги́ческий, 10
pen	**ру́чка**, 16.1
pencil	**каранда́ш** *pl.* **карандаши́**, 16.1
peninsula	**полуо́стров** *pl.* **полуострова́**, 5
pension	пе́нсия, 6
on pension, retired	на пе́нсии, 6
pepper	пе́рец, 16
perfume	**духи́** *pl. only*, 13
period of time	срок, 15
person	**челове́к**, *pl.* **лю́ди**, 11
person on duty	дежу́рный, дежу́рная, 10
photograph	фотогра́фия, 2
physical	физи́ческий, 10
~ education	**физкульту́ра**, 17
physician	**врач**, 6
physicist	фи́зик, 6
physics	**фи́зика**, 10
pianist	**пиани́ст/ка**, 1
pie, pastry	**пиро́г, пирожо́к**, 16
pill	табле́тка, 18
pilot	**лётчик**, 17
pine	сосна́, 14
pineapple	анана́с, 16
pink	ро́зовый, 3
pins	**значки́** *sg.* значо́к, 9
pizza	пи́цца, 16
place	ме́сто, 6
plan	**план**, 17

plate	**таре́лка**, 16
play	пье́са, 12
play	**игра́|ть**, 8
~ a game	**в** + *acc.*, 8
~ an instrument	**на** + *prep.*, 8
please	**пожа́луйста**, 4
please	**нра́виться (II)**, ***понра́виться**, 13
plus	**плюс**, 14
pocket	карма́н, 15
poet	поэ́т, 1
poetry	**поэ́зия**, 8
police officer (Russian)	**полице́йский**, 17 **милиционе́р**, 17
Polish	**по́льский**, 10
polytechnical	политехни́ческий, 10
popular	**популя́рный**, 8
pork	свини́на, 16
portion	по́рция, 16
Portuguese	португа́льский, 10
possible	**мо́жно**, 9
post office	**по́чта**, 4
poster	плака́т, 4
potatoes	**карто́фель** *m. coll.*, 11
prefer	предпочита́|ть (I), 15
pregnant	бере́менна, -ы, 18
prepare (dinner, etc.)	**гото́в|ить (II)**, 7; ***приготовить**, 12
prescription	реце́пт, 18
president	**президе́нт**, 1
prestigious	прести́жный, 6
printer	при́нтер, 3
private	ча́стный, 6
problem	пробле́ма, 13
produce	**проду́кты**, 11, 16
profession, by profession	**профе́ссия**, 6 **по профе́ссии**, 6
professor	**профе́ссор**, 1
program	**програ́мма**, 12

It's a pity = Жаль

	программи́ст, 6
	психиа́тр, 17
	психоло́гия, 10
	госуда́рственный, 6
pug-nosed	курно́сый, 18
purple	фиоле́товый, 3
put	*положи́ть (II), 15
put on (clothes)	надева́ть, *наде́ть, 14

Q

quarrel	ссо́ра, 17
quietly	ти́хо, 10; *сотр.* ти́ше, 15
quiz	контро́льная рабо́та, 10

R

racket	раке́тка (те́ннисная), 13
radio	ра́дио, 3
railway station	вокза́л, 15
rain	дождь *т.*, 14
raincoat	плащ, 14
raspberry	мали́на, 16
rather	дово́льно, 14
razor	бри́тва, 15
read	чита́ть, 7; *прочита́ть, 12
real	настоя́щий, 9
recipe	реце́пт, 16
red	кра́сный, 3
(of hair)	ры́жий, 18
Red Square	Кра́сная пло́щадь, 4
refrigerator	холоди́льник, 11
regular	регуля́рный, 18
relation(ship)	отноше́ние, 17
relative	ро́дственник, 13
religious	религио́зный, 13

rent	снима́ть, 10
republic	респу́блика, 5
resort	куро́рт, 15
rest	отдыха́ть (I), 12
rest, vacation	о́тдых, 15
restaurant	рестора́н, 4
retired	на пе́нсии, 6
return	возвраща́ться (I), *верну́ться, 15
rheumatism	ревмати́зм, 18
rice	рис, 16
ride	ката́ться, 9
~ a motorboat	кататься на ка́тере, 9
~ in a rowboat	кататься на ло́дке, 9
~ on horseback	е́здить верхо́м, 9
right	пра́вый, 16.1
to the right	напра́во, 4
ring	кольцо́ *pl.* ко́льца, 13
river	река́ *pl.* ре́ки, 5
rock group	рок-гру́ппа, 8
rock music	рок-му́зыка, 8
rock musician	рок-музыка́нт, 17
roller-skate	ката́ться на ро́ликах, 9
room	ко́мната, 4
round	кру́глый, 18
ruble	рубль *т.*, 11
rug	ковёр, 4
run	бе́гать, 9
running	бег, 17
runny nose	на́сморк, 18
Russia	Росси́я, 5
Russian	ру́сский, 1
in Russian	по-ру́сски, 2
Russian cheese pastry	ватру́шка, 16
Russian pancakes	блины́, 16

S

sad	**гру́стный**, 18
sail	**ката́|ться на па́русной ло́дке**, 9
salad	**сала́т**, 11
salesman	**продаве́ц** *pl.* **продавцы́**, 6
saleswoman	**продавщи́ца**, 6
salt	**соль** *f.*, 16
same kind	**тако́й же**, 18
samovar	**самова́р**, 9
sandwich	**бутербро́д**, 16
satisfied with	**дово́лен, дово́льна, -ы** + *instr.*, 17
Saturday	**суббо́та**, 6
on Saturday	**в суббо́ту**, 6
saucer	блю́дце, 16
sausage	**колбаса́**, 11
~ links	**соси́ски**, 16
saxophone	саксофо́н, 8
say, tell	**скажи́/те**, 4
scarf	**шарф**, 13
schedule	режи́м, 18
school (elementary and secondary)	**шко́ла**, 4
~ boy	учени́к, **шко́льник**, 10
~ girl	учени́ца, **шко́льница**, 10
~ holidays	**кани́кулы** *pl.*, 10
schooling, teaching	обуче́ние, 17
science fiction	**фанта́стика**, 8
scientist	учёный *pl.* учёные, 6
sea	**мо́ре** *pl.* **моря́**, 5
season	**вре́мя го́да**, 9
secretary	**секрета́рь** *m.*, 6
see	**ви́деть (II)**, 12
~ each other	ви́деться, 17
See you later!	**Пока́!** 1
seem, appear	**каза́ться**, 17
it seems to me	**мне ка́жется**, 17
seldom	**ре́дко**, 7
selection, choice	вы́бор, 13
sell	**прода|ва́ть (I)**, 11
semester	семе́стр, 10
seminar	**семина́р**, 10
September	**сентя́брь (-é)**, 13
serious	**серьёзный**, 18
session, lesson	**заня́тие**, 10
she	**она́**, 2
shelf	по́лка, 4
shine	свети́ть, 14
the sun is shining	**со́лнце све́тит**, 14
shirt	
(men's)	**руба́шка**, 12
(women's)	**блу́зка**, 12
short-sleeved T-shirt	**футбо́лка**, 14
sleeveless T-shirt	**ма́йка**, 14
shish kebab	шашлы́к, 16
~ house	шашлы́чная, 16
shoes	**ту́фли**, 15
shopping bag, net bag	се́тка, 11
short	**коро́ткий**, 5; **ко́ротко**, 14; *сотр.* **коро́че**, 14
shorts	**шо́рты**, 14
shot glass	рю́мка, 16
shoulder	плечо́ *pl.* пле́чи, 18
shower	душ, 7
shut	закрыва́|ть (I), **закры́ть, 15
Siberia	Сиби́рь *f.*, 5
sick	**бо́лен, больна́, больны́**, 18
I feel sick to my stomach	**меня́ тошни́т**, 18
side	бок, 18
sideburns	бакенба́рды, 18

sight, tourist sight	достопримеча́тельность *f.*, 15
silver	сере́бряный, 13
similar, resembling	**похо́ж, похо́жа, похо́жи** на + *acc.*, 18
simply	**про́сто**, 18
sing	**петь**, 12
singer	**певе́ц, певи́ца**, 17
single	
(of a man)	**хо́лост**, 6
(of a woman)	**не за́мужем**, 6
room (at a hotel)	одноме́стный но́мер, 15
sister	**сестра́** *pl.* **сёстры**, 2
sit	**сиде́ть (II)**, 7
skating rink	като́к, 12
ski	**ката́|ться на лы́жах (I)**, 9
skiing	лы́жный спорт, 17
skin	**ко́жа**, 18
skirt	**ю́бка**, 15
sky	**не́бо**, 14
sleep	**сп|ать (II)**, 7
I can't sleep	**мне не спи́тся**, 18
sleeping pill	снотво́рное, 18
slim	**стро́йный**, 18
slowly	**ме́дленно** 7, 15
small	**ма́ленький**, 3; *сотр.* **ме́ньше**, 5
smoke	**кури́ть (II)**, 18
smoking	куре́ние, 18
snack, appetizer	**заку́ска**, 16
snack bar	заку́сочная, 16
snow	**снег (в снегу́)**, 14
so, such	**тако́й, так**, 14
soccer	**футбо́л**, 8
~ player	**футболи́ст/ка**, 1
socks	**носки́**, 15
sofa	**дива́н**, 4

soldier	**солда́т**, вое́нный, 17
sold-out	про́дан, -а, -ы *short adj.*, 12
something	**что́-нибудь**, 12
sometimes	**иногда́**, 6, 7
son	**сын** *pl.* **сыновья́**, 2
song	пе́сня, 8
soon	**ско́ро**, 13
sorry	
I am sorry	**извини́те**, 4
I feel sorry for you	мне жаль тебя́, 18
sour cream	смета́на, 11
south	**юг (на)**, 5
souvenir	сувени́р, 9
Spanish	**испа́нский** 3
in Spanish	**по-испа́нски**, 2
speak	**говор|и́ть (II)**, 2
special	осо́бый, 17
~ school	спецшко́ла, 17
specialty, major	**специа́льность** *f.*, 10
spend time	проводи́ть вре́мя (II), 9
spices, condiments	припра́вы, 16
spoon	**ло́жка**, 16
sport	**спорт**, 8
sporting goods	спорти́вные това́ры, 13
spring	**весна́**, 9; весе́нний, 10
in spring	**весно́й**, 9
square	пло́щадь *f.*, 4
Red Square	Кра́сная пло́щадь, 4
St. Petersburg	**Санкт-Петербу́рг**, 5
stadium	**стадио́н (на)**, 4
stamps	**почто́вые ма́рки** *pl.*, 9
stand	**сто|я́ть (II)**, 7
stand up	встань/те, 15

star	звезда́ *pl.* звёзды, 14	
state	госуда́рственный, 6	
state	штат, 5	
station		
(railway)	вокза́л, 15	
(subway)	ста́нция метро́, 15	
status	положе́ние, 6	
marital	~ семе́йное ~, 6	
stereo system	стереосисте́ма, 3	
stick (hockey)	клю́шка (хокке́йная), 13	
still	ещё, 2, 12	
stomach	живо́т, 18	
stop	стоп, 15; останови́сь, останови́тесь, 15	
store	магази́н, 4	
straight	прямо́й, 18	
~ ahead	пря́мо, 4	
strawberry	клубни́ка, 16	
street	у́лица, 4	
streetcar	трамва́й, 15	
strep throat	анги́на, 18	
stress	стресс, 18	
strong	си́льный, си́льно, 14	
student		
(elementary and secondary)	шко́ль/ник, -ница, 10	
(higher education)	студе́нт/ка, 1	
study		
(a subject)	изуча́|ть, 10	
(in a place)	учи́ться (II), 6	
do homework	занима́|ться, 7	
subject (school)	предме́т, 10	
subway	метро́ *indecl.*, 4	
~ station	ста́нция метро́, 15	
sugar	са́хар, 16	
suggest	предлага́|ть (I), *предлож|и́ть (II), 13	
suggestion	предложе́ние, 13	

suit	костю́м, 15	
suitcase	чемода́н, 15	
summer	ле́то, 9; ле́тний, 10	
in summer	ле́том, 9	
summer house	да́ча, 4	
sun	со́лнце, 14	
sunbathe	загора́|ть (I), 15	
Sunday	воскресе́нье, 6	
on Sunday	в воскресе́нье, 6	
sunglasses	со́лнечные очки́, 15	
sunny	со́лнечный, со́лнечно, 14	
supermarket	универса́м, 11	
supper	у́жин, 7	
to eat	~ у́жина|ть (I), 7	
surgeon	хиру́рг, 17	
survey	опро́с, 17	
sweater	сви́тер, 13	
sweet	сла́дкий, 16	
swim	пла́ва|ть (I), 9	
swim, bathe	купа́|ться (I), 15	
swimming	пла́вание, 8	
swimsuit		
(men's)	пла́вки, 15	
(women's)	купа́льник, 15	
Swiss	швейца́рский, 11	

T

table	стол, 4	
at a restaurant	сто́лик, 16	
tablecloth	ска́терть *f.*, 16	
tablespoon	супова́я ло́жка, 16	
table tennis	пинг-по́нг, 8	
take	*взять (I), 15	
~ a shower, medicine	принима́|ть (I), 7, 18; *приня́ть (I), 12	
~ off (clothes)	снима́|ть (I), *снять, 14	

English	Russian
talk, chat	разгова́рива|ть (I), 14
tall	**высо́кий**, 5; **высоко́**, 14; *сотр.* **вы́ше**, 14
tape recorder	**магнитофо́н**, 3
tea	**чай**, 11
teach	**препода|ва́ть (I)**, 10
teacher	
(college level)	**преподава́тель**, 2
elementary school	**учи́тель** *pl.* **учителя́**, 6
	(*f.*) **учи́тельница**, 6
team	**кома́нда**, 8
tear	слеза́ *pl.* слёзы, 18
teaspoon	ча́йная ло́жка, 16
technical college	те́хникум, 10
teddy bear	**ми́шка**, 13
telephone	**телефо́н**, 3
on the telephone	**по телефо́ну**, 7
television	**телеви́зор**, 3
on television	**по телеви́зору**, 7
temperature	**температу́ра**, 14
tennis	**те́ннис**, 8
~ player	**тенниси́ст/ка**, 1
~ racket	**те́ннисная раке́тка**, 13
tent	пала́тка, 15
than	**чем**, 5
thank you	**спаси́бо**, 1
that (*conj.*)	**что**, 3
that, so that, in order to	**что́бы**, 17
that/those	тот, та, то, те, 4
the most	**са́мый**, 5
theater	**теа́тр**, 4; театра́льный, 12
their	**их**, 2
then	**пото́м**, 4
then, in that case	тогда́, 14
there	**там**, 4
(to) there	**туда́**, 15
thermometer	термо́метр, 18
thesis	дипло́мная рабо́та, 10
they	**они́**, 2
think	**ду́ма|ть (I)**, 2, 3
~ for a while	*подума|ть (I), 13
this/these	**э́тот, э́та, э́то, э́ти**, 4
this is	**э́то**, 1
throat	**го́рло**, 18
thunderstorm	**гроза́** *pl.* **гро́зы**, 14
Thursday	**четве́рг**, 6
on Thursday	**в четве́рг**, 6
ticket	**биле́т**, 12
time	**вре́мя** *n.* (*gen. sg.* **вре́мени**), 7
counting	**раз, ра́за**, 7
to (a place)	**в/на** + *acc.*, 7
to, for	**за** + *acc.*, 16
to, towards	**к** + *dat.*, 13
today	**сего́дня**, 6
together	вме́сте, 7
toilet	**туале́т**, 4
tomato	**помидо́р**, тома́тный, 16
tomorrow	**за́втра**, 11
ton	то́нна, 11
tongue	**язы́к**, 10
too (much)	**сли́шком**, 11
tooth	**зуб**, 18
toothbrush	**зубна́я щётка**, 15
toothpaste	**зубна́я па́ста**, 15
tourist	**тури́ст/ка**, 1
toy	**игру́шка**, 13
train	**по́езд**, 15
translator	перево́дчик, 6
travel	путеше́ств|ова|ть (I), 16
tree	**де́рево** *pl.* **дере́вья**, 14
Tretyakov Art Gallery	Третьяко́вская галере́я, 12
trip	пое́здка, 15

trolleybus	троллейбус, 15	vegetables	**óвощи**, 11
trombone	тромбóн, 8	very	**óчень**, 1
truck	грузовик, 13	veterinarian	ветеринáр, 6
trumpet	трубá, 8	violin	**скрипка** 8
truth	**прáвда**, 3	violinist	**скрипáч/ка**, 8
T-shirt		visa (travel	виза, 15
sleeveless	**мáйка**, 14	document)	
short-sleeved	**футбóлка**, 14	vision	зрéние, 18
Tuesday	**втóрник**, 6	visit	
on Tuesday	**во втóрник**, 6	be visiting	быть в гостя́х, 13
turn!	поверни/те! 15	go for a visit	ходи́ть в гóсти, 13
~ off (the light, an	**вы́ключи/те**, 15	vitamin	**витами́н**, 18
appliance)		vocational college	учи́лище, 10
~ on (the light, an	**включи́/те**, 15	vocational-technical	ПТУ
appliance)		high school	(профессионáльно-
TV/ radio broadcast	**передáча**, 12		техни́ческое
typically	типи́чно, 6		учи́лище), 10
		vodka	**вóдка**, 9
		volleyball	**волейбóл**, 8

U

Ukrainian	**украи́нский**, 10	~ player	**волейболи́ст/ка**, 8
umbrella	**зóнт(ик)**, 15		

W

uncle	**дя́дя**, 2	**wait**	**ждать, *подо/ждáть,**
understand	**понимá|ть (I)**, 2		16
understood, clear	поня́тно, 14	Wait!	**(Подо)жди́/те!** 15
underwear		waiter	**официáнт/ка**, 6
(men's)	трусы́, 15	wake up	*проснýться (I), 12
(women's)	трýсики, 15	walk, stroll	**гуля́|ть**, 7
unemployed	безрабóтный, 6	walking	ходьбá, 17
unfortunately	к сожалéнию, 12	wall	**стенá**, 4
university	**университéт**, 4	want	**хотéть**, 12
Ural Mountains	Урáльские гóры, 5	I want to	**мне хóчется**, 18
Urals	Урáл, 5	war	войнá, 3
U.S.A.	**США**, 5	warm	**тёплый, теплó**, 14
usually	**обы́чно**, 6, 7	wash	мыть (I), 7; *помы́ть,
			12

V

		watch	**часы́** *pl. only*, 7, 13
vacation	óтдых, 15	watch, look	**смотр/éть (II)**, 7;
various	**рáзный**, 9, 15		*посмотрéть, 12
VCR	**видеомагнитофóн**, 3	water	**водá**, 11
		watermelon	**арбýз**, 16

water-ski	**ката́|ться** (I) на во́дных лы́жах, 9
wavy (of hair)	**волни́стый**, 18
weak	**сла́бый, сла́бо**, 14
wear, carry	**носи́ть (II)**, 18
weather	**пого́да**, 14
wedding	**сва́дьба**, 17
Wednesday	**среда́**, 6
on Wednesday	**в сре́ду**, 6
week	неде́ля, 6
weight lifting	шта́нга, 17
Welcome!	Добро́ пожа́ловать! 13
you are welcome	не́ за что, 12
well	**хорошо́**, 1
(not sick)	**здоро́в, здоро́ва, здоро́вы**, 18
we	**мы**, 2
west	**за́пад (на)**, 5
what	**что**, 3
what, what kind	**како́й**, 3
what is	**что тако́е**, 3
What is your name?	**Как вас зову́т? Как тебя́ зову́т?** 1
What time is it?	Кото́рый час? **Ско́лько сейча́с вре́мени?** 7
where	**где**, 4
~ (to)	**куда́**, 7
~ from	**отку́да**, 15
white	**бе́лый**, 3
who	**кто**, 1
who	**кто тако́й**, 1
whose	**чей, чья, чьё, чьи**, 3
why	**почему́**, 7, 10
wife	**жена́**, 2
wind	**ве́тер** *gen. sg.* **ве́тра**, 14
windsurfing	винд-сёрфинг, 8

window	**окно́**, 4
wine	**вино́, ви́нный**, 11
wineglass	бока́л, 16
winter	**зима́**, 9; **зи́мний**, 10
in winter	**зимо́й**, 9
with	**с** + *instr.*, 16
~ pleasure	с удово́льствием, 12
without	**без** + *gen.*, 16
witness	свиде́тель *m.*, 17
woman	**же́нщина**, 6
young woman	**де́вушка**, 11
women's, female	же́нский, 6
wonderful	**прекра́сный**, 7, 14
work	**рабо́та (на)**, 7
work	**рабо́та|ть**, 6
world	**мир**, 5
worry	
Don't worry!	**Не беспоко́йся! Не беспоко́йтесь!** 18
wrestling	борьба́, ре́стлинг, 17
write	**писа́ть**, 9, *****написа́ть**, 12
writer	**писа́тель**, 1
writing, written	**пи́сьменный**, 4, 10
wrong	
What is wrong with you?	**Что с тобо́й?** 18

Y

year	**год, го́да, лет**, 5
half a year	**полго́да**, 15
year level (at a university)	**курс**, 10
yellow	**жёлтый**, 3
yes	**да**, 1
yesterday	**вчера́**, 9
yet, already	**уже́**, 12
not yet	**ещё не**, 12

you (*pl.*)	**вы**, 2
you (*sg.*)	**ты**, 2
young	**молодóй**, 2; *comp.* **молóже**, 13
younger, youngest	**млáдший**, 3, 13
your (*pl.*)	**ваш, вáша, вáше, вáши**, 2, 3
your (*sg.*)	**твой, твоя́, твоё, твои**, 2, 3

Z

zero	**нуль, ноль**, 14
zoo	**зоопáрк**, 14

Grammar Index

Index by Topic and Function

....

605

FAMOUS RUSSIANS

LANGUAGE FUNCTIONS

LANGUAGE TOPICS, ASKING AND ANSWERING QUESTIONS AND MAKING STATEMENTS ABOUT THE FOLLOWING:

MAIN CATEGORIES OF VOCABULARY

SKILLS

Photo Credits

Cover picture   The art on the cover is a representative of Russian miniature painting, often called Palekh, after the village where this art form originated in the late eighteenth century. The black plates or boxes on which the miniature paintings are drawn are made of lacquered papier-mâché by a process that takes up to two months to complete. The artist then draws the painting on the lacquered plate using a magnifying glass and a thin brush consisting of only one piece of squirrel's hair. Gold is applied to the borders, and the plate is polished with a wolf's tooth. It sometimes takes the artist as long as eight months to finish one Palekh plate or box. The themes on Palekh art derive chiefly from folktales and are often inspired by the great poets Pushkin and Lermontov. Mythological horses are a popular theme of Palekh art, especially in the form of a Troika, a group of three horses. The plate on the cover of the book depicts a poem titled *General Toptiggin*.

Chapter 1   *Opener:* Itar-Tass/Sovfoto.   Page 21: Blanche-Shone/Gamma Liaison.

Chapter 2   *Opener:* Josef Koudelka/Magnum Photos, Inc.

Chapter 3   *Opener:* Gerard Lacz/Animals Animals.

Chapter 4   *Opener:* S. Ovduesky/MIR Agency.   Page 87: Ed Pritchard/Tony Stone Images/ New York, Inc.   Page 92: Tibor Bognar/The Stock Market.   Page 94 (*left*): Itar-Tass/Sovfoto.   Page 94 (*right*): Courtesy Marita Nummikoski.

Chapter 5   *Opener:* Grinberg/APN/Gamma Liaison.   Page 125: Derek Redfearn/The Image Bank.

Chapter 6   *Opener:* Heidi Brandner/Gamma Liaison.   Page139: Sovfoto/Eastfoto.

Chapter 7   *Opener:* Vlasov, O/MIR Agency.   Page 177: Steve Raymer/Black Star.

Chapter 8   *Opener:* V. Kozhevnikov/Sovfoto/Eastfoto.

Chapter 9   *Opener:* Itar-Tass/Sovfoto/Eastfoto.   Page 237: Courtesy Marita Nummikoski.

Chapter 10   *Opener:* John Freeman/Tony Stone Images/ New York, Inc.   Page 263: Novosti/Sovfoto/ Eastfoto.

Chapter 11   *Opener:* Alain Nogues/Sygma.   Page 292: Jaakko Julkunen/Lehtikuva Oy/SABA.

Chapter 12   *Opener:* A. Morkovkin/MIR Agency.   Page 321: A. Antonov/MIR Agency.   Page 323: G. Rancinan/Sygma.

Chapter 13   *Opener:* Sebastiao Salgado/Magnum Photos, Inc.   Page 351: Eric Lars Bakke/Black Star.   Page 358: Itar-Tass/Sovfoto/Eastfoto.   Page 359: Robert Nickelsberg/Gamma Liaison.

Chapter 14   *Opener:* P. Le Segretain/Sygma.   Page 387: N & J Wiseman/Trip.

Chapter 15   *Opener:* Maille-Figaro/Gamma Liaison.

Chapter 16   *Opener:* Sovfoto/Eastfoto.   Page 445: Peter Marlow/Magnum Photos, Inc.   Page 449: Ricki Rosen/SABA.   Page 449: Wolfgang Kaehler.

Chapter 17   *Opener:* Bill Swersey/Gamma Liaison.   Page 487: Abbas/Magnum Photos, Inc.   Page 489: Robert Wallis/SABA.

Chapter 18   *Opener:* I. Kolpakova/Trip.   Page 521: TASS/Sovfoto/Eastfoto.